刑事手続における
犯罪被害者の法的地位

椎橋 隆幸 著

日本比較法研究所
研究叢書
118

中央大学出版部

装幀　道吉　剛

は し が き

　1　私が犯罪被害者と刑事手続に関する論稿を初めて執筆したのは刑法雑誌の特集「刑事手続における犯罪被害者の保護」（29 巻 2 号、1988 年 12 月刊）においてアメリカの刑事手続における被害者の役割を紹介・解説した論文であった。執筆に至る経緯は、指導教授の故渥美東洋博士からアメリカでの 1 年 2 か月の海外出張から帰国した直後の 1987 年頃のことであったと記憶するが、渥美先生から特集号の意義を伺い、勧めていただいたことによる。ウィスコンシン・ロー・スクールでの在外研究中には、数年前に「1982 年被害者及び証人保護法」が制定されていたこともあり、被害者の刑事手続における地位が向上したこと等を多少は知っていたが、その程度のものであり、自覚的に被害者の問題を自分の研究対象として取り組もうという考えはなかった。その頃は、取調べ、身柄拘束、弁護権、黙秘権、自白法則、排除法則等について関心を強く持っていたし、何よりも在外研究中はアメリカの刑事法について広く勉強すること、具体的には刑事法の多くのクラスに参加すること、研究者と実務家と交流すること、文献を収集すること等を第一の目標にしていたのである。

　ところが、アメリカの刑事手続における被害者の役割について研究している中に、人権の問題として被害者を保護することが必要であること、また、被害者の協力がなければ刑事司法が適切に機能しないおそれがあること、さらに、刑事裁判の利害関係者をその地位・役割に応じてそれに相応しい役割、参加の仕方を組み入れることによって、より国民に支持される刑事訴訟の在り方が追及できるのではないかと考えるようになった。

　折しも、被害者に対する経済的・精神的・医療的支援の充実、被害者の刑事裁判への積極的参加を認める制度や法律の創設・成立という潮流が世界的に展開されていった。

日本も例外ではなく、昭和55（1980）年の犯罪被害者給付金支給制度の創設を皮切りに、警察、検察、弁護士会、内閣府等の府省庁、地方自治体、民間の支援団体等が被害者等の切実な要望に各々の立場から真摯に対応してきた。

犯罪被害者給付制度の数次の改正（平成13年、18年、20年、21年、30年）による給付額の引上げと対象の拡大等が実現された。犯罪被害者等基本計画の成立（平成16年12月）と犯罪被害者等基本計画の作成（平成17年12月）及び同法律・計画（第1次～第3次）に基づく数多くの施策と重要な法律の制定・運用がなされてきている。その結果、かっては欧米に比べて20年～30年遅れていると言われたわが国の犯罪被害者対策は全体として欧米のそれに肩を並べていると評価してよい段階にきていると言ってよいであろう。なお、課題は相当あるものの、それらについても関連機関・団体等により課題を克服するべく引き続き努力が継続されていることは心強い。中には、被害者参加制度のようにわが国の特色のある制度が創設・運用されていることも評価して良いと思われる。

上述の動向と私個人との関わりについて若干述べると、「犯罪被害者保護関連二法」（平成12年法律第74号、75号）「犯罪被害者等の権利利益保護法」（平成19年法律第95号）に法制審議会臨時委員として参加し、また、内閣府第2次基本計画から第3次基本計画に移行する時期に基本計画策定・推進専門委員等会議に議長として関与し、さらに、神奈川県犯罪被害者等支援に関する有識者懇談会の座長として条例の制定等に関与する機会を持てた。また、東京都日野市の被害者等支援基本計画検討委員会にも委員長として関与した。同時に、東京都の犯罪被害者の支援を進める会の委員長として同会の運用にも関わってきた。その他、民間の被害者支援団体の活動に理事や委員として微力を尽くしてきた。このような法の研究・解釈だけでなく、立法や法の運用に関係ある活動に関わることができたことは私の研究者としてのキャリアに貴重な糧をいただいたものとして感謝している。

2　本書は被害者支援の展開の中で、法律や制度の創設、また、その運用等につき重要な動きがあったときにその問題を考察して発表した論文を基本として構成されている。全体を換骨奪胎するほどに改めたいという欲望もあるが、

その時々の個々の論文を執筆したときの思いを残すことにも意味があるのではないかと思い、必要な部分の修正とその後の展開の中で足りない部分は加筆する（章によって大幅な）ことを基本とした。その意味では読者の方々には私の被害者学研究の思索の過程にお付き合いいただく（重複のあることをお詫びしつつ）ことを御容赦願いたい。第10章、第15章の後半、あとがきは書き下した。

　3　当初は私の研究計画に自覚的には入っていなかった被害者学の研究は30年を超えてしまった。故渥美東洋先生に薦めていただいた研究は私の研究の（最も）重要なテーマになった。やり甲斐のある研究テーマであり、改めて渥美先生の先見の明に敬服するばかりである。

　また、同学の研究者・実務家、そして被害者支援に関わっておられる方々に多大の教示を受けたことに感謝したい。

　本書を恩師故渥美東洋先生と様々な形で被害者支援に取り組んでいる方々に捧げたい。

　最後に日本比較法研究所と中央大学出版部の職員の方々に感謝の意を表したい。

〔**付記**　本書は中央大学特定課題研究費の助成（2014年4月〜2016年3月）を受けた成果の一部が含まれている。〕

　　平成29年10月

　　　　　　　　　　　　　　　　　　　　　　　椎　橋　隆　幸

目　　次

はしがき

第Ⅰ部　犯罪被害者を保護・支援する必要性と根拠

第 1 章　アメリカ合衆国の刑事手続における被害者の役割 ………… 3
1　被害者の地位の後退　*3*
2　疎外された被害者　*4*
3　被害者の権利回復の動き　*6*
4　刑事手続の各段階での告知、参加　*8*
5　被 害 弁 償（Restitution）　*14*
6　犯罪被害者補償制度（Victim Compensation Program）　*19*
7　お わ り に　*20*

第 2 章　犯罪被害者の救済に必要な法制度 …………………………… 27
1　は じ め に　*27*
2　わが国における被害者対策の立遅れ　*31*
3　被害者の権利を認めることは被疑者・被告人の権利を害するか　*33*
4　民刑峻別論の検討　*38*

第 3 章　被害者保護、手続参加、損害の回復 ………………………… 45
1　被害者保護の世界的潮流　*45*
2　刑事裁判と被害者の地位　*47*
3　刑事法の目的と被害者の保護　*49*
4　被害者保護、被害者参加の意義　*51*

第 4 章　犯罪被害者救済の基本的視座 ………………………………… 55
1　は じ め に　*55*

vi

　　2　国家対被告人の図式の問題点　*56*

　　3　近代刑法と被害者学　*58*

　　4　修（回）復的司法の意義と限界　*60*

　第 5 章　犯罪被害者保護・支援の課題と展望…………………… *67*

　　1　は じ め に　*67*

　　2　実務と改正法の到達点　*68*

　　3　被害者保護・支援の課題　*73*

　　4　おわりに——被害者保護・支援の若干の展望　*78*

第Ⅱ部　捜査と公判手続における被害者の保護

　第 6 章　捜査と被害者保護………………………………………… *85*

　　1　被害者保護の必要性・重要性　*85*

　　2　刑事手続における被害者保護の根拠　*86*

　　3　被害者が警察に求めている活動　*88*

　　4　第二次被害を招かない捜査活動　*89*

　　5　告訴をめぐる問題　*90*

　第 7 章　刑事手続における被害者保護…………………………… *93*

　　1　は じ め に　*93*

　　2　捜査活動と第二次被害者化　*94*

　　3　被害者が警察に求めていること　*96*

　　4　警察活動と被害者の警察に対する意識との関係　*98*

　　5　マスコミの報道による第二次被害者化　*100*

　　6　まとめと提言　*102*

　第 8 章　犯罪被害者をめぐる立法課題…………………………… *105*

　　1　は じ め に　*105*

　　2　告訴期間の延長　*106*

　　3　被害者の刑事手続への参加権、特に意見表明権　*108*

　　4　被告人と対面しない被害者証人の尋問　*114*

目　次　*vii*

第 9 章　性犯罪の告訴期間の撤廃 ……………………………………… *119*

　　1　は じ め に　*119*

　　2　性犯罪を親告罪とした意義　*120*

　　3　告訴期間の不合理性　*121*

　　4　告訴期間の撤廃　*124*

　　5　お わ り に　*125*

第 10 章　性犯罪の非親告罪化 ……………………………………………… *131*

　　1　は じ め に　*131*

　　2　刑法一部改正法の概略　*131*

　　3　性犯罪の非親告罪化　*133*

　　4　お わ り に　*141*

第 11 章　証人保護手続の新展開 …………………………………………… *143*

　　1　は じ め に　*143*

　　2　証人を保護しつつ供述を採取する既存の方策とその限界　*144*

　　3　付添い、遮へい措置、ビデオリンク方式　*147*

　　4　最高裁平成 17 年 4 月 14 日第 1 小法廷判決

　　　（刑集 59 巻 3 号 259 頁）　*150*

　　5　証人審問権と証人保護との調整　*152*

第Ⅲ部　犯罪被害者等基本法と犯罪被害者等基本計画

第 12 章　犯罪被害者等基本計画が示す施行の全体像 ……………… *163*

　　1　は じ め に　*163*

　　2　基本法から基本計画の策定へ　*165*

　　3　基本計画の概要　*167*

　　4　基本計画の特徴　*170*

第 13 章　犯罪収益のはく奪による被害回復制度の意義 …………… *173*

　　1　問題の所在——法改正に至る背景——　*173*

　　2　判例の展開　*174*

　　3　組織的犯罪処罰法の一部改正と被害回復給付金支給法の成立　*179*

4 被害回復給付金制度の意義　*182*

第14章　第3次犯罪被害者等基本計画とその成果 …………………… *185*

1 は じ め に　*185*

2 第3次基本計画の策定方針と特徴　*186*

3 重要課題に係わる具体的施策　*186*

4 結びにかえて　*194*

第Ⅳ部　公判手続における犯罪被害者の法的地位
　　　　──被害者参加を中心として──

第15章　犯罪によって被害者が被った影響についての供述

　　　　（Victim Impact Statement）を量刑上斟酌することが

　　　　許されるか ……………………………………………………… *199*

1 被害者の権利回復を求める運動の最近の動向　*199*

2 犯罪によって被害者が被った影響についての供述

　（Victim Impact Statement（VIS））の立法状況及びその問題点　*205*

3 ブース判決の事実と判旨　*206*

4 ギャザーズ判決（South Carolina v. Gathers,

　490 U.S. 805（1989））の事実と判旨　*210*

5 ペイン判決（Payne v. Tennessee,

　501 U.S. 808（1991））の事実と判旨　*216*

6 ケリー判決（Kelly v. California,

　555 U.S. 1020（2008））の事実と判旨　*219*

7 考　　察　*223*

第16章　犯罪被害者等の心情その他の意見陳述権 …………………… *233*

1 は じ め に　*233*

2 意見陳述権の概要　*234*

3 意見陳述権をめぐる論争　*236*

4 お わ り に　*241*

目　　次　ix

第 17 章　犯罪被害者等の意見陳述権 ……………………………… *245*

　　1　は じ め に　*245*

　　2　意見陳述制度の趣旨と被害者等のニーズ　*245*

　　3　意見陳述の手続　*246*

　　4　意見陳述の是非をめぐって　*249*

第 18 章　犯罪被害者等の刑事裁判への参加 ……………………… *255*

　　1　は じ め に　*255*

　　2　「基本法」、「基本計画」の具体化としての
　　　「犯罪被害者等の権利利益保護法」　*256*

　　3　被害者等の訴訟参加と訴訟構造　*258*

　　4　犯罪被害者等が刑事裁判に参加する制度の概要と意義　*262*

　　5　被害者等の訴訟参加をめぐる諸論点　*267*

　　6　被害者参加人のための国選弁護制度の創設　*272*

第 19 章　被害者参加制度について考える

　　　　　──1年間の実績を踏まえて── ……………………… *279*

　　1　は じ め に　*279*

　　2　被害者参加制度の実績とその評価　*280*

　　3　被害者参加制度一般について　*281*

　　4　証人尋問、被告人質問、事実又は法律の適用に関する意見陳述　*283*

　　5　被害者参加制度と量刑　*284*

　　6　意見陳述制度と裁判員裁判　*288*

第 20 章　刑事手続における被害者の参加 ………………………… *293*

　　1　は じ め に　*293*

　　2　被害者参加制度に対する賛否の議論の整理　*295*

　　3　公判前整理手続への被害者等の参加　*300*

　　4　死刑事件と被害者参加　*304*

　　5　お わ り に　*311*

第 21 章　少年事件における犯罪被害者の権利利益の保障

　　　　　──少年審判の傍聴制度を中心に── ……………… *315*

　　1　は じ め に　*315*

2 平成12年改正から平成20年改正への経緯　*316*

3 少年審判の傍聴制度——平成20年改正法の趣旨・内容　*323*

4 諸外国における少年審判の傍聴　*327*

5 少年審判の傍聴をめぐる幾つかの論点　*335*

あとがき……………………………………………………………………………… *353*

初 出 一 覧

第Ⅰ部　犯罪被害者を保護・支援する
必要性と根拠

第1章

アメリカ合衆国の刑事手続における被害者の役割

1 被害者の地位の後退

　植民地時代のアメリカにおいては、犯罪は主として、個々の被害者に加えられる害悪と考えられていた。犯罪の被害者は犯罪によって失った損失を回復することもできたし、3倍の賠償を得ることも認められていた。犯人に賠償能力がないときは、被害者は賠償額に相当する期間、犯人を労働に従事させることが、また、犯人を売ることもできたのである[1]。また、被害者は自ら犯罪を捜査し、犯人を訴追することもできたし、費用を払ってシェリフに捜査の助力を求め、弁護士に起訴の際の助力を求めることもできた。私人訴追制度の下において、被害者は刑事手続における重要な役割を担う者であり、経済的にも精神的にも刑事手続から得るものがあったのである[2]。

　しかし、独立後は、啓蒙思想の強い影響の下に、犯罪は社会に対して行われたものであり、刑罰は効果的であるためには迅速、確実、平等でなければならない。また、犯罪者は人道的な手段によって改善されるものと考えられた。そこでは、体刑や強制労働に代って、自分の犯した罪を反省するための収容刑が登場した[3]。被害者が刑事司法の運用に影響を及ぼすと刑罰の確実性を阻害するとの理由から、被害者が刑事手続において果たす役割は大幅に縮減することになる。さらに、その後の警察制度と検察制度の確立・進展に伴って、被害者の役割はさらに小さいものになっていった[4]。警察・検察は被害者に代って捜査・訴追の役割を担うようになったが、その理由としては、都市における多発

する犯罪に対処するには組織的な捜査機関が必要であったこと及び莫大な費用を要する捜査・訴追を私人に委ねていると富裕な者しか捜査・訴追ができずに不平等であり、また、復讐心や私欲から捜査・訴追を行うのは望ましくない等と考えられたことが重要な点として指摘できよう[5]。

　上記のような背景の中で、犯罪者は、刑事手続における被疑者・被告人の地位についても、処遇を受ける受刑者としての地位においても、今日に至るまで、めざましい進展があったことは顕著である。捜査、訴追、裁判において事件が適正、平等、公平に扱われるように、手続の各段階において、被疑者・被告人に様々な権利が保障されている。黙秘権、弁護権、排除法則、証拠開示、反対尋問権等々である。被告人は訴追側の主張・立証に対して徹底的に挑戦することが認められており、訴追側は被告人側の挑戦に応えて、合理的な疑いを超えるまで犯罪事実を証明した場合に初めて有罪判決が獲得できるのである。また、裁判を通して有罪であることが確定された者についても、収容刑を受ける者の場合、刑務所での処遇は改善され、犯人の社会復帰のための刑務所内外における様々な工夫がなされたりしてきた。そして、刑務所を維持・運用していくには莫大な費用がかかるにも拘らず、受刑者の改善・社会復帰が制度の狙い通りに働かないどころか、自由刑自体の効果にも根本的な疑念が持たれているのである。とはいえ、上記のような被疑者・被告人の地位の向上については勿論、そして受刑者の地位の改善についてもなお一定の積極的な意義を見い出すことができるといわれている。しかし、他方で、犯罪によって害を被った被害者はどうなってきたであろうか。

2　疎外された被害者

　私人訴追が検察による訴追にとって代わられ、また、民事の損害賠償訴訟が刑事訴追から切り離されたとき、被害者には、刑事手続において副次的な役割しか残されなかった[6]。被害者が告訴をしても、捜査をするか、どの程度捜査をするか、訴追するか否か、いかなる犯罪事実で訴追するか、有罪答弁を受け

容れるか否か等の判断・決定は各々警察・検察機関が行うのである。被害者には捜査や訴追を強制する権限はないし、有罪答弁を受け容れる決定や裁判所の量刑を争う資格もない。被害者の利益が警察・検察・裁判所において代表されることが好ましいが、現実は被害者の利益が十分に代表されているとは言い難く、被害者と法執行機関の利益が衝突するときは後者の利益が優先される。法執行機関は被害者の個人的な利益よりも公の利益に配慮して事件を処理する。例えば、検察官は訴追の決定に当って、行政上の利益（限られた財源を有効に使う、事件の滞貨を防ぐ、刑務所を過剰拘禁状態にしない等）を優先することができるのである[7]。警察・検察・裁判所にとって、被害者は重要な「証人」であるが刑事手続の「主体」ではない[8]。警察・検察・裁判所にとって証人たる被害者は、各々の機関が必要とする限度での事実を提供することを求められている。被害者は話したい全てを喋れば場合によってはカタルシスを得られるかもしれないが、各機関に必要な供述以外は余計な話として聞かれない。このような場合、各機関は被害者に冷たい存在と映る。逆に、被害者は、自分の被害を話したくない場合があるが、この場合でも、各機関は被害者に供述を求める。強姦の被害者、性的虐待を受けた被害者の場合、羞恥心から、また、加害者が身内である場合には加害者や家族の者の破綻を避けようという気持からも、事実を述べることは大きな苦痛である（第二の被害者化ともいわれる）。しかも、被害者は、各機関の前で何度も同じことを話さなければならない。被害者の中には、犯罪で被った害は恐ろしかったが、その後の刑事手続で求められるものの方がより苦痛だったという者もいるという[9]。さらに、証人として仕事を休んで裁判所に出頭したが、公判期日が予告なく延期されることも稀ではない。予定通り公判期日が開かれる場合でも、証人は長い間待合室で待たされることがある。待合室では被告人やその関係者と区別された場所が被害者に用意される訳ではないため、被害者は居心地の悪さを感じたり、時には被告人やその関係者から威迫を受けたりもするのである。また、被害者は、証人として、仕事を休んで、時にはベビーシッティングを頼んで、法廷に出頭するので、その日の稼ぎが得られないだけでなく、相当な出費をしなければならないだけでなく、雇

6 第Ⅰ部 犯罪被害者を保護・支援する必要性と根拠

主の不興を買い、そのことが原因で失職することさえあるという。交通費や日当が支払われる場合もあるが、そのことを知らない証人は多く、しかも、手続が面倒である。また、もう１つ重要な点として、被害者は自分の蒙った被害について自分に責任があるとして自分を責める傾向があることを指摘しなければならない[10]。強姦の被害者、性的虐待を受けた児童の被害者にとくにその傾向が強い。これらの被害者が犯罪から受けた精神的打撃から立ち直るのは相当困難といわれている。

　上記のような状況下では、被害者は自分に加えられた犯罪は自分とは関係がないとの疎外感を持ち、刑事司法も自分の関心に応えてくれないと考えているのである[11]。その結果、被害者の多くは犯罪を警察に報告しない。全粗暴犯罪（violent crime 強姦、強盗、暴行・傷害）の半数以上は当局へ被害届が出されていないという[12]。1982 年の犯罪被害者に関するタスク・フォース報告書の結論によれば、アメリカにおける犯罪被害者の取り扱いは国民的恥辱である、とされている。単なる１つの証拠方法として、関係機関の都合の良いように扱われた経験をもつと、被害者は決して二度と刑事司法に協力しようとは思わないのである[13]。

3　被害者の権利回復の動き

　合衆国において、被害者と犯罪者との関係については 1940 年代においても研究がなされていたが、被害者の権利回復を求める動きは 1960 年代に始まるといってよいであろう[14]。被害者の権利回復を求める動きは様々なグループの人々の声を表したものであるが、早くから活動を始めたグループとして、強姦の被害者とその支援者を掲げることができる。彼女らは強姦の被害者の取扱いを人情味ある方法にすることを求め、男性・女性の役割についてのステレオタイプ化した見方がよく強姦被害者を非難する結果になるため、そのような見方から解放されることを求めた[15]。また、彼女らは、公判前の被害者の保護策として、強姦被害者の救援センターの設立やカウンセラーの設置などを求

め、さらには、被害者を公判において苦境に立たせる、被告人の対決権条項についての証拠規則の改正を求めたりした[16]。被害者の権利回復を求める第2グループは黒人と貧困者である。彼らは、居住条件が悪いだけでなく、多数の者はその居住地域における犯罪について無関心であるため、犯罪の被害者になる可能性は高く、その憤りを表明しているのである[17]。そして、第3のグループは老人である。彼らは外出して犯罪に逢うことを恐れて家に閉じこもらねばならない不満を表明している[18]。

　被害者の権利回復を求める動きを推進させた理由は何であったろうか。まず、人道上の理由が掲げられる。何の責もなしに犯罪の害を被った者を社会が助けるのは正義の求めるところであるという。第2に、被害者となるのは最早、女性、老人、貧困者だけに限られず、中産階級以上の者の多くが、自分や家族が犯罪の被害者か又は潜在的被害者であるとの考えが広まってきている。第3は、行刑制度の社会復帰モデルに対する不満と被害者の権利回復を求める運動の展開が符号してきたことである。拘禁刑が犯人の社会復帰にも犯罪の減少にも役立たないことが判明してくるにつれて、犯人は犯罪に相当する刑罰を受けるべきとの考えが抬頭し、そこでは、犯人を助けることよりも犯人に犯罪の代償を払うことが強調された。第4に、刑事司法に携わる人々は、被害者の権利回復を求める動きが被害者及び証人の協力を得るのに役立つと考えた。第5に、犯罪を減らすことができないのであれば、少なくとも、被害者を援助する方向に関心を向けるべきであるという[19]。

　上記のような様々な理由に支えられた被害者の権利を回復する動きは、1973年から1983年にかけて、飛躍的な発展を遂げたといわれる[20]。被害者の権利・利益を擁護する各種団体の設立および連邦・各州における被害者の権利保護のための立法などが被害者の権利回復運動の主な成果として掲げることができる。被害者援助のための全国組織（National Organization for Victim Assistance）、被害者の法律援助機構（Victims Assistance Legal Organization）、飲酒運動に反対する母の会（Mothers Against Drunk Driving）を初めとする被害者及び証人を援助する機関は1984年の時点で数千に上るといわれている[21]。また、連邦議会

は「1982年被害者及び証人保護法」[22]を制定して、刑事手続の幾つかの場面において、検察官、裁判官等が被害者の意見を聴く等その意思を配慮した取扱いをするようにし、また、被害者への弁償、補償をする規定等を設けて、被害者の保護を図っている。連邦議会はこの法律が州がこの種の立法をする際のモデルになることを狙っていたが、幾つかの州もこの法律にならって、被害者・証人を保護する立法をしている。これらの立法は被害者を一定の型態で刑事手続に参加することを認めることと被害者の犯罪による損失を財政面で回復することを主な内容としており、別な言葉で表現すれば、被疑者・被告人の方に傾き過ぎていた刑事手続上の利益のバランスを被害者の利益の方向へ平衡を回復しようとする試みといってよいであろう。以下において、1982年被害者及び証人保護法を中心に、被害者の刑事手続への参加の問題と弁償と補償について、若干の考察を加えてみたい。

4 刑事手続の各段階での告知、参加

1982年の被害者及び証人保護法は、前述の如く、一言でいえば、被害者が疎外されている現状を認め、被害者の協力が得られなければ刑事司法が十分に機能しないとの認識から出発し、同法の目的として、次の3点を掲げている[23]。① 刑事司法手続において犯罪の被害者及び証人に必要とされる役割を増やし保護すること。② 連邦政府が、利用可能な財源の範囲内で、被告人の憲法上の諸権利を害することなく、犯罪の被害者及び証人を援助するためにできることを全て実行することを確かなものにすること。③ 州及び地方政府の立法のモデルを提供すること。

また、同法は、アターニー・ジェネラルに対して、同法の目的に合致した、犯罪被害者及び証人を公正に取り扱うための、司法省のガイドライン[24]を作成し実現することを求めている。同法及びガイドラインの主な内容は、大きく分けて、次の3つがあるといえよう。① 犯罪の被害者及び証人に対して、刑事手続の進行の経過を告知したり、意見を聴取する形で刑事手続への参加を認

めること。② 被害者及び証人が刑事手続へ参加することにより生じうる不利益を除去することと援助を提供すること。③ 被害者の被った損失・損害を回復すること。また、連邦と相前後して、州でも、ウイスコンシン州のように犯罪の被害者及び証人を保護することを目的とした包括的な法律をもつ州がかなりの数にのぼり、また、包括的ではないにせよ、犯罪の被害者及び証人を保護したり、被害を填補する内容をもつ法律を制定している州は相当数に及んでいる[25]。

(1)　刑事手続の各段階における被害者及び証人に対する告知

1982 年法もいうように、被告人には弁護人が提供され、弁護人によって刑事司法手続及び被告人の諸権利について説明を受けることができるが、被害者又は証人にはこのような保障はなく、通常は、被告人が保釈されたこと、公訴が取下げられたこと、縮減された公訴事実に対する答弁が受理されたこと、あるいは、公判期日が変更されたことについて告知すら受けていなかった[26]。1982 年法は、重大な犯罪の被害者、証人、一定の親族が次の事柄につき事前の告知を受けるべきことを規定している[27]。① 被告発者の逮捕。② 被告発者の裁判官の面前への最初の出頭。③ 裁判手続係属中の被告発者の釈放。④ 被告発者を訴追する手続（これには有罪答弁の提示、公判、量刑および被告発者の拘禁刑からの釈放を含む）。

被害者が司法の運用に深く関われば関わるほど不満の度合は少なくなる[28]、といわれるが、被害者及び証人に刑事手続の進行の過程を告知することはその刑事手続への参加の第 1 段階であり、重要な意味を持つ。被害者は刑事事件の成行きについて関心を持っているし、被告人の身柄がどうなっているかは気になる問題である。また、被害者が刑事手続について知識がないため、各段階での処分の意味が誤解され、無用の不信感を抱かれないようにする必要もあろう。例えば、保釈によって被告人が保釈されたことは、被害者の犯罪に関する供述が信用されなかったということではないし、その事件の訴追が行われないということを意味するものではないことを被害者は知らないかもしれないので

10　第Ⅰ部　犯罪被害者を保護・支援する必要性と根拠

ある[29]。さらに、被害者は、被告人の保釈による釈放は一定の条件に違反すれば取り消されることを知らないかもしれない。1982 年法の規定からは明らかではないが、保釈による釈放の条件について被告人のみならず被害者にも説明するのが望ましい。事件の進み具合について被害者が告知を受ければ、被害者は無視されていないとの感情を抱くであろう。被害者はまた、公判期日の変更について告知を受けることができる。これによって、証人として裁判所に出頭する予定だった者は、時間と労力と金の無駄使いをしないで済むし、その日の収入を失わずに済むのである。

(2)　被害者及び証人への様々な援助の提供

1982 年法によれば、被害者は緊急の社会的及び医療上のサービスをできるだけ早くルーティンに受けることが保障されている[30]。また、被害者及び証人は、法執行官及び検察官が被害者及び証人を威迫から保護するためとりうる手段についての情報をルーティンに告知されねばならない[31]。さらに、被害者及び訴追側証人は他の全ての証人とは隔てられた待合室を与えられることとされている[32]。

被害者及び証人には裁判に協力することに伴う様々な負担がある。この負担を軽くするために政府が援助したり、便宜を与えることは軽視できない。1982 年法によれば、法執行機関及び検察官は、被害者又は証人から要求があった場合、雇い主に対して、事件を訴追するために被害者又は証人が仕事を休むことが必要なことを告知するについて援助しなければならない[33]。また、法執行機関及び検察官は、犯罪又は法執行機関への協力の直接的結果として被害者又は証人が重大な財政上の困難に遭遇している場合には、債権者に被害者又は証人のその困難な事情を説明するに当って援助を与えなければならない[34]。さらに、被害者は連邦法執行訓練施設による教育及び訓練の提供を受けることができる[35] ほか、法廷への輸送、駐車場や通訳の提供などの援助を受けることができるものとされている[36]。

⑶ 被害者の刑事手続への参加

㈠ 私人訴追の導入の可否 検察官は公益の代表者として、被害者の利益を
も代弁するものとみられている。しかし、検察官は捜査、裁判、行政、政治と
いう様々な各目的に奉仕する官僚組織を動かす一員である。必ずしも公平中立
な者として行動することが困難な場合もある。例えば、捜査の局面では、検察
官は犯罪解明という犯罪者と対抗的立場において仕事をするのであり、また、
訴追の場面では行政官として、検察官の関心は当該事件において達成される正
義というよりも検察官に与えられた財源と裁判所の期日をいかに有効に使うか
に向けられるであろう。検察官は被害者の意思を考慮しないで、行政目的に適
うように訴追の決定をするというのである[37]。そこで、検察官の訴追裁量を
抑制し、個人及び地域社会の自警思想ともバランスを図るために私人訴追を採
り入れるべきとの主張がなされた。これに対して、アメリカ法曹協会は検察官
の参加による歯止がなければ、私人訴追は刑事手続を報復として用いるおそれ
があると消極的姿勢をとっている[38]。検察制度が整備されている今日、私人
訴追がそれに取って代わろうというのは絵空事でしかない。また、私人訴追を
するためには弁護士を雇うなど費用がかかるから貧困な者には現実的でない等従
来からの批判も存在する。基本的には、訴追裁量の濫用が規制され、被害者の
利益をも配慮したうえでの適正な訴追がなされるためにはいかなる方法が適切
であるかであるが、1982 年法は公訴の取下げ、答弁取引、公判前のディバー
ジョン・プログラムについて検察官が被害者又は家族と相談することを求めて
いる。

なお、一定の犯罪に限って、検察官との一種の役割分担の下に、私人訴追を
認めるべきとの見解があり[39]、注目に値する。すなわち、被害者は弁護人を
雇い訴追を行う。検察官は、私人訴追を進めてよいか、訴追の取下げを求める
かどうか、一定の事件では事件を引きとって訴追するか等を決定する権限を保
持して、私人訴追に対する審査をするというのである。隣人・友人・契約当事
者間の犯罪、これらは不法行為に類似し、被害の回復が訴追の真の目的なの

12 第Ⅰ部 犯罪被害者を保護・支援する必要性と根拠

で、私人訴追に適しているという。横領罪や万引の事件の場合、それぞれ、銀行やデパートは進んで訴追するであろうという。真に利害関係のある被害者のイニシアティブに期待すると共に、検察官にも自己の処分により責任ある態度をとることが求められ、もって、法の支配に対する国民の信頼が高まることが狙われているのである。

　(B) 被害者、家族の相談を受ける権利　1982年法によれば、検察官は連邦刑事事件の処理についての意見を聴取するため、重大犯罪の被害者または被害者の家族（被害者が年少者又は死亡した場合）と相談しなければならない。相談すべき事項として、① 公訴の取下、② 裁判手続係属中の被告発者の釈放、③ 答弁協議、④ 公判前のディバージョン・プログラムの4項目である[40]。アターニー・ジェネラルのガイドラインは上記の4項目に加えて、⑤ 大陪審起訴またはその他の方法による訴追を求めない決定、⑥ 裁判手続の延期、⑦ 被告発者を被告人とする少年事件の手続が開始される予定、⑧ 被害の弁償、⑨ 量刑に関する被害者の見解を裁判所に示すこと、の5つを掲げている[41]。ガイドラインによれば、被害者は、上記の9項目の各段階の決定についての説明を受けることとされている[42]。また、被害者は、答弁取引の一内容となる検察官の量刑勧告に関して、意見を求められることとされ、さらに、被害者は、量刑の際に裁判所に意見を述べる機会がある、との告知を受けるべきものとされている[43]。

　上記の各段階において、被害者の意見はいかなる機関が、いかなる形態で聞くのか、また、被害者の意見は単に各段階での決定に際して考慮されるだけでよいのか、あるいは拘束力まで持つのか等の問題がある。1982年法及びガイドラインの規定では上記の点が必ずしも明らかではない。

　ゴールドシュティン教授の次の見解は傾聴に値する。すなわち、大陪審起訴又はその他の方法の起訴をしない決定をする権限は検察官に委ねられているので、訴追すべきとの被害者の意見は検察官が聞いて考慮すればよい。検察官は被害者の意見に拘束される必要はないが、被害者の意見と異なる決定をするときは、その点について被害者に説明をしなければならない。公判前ディバージ

ョンについても同じように考えてよい。他方、公訴取下や答弁協議は検察官の勧告があり、それに被告人が同意した場合でも、裁判所の許可が必要とされ、裁判所はこの勧告の判断に当って「健全な司法の運用」を考慮することができるので、検察官は、被害者の意見が検察官の意見と異なるときはとくに、被害者と相談し、被害者の意見を裁判所に伝える義務を負うであろう。検察官が当該被害者と相談し、その意見を裁判所に伝えることをしなかった場合は、裁判所は被害者の意見を聞く聴聞を開いて、被害者に公訴取下及び答弁協議についての聴聞に出席することを許す決定をすることもできるだろう[44]。

　ゴールドシュティン教授は、従来から、刑事手続に真の利害関係を持つ被害者を単に陳述する権利を持つ者としてではなく、当事者として刑事手続の一定の段階（有罪認定前の公訴取下、公訴の縮減及び有罪答弁についての聴聞と有罪認定後の弁償及び量刑の各手続）に参加させるべきとの主張をされてきた[45]が、1982年法では被害者は当事者として刑事手続に参加することを認められてはいないであろう[46]。しかし、刑事手続の後の方の段階では、被害者の意見が聞かれる場合又は被害者の手続への参加の度合が多くてしかるべきとの考えは、1982年法において採られているように思われる。1982年法によれば、プロベイション・オフィサーは量刑裁判官へ提出する量刑前調書報告書の中に、被害者が犯罪によって被った影響についての供述（victim impact statement）を記載しなければならない[47]。同じような規定をもつ州もある[48]。それによって、裁判官は、犯罪及び被告人側の事情のみならず、被害者及びその家族の事情をも総合的に考慮して量刑をすることができる。また、ガイドラインでは、量刑及び弁償についてのみ、検察官は被害者の利益を擁護しなければならないとされている。すなわち、検察官は量刑及び弁償手続において裁判官に対して検察官の考えだけではなく被害者の意見をも述べる義務があると解釈できる。さらに進んで、幾つかの州では、被害者が量刑手続において意見を述べたり、証拠を提出することを認めている。また、被害者にパロール委員会の聴聞についての告知をし、一定の形態で囚人の解釈について審査する手続への関与を認める州もある。

14　第Ⅰ部　犯罪被害者を保護・支援する必要性と根拠

　上記のような量刑やパロール委員会の聴聞へ被害者を参加させることに対しては幾つかの懸念が表明されている[49]。① 被害者は報復を求め、懲罰的になり、減刑事情を考慮せず、公共の利益に適う量刑よりも重い量刑を提案するだろう。被害者の量刑手続への参加によって、裁判所や立法府が量刑を統一のとれたものにしようとしている時期であるにも拘らず、量刑上の不均衡を大きくしてしまうだろう。② 被害者は裁判官に自分の意見を考慮して貰うことと自分の提案を採用して貰うこととの違いを理解しないため、自分の期待がかなえられないときに、刑事司法制度に対する不信がさらに深いものになるおそれがある。③ 裁判官は被害者及びマスコミの圧力に耐えることができないだろう。量刑は公判裁判官の最も困難な決定となる。

　この懸念に対しては、ある調査研究の示すところによれば、被害者の量刑手続への参加は予想されたよりも混乱を招くものでもなく報復的でもなかっという。このフロリダ州デイド・カウンティで行われた公判前の調停聴聞（pretrial settlement hearing）へ被害者を参加させた実験的研究によれば、予期に反して、被害者は法に認められた最高刑を要求しなかった[50]。また、被害者は弁護人及び裁判官の提案した処分を支持するのが通常であったという。また、聴聞に参加した被害者は参加しなかった被害者よりも手続とその結果について満足している。さらに、被害者の参加は手続の能率をも高めたようでもある。

　また、被害者はあまりにも多様であるので、被害者がどの位報復的になるかについて一般化することはできないとの見解もある[51]。犯罪の種類、被害者が刑事手続において何を求めているか等によって、被害者の報復性は殆ど問題にならない場合もあることは確かであろう。

5　被 害 弁 償 （Restitution）

　被害者は常に犯人の処罰を求めている訳ではない。むしろ、犯罪によって被った損失を回復できれば満足であると考える場合も多い。被害弁償が植民地時代に重要な役割を果していたことは前述したが、独立後現在に至るまで、植民

地時代ほどではないが、被害弁償は一定の役割を果していたことも事実である。すなわち、犯人が被害者に被害弁償をすることによって、警察は被疑者を逮捕するまでもないと考えたり、検察官は不起訴処分、公訴事実の縮減、そして寛大な量刑勧告をする基礎とした。また、裁判所も量刑の際に被害弁償したことを考慮することができたのである[52]。しかし、被害弁償は多くは用いられなかった。その主な理由は、1つには被害者を保護するためには民事上の救済で十分であるとの考えがあったからであり、もう1つは、被害弁償をいかに実効的なものにしていくかに困難があるといわれたからである。被害弁償は憲法違反であるとか、刑事司法制度と調和しないとか考えられたためではなかった。しかし、近年、民事上の救済で十分であるとの考えには疑問が出された。民事上の救済は時間と費用がかかるうえに結果が不確実であることが指摘された。また、被害弁償が犯罪によって壊された人間関係の修復に役立ち、犯人の社会復帰にも効果があるとの、被害弁償の見直しがなされた。すなわち、犯人が被害者に被害弁償することによって犯罪が壊した犯人と被害者また犯人と社会との関係を相当程度修復することが可能であり、また、被害弁償は犯人が被害者に加えた害悪の責任を認めて被害者に金銭を支払うのであるから社会復帰の可能性が期待でき、罰金や収容刑よりも社会復帰が期待できるといわれた。被害者への被害弁償が被害者に宥恕の気持を生ぜしめることは相当あるであろうし、被害弁償するために犯人に一定の努力が求められることは当然だともいわれた。収容刑は財政的に被害者に益するところがないし、他方、被害者補償制度のみでは犯人の処罰という点で満足のいくものではないし、国庫の負担が大変である。少なくとも資力のある犯人に対して、被害弁償は現実的かつ効果的な制裁である。

　1982年法によれば、連邦裁判所は有罪の認定を受けた者に、被害者への被害弁償を命ずることができる[53]。従来も、連邦裁判所は、連邦プロベイション法の下で、プロベイションの一条件として被害弁償を命ずる権限が認められていたが、この権限は裁量的なもので殆ど行使されなかった。1982年法において、裁判所は法定の刑に加えて又はこれに代わって、被害弁償を命ずるこ

16 第Ⅰ部 犯罪被害者を保護・支援する必要性と根拠

とができる[54]。裁判所は、被害弁償に命じないとき又は一部の被害弁償しか命じない場合は、その理由を書面にて明らかにしなければならない[55]。被害弁償は、被害者が特に指定した者がいる場合を除いて、犯人の全財産から直接に被害者に対してなされる。被害弁償命令は連邦政府又は被害者によって民事の判決の場合と同じ方法で執行される[56]。被害弁償は財産の侵害と身体の傷害があった場合に、命じられる[57]。身体の傷害があった場合は、医学療法、心理学療法、物理療法又は作業療法に要した費用と傷害によって失った収入につき被害者は被害弁償をうけることができる[58]。被害者が殺害された場合には、葬式に要する費用の被害弁償が認められる[59]。財物の奪取又は損害があったときは、被害弁償は当該財物の返還又は財物の価格の賠償に限定されている[60]。被害弁償命令を受けたからといって、損害賠償を求めて民事訴訟を提起することが禁止される訳ではないが、被害弁償命令で被害者に認められた額はその後の民事訴訟においては差し引かれる[61]。被害者が同一の損失につき二重に回復を受けることは認められていない。

　上記の1982年法の被害弁償命令の内容について幾つかの問題点を掲げてみよう。まず、被害弁償額を決定する手続はどのようなものか。次に、犯人が命じられた被害弁償を被害者に実行しなかったときはどうするのか。さらに、被害弁償命令が民事上の救済であるならば、第7修正の陪審裁判を受ける権利が被告人にはあるのか等である。

　まず、被害弁償額はいかに決定されるのか。決定の基準は明確といえるのか。1982年法によれば、聴聞を開いて被害弁償額を決定するとされ、裁判官は被害弁償額の決定に当っては証拠の優越によって判断する[62]。裁判所は被害弁償額の算定に困難をきたし、そのため量刑手続に不当な影響を与える点がある場合には、裁判所は裁量権を行使して被害弁償を命じないこともできる[63]。前述のように、被害弁償の範囲は、財産犯に対しては財物の返還、損害の賠償、傷害犯に対しては医療費、薬代、失った収入そして遺族には葬式費用という具合に、連邦プロベイション法[64]の規定のように「有罪認定を受けた犯罪によって蒙った現実の損害又は損失」という文言はないが、立法者の意

図からして、解釈上、被害弁償の範囲は犯罪によって被害者が蒙った現実の被害を補償する限度に止められるとするのが合理的であるとされている[65]。従って、犯罪によって被害者が受けた精神的打撃に対する損害賠償は被害弁償の範囲には含まれない。また、被害弁償額は必ずしも犯罪の重大性を反映するものでもない。例えば、殺人者よりも傷害犯人の方が高額の被害弁償を命じられることも考えられる[66]。なお、連邦プロベイション法の下で、被害弁償額の算定がうまく行われて来たとの実務経験に照らせば、1982年法の被害弁償額の算定規準が不明確だからという理由で憲法違反を主張するのは根拠が弱いのではないかとの見解もある[67]。

　次に、1982年法によれば、犯人が被害弁償命令に従わない場合、プロベイション又はパロールを取り消すことができる[68]。取消に当っては、被告人の雇用上の地位、収入を得る能力、資産、被害弁償しなかった意図、その他被告人の支払能力に関係のある特別の事情を考慮しなければならない[69]。ところで、Bearden v. Georgia, 103 S. Ct. 2064（1983）において、合衆国最高裁判所は、プロベイションの条件として罰金と被害弁償を支払うことを命じられた被告人がその一部しか支払わなかったためプロベイションを取り消されたことが平等保護条項に違反するかが争点となった事案で、被告人が罰金・被害弁償を支払うために十分な善意の努力をしなかったか他の適切な代替刑が存在しないと認定することなしに、被告人が罰金・被害弁償を支払うことができなかったことを理由に自動的にプロベイションを取り消した下級審の判断は誤っていると判示したのである。すなわち、Bearden判決によれば、被告人が罰金・被害弁償を支払わなかったからといって直ちにプロベイションを取り消してはならず、裁判所は被告人が支払いを拒絶した場合や支払う財源を得るための十分な善意の努力をしなかったときにプロベイションを取消して適切な収容刑を量刑することができるのである。もし、被告人が支払いをするための善意の努力をしているが、罰金・被害弁償をすることができない状態にあるときは、裁判所は、収容刑に代わる刑罰を考慮し、収容刑に代わる刑罰は政府の利益に適合するには十分ではないと判断するときには、支払いをしようとの被告人の善意にも拘

らず、被告人に収容刑を科すことが合憲となるのである[70]。この Bearden 判決の考え方は 1982 年法の被害弁償の規定の解釈にも影響を与えるものと思われる。すなわち、同法 3580 条 (a) では、裁判所が被害弁償を命ずるか否か及び被害弁償の額を決める際、被害者の受けた被害の額や被告人の財政状態などのほか裁判所が適切と考えるその他の要因が考慮されることが規定されているが、その他の要因の中には、被告人は被害弁償できなかったが、それは善意の努力をしたうえでのことかどうかが含まれることになるであろう[71]。また、Bearden 判決の示唆するところによれば、裁判所は、直ちに罰金を収めさせたり、被害弁償させたりするのではなく、被害弁償の支払期間を延長したり、支払い額を減額したり、被告人に労働奉仕を命じたり等の措置を講じることができるが、裁判所がそのような措置を講じることは 1982 年法の 3579 条の下でも可能であるといわれている[72]。被害弁償の最大の難点の 1 つは、被告人の多くが貧困な者であるので、貧困な被告人に対して被害弁償を実効的に行わせるのは困難であることと、他方で、実現困難な被害弁償を命じて、実現できなかったことを理由に直ちに収容刑を科すことは貧困であることを理由とする被告人に対する差別であり平等保障条項に反すると批判されたことであったので、1982 年法の被害弁償の規定の解釈に当って、Bearden 判決の示唆するところを考慮することは重要である。

　第 3 に、被害弁償が民事訴訟に似ている点があるので、被害弁償の聴聞において、被告人には陪審裁判を受ける権利があるかとの問題がある。下級審裁判例では 3579 条と 3580 条は合衆国憲法第 7 修正の陪審裁判を受ける権利条項に反するとした事案があった（United States v. Welden, 568 F. Supp. 516（N.D. Ala, 1983））。Welden 判決によれば、被害弁償命令は民事判決として扱われ、また、エクィティよりもコモン・ロー上の訴訟に類似しているので、被告人は被害弁償額を陪審によって決定して貰う権利がある、とされた[73]。もっとも、この判決に対しては、3579 条 (h) は被害弁償命令を民事判決としたものではなく、同規定は単に被害弁償命令は民事判決と同じ方法で執行されるとしているだけである。また、法律の条文にも、立法の経緯からも被害弁償が被害者の民事上

の救済の代わりとして機能することが意図されたことを示すものはない。さらに、3579 条に基づく被害者による損害の回復は民事訴訟上の回復に符号するものではなく、一定の範囲に限定されていること。そして、1982 年法は刑法典である 18 巻に規定されている他の量刑（判決）に加えて又はそれに代えて被害弁償が科されるとして、被害弁償を刑事上の制裁をもつものとして規定している等として批判する見解もある[74]。

この指摘のほかに、被害弁償額を陪審裁判によって決定することとすると被害者の損失の迅速な回復が達成されない点は出てこないのであろうか。また、民事・刑事の峻別に由来した不都合は問題とならないのか等の疑問があるであろう。

6　犯罪被害者補償制度（Victim Compensation Program）

被害弁償の場合、犯人が捕えられ、裁判で有罪認定を受けなければ実現されないし、犯人が有罪認定を受けても、貧困である場合は、事実上損害回復は不可能であることが多い。そこで、犯罪が多発し、被害者に被害弁償や民事の救済が得られ難い状況の下では、被害者の被害は社会の全体で負担すべきとの考えが注目される[75]。ハムラビ法典にまで遡るといわれる国家による被害の補償制度は被害者の権利を回復する運動においても強く主張された。1985 年現在、合衆国の 39 の州とコロンビア特別区が犯罪被害者補償制度を有している[76]。

犯罪被害者補償制度は部分的な救済策でしかないといわれた。すなわち① 同制度は暴力犯罪の被害者にのみ適用されるだけで、補償される額も少ない。② 同制度は刑事法の目的（応報、抑止、社会復帰）に殆ど奉仕しない。③ 犯人が被害者の損失の補塡に責任をもたないので、犯人が行った損害に対する責任感を減少させる[77]。

1982 年法が被害者への被害弁償及び医療上、精神上、その他様々な援助を提供することを定めたことは、犯罪被害者補償制度とあいまって、被害者の十

20 第Ⅰ部　犯罪被害者を保護・支援する必要性と根拠

分な回復を図ることが企図されているのであろう。犯罪被害者補償制度は部分的救済策であるが、被害者の救済には重要な制度なのである。

　各州の制度の一般的な内容を大雑把に示してみよう。多くの州は被害者が犯罪を警察に報告する等捜査機関へ協力することを補償を受ける要件としている。全ての州で、被害を被ったことにつき自分に責任がある者には補償はされないか、補償が減額される。また、通常、犯人の家族は補償を受けられない。例えば、夫が妻に傷害を負わせ、妻への補償金を 2 人で使うことを防ぐためである。また、補償請求がされる州に居住していることを要件とする州もある[78]。

　全ての州が補償額の上限を定めており、1 億ドルを限度とするのが普通である。また、殆どの州が補償額の下限を定めており、2 週間分の収入の損失分に相当する額とするのが通常である。そして、被害者が受ける全米の平均の補償額は 2 千ドルである。殆どの州が医療費、失なわれた所得の補償そして扶養家族への補償を認めている。葬式費用も通常補償される。しかし、精神的損害や財産上の損害に対する補償は殆どの州が認めていない[79]。

　犯罪被害者補償制度の最大の問題の 1 つは、補償を受ける資格のある者が補償を受けていないという点である。多くの被害者が制度の存在を知らなかったり、知っていても手続を面倒がって補償請求をしないのである。この制度に対しては、当初から財政上の理由に基づく反対論があったが、現在は予想に反して、それほど活用されていないのである。しかし、年を追うにつれて、この制度は、請求件数においても、補償決定額についても、着実に増加しているといわれ、実績が積み重ねられているといってよいであろう[80]。

7　お わ り に

　1982 年法は、前述の如く、被告人の憲法上の権利を侵害することなく、犯罪の被害者および証人を援助することを目的としている。被害者の利益を擁護する改革は被告人の権利と対立しない改革（犯罪被害者補償制度、証人威迫を防止

する方策など）もあれば、被告人の権利と緊張関係に立つ改革（被害弁償命令、Son of San 立法、被害者に出廷及び証言を免除することなど）とがある。後者は、将来の解決を待たねばならない争点である。しかし、基本的には、従来、被害者の権利を回復することに主たる関心を抱いてきた人々は被告人の権利を侵害することを求めているのではないことに気を遣い、他方、被害者の権利回復を求める運動が被告人の憲法上の権利に及ぼす影響を恐れて敵対していた人々は被害者を保護する重要性を認識してきており、被害者の権利を擁護する動きも市民的自由を主張する人も今や被害者の利益も被告人の権利も刑事手続上共に尊重すべきもので、必ずしも互いに排斥し合うものではないと認識するようになってきているといわれる[81]。最近の立法をも含めた被害者の権利回復の動きは、被告人の権利保護にのみ重点を置き、被害者の利益を無視した結果、バランスを失した刑事司法の状態を適正な方向へ戻そうとするものである。これによって、被害者を含めた市民が刑事司法制度への信頼を取り戻し、刑事司法に進んで関わりを持つようになることが期待されている[82]。最近の立法後、上記の期待が実現されてきたかどうかについては、慎重に評価されねばならない。

1)　William F. McDonald, The Role of the Victim in America in Assessing the Criminal, ed. Barnett, Hagel（Ballinger, 1977）p. 295-296.
2)　Id. at 296.
3)　アメリカ合衆国で初めて刑務所が開設されたのは 1778 年フィラデルフィアにおいてであった。
4)　McDonald, p. 297.
5)　Id. at 298.
6)　Abraham S. Goldstein, Defining the Role of the Victim in Criminal Prosecution, 52 Miss. L. J. 515, 518（1982）（以下では Goldstein I として引用する）．
7)　Id. at 519.
8)　Id. at 520.
9)　See, Lois Haight Herrington, Victim Rights and Criminal Justice Reform, Nov. 1987 The Annals of the American Academy. 139, 141.
10)　Goldstein I. at 516.

11) Id. at 518-520.

12) Herrington, at 140.

13) Id. at 141.

14) Shirley S. Abrahamson, Redefining Roles : The Victims' Rights Movement, 1985 Utah L. Rev. 517, 518.

15) Id. at 524.

16) Ibid.

17) Ibid.

18) Id. at 525.

19) Id. at 525-528.

20) Id. at 528.

21) Id. at 529.

22) Victim And Witness Protection Act of 1982, Public L. No. 97-291, 96 Stat. 1248. 本法の簡潔な紹介・解説として、中野目善則「Ⅳアメリカ合衆国における刑事手続での被害者の役割、被害者の刑事手続への参加―― 1982 年の被害者及び証人の保護に関する法律の検討を中心に――」法学新報第 94 巻第 6・7・8 号 116 頁を参照。

23) 18 U. S. C. § 1512 sec. 2 (b).

24) Attorney General's Guideline for Victim and Witness Assistance, July 9, 1983, 33 Crim. L. Rep. 3329 (Aug. 3, 1983).

25) 州の立法状況については、Note, State Legislation in Aid of Victims and Witnesses of Crime, 10 J. of Legislation 394 (1983) 参照。

26) 18 U. S. C. 1512 sec. 2 (a).

27) 18 U. S. C. 1512 sec. 6 (a) (4) (A)-(D).

28) Richard D. Kundten et. al., The Victim in the Administration of Criminal Justice : Problems and Perceptions in Criminal Justice and the Victim ed. William F. McDonald (Sage, 1976) p. 119.

29) See, Note supra 10 J. of Legislation 394, 397.

30) 18 U. S. C. 1512 sec. 6 (a) (1).

31) 18 U. S. C. 1512 sec. 6 (a) (2).

32) 18 U. S. C. 1512 sec. 6 (a) (6).

33) 18 U. S. C. 1512 sec. 6 (a) (8).

34) 18 U. S. C. 1512 sec. 6 (a) (8).

35) 18 U. S. C. 1512 sec. 6 (a) (9).

36) 18 U. S. C. 1512 sec. 6 (a) (10).

37) Goldstein I. at 555.

38) 1 ABA Standards for Criminal Justice 3-2.1, Commentary (2d ed. 1980).

第 1 章　アメリカ合衆国の刑事手続における被害者の役割　*23*

39）　Goldstein I. at 558-560. また、Note, "Private prosecution : A Remedy for District Attorney's Unwarranted Inaction," 65 Yale L. J. 209（1955）を参照。

40）　18 U. S. C. 1512 sec. 6（a）（5）（A）-（D）.

41）　Attorney General's Guidelines, supra note 15, § II（c）.

42）　Ibid.

43）　Id. § II（B）（8）.

44）　Abraham S. Goldstein, The Victim and Prosecutorial Discretion : The Federal Victim and Witness Protection Act of 1982, 47 L. & Contemp Problem 225, 232-233（1984）（以下 Goldstein II. として引用する）.

45）　Goldstein I. at 557. A. S. Goldstein, The Passive Judiciary : Prosecutorial Discretion and the Guilty Pleas（La. St. Univ. press. 1981）p. 70. 本書の翻訳として、渥美東洋監修、椎橋＝香川＝中野目＝宮島訳『控えめな裁判所――検察官の裁量と有罪答弁』（中央大学出版部 1985 年）がある。また、刑事手続の各段階への被害者の参加については、次の文献が参考になる。William F. McDonald, "Toward a Bicentennial Revolution in Criminal Justice : The Return of the Victim," 13Am. Crim L. Rev. 649（1976）; Donald J. Hall, "The Role of the Victim in the Prosecution and Disposition of a Criminal Case," 28 Vand. L. Rev. 931（1975）.

46）　Goldstein II. at 246.

47）　Fed. R. Crim. P. 32（c）（1）, （2）.

48）　See, Note supra 10 J. of Legislation 392, 402.

49）　カミサー教授などの懸念。Abrahamson, supra 1985 Utah L. Rev. 517, 547 より引用。

50）　Anne M. Heinz, Wayne A. Kerstetter, Pretrial Settlement Conference : Evaluation of a Reform in Plea Bargaining, 13 Law & Society Rev. 349. 359（1979）. また、Goldstein, The passive Judiciary, p. 71 ; Vera Instiute of Justice, Felony Arrest : Their Prosecution and Disposition in New York City's Courts（New York : 1977）, 135-140 を参照されたい。

51）　Goldstein II. at 244-245. この点について詳しくは、中野目善則・前掲 121-122 頁参照。

52）　Abrahamson, supra at 549.

53）　18 U. S. C. 3579（a）（1）.

54）　Ibid.

55）　18 U. S. C. 3579（a）（2）.

56）　18 U. S. C. 3579（h）.

57）　18 U. S. C. 3579（b）.

58）　18 U. S. C. 3579（b）（2）.

59）　18 U. S. C. 3579（b）（3）.

24 第Ⅰ部 犯罪被害者を保護・支援する必要性と根拠

60) 18 U. S. C. 3579 (b) (1).

61) 18 U. S. C. 3580 (e).

62) 18 U. S. C. 3580 (d).

63) 18 U. S. C. 3579 (d).

64) 18 U. S. C. 3651.

65) Note, The Constitutionality of the Victim and Withess Protection Act of 1982, 35 Ala. L. Rev. 529, 537.

66) Id. at 540.

67) Id. at 537.

68) 18 U. S. C. 3579 (g).

69) Ibid.

70) Bearden v. Georgia, 103 S. Ct. 2064 (1983), 2073.

71) Note, supra 35 Ala. L. Rev. 529, 546.

72) Ibid.

73) United States v. Welden, 568 F. Supp. 516, 536.

74) Note, supra 35 Ala. L. Rev. 529, 549-550.

75) Goldstein I. at 523.

76) Charlene L. Smith, Victim Compensation : Hard Questions and Suggested Remedies, 17 Rutgers L. J. 51, 52 を参照。

77) Goldstein I. at 523-524.

78) Smith, supra 17 Rutgers L. J. 51, 55-56 ; Gilbert Geis, Victim Compensation and Restitution in 4 Encyclopedia of Crime and Justice 1604, 1606-1607 (S. H. Kadish ed. 1963).

79) Smith, Ibid ; Geis, Ibid.

80) 例えばウィスコンシン州の場合について Abrahamson supra at 558 note 180 参照。

81) Id. at 564-567.

82) Herrington, supra 142 は「被害者の権利を回復する運動の隆盛は市民の司法制度への信頼を回復し、これに進んで関わりを持つようになるうえで大きな役割を果たしていると思われる。犯罪の法執行機関への報告件数が増えた理由の1つはここにあると思われる」としているが、犯罪の報告件数が増えた理由は、法域によって児童虐待の事件などにおいて、事件を知った一定の者に報告を義務づけた法律が制定されたことにもよることを考慮しなければならない。

参 考 文 献

被害者と刑事手続についてのわが国の文献を若干掲げて参考に供したい。

渥美東洋『刑事訴訟を考える』（日本評論社 1987 年）第 15 講

田宮裕『演習刑事訴訟法』（有斐閣 1983 年）10 頁

田口守一「犯罪被害者の訴訟法上の地位」受験新法 59 年 11 月号 32 頁

宮澤浩一「被害者学の最近の動向」研修 460 号 3 頁

同「被害者学事始め」とくに第 17 講、時の法令 1296 号 25 頁

同「刑事手続における被害者の地位」判例タイムズ 538 号 1 頁

同「犯罪被害者の法的地位について──西ドイツ 1986 年改正法を中心として──」
　研修 473 号 3 頁

三井誠「被害者と刑事手続」検審 26 号 3 頁など
　犯罪被害者補償制度について

齊藤誠二『被害者補償制度の基本問題』（風間書房　1977 年）

大谷實＝宮澤浩一編『犯罪被害者補償制度』（成文堂　1976 年）

大谷實『被害者の補償』（学陽書房　1977 年）

大谷實＝斎藤正治『犯罪被害者給付制度』（成文堂　1982 年）

藤永幸治「被害者補償制度の問題点」警察学論集 28 巻 6 号 65 頁など
　刑事手続との関係だけではなく被害者の問題を特集したものとして法律のひろば 39
　巻 3 号、40 巻 1 号、昭和 61 年版犯罪白書、ジュリスト 853 号

第 65 回日本刑法学会のワークショップの報告を各報告者がまとめた法学新法第 94 巻
　6・7・8 号 103 頁などの各執筆者の論稿

渥美東洋「犯罪の被害者を『無視』しつづけることへの反省」白門 40 巻 80 号 6 頁、
　同「特集・現代社会と被害者～被害者は被害者か？～」法律のひろば 41 巻 7 号 4
　頁。

〔**追記**　本章執筆時（1988 年）以降のアメリカ合衆国の被害者の法的地位に関する動
　　　向については、本書第 8 章、特に第 15 章を参照されたい。また、佐伯仁志
　　　『制裁論』（有斐閣　2009 年）第 3 章、永田憲史「刑事制裁としての被害弁償命
　　　令㈠㈡・完」法学論叢 153 巻 1 号 72 頁、2 号 112 頁を参照。〕

第 2 章

犯罪被害者の救済に必要な法制度

1　は　じ　め　に

　1998 年に入ってからも、犯罪の被害者に関する著作は相当数公刊されている。中でも、犯罪の被害者（直接の被害者とその遺族）が自ら、犯罪の被害体験、犯罪により被った苦痛、捜査機関から受けた援助と被害、マスコミの傍若無人な対応、犯罪からしばらく経た後の心の状態などを語った 3 冊の本が私を含む多くの人々の心を強く打った。それらの本とは、① 板谷利加子『御直披』（角川書店 1998 年 1 月）② 地下鉄サリン事件被害者の会『それでも生きていく　地下鉄サリン事件被害者手記集』（サンマーク出版 1998 年 3 月）③ 土師守『淳Jun』（新潮社 1998 年 9 月）である。

　① は連続レイプ犯の被害者と神奈川県警の「性犯罪捜査係」の女性警察官である著者との間の往復書簡を内容とした本である。事件から 3 時間後に被害者は警察に行き事件のあらましを伝えると警察官は「あなたは 26 歳でもう処女でもないんだからいいじゃないか」と言われ精神的ショックを受ける等捜査機関による第二次被害を受け、一度は告訴をためらうが、その後テレビや新聞を通じて「性犯罪被害 110 番」と著者のことを知り、著者に「御直披」（親展の意）と書いた手紙を出したことをきっかけに手紙、電話等による両人の心の交流が始まり、その過程で被害者は告訴を決意し、捜査に協力し、刑事裁判にかかわり、その結果、犯人は検挙され、裁判の結果、懲役 20 年という強盗強姦罪では最長期の量刑が被告人に下されることとなった。裁判の過程で、ま

た、判決後も被害者はトラウマ（心的外傷後ストレス障害）に襲われ、この心の傷はあるいは一生完全には癒されることはないおそれがあるものの、それでも被害者が次第に立ち直りつつあることを示唆して本書は終わっている。本書は警察官の性犯罪被害者に対するステレオタイプ化した偏見が被害者をさらに苦境に追い込んでいることを認めたうえで、そのような被害者を無視した実務を排して、性犯罪被害者の置かれた状況を理解し、その人格を尊重した対応をするために設けられた性犯罪捜査係がそこに人を得たことによって一人の性犯罪被害者の心を開き、レイプ犯人と闘う勇気を引き出し、そして心の傷を回復する過程に導いた様子を描いている。その過程における女性警察官と被害者の次第に深まる心の交流は（例えば、お互いの呼び方の変化にもそのことが読みとれる）お互いに相手を思いやる文通とその内容によって読者に感銘を与えるし、また、被害者の勇気ある行動は同じような立場に置かれた被害者に共感を与えるに違いないであろう。

　②は狂気の宗教集団オウム真理教による未曾有の無差別大量殺人事件（地下鉄サリン事件）の被害者が犯罪によって被った精神的・経済的苦境を事件後3年目の心情を事件を風化させまいとの気持から綴ったものである。地下鉄サリン事件はオウム真理教が教祖の麻原彰晃こと松本智津夫被告の命令により、教団への強制捜査を近くに行うであろう警察の動きを攪乱するために、組織的に行われたテロ事件であり、実行犯である信者等が地下鉄5路線に撒いたサリンにより無辜の市民12名を死亡させ、5,500名以上に重軽傷を負わせた事件である。この事件で被害者の受けた被害は様々であるが、共通しているのは、第1に、被害者は何の理由もなく、また何も知らずにその命を奪われたり、重軽傷を負わされたことであり、第2に、法執行機関、マス・メディア、弁護士等により第二次被害を受けた者が数多くいることであり、また、勤務先や世間一般の人々の事件や被害者に対する無理解や偏見が被害者を傷つけていることであり、第3に、被害者は金銭的補償を全く受けていないということであり、第4に、被害者の多くはトラウマを受け、このトラウマを克服するためには相当長期間を要するということである。

警察は被害者の援助については、組織としては最も積極的に取り組んできており大きな実績を積み重ねているが、それでも、被害者の遺体の解剖に当たっては、それが必要でありまた急を要することであることは理解できるのであるが、解剖の事前の説明、事後の処置において遺族への配慮が十分ではなかったことが指摘されており、また、被害者の中に犯人がいるとの情報に強く影響を受けたためか、被害者への事情聴取が被疑者の取調べのように受け取られる執拗さがあったと批判されている。また、裁判、特にその進み具合が遅いこと、被害者が証人として出廷したときの被告人側弁護人からの質問に対する怒り、そして、被害者に対して何ら金銭的補償がなく、それと関連して、国や自治体がサリン事件に関して被害者に何の責任を感じていないばかりでなく、被害者救済に何ら実効的な対策を採っていないことに被害者は一様に強い不満の念を抱いているのである。さらに、マスコミの強引で無礼な取材及び不正確な報道についても多くの被害者が抗議している。

他方で被害者は家族、親族、友人、同僚そして法執行機関、医療関係者、被害対策弁護団、そして多くの支援者の助力を受けながら、自らの置かれた苦境に勇敢に立ち向かい、多くの被害者が徐々に回復の過程を辿っているが、自分たちの受けた被害の無念さ、理不尽さ、苦しみを多くの国民に伝え、二度と地下鉄サリン事件のような事件が起こり、多くの被害者が出ることのないように国や自治体の関係諸機関、マスコミ、医療機関そしてすべての国民に向けて自分たちの被害の実態を率直に述べている。あまりにもばかげたオウム真理教のテロ犯罪とそれを防止できなかった社会、その中で被害者が受けた悲しみと再発防止のため勇気をもって綴ったこの手記集は読者の共感を呼ぶに違いない。

③ は、近所に住む 14 歳の少年によって残虐に殺害された「淳」少年の父親が淳君の成長の過程、行方不明になったときの必死の捜索、事件を知って絶望のどん底につきおとされたこと、その後の事件へのかかわりの中で体験したこと、例えば被害者の父親に対する心ない強引なマスコミの取材、被告人の父母の謝罪の言葉がないばかりか被害者の父親から警察の動きを探るかのような奇怪な行動、被告人側弁護士の謝罪を優先しない弁護活動、そして何よりも少年

法の壁によって被告人の心境や審判の成行きについても全く知ることができず、また、被害者のプライバシー等の人権は保護されないのに、加害者の少年を手厚く保護する少年法のあり方に強い疑問や怒りが述べられている。筆者は医者であるせいか、文章には飾りがなく、情緒的でもない。むしろ感情を努めて抑えて書いているように感じられる。しかし、筆者の文章からは、純粋で明るく人を疑うことを知らなかった最愛の息子淳君を失った家族それぞれの深い悲しみが強く伝わってくるし、他方で、淳君とその遺族の置かれた境遇に比べて、加害者（ほかに殺人と殺人未遂がある）側はプライバシーを十分に保護され、主張すべきことを主張する機会と弁護人の助力を受ける権利が保障され、処遇が決まった場合でもその期間は比較的短く、しかも処遇の内容は処罰ではなくあくまでも加害少年の教育・改善のためであり、加害者の両親についても謝罪をしたり、加害少年にどのような家庭での教育をしてきたかを弁明しなくても特段責められることもない、そのような現在の風潮及び少年法の限界・欠陥を鋭く批判しているのである。

このように、現在においても犯罪の被害者は、犯罪による直接の被害のみならず、第二次被害、第三次被害を被ることが少なくなく、他方で、被害者の立直りに有効といわれている刑事裁判への参加権・情報提供を受ける権利は否定または制限されており、さらに、金銭的補償を受けることは稀である。また、ボランティアによる支援も限定されている。このようにわが国においては犯罪の被害者は依然として「無視ないし軽視された存在」であり続けているのが現状である。

〔**追記** 1998 年の被害者の地位の評価である。その後、経済的支援を受ける権利、情報を受ける権利、保護を受ける権利、刑事裁判へ参加する権利等、被害者の地位を向上させる制度が創設されるなど被害者の地位の進展は第Ⅱ、Ⅲ、Ⅳ部に記述されている。被害者の地位の向上の経緯を辿りながら本書を読み進めていただければ幸いである。〕

2 わが国における被害者対策の立遅れ

　もちろん、わが国においても様々な機関や団体・個人が被害者の救援に取り組んでおり、次第にその成果をあげつつあることを指摘しなければ公平とは言えないであろう。

　まず、警察関係の被害者対策をあげると、1981年、三菱重工ビル爆破事件などを契機として犯罪被害等給付制度が発足し、同年犯罪被害救援基金が設立され、現在までに殺人などの故意の犯罪により死亡した遺族や重い障害が残った人に国が給付金を支給している[1]。また、同基金の委託事業としてわが国初めての実態調査が研究者のグループによって1992年から94年にかけて行われ、被害者の置かれている実態が学問的に明らかにされた[2]。そして1996年には「被害者対策要綱」が制定され、被害者対策が本格的かつ組織的に行われることになった。他の具体的施策として、「被害者の手引」を作成・配布し、被害者に情報を提供したり、性犯罪被害者に対する第二次被害を防ぐために性犯罪捜査指導官と性犯罪捜査指導係を全国に設置したりする等の取組みをしている[3]。

　次に、法務・検察の被害者対策としては、1991年に福岡地検が殺人・傷害・放火などの重大事件の被害者らに起訴・不起訴などの処分結果や公判期日などを通知する「被害者通知制度」を初め、多くの地検がこれにならっているが、東京地検は1998年8月からすべての事件・事故につき同制度を導入し、さらに、少年が被疑者の場合にも通知する運用を始めている[4]。また、仄聞するところによれば、法務省は現在の司法制度の下においては犯罪被害者が被害から回復するのが容易でないところから、刑事手続に関連して被害回復が実効的に行われるようにするための司法手続上の方策を検討中とのことである。

　第3に、日本弁護士連合会（以下日弁連と略す）は1960年11月の第3回人権擁護大会において被害者の人権擁護について決議を採択しているが、その決議は犯罪の被害者が物心両面において被害（第二次被害にも言及している）を受け

32 第Ⅰ部 犯罪被害者を保護・支援する必要性と根拠

ているにも拘らず、被疑者・被告人に比べてその人権が閑却されている不公正・不正義から被害者を救済するために名誉の回復と損害補償の措置をとるべきことを国家に対して要求している。また、日弁連は前述の三菱重工ビル爆破事件に対応する被害者救済策として1976年12月に刑事被害補償法（案）も作成したが、この法案によれば被害者は権利として国家補償を受けることができ、また、過失犯も適用対象犯罪に含まれているのが特徴であった。しかしその後日弁連として被害者保護対策については十分な取組みがなされなかったところ、1997年4月に「犯罪被害回復制度等検討協議会」が設置され、被害者の問題を総合的に調査・検討し、被害回復の実務的対応策を策定することを目的に活動している。これは日弁連の被害者対策への積極的な取組みとして評価されてよい[5]。

第4に、被害者救済の一翼を担うものとして各種のボランティア団体の活動は欠かせない。わが国でも被害者の支援活動を行っている団体が10を数え、団体相互間で、また警察等と連絡協議会を設けて被害者の精神的被害の回復等のために積極的の取り組んでいる[6]。

とはいえ、1960、70年代に展開され、80年代には法律や制度の制定・実施という形で結実された欧米での被害者の権利を回復する動きが、さらに90年代に入っても着実に発展している欧米の国々に比べると、わが国の被害者対策はなお大きく遅れているといわざるをえない[7]。

例えばアメリカ合衆国では被害者保護の点で画期的と言われた1982年の「被害者及び証人保護法」、1984年の「犯罪の被害者に関する法律」、そして1990年の「被害者の権利及び弁償に関する法律」が連邦レベルにおいて制定され（そのほかに82年法と90年法にはアターニー・ジェネラルの運用指針が定められている）、また、1980年のウィスコンシン州を皮切りに多くの州（若干古いが1993年の時点で49州）が被害者の権利章典（Victim's Bill of Rights）を制定している。

イギリス（イングランドとウェイルズ）においても1991年に被害者憲章（Victim's Charter ただしアメリカ合衆国の被害者の権利章典の内容とはやや性質を異にする）が

制定され 1996 年に改正されている。ドイツにおいては 1986 年に「刑事手続における被害者の地位の改善に関する第一次法律」が制定され、そこで保障されている被害者の様々な権利は基本法に規定されているわけではないが、単なる刑事訴訟法上の権利ではなく、被疑者の権利と同じ平面にあり基本法の保護を享受するとの有力な見解も存在する[8]。国連も 1985 年の総会において「犯罪被害者の権利宣言」を採択し、このことがまた各国の立法を促しているという。フランス、スイス、ニュージーランド等における被害者保護も相当に進んでいる。また、犯罪被害者を支援する団体も数多く組織され、その人的・財政的規模、活動範囲の広さは目をみはるものがある。例えば、被害者援助全国機構（National Organization for Victim Assistance NOVA 米）、カナダ被害者援助機構（Canadian Organization for Victim Assistance COVA 加）、被害者援助機構（Victim Support VS 英）、白い輪（Weisser Ring 独）、被害者援助のための全国機関（l'Institut National d'Aide aux Victimes et de Méditation INAVEM 仏）等は代表的な被害者援助組織であるが、多くの被害者援助団体は政府や民間の諸団体と連携をとり、被害者に対して精神的・経済的援助や刑事手続上の援助を与えるほか被害者を保護する立法を促進する等の役割も果たしている。

このような欧米諸国等の犯罪被害者対策と比較して何故わが国の被害者対策は遅れているのか。その理由は幾つか考えられるが、本章ではその中の 2 点について検討を加えてみたい。第 1 点は被害者の権利を保護することは被疑者・被告人の権利を害するとの主張であり、第 2 点は民事法・刑事法の峻別論である。

3 被害者の権利を認めることは被疑者・被告人の権利を害するか

(1) 被害者の権利擁護者としての弁護士の役割

わが国の学者と実務家の一部には被害者の権利を認めると被疑者・被告人の権利を害するから問題があるとの考えがあるように思われる。そのため学者に

よっては、犯罪の被害者の問題は世界的にみれば刑事訴訟法でも極めて重要な論点であり、文献も数多く公刊されているにも拘らず、その著書の中において全くあるいは殆ど触れてないことが珍しくない。被害者は相変わらず無視ないし軽視されている。時に被疑者・被告人はある意味では社会の犠牲者であり弱者であるから保護すべきであるといわれることがある。しかし、加害者と被害者との関係では例外的な場合を除き、加害者よりも被害者の方が弱者である。被疑者・被告人を保護すべきであるというのであれば、より弱い立場にある被害者はより強い理由から保護されなければならないといえよう。「弁護士は弱いものの味方である（べき）」との考えが国民の間でどのぐらい行き渡っているのかわからないが、私はその考えは弁護士の使命として重要なものと考えている。その意味でも弁護士会が組織として被害者支援対策に取り組み出していることは極めて重要であると思われる。最も弱い立場にあり、また、いわれなくその人権を侵害されている被害者を保護しないならば弁護士は「人権の擁護者」と呼ぶに相応しいとは思われない。

　また、弁護士が被害者対策を積極的に進めるべき理由は次の点にもある。すなわち、従来、被害者支援は捜査機関とりわけ警察が最初に被害者に接することが多いこともあって被害者支援対策を最も強力に進めてきた機関であるといえるであろう。そのためもあって警察は被害者から頼りにされている存在でもあることが被害者の実態調査からも判明している[9]。しかし警察が被害者の利益を全面的に代弁することは不可能である。また、警察は犯罪解明のために被害者から事情を、時には詳しく聴かなければならないこともある。このことは、犯罪解明のために必要なことであることは間違いないが、被害者にとっては苦痛であることも少なくない。さらに、加害者との示談であるとか、その後の裁判の手続の中で、捜査機関の役割とは違った立場から被害者を援助することが必要な場面が多く予想される。有益な情報を得るために、また、訴訟の過程やマスコミの取材攻勢による第二次、第三次被害を防止するためにも弁護士の果たす役割は大きいと思われる。フランスの附帯私訴手続においては、裁判官、参審員、被告人とその弁護人とならんで被害者とその弁護人が刑事公判廷

に出席している。被害者にはその手続段階に応じて必要な利益を保護してもらう人々が求められており、警察、検察、医師、精神科医、民間のボランティア等のほかに弁護士は法律家として被害者の利益を保護する重要な役割が期待されているのである。

(2) 被告人と被害者の権利の調整

わが国の被害者保護の現状は被疑者・被告人の権利と衝突することなく被害者の保護ないし権利回復をしてよい分野が多くあるということを指摘しなければならない。まず、捜査や裁判の進行状況についての情報を被害者に提供することは被疑者・被告人の権利に全く抵触しない。少年の審判においても被害者またはその遺族がその状況を知ることができるようにしても問題はあるまい。前述のごとく、警察及び検察が被害者通知制度をスタートさせており評価できるが、地検のそれは全国的に統一されたものではないし、また、情報の提供を受けることが被害者の権利として認められているわけではない。実務的には被害者が必要な情報を必要な時期に提供される態勢が確立されることを望みたい。次に、被害者の犯罪直後の危機介入には様々な援助が必要であり、適切な介入が被害者の立ち直りのためにも極めて重要であると言われている。危機介入の態勢作りのため人的・物的資源が必要であるが、被疑者・被告人の権利と衝突することはない。第3に、犯罪被害者に対して国家が金銭的援助をする制度として「犯罪被害者等給付金支給法」が1981年から施行されているが、おおむね順調な運用がなされているといってよかろう。ただ同法は殺人・傷害等の故意の犯罪行為により死亡や重傷害を負った被害者に対象が限定されているため、同法の適用範囲を拡げるべきとの主張も強くなされているが、より根本的には弁償命令等の金銭上の被害回復策とならんで、国家による被害補償制度（Compensation program）を設ける必要があろう。保険型によるのか社会保障型によるのか等問題はあるが、後者の場合でも最も恵まれない立場にある犯罪被害者に税金を用いることは正義論の観点からも上位のプライオリティが与えられるであろう。被疑者・被告人の権利との衝突で問題となりうるのは、① 刑

事手続への被害者の参加をどの程度認めるのか、とりわけ被害者が犯罪によって被った影響についての供述（Victim Impact Statement VIS）を量刑上どの程度斟酌するか（附帯私訴は立法論なのでここでは除く）。② 性犯罪の被害者（特に子供の場合が深刻である）を証人として喚問するときに閉回路テレビやスクリーンを用いて、加害者たる被告人（米国では、父親や親族やごく近い関係にある場合が少なくない）に面と向かうことなく証言させて、その後に反対尋問の機会を与える方式がわが国で言えば憲法 37 条 2 項の証人審問・喚問権を侵害するかどうか。③ 自己の犯罪についての話を出版社やテレビ局に売り儲けた金員を犯罪被害者委員会が第三者預託口座に預け、被告人の有罪認定後に被害者の民事訴訟を待って、支払いを命ずる判決があった場合に預託金から優先的に支払いを受ける法律（Escrow 法、例えば、ニューヨークの「サムの息子法（Son of Som Law）」）が被告人の表現の自由を侵害するのか等であろう（弁償命令については 4 で述べる）。

　① は VIS が被告人の重罰化に通じるのではないかとの懸念が表明されている。しかし、被害者の手続への参加は必ずしも重罰化に結びつくものではないとの調査結果もある[10]。また、米国では VIS は非死刑事件では全く問題なく合憲とされている。死刑に科される可能性のある事件で大量の情報の VIS が量刑の判断に過度の影響を与えるおそれのある場合が問題とされただけで、現在では死刑事件でも VIS は合憲とされている[11]。わが国では情状に関する証拠が無制限に提出され、不当に被告人に重くなりうるような運用はされていないし、また、死刑の適用基準（それ以外の刑についても）は永山判決とその後の裁判例により一応確立されているので、仮に被害者の声を現在よりも多く聴く機会を与えたとしても、それによって被告人に不当に重い量刑が下されるおそれがあるといえるかは疑問である。

　② につきアメリカ合衆国では、憲法が被告人に保障する対質権条項（Confrontation Clause）は必ずしも証人に面と向かっての対質（face-to-face confrontation）である必要はない。被害者たる証人（少女）が被告人との対面によりトラウマを惹き起こすおそれがある場合には、閉回路テレビやスクリーン

第 2 章　犯罪被害者の救済に必要な法制度　37

を用いて証人が直接被告人を見えない形で尋問を受けた場合でも、被告人は証人の証言を見たり聴いたりできるのであり、事後に反対尋問の機会が保障され、証人には偽証罪の適用があるのであるから、閉回路テレビによる証人の尋問は対質権を侵害するものではないとされている[12]。

わが国では証人が被告人の面前では圧迫を受け十分に供述することができないときに、弁護人の在廷を条件に被告人を退廷させ証言することを認めているが（刑訴304条の2）、この証言を認めることは憲法37条2項に反しないとされている（最判昭35・6・10刑集14巻7号973頁）。

被害者に対する尋問が、特に被害者が少女で被告人が父親などの近親者である場合に、トラウマやハラスメントになり、従ってそれ自体が新たな重大な被害になる蓋然性が高い場合に、新たな被害を避け、被害者の利益を保護するために様々な工夫をして、被告人の証人審問・喚問権の意味・内容を事案に即して発見・確定していくことは被告人の権利保護と矛盾するものではない[13]。

〔追記　平成12（2000）年の刑訴改正法は証人の負担軽減のための措置として、a 証人尋問の際の証人と被告人および／または傍聴人との間の遮へい措置、b ビデオリンク方式による証人尋問等を採用した。このa、bの方式による証人尋問を実施した性犯罪事案で最高裁は両方式は被告人の証人審問権（憲法37条2項）を侵害するものではないと判示している（最判平成17年4月14日　刑集59巻3号259頁）〕

③は合衆国に法律があり、ドイツで立法提案がなされている[14]。かつてニューヨークの「サムの息子法」は違憲と判断されたが、その理由は、① 言論の内容を理由に表現者に経済的負担を課す法律は表現の自由を保障した第1修正に違反する、② 同法の規定の文言が過度に広範で、マルコムXの『自伝』やソローの『市民的抵抗』さらには聖アウグスチヌスの『告白』までもが同法の適用を受けるおそれがある、を理由にしていた[15]。この最高裁判決に対応してニューヨーク州議会は主として ②の点を配慮した法改正（犯罪及び犯人の定義を厳密にする等）を行ったが、その後この改正法が違憲であるとの判断は下されていない。

わが国でこの種の法律が制定されるのか、制定されたとして違憲の主張がな

38　第Ⅰ部　犯罪被害者を保護・支援する必要性と根拠

されるのか予想できないが、いまだ関心は高くない。

4　民刑峻別論の検討

(1)　民刑峻別論の妥当しない領域

　民事法と刑事法を区別することは、その管轄、目的、機能が違うということから、19世紀の最大の成果であるとも称賛されたが、両者の峻別が被害者の刑事手続への参加を認める大きな障害にもなったのである。確かに、社会の基礎基盤を大きく掘り崩す個人の行為を規制するために科刑という制裁を予定する刑事法を用意し、刑事法によって守られた社会の基礎基盤の中で、個人の自由な選択によって個人の自己表現を活性化させ、社会に大きな効用（幸福）をもたらす枠組を民事法が用意する、という民刑区別の基本的理由は理解できるものである[16]。また、民刑は次に掲げる幾つかの観点からも区別されてきている。① 民事法の制裁は損害を補償・填補する損害賠償であるのに対して刑事法の制裁は刑罰である。② 民事法は原告が私益を追求するものであるのに対して刑事法は国家が公益を追求するものである。③ 民事責任には社会的非難が伴わないが、刑事責任には社会的非難という烙印（stigmatization）が伴う。④ 民事法上の証明基準（証拠の優越）よりも刑事法上の証明基準（合理的な疑いを越える証明）の方が高く、証拠法上のルールも違い、また、手続の公正さの基準も異なる[17]。

　上記のような区別を前提にして、刑事手続は国家の刑罰権を実現する機能を有するものであり、民事手続は被害者と加害者の間の私法（不法行為法）上の争いを解決する機能を有するものであるところ、刑事法の執行過程に被害者を参加させることは公共の利益を被害者個人の利益に従属させる危険をもたらすものであると批判されるのである[18]。

　しかし、民刑の区別の論理はそれぞれの典型的な領域においてはなお妥当するとはいえようが、社会の変化により、ある行為が犯罪に該当するが、犯人の処罰とならんで被害者の被害の回復を図ること（むしろ場合によっては後者の方）

が重要であるとか、企業のある行為が多くの人に損害を与え、従来の基準からいえば民事上の責任を問われる場合であるが、その行為の性質、害悪の大きさ等から社会的非難を問われるべきであるような事態が多く現出している。

そもそも前述の民刑分離の区別の幾つかの機能・基準について、それらの多くは絶対的な違いというよりも単なる重点の置きどころの相違にすぎないとの見解もあり[19]、少なくとも前述のような事態に対処するためには民刑分離の二分法によるのではなく、例えば、損害の回復も制裁も共に実現すべき理論と手続が用意されなければならないであろう。

(2)　刑事の民事化?　民事の刑事化?

民刑の峻別ではなく、民刑の統合または民刑の中間領域を設けて、違法行為に対する制裁・抑止と違法行為からの損害の回復の両方を実現する制度がヨーロッパ大陸法でも英米法でも見られる。犯罪の被害者は経済的にも大変苦しい状況に追い込まれることが少なくない。しかし、現状の刑罰は被害者に経済的に益することはない。民事訴訟は費用も時間もかかる。そこで、フランスやドイツ等では附帯私訴を認めて、被害者が費用をかけずに迅速かつ効果的に損害の回復を実現することが可能である。フランスでは被害者の3分の1が附帯私訴を提起しているといわれている。附帯私訴手続では被害者は民事訴訟の当事者として法廷に出頭するのであり、形の上では国家対被告人という刑事法の伝統的な図式を崩さずに、被害者は損害の迅速・効率的な回復と手続への関与に伴う満足感が得られるという実をとることのできる[20]、ある意味では穏やかな無理のない方法ともいえよう。

アメリカ合衆国では連邦裁判所が有罪の認定を受けた者に被害者への弁償を命ずることができる（restitution, 18 U.S.C. 3579 (a)(1)）。裁判所は法廷の刑に加えて、またはこれに代わって弁償を命ずることができる（18 U.S.C. 3579 (a)(1)）。弁償命令は民事上の損害回復にも刑罰の目的にもかなうとして1982年に合衆国が採用した制度である。確かに、犯人が被害者に弁償することによって犯罪によって壊された犯人と被害者そして犯人と社会との関係を相当程度修復する

ことが可能であり、また、弁償は犯人が被害者に与えた害悪の責任を認めて被害者に金銭を支払うのであるからその分犯人の社会復帰の可能性が期待でき、罰金や収容刑よりもその可能性が期待できるといわれたのである。被害補償をすべて国に頼ることも困難なので、少なくとも、資力のある犯人に対して弁償命令は現実的かつ効果的な制度といえるであろう[21]。

　ところで、現代の社会は、近代の社会で法が個人を中心に組みたてられ、動いていたのに対して、圧倒的に会社や企業という組織が中心的な役割を果たす部分が多くなってきている。例えば企業が有機水銀を含んだ排液をたれ流し続けた結果、多くの人々に死亡や重い障害という結果を発生させたり、設計・構造に欠陥のある自動車を製造・販売して多くの利用者に重大な事故を生じさせたり、インサイダー取引や談合を行って公正な取引ひいては多くの人々に損害を与える等の企業の違法な活動があって、多くの被害者がいる場合に、企業の違法活動に制裁を加え、抑止し、同時に多くの被害者の被害を回復する必要がある。このような場合、従来の不法行為法による単なる損害の補填だけでは不十分であり、他方、企業のトップに刑事責任を問うて、収容刑や罰金刑を科しただけでも不十分である。

　英米法系の国々では基本は民事の損害賠償制度ではあるものの、故意の悪性の高い不法行為について、実際に生じた損害の賠償（塡補賠償）に加えて、不法行為者の制裁と不法行為の抑止を狙って、不法行為者側の事情を考慮して損害賠償を算定し命ずることのできる「懲罰的損害賠償制度」（punitive damage）を認めている[22]。アメリカ合衆国の判決において時に膨大な賠償額が命じられることもあって、憲法上の適正手続条項や過度の罰金を禁止する第8修正との関係が問題とされるが、ますます注目を浴びている制度であることは間違いない。重要なことは、懲罰的損害賠償が制裁的要素を含むことを素直に認めて、制裁を科す実体にふさわしい手続的保障をしなくてはならないということである[23]。

　また、アメリカ合衆国のシビル・リコ（Civil Rico）[24] の手続も参考になる。そこでは被害を受けた者は三倍賠償を求めて訴えを提起することができるが、

科刑は被った害悪に対してなされる。手続は民事であるが本来は制裁の意味を持っているのである[25]。

現代のように大きな組織・企業が違法な活動を行っても被害者である個人はその情報収集能力に圧倒的な差があるために民事裁判で勝訴するためには莫大な労力と時間と費用がかかりすぎる。そこで、刑事法を利用して国家の強制力をもって情報を収集し、適正な手続を経て、制裁を科すと同時に被害を回復するという方策を用いる必要がある[26]。民刑の統合、民刑の複合的適用が求められる根本的理由がここにあるのである。いかなる組合せによる複合的適用が妥当であるかについては他日に期したい。

最後に、被害者の損害の回復（の財源）をどこに求めるかという問題がある。詳論はできないので優先順位の基本についてだけ述べる。まずは損害を発生させた者がその回復に責任を負うべきである。直接の加害者、使用者責任を負う者はもちろん、ここで述べておきたいのは、犯罪組織が違法な活動によって得た収益はすべて没収して、犯罪の被害者の被害回復に充てるべきことである。犯罪組織が違法な活動により収益を得る一方、多くの人々が被害を被っている。その他の企業の違法活動についても同様である。犯罪者群と被害者群とに大きく分類して、犯罪者から没収した金を犯罪の被害者に優先的に充てることは必要なのではあるまいか。そういう意味でも弁償命令は直接的であり優先されるべきである。それらで賄うことができないときに国家による被害者補償がなされるべきである。いずれにしても、犯罪がペイしてはならないし、また、被害者が犯罪に泣き寝入りさせられてもならないのである。

1) 犯罪被害者給付金制度の運用状況については、警察学論集44巻12号1頁以下を参照。また、警察学論集49巻4号の國松、田村、安田、横山、横内論文を参照。
2) 犯罪被害者の実態調査の結果については宮澤＝田口＝高橋編『犯罪被害者の研究』（成文堂 1994年）にまとめられている。また、刑法雑誌35号3号、法律のひろば50巻3号の諸澤、長島論文を参照。
3) 警察の被害者対策については、『警察の犯罪被害者対策』（立花書房 1998年）また、法律のひろば50巻3号の原田論文を参照されたい。

42 第 I 部　犯罪被害者を保護・支援する必要性と根拠

4)　例えば、読売新聞 1998 年 7 月 31 日朝刊、同年 8 月 20 日夕刊参照。

5)　日弁連の被害者対策への取組みについては、自由と正義 49 巻 11 号（1998 年）の垣添誠雄弁護士の論文を参照されたい。

6)　各種のボランティア団体の活動については、前掲注 3) の『警察の犯罪被害者対策』また、警察学論集 50 巻 4 号の宮澤、山上、堀河、阿久津、杉内論文、法律のひろば 50 巻 3 号の冨田、中島論文、小西聖子『犯罪被害者の心の傷』（白水社 1996 年）等を参照。

7)　欧米各国の被害者対策については、刑法雑誌 29 巻 2 号の宮澤、田口、椎橋、奥村、白取論文、また、現代のエスプリ 336 号のドゥーシッチ、奥村、安田、諸澤、冨田、小木曽、高橋、太田論文を参照。

8)　ディーター・エッペンシュタイン〔宮澤浩一訳〕「ドイツの刑事手続における被害者保護」自由と正義 49 巻 8 号（1998 年）14 頁以下。

9)　前掲注 2)『犯罪被害者の研究』123 頁以下（椎橋＝小木曽執筆部分）等を参照。

10)　Anne M. Heinz, Wayne A. Kerstetter., pretrial Settlement Conference : Evaluation of a Reform in Plea Bargaining. 13 Law & Society Rev. 349, 359 (1979). Abraham Goldstein, The Passive Judiciary, p. 71. Galaway, Victim Participation in the Penal. Corrective Process, (1985) Victimology 617, 627 等を参照。

11)　Payne v. Tennessee, 501 U.S. 808 (1991)

12)　Maryland v. Craig, 497 U.S. 836 (1990)

13)　わが国ではさし当たりは期日外の証人尋問等が問題である。野間禮二「被害者の証人尋問と刑訴法 281 条」松山大学論集 4 巻 6 号参照。

14)　エッペンシュタイン・前掲注 8)、自由と正義 49 巻 8 号 24-25 頁。

15)　小木曽綾・比較法雑誌 28 巻 1 号 51 頁、椎橋・書斎の巻 444 号 25 頁を参照。

16)　渥美東洋『複雑社会で法をどう活かすか—相互尊敬と心の平穏の回復に向かって—』（立花書房 1998 年）14 頁以下参照。

17)　同前 25 頁。

18)　See, Dijk van, J.J.M., Victim Rights : A Right to Bitter Services or a Right to Active Participation?, in Criminal Law in Action, (van Dijk et al. eds., 1986), 351, 359

19)　Richard A. Epstein, "Crime and Tort : Old Wine in Old Bottle (1977)" In Barrett, R.E., and Hagel, J., eds., Assessing the Criminal : Restitution, Retribution and the Legal process, 231-257. を参照。また、民刑峻別論の問題点を早くから指摘した文献として、田中英夫＝竹内昭夫『法の実現における私人の役割』156 頁以下を参照。

20)　Leslie Sebba, Will The "Victim Revolution" Trigger a Reorientation of the Criminal Justice System? 31 lsrael L. Rev 379, 406

21)　椎橋・本書第 1 章 14 頁以下参照。

22)　懲罰的損害賠償制度については、渥美・前掲書 114 頁以下のほか、藤倉浩一郎

「懲罰的損害賠償論—アメリカ不法行為法の観点から—」同志社法学 49 巻 6 号 180 頁、早川吉尚「懲罰的損害賠償の本質」民商法雑誌 1994 年 1036 頁、樋口範雄「制裁的慰謝料論について—民刑峻別の『理想』と現実」ジュリスト 911 号 19 頁（1988 年）、木下毅「懲罰的賠償と陪審の裁量の限界」ジュリスト 1015 号 274 頁（1993 年）等を参照。

23) Kenneth Mann, Punitive Civil Sanction : The Middleground Between Criminal and Civil Law, 101 Yale L. J. 1795（1992）. 本論文の紹介として、早川吉尚・アメリカ法〔1994〕124 頁がある。

24) Racketeer Influenced and Corrupt Organizations Acts 18 U.S.C. §§ 1961-1968（1988）. わが国の文献として、渥美東洋編『組織・企業犯罪を考える』（中央大学出版部 1998 年）の各論文および田村泰俊「組織・企業犯罪と政府・私人提起の非刑事の訴訟とその利用— Civil Rico 訴訟の考察—」法学新報 105 巻 1 号 25 頁等を参照。

25) U.S. v Halper, 104 L Ed 2nd 487（1989），Faircloth v. Finesod, 938 F. 2d 513（4 th cir. 1991）を参照。

26) 渥美・前掲特に 337 頁以下。

第3章

被害者保護、手続参加、損害の回復

1 被害者保護の世界的潮流

　犯罪の被害者は身体・財産ときには生命まで奪われることがある。被害者が犯罪によって被った身体的・精神的被害から立ち直るためには長期間を要することが珍しくなく、場合によっては一生回復できないこともある。また、被害者は経済的にも苦境に立たされる。殺人によって身内を失った遺族は精神的にも経済的にも極めて困難な状況に置かれてしまう。この犯罪の直接の被害自体が被害者にとっては非合理的な、受け容れ難い苦い体験であるにも拘わらず、犯罪解明のためとはいえ、被害者は目撃者、参考人、証人として、警察、検察、裁判所という刑事司法機関において、供述することを繰り返し求められる。場合によっては参考人の取調べが執拗に及び、犯人と疑われているのではないかと思わせられたり、特に性犯罪被害者の場合は被害状況を繰り返し供述することは苦痛以外の何物でもなく、被害者によっては刑事司法機関から求められる協力の際の苦痛の方が直接の被害よりも大きな苦痛であったと述べる者もいるのである（第二次被害）。さらに、心ないマス・メディアの強引かつ無遠慮な取材と報道により、プライバシーが不当に暴かれ、心身の傷がさらに悪化させられる。その結果、被害者は加害者を恨むだけでなく、刑事司法機関ひいては社会一般に対して不信感を抱き、孤立し、一人の人間として社会に十分に適応することも困難になってしまうこともあるのである（第三次被害といわれる）。

46 第Ⅰ部 犯罪被害者を保護・支援する必要性と根拠

　このように「忘れられた存在」「疎外された存在」であった被害者の地位を向上させようとの運動が欧米において 1960 年代から 70 年代に進展し、80 年代において被害者の保護や支援を認める法律や制度となって結実し、90 年代においてもその傾向は続いているのである。例えば、アメリカ合衆国の被害者の権利章典（Victim's Bill of Rights）、イギリスの被害者憲章（Victim's Charter）、フランス、ドイツ、カナダ、ニュージーランド等々の被害者の保護に関する法律（犯罪直後の支援、刑事司法に関わる保護・支援、財政的支援など様々な内容を含む）が制定されている（これらの保護・支援の内容については相当多く紹介がなされている）。

　最近、アメリカ合衆国では州が憲法を改定して州憲法中に被害者の権利を規定する州が増えており、1998 年 10 月現在その数は 29 州となっている[1]。被害者の権利を規定した憲法修正条項の内容は短いものから比較的詳細な規定を置くものまでヴァラエティに富んでいるが、多くの修正条項に共通する被害者の権利として、① 刑事手続の全体を通じて被害者が公平にかつ人間としての尊厳とプライバシーを尊重した取扱いを受ける権利、② 被疑者の逮捕後、事件を時宜に適った処理をして貰う権利、③ 刑事手続の全体を通じて被告人から適切に保護される権利、④ 裁判手続について告知を受ける権利、⑤ 被告人が出廷することのできる公判及びその他の裁判手続に出廷する権利、⑥ 検察側と協議する権利、⑦ 量刑の段階で裁判所に意見を述べる権利、⑧ 損害賠償命令を発して貰う権利、⑨ 被告人に関する有罪認定、量刑、自由刑の執行、釈放についての情報を提供して貰う権利が掲げられている（例えば、ミシガン州憲法 1 条 24 項を参照）。

　イギリスの被害者憲章も保護されるべき被害者の権利を述べているが、憲章の指針の原則として、被害者には思いやりと尊敬の気持で関係機関は対応すべきこと、また、被害者が刑事司法制度との関わりの中で受ける動揺及び苦痛は最小限に止めるべきことを宣言している[2]。

　わが国でも従来から一定の犯罪被害者の保護・支援策が実行され、また、更なる保護・支援策が主張され、講じられようとしているが、被害者対策の基本

的考えと被害者の最も基本的な権利を謳い、被害者対策の基本姿勢を示すことが必要ではないだろうか。

〔**追記** この考えは 15 年後の平成 16（2004）年の犯罪被害者等基本法と翌 17（2005）年の犯罪被害者等基本計画において実現されることとなった（本書第Ⅲ部を参照されたい。）〕

2　刑事裁判と被害者の地位

被害者の権利回復運動が発展した背景には、① 理由なく被害を被った者を社会が助けるのは正義の求めるところであり、② 被害者は女性、老人、貧困者に限られず、多くの者が潜在的被害者であるとの考えの広まり、③ 社会復帰モデルへの不満と被害者の権利回復運動とが符合したこと、④ 被害者の権利回復運動は被害者及び証人の協力を得るのに役立つこと等の事情があったといわれている[3]。

ところで、さらに、被害者の第二次被害者化を防止する方策や被害者への情報の提供や訴訟手続への参加の内容、金銭的救済の内容と根拠などを考える場合に、刑事法の目的、刑事手続の目的・構造との関連を考察することなしには、被害者保護策の内容、その法的性質は明確にできないであろう。

まず、かつては共同体の一員が他の共同体の一員により被害を被った場合、被害者の属する共同体は加害者の属する共同体に対して犯罪により被った損害の賠償を請求し、被害者を保護する役割が課されていたことを想起しよう。共同体はその成員の被害を現状に回復する責務があったのである。また、アメリカの植民地では犯罪の被害者がシェリフや法律家の助力を得て犯人を捜し、訴追し、裁判に勝てば、三倍賠償を得ることもできたのである。被害者自身に犯罪によって失われた現状の回復をする役割が与えられていたのである[4]。ところが、警察や検察機構の発展・整備に伴い、捜査・訴追の権限は国家の機関に委ねられることになった。被害者の財力に関係なく捜査が実行され、被害者の報復感情にかられたものではなく、冷静な国家的立場から公平かつ統一的基準

48 第Ⅰ部 犯罪被害者を保護・支援する必要性と根拠

に従った訴追が可能であるという利点を警察の捜査、検察の訴追は持っているが、他方で、被害者は（必ずしも論理必然的な関係にある訳ではないが）刑事手続における積極的な役割を奪われ、単なる証人または参考人としての役割だけを課された結果、「忘れられた存在」「軽視された存在」に後退してしまったのである。

この事態を「国家が犯罪という被害者と加害者の間の葛藤という財産を不当に奪っている」状態だと表現する学者がいる[5]。国家がその価値を実現するために刑罰を用いるという国家と刑罰が中心の刑事司法制度においては犯罪の直接の当事者である被害者の利益は反映されず、被害者の参加は排除される傾向にある。そこでは刑事司法は国家と被告人との関係としてだけ捉えられてきたともいえよう。

ところで、刑事裁判の形態の歴史を大雑把に眺めてみると、公権力の未発達な時代には被害者の訴え等により裁判が開始され、裁判は民会において口頭により公開の形式で行われた。近世から中世にかけて、権力が集中すると糾問主義が確立し、裁判は職権で開始され、裁判は非公開で書面が多用され、拷問が許された。国家意思の実現が裁判の中心目的であった。近代の民主主義の進展に伴って当事者主義化が図られ、被告人が訴訟の主体として認められ、基本権が保障され、口頭主義・公開主義の下で裁判が運営されることとなった。国家が治安を維持するために被告人を訴訟の客体とのみみて被告人を問い糺し、真実を発見するという裁判のあり方は国家の価値を実現するために行われるものであり、被告人や被害者の考えを反映するものではなかった。当事者主義の訴訟においては、国家機関が訴追者（検察官）と判断者（裁判官）とに役割を分担し、訴追者と被告人との間で攻撃・防禦を展開し、被告人には法律の専門家である弁護士がその助力をし、その攻防の結果を中立かつ公平な立場から裁判官が判断するという構成をとっている。ここでは、訴訟に関わる人々がそれぞれの立場を表明して、その利害が調整される仕組みになっている。糾問主義訴訟においては糾問官が被告人を一方的に問い糺すという直線的な関係であったのに対して、当事者主義においては、各機関が役割を分担し、各当事者の意見を

第3章　被害者保護、手続参加、損害の回復　*49*

反映することができるという点でより優れた制度であると一般に評価されている。そうであれば、犯罪の直接の当事者である被害者の意見、利益を訴訟の中に反映させることによって、訴訟をより立体的・多角的に運営し、国家対被告人という図式に止まらない、訴訟に関係する全ての者が裁判の結果に納得しうる刑事手続が構想できるのではあるまいか。

3　刑事法の目的と被害者の保護

　渥美博士は絶対主義・全体主義の立場に立たない現行の憲法・刑事訴訟法等の法体系の下において被害者を刑事手続へ参加させることが刑事法の目的、正義の理念に適っている理由を次のように説かれた。すなわち、個人主義・自由主義の社会においては個人の自己表現の機会と自由を保障するのが共同体の役割であるところ、犯罪は個人の自己表現を害したり、個人の自己表現に資する公共の制度の機能を害する不正行為である。刑罰はこの不正を正し、被害者の自己表現を妨害する活動を非難し、被害者の自己実現に価値を認め、共同体がその価値を保持していることを明らかにする意味がある。そして、被害者の自己表現を害された状態を放置すると社会の連帯が破られ正義が侵されるので、正義を示す原状に回復すること、言い換えれば、正義を維持する意識がもう一度、関係者全体のなかで「内面化」されるためにこそ刑罰の役割があり、刑事手続が用意されている、といわれる[6]。刑罰は、被害者にとっては、共同体が自分の自己表現の保障に価値を見出していることを知り、共同体との一体感を得ることになり、一般公衆にとっては、憤りと不安を生じさせる犯行に科刑されることにより正義の回復を見、安心感が回復し、共同体成員としての一体感を強化し、犯行者にとっては、一般抑止の効果と共同体での構成員の連帯を維持する重要性を自覚させ、正義のセンスを内面化させるよう促す意味があるのである。重要なことは、刑事手続が単に犯行者に科刑することだけを唯一の目的にしているのではなく、被害状況の除去と現状回復、生活環境の修復をも目的としていることである[7]。この目的が実現されるためには共同体は科刑に当

たって、被害者と犯行者との間の共同体の調整を通した意思疎通がなされる努力をしなければならない。そのためには、事情によって、当事者同士の話合い、弁護士を通した話合い、捜査・訴追機関が間に入った調整、さらには、公式の裁判手続での両者の接触も考えられなくてはならないことになる。そして、犯行を契機に、自分の責任を認めて正義を内面化する努力を示す犯罪者には、刑罰をフルに発動させる必要は小さくなり、科刑をしないで恕すこと、起訴猶予、減刑、刑の執行猶予・免除が正義に適う、と説かれるのである[8]。

　この渥美博士の刑罰の意味、刑事法・刑事手続の目的の理解によれば、被害者の刑事手続への参加、被害者の権利の保障が理論的に基礎づけられよう。捜査、訴追の決定、量刑において被害者の意見を聴くこと、また、場合によっては通常の刑事手続外で事件を処理すること（ディバージョン）も被害者と被告人の意思疎通・調整によって可能になるであろう。

　近年、ドイツにおいて刑事訴訟の目的論について新たな展開がみられ、わが国でもドイツの理論状況を参考にしつつ、刑事訴訟法の目的を単なる実体的真実の発見や実体刑法の実現とみるのではなく、法的平和の回復あるいは法的社会的秩序の創出による刑事事件の解決であるとの主張が有力に展開されている[9]。論者の見解によれば、犯罪とは行為者・被害者・社会の三者間の紛争であり、「行為者と被害者の和解」あるいは「損害回復」によって三者間の紛争が解決されれば法的平和が回復され、刑事訴訟の目的は実現されることになる。そこで、「行為者と被害者との和解」・「損害回復」のインフォーマルな形態であるわが国の示談・被害弁償が積極的に位置づけられることになる。実際、示談・被害弁償が微罪処分、起訴猶予、執行猶予を含む量刑の判断に重要な要因となっていることは周知のところである。この法的平和の回復を刑事訴訟の目的とする考え方も刑罰論を基礎に置きつつ被害者の一定の刑事手続への参加を認めるもので、広い意味では渥美博士と同じ方向を指向しているものといえようか。

4 被害者保護、被害者参加の意義

　被害者へ様々な保護を提供すること、被害者の刑事手続への参加を認めることは被告人に不当に圧力をかけることではない。この点についての誤解・偏見がわが国における被害者保護対策の立遅れの1つの大きな原因であると思われる。刑事裁判自体が公的な制度で公共の利益を実現するものであるから、被害者の報復や復讐を実現するものであってはならない。被害者の中にはもちろん怒りや応報感情を抱いている方もいる。しかし、被害者が被害を受けた後、そのニーズに合ったサービスを提供し、捜査・裁判情報を提供し、刑事手続に参加して自分の意見を述べ、また、示談に応じたりすることにより、むしろ被害者が自分が被った被害を受け止め、自分の置かれた状況を把握し、自分の主張を表現し、犯行者の気持を理解する等のことが一定程度実現され、そのことによって自分の精神を安定させたり、犯行者を赦す気持になったり、被害者の立直りに寄与することも珍しくない。また、犯行者にとっても、被害者が身体的、経済的そして精神的にどの程度深刻に被害を受けたのかを受け止め、その被害を修復するための努力をするのでなければ、本当の意味での改善更生（犯罪者の行為を非難し、被害者の受けた被害に共感している人々が多く生活している社会に復帰すること）はありえないのではあるまいか。

　被害者保護の現状について、まず被害者への情報提供について、被害者アンケート調査の結果からみてみると、全体として被害者は事件に関する情報を提供して欲しいとのニーズが高いが、約半数の被害者が情報提供の現状に不満であることが判る[10]。このうち捜査についての情報は比較的多く提供されているが、裁判の結果、犯罪被害者等給付金支給制度、被害者援助サービス団体の存在についての情報への希望は高く、しかも提供率は高くないのが現状である。しかし、この点については、わが国でも1990年代に入り、積極的な取組みがなされている。警察が「被害者の手引」を作成・配布し、また、被害者連絡制度を整備するなどし、また、多くの地方検察庁は、起訴・不起訴の処分結

52　第Ⅰ部　犯罪被害者を保護・支援する必要性と根拠

果や公判日程、裁判の結果などを被害者側に通知する「被害者等通知制度」の運用を始めており、さらに、最高裁も少年審判の結果の概要を家庭裁判所が被害者やその家族に通知する制度を導入する方針であるという。少年事件については非公開の原則のため、その審判の経過と結果を被害者さえ知ることができなかった。ある被害者はそのことに大きな不満を持ち、何故自分の息子が殺されたのかを知りたいために民事訴訟を提起するとの手段をとらざるをえなかった。少年審判においても、被害者にその経過と結果を知らせることは少年審判の目的に反するとは思われないし、また、知らせることに伴う弊害も殆ど考えられない。被害者アンケート調査によれば、情報提供の有無は、応報感情にも宥恕感情にもそれだけでは有意な関係を持たず、賠償の有無と組み合わさって有意な作用を及ぼしているとの結果が出ていることが注目される。被害者に情報提供と賠償がなされるとその立直りに有益な作用を及ぼしうることが示唆されている[11]。

〔**追記**　その後平成 20（2008）年には少年法が改正され、殺人等の重大事件を対象に少年の健全育成を妨げるおそれのない範囲で、裁判所が相当と認めるときに被害者等は少年審判を傍聴することが認められた。詳しくは第 21 章を参照。〕

　次に、被害者の刑事手続への参加の問題であるが、周知の如く、被害者の手続への参加は必ずしも重罰化に結びつくものではないという調査結果がある[12]。起訴・不起訴の決定に当たって被害者の意見を聴くことは様々な要因を基に幅広い訴追裁量権を検察官が適正に行使するために必要なことであるし、被害者の意見を聴くことは被疑者に有利にも不利にもなりうる。被害者が寛大な処分を求める嘆願書を出すなどして赦しの気持を示している場合などは極めて被疑者に有利に働くであろう。重要なのは、被疑者に有利・不利ということではなく、犯罪の直接の被害者である被害者の状況をよく知った上で起訴・不起訴の決定をすることが適正な訴追裁量権の行使をする際に重要であるということである。検察官は公益の代表者として被害者の意見を尊重するのであって、被害者の意見に従属する訳ではないのである。量刑の段階で被害者が意見を述べることも基本的には同じように考えてよかろう。有罪の認定後は、

第 3 章　被害者保護、手続参加、損害の回復　53

正義の個別化の要請に応じて様々な量刑資料が提出される。その量刑資料の 1 つとして裁判官は被害者の意見を考慮するのである。裁判官は量刑基準に従って公平に、被告人にその犯した罪に相応しい量刑を決定するのである。

〔**追記**　平成 12（2000）年の刑訴法改正により被害者等は被害に関する心情その他の被告事件に関する意見陳述をすることが認められた。詳細は第 16 章、17 章を参照されたい。〕

　因みに、被害者アンケート調査の結果を基に、示談金や被害弁償の話合いが被害者（殺人未遂、傷害、強盗傷害、業務上過失傷害〔交通事故を除く〕）本人の赦しの気持に積極的影響を与えていると推定する見解があり、また、加害者の謝罪を受け入れることも赦しの気持に影響を与えているようである[13]。適切な第三者（弁護士や捜査・訴追機関）を介した、加害者と被害者の意思疎通の機会を設定することは重要であると思われる。

　その他の具体的な様々な被害者の保護策、金銭的援助の形態とその財源の確保の方法等論ずるべきことは多くあるが他日を期したい。

1)　1998 年 10 月現在、憲法で被害者の権利を認めている 29 州とは、アラバマ、アラスカ、アリゾナ、カリフォルニア、コロラド、コネチカット、フロリダ、アイダホ、イリノイ、インディアナ、カンザス、メアリランド、ミシガン、ミズーリ、ノースカロライナ、ネブラスカ、ネバダ、ニュージャージー、ニューメキシコ、オハイオ、オクラホマ、オレゴン、ロードアイランド、サウスカロライナ、テキサス、ユタ、バージニア、ワシントン、ウィスコンシンの各州である。そして、ルイジアナ、ミシシッピ、モンタナ、テネシーの各州が近く被害者の権利を認める内容を盛り込んだ憲法改正案を議会に提案することになっている（National Victim Center）。

2)　イギリスの被害者憲章は 1990 年に制定され、1996 年に改正されている。Home office, The Victim's Charter : A Statement of the Service Standards for Victims of Crime（1996, London, HMSO）. Home office, Victims Charter : A Statement of the Rights of Victims of Crime（1990, Lodon : HMSO）

3)　Shireley S. Abrahamson, Redefining Roles : The Victims Rights Movement, 1985 Utah L. Rev, 517, 525-528

4)　本書第 1 章を参照。

5)　Nils Christie, Conflicts as Property, The British Journal of Criminology vol. 17 p. 1

54 第Ⅰ部　犯罪被害者を保護・支援する必要性と根拠

(1977). 本論文の紹介・解説として、田口守一「『財産としての紛争』という考え方について」愛知学院大学法学論集 1 巻 93 頁以下がある。

6)　渥美東洋『罪と罰を考える』（有斐閣 1993 年）309-313 頁参照。

7)　渥美東洋『刑事訴訟を考える』（日本評論社 1987 年）178 頁。

8)　渥美東洋『罪と罰を考える』315-316 頁。

9)　田口守一「刑事訴訟目的論序説」西原春夫先生古稀祝賀論文集 4 巻 51 頁以下、高橋則夫『刑法における損害回復の思想』（成文堂 1997 年）、吉田敏雄「法的平和の恢復——行為者—被害者—仲介・和解の視座——㈠～㈦」北海学園大学法学研究 30 巻 3 号以下、なお、アメリカ合衆国とカナダの状況につき、宮野彬『刑事和解と刑事仲裁』（信山社 1990 年）を参照。また、高橋則夫「刑事和解の理論と実践」加藤久雄＝瀬川晃編『刑事政策』（青林書院 1998 年）93 頁以下を参照。

10)　1992 年から 94 年にかけて『犯罪被害救援基金』の委託事業として研究者のグループによってわが国初の犯罪被害者の実態調査研究が行われ、その結果は宮澤＝田口＝高橋編『犯罪被害者の研究』（成文堂 1994 年）にまとめられている。同書の 163 頁以下等を参照、また、田口守一「刑事手続への被害者の参加」刑法雑誌 35 巻 3 号 58 頁以下を参照。

11)　田口・刑法雑誌 35 巻 3 号 67 頁。

12)　Anne M. Heinz, Wayne A. Kerstetter, Pretrial Settlement Conference : Evaluation of a Reform in Plea Bargaining, 13 Law & Society Rev. 349, 359（1979）. Abraham S. Goldstein, The Passive Judiciary, p. 71. Galaway, Victim Participation in the Penal Corrective process, 1985 Victimology 617, 627 を参照。

13)　吉田敏雄「刑事司法における示談の意義」刑法雑誌 35 巻 3 号 70 頁、特に 73-74 頁。

第4章

犯罪被害者救済の基本的視座

1　はじめに

　私はいつか犯罪被害者を手続の中に的確に位置づけた刑事司法論を展開したいと考えているが、時はまだ熟していない。本章では、広義の被害者学（刑事手続における被害者の役割論を含めた）が刑罰の目的や刑事司法のあり方について影響を及ぼし、近代市民社会の刑事法の基本的考え方に疑問を抱かせ、また、変容を迫るものとなってきたこと、つまり、被害者学のわが国における現時点での到達点を確認しつつ、将来の発展の可能性を探ろうとするものである。

　欧米の被害者学及びそれより大分遅れたわが国の被害者学とその実務における実践が、わが国の刑事法の理論と実務に大きな変革を予兆させる事態となっていると言ったら言い過ぎであろうか。被害者学の進展は従来の刑事法の方法論の不十分性を指摘し、ついには刑事法の枠組みの重要な部分の変更さえも示唆するものである。従来の刑事法の理論は国家対被告人（被疑者や受刑者を含む意味で用いる）という図式が強調され過ぎたため、それ以外の事件関係者、特に被害者の権利・利益や関与は不必要に捨象されてしまった。他方、被告人の権利が他の権利と調整されることとか、その調整原理とか、被告人の権利の内容についての真剣な議論はあまり行われなかった。そして、ある刑事事件の引き起こした問題が多くあることは事実であるのに、そのトータルな解決を目指すという視点が欠けていた。逆からいえば、被害者学は犯罪によって生じた様々な問題を総合的に解決することを志向するものである。

56　第Ⅰ部　犯罪被害者を保護・支援する必要性と根拠

2　国家対被告人の図式の問題点

　かつては多くの国々において、被害者の役割、被害者の救済（回復）が刑事司法の中に位置づけられていたが、その後の警察・検察機関の発達に伴う刑事司法制度の進展の中で、被害者の役割は単なる参考人、証人として、捜査機関や裁判所が必要と考えるときにだけ呼ばれ、必要なことだけを聴かれる地位に後退し、その結果、被害者は無視ないし軽視された存在となってしまった。

　その理由の1つとして、刑事事件を解決する方法としての刑事手続の中で、国家（捜査・訴追機関と裁判所）対被告人という図式が強調され過ぎたことが掲げられよう。確かに、刑事手続は、基本的に国家の機関と被告人とを軸として運営されており、また、有罪と認定された者には刑罰という厳しい制裁を加える手続であるので、犯罪事実の認定には誤りがないように、また、刑事手続の過程で被告人に不必要な自由や権利の制約がないようにすることには理由があり、その結果、被告人には黙秘権、弁護権、不合理な捜索・押収を受けない権利、証人審問・喚問権が保障され、また、自白法則、伝聞法則、無罪推定の地位等が認められてきたのである。この展開には正当な理由があったといえる。しかし、国家対被告人という図式はややもすると国家（強者）対被告人（弱者）という点が強調された（極端な場合には、国家権力（悪）対市民（善）という図式に置き換えられた）ため、弱者たる被告人は強大な権限を持つ国家機関と対等となるためには権利は考えられる限りの最大の保障であるべきだとの主張がなされることになる。無罪推定原則の拡大適用、片面的構成論の多用、基本権の絶対性の主張（刑訴法39条3項（接見指定）違憲論など）、被告人の防禦権には明文の根拠は必要ない等の主張にその具体例が見出される。これらの見解によると、被害者の権利・利益を認めることが被告人の権利を縮小することにつながると見られる傾向がある[1]。しかし、被告人の諸権利は、それらが認められたときの趣旨・内容があるのであり、また、その後の時代の変化に伴う要請を考慮しつつも、基本的には、被告人の権利・自由が違法・不当に害されることな

第4章　犯罪被害者救済の基本的視座　57

く手続が進められ、検察官の主張が公開・公平な裁判所で被告人側から徹底的に批判・吟味され、それでもなお合理的な疑いを超えて証明されたときに有罪判決が下されるという、適正な刑事司法が実現されるために保障されているのである。そして憲法は国民に様々の基本権を保障しているのであって、自己表現を最大限に保障されている個々人が複雑に入り組んだ政治的・社会的・経済的関係の中で生活していると、各人の権利は互いに衝突することが多いため、それらを適切に調整する必要があるのであり、刑事手続における被告人の権利とて例外ではないのである。

　被害者学の功績の1つは被害者の権利を被告人の権利と対置させることによって、両者のバランスをとり、言葉を換えれば、被告人の権利の趣旨・内容を真剣に検討・確定する機会を提供したことである。アメリカ合衆国では各州がその憲法又は制定法において被害者の諸権利を明定しているので、被告人の権利と被害者の権利とのバランスをとるという方法は当然のことと考えられているのであろう[2]。ところで、被告人と被害者の権利・利益を調整するうちに、両者の権利・利益の内容が確定されて、その結果、両者は必ずしも対立する関係にはないことも多く判明する。例えば、一定の証人の証言の際のビデオリンクの使用や、証人と被告人の間にスクリーンを置くことの可否について述べれば、憲法37条2項の証人審問・喚問権は被告人の証人との対決権を含むか、含むとしてその例外は認められるかという論点を含んでいる。確かに、証人が被告人と面と向った状態で証言をすれば、証人は嘘をつきにくいし、また、証言の際の証人の目や身体の動き、喋り方等の観察によって、被告人側はその後の反対尋問を効果的に行うことができ、また、裁判官（陪審員）も適正な事実認定を行うことが期待できよう。しかし、証人が性犯罪の被害者である女性や性的虐待の被害者である児童の場合は事情が異なる。もともと被告人と証人との面と向っての対決権は性犯罪被害者たる女性や児童を対象とした事例で確立されたものではないし、また、性犯罪被害者が証人として証言台に立ち、被告人と面と向って証言することによる第二次被害を回避する正当な理由があるし、さらには、面と向っての対決権は証人が嘘をつけないようにし、また、証

人の観察により正確な事実認定をすることができるようにするのが狙いである
ところ、例えば、証人が性犯罪被害者たる児童の場合、被告人（親や近親者や
教師など）の面前ではむしろ真実を述べられないおそれがあるため、このよう
な証人が真実を述べ、正確な事実認定ができるためにも、被告人との面と向っ
た対決は避けるべきなのである。このように考えると、被告人と証人との間に
衝立を立てたり、ビデオリンクを用いたりして、被告人との面と向っての対決
を避けつつ、弁護人を通しての反対尋問は保障するという尋問方法は、憲法
37条2項の証人審問・喚問権の保障の趣旨に反するものではなく、同権利を
侵害するものではないのである[3]。これは、被害者の権利を認めるとその分被
告人の権利が侵害されるという安易な議論が適用される場合ではなく、性犯罪
被害者の第二次被害を避けるべきとの理由のある関心から、この種の事例にお
ける被告人の証人審問・喚問権の内容が緻密に確定される例といえよう。

3　近代刑法と被害者学

　近代刑法は個人の犯罪を規律することを狙いとしており、その基本的性格は
社会が大きく変化した今日においても維持されている。そして刑事法の運用
は、民刑峻別の考え方に従って、認定された個人の犯罪行為に相応しい刑罰を
選択することを主眼としており、犯罪が引き起こした被害の回復は配慮され
ず、それは別の民事手続において実現されるべきと考えられている。さらに、
刑法は刑罰という最も峻厳な制裁を科すものであるために、その謙抑性が強調
され、そのことをよく表すものとして、被害者なき犯罪は非犯罪化すべきとの
主張がなされた。

　これらの主張が被害者を「忘れられた存在」にするのに余って力があった。
逆にいえば、被害者学の進展が、近代刑法についての1つの解釈に基づくこれ
らの主張の不十分性・問題点につき疑問を投げかけ、新たな光をあてて、見え
にくかった解決への鍵を提供したといえるかもしれない。

　(1)　刑法の謙抑性の主張も国家対個人という図式と無関係ではない。1960

第4章　犯罪被害者救済の基本的視座　59

年代に、浮浪罪、公然酩酊罪、姦通、売春、賭博、ポルノ、薬物の自己使用等は非犯罪化すべきとの主張が世界各国で展開され、わが国でも 70 年代まで有力であった。軽微な事案を犯罪とすると法執行のコストがかかるし、また、恣意的な法執行がなされるおそれがあるので、政府の過剰な干渉を控えるべきとの限度では非犯罪化の主張にも理由があったといえよう[4]。しかし、フェミニストや急進主義者がいうまでもなく、ポルノや売春やヘイト・スピーチは被害者のないものではない。非犯罪化の主張が展開され、一部で事実上実践された後のアメリカは、薬物中毒者の増加、性病の蔓延、少年非行、家庭の崩壊に悩まされた。他方で、表現の自由に名を籍りてポルノ産業は経済的利益を追求し、犯罪組織は薬物の密売買で多額の収益を獲得した。

　非犯罪化の主張は明らかに行き過ぎていた。ある個人の行為が、目に見える、直接の具体的な被害を生じさせないからといって、法益の侵害がない、従って被害者がないとの理屈は単純過ぎるし、また、当事者の同意＝自己決定権を、自分で決定できる範囲を超えた形で強調するのも正当とは思われない。薬物の使用や、ポルノ、ヘイト・スピーチは青少年の心身の健全な発達を阻害し、人々が相互に尊敬し信頼し合う地域社会の成立を難しくするのである。その悪影響は直接の被害が見えにくいために徐々に社会の基礎、最も重要な人間関係を蝕む事態を生じさせていたことは大分後になって気づかれたのである[5]。

　(2)　個人の犯罪を中心に理論を組み立てる近代刑法によって、現代の組織・企業の様々な違法・不当な活動を規制することは困難である。インフラ（公共の社会基礎基盤）は国民全ての公共物であり、全ての者が利用でき、誰も独占してはならないものであるが、組織・企業はその違法・不当な活動によってインフラを悪用し、それによって不正に多額の利益を得る（只乗り）のに対して、国民は生命・自由、財産につき被害を受け、地域社会が壊され、その結果、個々人が自分を敬い、他人を尊重し、相互に扶助し連帯する意識を失わされてしまう危険を生じさせている[6]。上記の違法・不当な活動の中には、薬物犯罪、脱税、汚職、金融犯罪、大型詐欺商法、人の健康・生命を害する活動、自然環

境を破壊する活動等々が含まれる。これらの違法・不当な活動の被害者の数は
厖大であり、また、被害の額・程度も莫大かつ深刻な事態になっている。現実
に社会的に大きな力を持っている組織・企業の違法・不当な一定の活動を正面
から犯罪と規定し、その犯罪行為により不正な利益を保持したままでいること
に正当な理由はないのでこれを剥奪し、剥奪した不正収益を財源として犯罪行
為により被害を受けた者の被害を回復し、被害を受ける前の状態に原状回復す
ることは正義の要請にも適っていることなのである[7]。ところで、この 30 年
間の世界の刑事法の二大潮流は組織犯罪対策と被害者の保護であるといえよ
う。これは、犯罪組織の違法な活動を重く処罰し、不正収益を没収し、犯罪は
ペイしないことを知らせ、他方で、理由なく犯罪の被害にあって苦境に陥って
いる者には必要な精神的・経済的な救済・支援を提供して、全ての個人が人間
として尊重される社会を築こうとの考えの表れであるといえよう。被害者学の
進展は、犯罪組織の規律に理論的基礎を提供することでも、貢献している。

4 修（回）復的司法の意義と限界

　近年、修（回）復的司法（Restorative Justice 現状回復的司法、正義の回復理論）
という考え方が内外で有力に主張されている。従来、刑事司法が国家対被告人
という二者間の図式で捉えられ、その目的も被告人の犯罪事実を認定し、それ
に相応しい刑罰を科すことであったため、犯罪者の反省、謝罪という契機は軽
視され、また、被害者の利害は刑事手続に殆ど反映されず、その結果、社会復
帰思想の退潮の中で、犯人の更正にも、被害者の立直りにも刑事司法が役に立
たないとの批判が強くなっていた。修復的司法論によれば、犯罪は加害者と被
害者との紛争であり、この紛争を解決するために被害者やその家族等の利害関
係者の参加が手続において不可欠であり、コミュニティを含めた関係者の協議
を通じて、一方で、加害者は自己の責任を認めて被害者に謝罪すると同時に損
害回復の措置を講ずることとし、そのことにより社会復帰に向って大きく踏み
出し、他方で、被害者は手続に積極的に参加し、被害の実状を加害者に知ら

せ、被害者の窮状を真剣に受け止めた加害者の反省・努力により被害者は精神的・経済的に立直りを図っていけると考えるのである。そこで、修復的司法においては、加害者と被害者との間の和解が重視され、それを考慮した限度で国家の刑罰権が後退する（私事化する）ともいわれている[8]。この修復的司法の考え方は魅力的であり、被告人が争わない事件、比較的軽微な事件、そして、少年事件の解決のためには有力なモデルを提供するであろう。

　それでは一般の刑事事件の場合はどうであろうか。渥美博士はすでに修復（現状回復）的司法の考えを採り入れた刑罰論、刑事司法論を展開されていた。すなわち、刑罰は被害者の自己表現を害する活動を非難し、被害者の自己実現に価値を認め、共同体がその価値を保持していることを明らかにする意味がある。犯罪は社会の連帯を破り、正義を侵すので、正義を示す原状に回復すること、つまり、正義を維持する意識がもう一度、関係者全体の中で「内面化」されるためにこそ刑罰の役割があり、刑事手続が用意されている。そして、刑事手続は犯行者の科刑が唯一の目的ではなく、被害状況の除去と現状回復、生活環境の修復をも目的としている。この目的の実現のためには共同体の調整を通した被害者と加害者との意思疎通のための努力が必要で、そのためには、事情によって、弁護士あるいは捜査・訴追機関を通した話合い・調整、さらには公式の裁判手続での両者の接触も考えねばならない。そして、自分の責任を認めて正義を内面化する努力を示す犯行者には刑罰をフルに発動させる必要は小さくなる[9]。

　この渥美博士の刑罰目的論、刑事司法論によれば、被害者の刑事手続への参加が理論的に基礎づけられるといえようが、同時に、修復的司法の考え方を採用できる限度をも的確に示しているとも思われる。

　最近、ロウチ教授はパッカー教授の犯罪抑止モデルと適正手続モデルを対置させて刑事手続を分析した2つのモデル論は被害者の実態調査研究等やその後の犯罪状況に照らして、最早有効なモデル論ではなく、新たに、懲罰的被害者権利モデル（Punitive Model of Victim's Right）と非懲罰的被害者権利モデル（Non-Punitive Model of Victim's Right）とを付加して提示している[10]。ロウチ教授は4

62 第Ⅰ部 犯罪被害者を保護・支援する必要性と根拠

つのモデルを用いて刑事手続論を展開するが、その中の新たな２つのモデルは被害者の権利を重視するという点では共通している。

懲罰的被害者権利モデルは被害者と潜在的被害者の権利の保護を重視し、被害者の通報制度、第二次被害の防止のための改革を求め、また、被告人と同様に被害者の憲法上の権利の承認を求める。このモデルはまた刑事制裁に重点を置き、法律的手続を経て認定された有罪（legal guilt）という考え方に反対する点で犯罪抑止モデルに似ている。犯罪により蒙った影響についての被害者の供述（Victim Impact Statement）やパロールのための聴聞手続への被害者の参加をこのモデルは認めるが、それらは重い刑罰につながるもので、それを正当化するものと見ている。さらに、このモデルは犯罪者の再社会化に重点を置く修復的司法という考え方は採らない[11]。

他方、非懲罰的被害者権利モデルは犯罪の防止と修復的司法に着目する。このモデルは刑事制裁の有効性に疑問を抱く点で適正手続モデルと共通し、犯罪者の処罰には焦点があてられない。このモデルは被害者の癒し、立直り、被害者への賠償、修復的司法に焦点があてられる。修復的司法は犯罪者、被害者、その家族・支持者が中心人物として手続に参加し、全ての参加者が公正に扱われ、発言も許される。ロウチ教授によれば、犯罪者の処罰に焦点を置き、被害者に損害回復が殆どなされない犯罪抑止モデルや、犯罪者に責任を認めることを拒否させ、専門家達によって犯罪者、被害者、コミュニティを遠ざけてしまい、犯罪者に損害回復の義務を排除し権利にのみ焦点を当てる適正手続モデルに修復的司法はとって代わるものとなろうといわれ、また、修復的司法の考え方を基礎とする非懲罰的被害者権利モデルが将来刑事手続の中心となろうといわれる[12]。

ロウチ教授の考え方は他のモデルを全て否定するわけでもなく、また、１つのモデルで刑事手続を全て説明しようとするものでもなく、そして修復的司法の考え方を相当程度採用するもので啓発的である。そこでも指摘されているように、修復的司法においては犯罪者が自ら進んで手続に参加し、犯罪に対する責任を受入れるときに最大限機能するものであり、もし、被告人が自己の非を

認めていないとき、あるいは、被告人や被害者が手続に参加することを拒んで
いるときには修復的司法は十分に働かず、結局は伝統的な公判で処理するほか
はないであろう。また、修復的司法においては、犯罪者が自ら罪を認めること
が重視されるが、その方向へ導く過程で適正手続上の権利を制限することにな
らないかという点も指摘されている。さらに、修復的司法は法律的手続を経た
上で認定された有罪（legal guilt）よりも事実上の有罪（factual guilt）に焦点を当
て、犯罪者が犯罪を犯した原因を探ることに焦点が当てられるので、その点の
問題も指摘されている。

　渥美博士の刑罰論・刑事司法論、各論者の修復的司法、ロウチ教授の4つの
モデルによる刑事司法論は従来の刑事司法論を克服しうる有益な視点を提供し
てくれている。今後は被害者の各種の権利保障、被害者の各段階での参加のあ
り方など具体的な問題の解決方法を通じてさらに被害者の尊厳を十分に反映す
る刑事司法論を展開することが求められている。

1)　1960年代、ウォレン長官率いるアメリカ合衆国最高裁は被告人の基本権を擁護す
　る数々の判例を出し、これは刑事法の革命といわれた。違法に収集した証拠の排除
　（Mapp v. Ohio, 367 U.S. 643 (1961)）、違法な面割り手続で採られた証拠の排除
　（Gilbert v. Ohio, 388 U.S. 263 (1967)）、黙秘権、弁護権等の告知を欠いて採られた
　供述は反証のない限り不任意と推定され排除されるとしたミランダ判決（Miranda
　v. Arizona, 384 U.S. 436 (1966)）、被告人が供述しないことにコメントすることを禁
　止したグリフィン判決（Griffin v. California, 380 U.S. 609 (1965)）等多数の判決があ
　る。これらの一定限度で真実発見が阻害される原則が多くの裁判所や学者に支持さ
　れた理由の1つとして、グラノ教授は、被告人を責任ある道徳主体としてではなく
　被害者と捉える考え方があると指摘している。つまり、被告人を罪のある被告人と
　捉えるのではなく抑圧的な社会の犠牲者と捉えれば、被告人を無罪とすることも容
　易に理解されるというのである（Joseph D. Grano, Criminal Procedure : Moving
　from the Accused as Victim to the Accused as Responsible Party, 19 Harv. J. of L. &
　Pub. Pol. 711, 712 (1996)）。例えば、接見交通権の侵害を理由に供述証拠を排除した
　エスカビド判決（Escobedo v. Illinois, 378 U.S. 478 (1964)）の中でも被告人を経済的
　不平等、人種差別主義そして警察の権限濫用の被害者として捉えている文章が散見
　され（id. at. 482, 486)、また、ミランダ判決においては、犯行の詳細な記述は少な
　い反面、全ての警察の権限濫用行為については詳細に亘って判示されているものと

64 第Ⅰ部 犯罪被害者を保護・支援する必要性と根拠

指摘されている（id. at 445-455）。さらに、学者の研究も、被告人は取調官にとても太刀打ちできるものではなく、人種的な少数派や社会・経済的な最下層出身のグループの被告人の場合に取調べは多く成功裡に終了するといい、また、多くの犯罪の残虐性や犯罪によって人間が蒙る苦悩を事実上無視する反面、警察の違法性を誇張することが多いともいわれている（Grano, 714）。

　法執行機関の違法活動を無視ないし軽視することは正しくない。また、法執行の過程で権利・自由を侵害された者を救済することも刑事司法の役割の1つであるといってよい。ここで注目しておきたいのは、被告人が違法な手続から救済される理由として、被告人が国家の権限の濫用の被害者であるとした点であり、国家対被告人という図式がその背景にあることであり、この図式が強調されると刑事司法の本来の狙いを超えた結果が齎される可能性があるということである。

　犯罪抑止モデルと適正手続モデルの対概念を用いて刑事訴訟を分析した有名なパッカー教授も刑事手続を国家と被告人という図式で捉えていたが、実は、弱い立場にある者が犯罪被害者にもなり易いということをその理論構成の際に配慮していない（Herbert L. Packer, Two Models of the Criminal process, 113 U. Pa. L. Rev. 1 (1964)）。

2)　アメリカ合衆国においては、各州及び連邦はその憲法又は制定法において、被害者の基本的権利を明文で定めている。本書第3章を参照。

3)　この問題に関する文献を幾つか掲げておく。Lucy S. McGough, Child Witnesses, Yale Univ. Press 1994. Maryland v. Craig, 497 U.S. 836 (1990). 宮野彬『刑事法廷でのビデオテープ』（成文堂 1999年）、山田道郎「証人審問権と伝聞法則」法律論叢70巻4号23頁、松原芳博「証人対質条項と伝聞法則をめぐる問題状況」鈴木義男先生古稀祝賀『アメリカ刑事法の諸相』225頁、津村政孝「証言中のスクリーンの使用と被告人の『対面』権」ジュリスト965号86頁、同・アメリカ法（1994年）375頁、堀江慎司「証人審問権の本質について―アメリカにおける議論を中心に㈠～（六・完）」法学論叢141巻1号1頁以下、宮澤浩一監修「ドイツとオーストリアの証人保護（その1～3）」捜査研究567号78頁以下、特集「犯罪被害者の保護と救済」ジュリスト1163号（1999年）39頁の川出敏裕論文、特集「犯罪被害者の権利」法律時報71巻10号29頁の加藤克佳論文など。なお、上の両特集の他の各論稿も参照されたい。

4)　N・モーリス＝G・ホーキンス（長島敦監訳）『犯罪と現代社会―アメリカのディレンマ 上・下』の上巻に非犯罪化の主張の典型が示されている。

5)　渥美東洋『複雑社会で法をどう活かすか―相互尊敬と心の平穏の回復に向かって―』（立花書房 1998年）3頁以下を参照。

6)　渥美東洋・同前。

7)　渥美東洋・同前。また、渥美東洋編『組織・企業犯罪を考える』（中央大学出版

部 1998 年）の各論稿を参照されたい。

8） 高橋則夫「被害者関係的刑事司法と回復的司法」法律時報 71 巻 10 号 10 頁以下、
吉田敏雄「法的平和の恢復(一)～(七)」北海学園大学法学研究 30 巻 3 号 1 頁以下、
前野育三「修復的司法の可能性」法と政治 50 巻 1 号 13 頁、新倉修「刑事法のパラ
ダイム転換と被害者の権利」法律時報 71 巻 10 号 4 頁以下、また、田口守一「『財
産としての紛争』という考え方について」愛知学院大学法学論集 1 巻 93 頁以下、
竹村典良『犯罪と刑罰のエピステモロジー』（信山社 1999 年）59 頁以下などを参
照。

9） 渥美東洋『罪と罰を考える』（有斐閣 1993 年）309-316 頁、同・『刑事訴訟を考
える』（日本評論社 1978 年）178 頁。

10） Kent Roach, Four Models of the Criminal process, '89 J. of Crim. L. & Criminology
671（1999）.

11） Roach, id. at 699-706.

12） Roach, id. at 706-713.

第 5 章

犯罪被害者保護・支援の課題と展望

1　はじめに

　この 10 年間におけるわが国の犯罪被害者（以下、「被害者」という）の保護・支援の進展には目覚しいものがあったといえよう。特に平成 12（2000）年 5 月に成立した「犯罪被害者保護関連二法」と同年 11 月に成立した改正少年法、そして平成 13 年（2001）年 4 月に成立した改正犯罪被害者等給付金支給法は画期的な内容の法律と評することができ、これに従来の関係各機関の実務における展開を合わせて考えると、わが国の被害者の保護・支援は相当に充実したということができよう。これは、警察、検察・法務省、裁判所、弁護士会、国会議員、民間援助団体、学界、マスコミが被害者の窮状を理解し、その保護・支援に立ち上がった結果にほかならないが、最も大事なことは被害者の保護・支援についての国民の広範な理解と支援があったことを忘れてはならない。被害者に関わる人達は一方では自分が被害者に二次被害を与えてはならないと自戒し、他方で、より積極的に、被害者の保護・支援を図るべきと考え、これが多くの国民に共有されたのである。

　とはいえ、残された課題も少なくない。本章は、実務と改正法により被害者の保護・支援の到達点を簡単に整理した後で、残された課題を克服するに当って必要なことを若干検討することを目的としている。

〔**追記**　本章の初出は平成 13（2001）年に執筆されたものであり、本章は平成 12、13
　　　年前後の被害者保護・支援の立法と実務を考察している。考察の対象とした

68　第Ⅰ部　犯罪被害者を保護・支援する必要性と根拠

情報提供、刑事手続への参加、経済的支援等についてはその後の立法等によりさらに充実したものとなっている。〕

2　実務と改正法の到達点

(1)　被害者のニーズ

従来から被害者の保護・支援に必要な事項として次の点が挙げられていた。① 情報の提供、② 刑事手続における被害者の地位の向上（保護と参加）、③ 経済的援助、④ 精神的、医療的援助、⑤ 報道被害からの保護。

被害者のニーズを理解して、国や地方公共団体に対して、被害者支援のための総合的施策を講ずることを求めて、全国被害者支援ネットワークは「犯罪被害者の権利宣言」を発表した[1]（1999 年 5 月 15 日）。また、日本弁護士連合会は「犯罪被害者基本法案」を含む「犯罪被害者に対する総合的支援に関する提言」を発表した[2]（1999 年 10 月 20 日）。前者の権利宣言には以下の 7 つの権利が宣言されている。① 公正な処遇を受ける権利、② 情報を提供される権利、③ 被害回復の権利、④ 意見を述べる権利、⑤ 支援を受ける権利、⑥ 再被害からまもられる権利、⑦ 平穏かつ安全に生活する権利。日弁連の「基本法案」も基本的には同じ趣旨と理解してよいであろう。

上記の「犯罪被害者の権利宣言」の中のかなりの部分が実務及び改正法によって実現されたといえよう。次に、平成 12（2000）年と 13（2001）年の被害者保護に関わる主な法改正について要点を述べる。

(2)　犯罪被害者保護関連二法の成立

平成 12 年 5 月 12 日、第 147 国会において、「刑事訴訟法及び検察審査会法の一部を改正する法律」（以下、「刑訴法等改正法」という）及び「犯罪被害者の保護を図るための刑事手続に付随する措置に関する法律」（以下、「犯罪被害者保護法」という）が成立し、同月 19 日公布された。この二法を犯罪被害者保護関連二法[3]という。

刑訴法等改正法は大きく以下の 4 つの内容からなっている。(1)性犯罪の告訴期間の撤廃（刑訴法 235 条 1 項 1 号）、(2)証人の負担軽減のための措置（この措置はさらに ① 証人尋問の際の証人への付添い（同法 157 条の 2）② 証人尋問の際の証人と被害者または／および傍聴人との間の遮へい措置（同法 157 条の 3）、③ ビデオリンク方式による証人尋問の録画（同法 157 条の 4、321 条の 2）の 4 つに分けられる）の採用、(3)被害者等による心情その他の意見陳述を認めたこと（同法 292 条の 2）、(4)検察審査会の審査申立権者の範囲の拡大（検察審査法 2 条、30 条）、である。また、犯罪被害者保護法の内容は大きく以下の 3 つに分かれる。(1)被害者等に公判手続の優先的傍聴をみとめたこと（犯罪被害者保護法 2 条）、(2)一定の要件の下に公判記録の閲覧及び謄写を認めたこと（同法 3 条）、(3)民事上の争いにつき刑事訴訟手続における和解を認めたこと（同法 4 条）、である。

このように、犯罪被害者保護関連二法は、主として刑事手続の様々な局面において、被害者等の保護、その地位の向上を実現したものでわが国の被害者の保護・支援の歴史の中で極めて重要な位置づけが与えられる法改正である。

(3) 改正犯罪被害者等給付金支給法の成立

平成 13 年 4 月 6 日、犯罪被害者等給付金支給法（以下、「犯給法」という）の一部を改正する法律が成立した[4]。改正犯給法の主な内容は (1)支給範囲の拡大と (2)支給額の引上げ、である。(1)支給範囲の拡大の内容は、従来の制度が死亡及び重障害（障害等級 1 級から 4 級の後遺障害）を支給対象としていたのに対して、① 障害等級 14 級までの犯罪被害についても障害給付金の支給対象を拡大する、② 障害が遺らなくても、全治 1 か月以上の重大な負傷または疾病を受け、2 週間程度の入院が必要な「重傷病」の被害者にも新たに給付金を設ける、というものである。また、(2)支給金額の引上げについては、従来、被害者の 1 人当たりの給付の上限が遺族給付金で 1,079 万円（最低額は 220 万円）、障害給付金で 1,273 万円（最低額は 230 万円）であったが、これを現在の賃金水準に基づく算定により、最高額・最低額につき抜本的な見直しを行った。

70 第Ⅰ部 犯罪被害者を保護・支援する必要性と根拠

(4) 改正少年法の成立

平成12年11月28日、第150回国会において、少年法の一部を改正する法律（以下、「改正少年法」という）が成立し、平成13年4月1日から施行された[5]。改正少年法の内容は大きく3本の柱から成り、(1) 少年事件の処分の在り方の見直し、(2) 少年審判の事実認定手続の適正化、そして (3) 被害者への配慮の充実、が実現された。従来、少年事件の被害者は、審判が非公開であるため、必要な情報を得ることができず、また、意見を述べることもできなかった。しかし、事件の当事者である被害者が事件の内容、審判の進行状況等の情報を得たり、自分の意見を述べたいと思うことは極めて自然なことであり、当然の要求といえよう。他方で、上記のような情報を被害者に提供することに伴う問題の発生は殆ど考えられないし、むしろ、被害者の考えを少年に伝えることは、被害の状況や被害者の痛みを少年に理解させ、自分の行為を反省し、少年の教育・更生にも必要なものと積極的に位置づけられるようにもなってきている[6]。

被害者への配慮の充実策として改正少年法は、(1) 被害者等の意見を聴取する制度を設け (少年法9条の2)、(2) 少年審判の結果等を通知する制度を導入し (同法31条の24第1項)、(3) 審判確定後のみならず審判中の記録の閲覧・謄写を一定の範囲で認めることとした (同法5条の2第1項)。

同時に、処分の在り方の見直しに関する改正部分も被害者保護と関わりがある。改正少年法22条1項は「審判は、懇切を旨として、和やかに行うとともに、非行のある少年に対し自己の非行について内省を促すものとしなければならない。」と規定し、裁判官は少年に対して優しさと共に厳しさをもって接しなければならないとしているほか、保護者に問題がある場合にはその責任を自覚させるために訓戒、指導その他の適当な措置をとることができるようにしている (同法25条の2)。少年事件を解決するためには、少年が自己の非行に正面から向き合い、それが被害者に与えた苦悩を理解し、非行の克服に向けて真剣に取り組んで貰わなければならないし、また、保護者を初めとした地域社会の

人々の理解を得なければならないのである。

(5) 法実務の展開

わが国の被害者の保護・支援の発展を考える場合、関係各機関や個人の取組みを忘れる訳にはいかない。様々な取組みがなされているが、ここでは平成12（2000）年前後の特に重要なことのみを指摘するに止める。

(1) 警察は早くから被害者対策に積極的に取り組んできたが、平成8年には、警察の総合的な被害者対策の当面の基本的指針と推進すべき施策を示した「被害者対策要綱」（警察庁次長通達）を制定した。この「要綱」に基づく被害者保護・支援施策は多様であるが、① 罪種別に被害者が必要とする情報を解説した「被害者の手引き」の作成・配布、また、捜査状況、被疑者の検挙・処分状況を知らせる被害者連絡制度の実施等の情報提供、② 性犯罪捜査体制の整備、被害者のプライバシーを配慮した事情聴取室の整備等の第二次被害の防止・軽減、③ カウンセリング体制の整備等の精神的被害の回復、④ 被害直後の危機介入に対応できる専門的訓練を受けた「指定被害対策要員制度」の実施、⑤「お礼参り」を防ぐための身辺警戒、パトロールの強化等再被害の防止、そして ⑥ 関係各機関、民間ボランティア団体等との協力体制を進める等の被害者支援ネットワークの構築など、被害者の多様なニーズに応えるための活動を行っている。

(2) 検察は従来から、関係者の名誉・プライバシーの保護と捜査・公判の円滑な運営等という制約の中でも、被害者の利益のために一定の情報を提供してきた。この時期の重要な施策として「被害者等通知制度」を挙げなければならず、この制度は平成11年からは全国統一の制度として実施されている。この制度は、通知希望があった事件につき、被害者等と目撃者等に対して、事件の処理結果、公判期日、刑事裁判の結果、公訴事実の要旨、不起訴裁定の主文、不起訴裁定の理由の骨子、勾留及び保釈等の身柄の状況ならびに公判状況等、手続の進行の全体につき遺漏なく通知されるように配慮している。また、全国の地方検察庁に「被害者支援員」を配置し、被害者の訴えや心情を丁寧に聴い

72 第Ⅰ部 犯罪被害者を保護・支援する必要性と根拠

た上で、適切な対処方法を助言したり、必要な情報を提供したりしている。例えば、優先傍聴券の手配、法廷への付添い、公判廷での手続や立証の状況等を説明したりしている[7]。

(3) 裁判所は従来から、性犯罪被害者や年少の被害者が証人として公判廷に出頭して反対尋問を受ける際に、不必要にプライバシーを暴かれたり、また、人格攻撃を受け、そのため第二次被害になることを避けるために、裁判を公開停止にしたり（憲法82条2項）、証人を尋問している間、被告人や特定の傍聴人を退席・退廷させたり（刑訴法281条の2、304条の2、刑訴規202条）、公判期日外で証人尋問を行ったりしてきた（同法58条、281条）。他方、被害者が証人として喚問された際に、被害や処罰感情について供述をする機会が事実上与えられていた。また、平成11年の組織犯罪対策立法における刑訴法の改正として、証人等の身体・財産に害を加えるおそれのある場合には、証人等の尋問を制限したり、住所等を相手に知らせないことができるようにして証人の保護を図ることが裁判所に求められていた（刑訴法295条2項）。そして、平成12年に成立した犯罪被害者保護関連二法においては、証人尋問の際の遮へい措置、ビデオリンク方式、被害者等の意見陳述、公判手続の優先的傍聴、公判記録の閲覧・謄写、刑事和解等被害者に認められた様々な権利につき、その行使と適切な運用において裁判所の果たすべき役割は大きく、また、改正少年法の運用においても、被害者の権利の実現と審判手続の適正な実施に当たって家庭裁判所の果たすべき役割は重要なものと思われる。

(4) 日本弁護士連合会は前述のごとく、平成11年に「犯罪被害者に対する総合的支援に関する提言」を発表したが、その中で従来からの日弁連の被害者問題への取組みをふまえて、「犯罪被害者基本法」の制定を強く訴えている。その後、各単位弁護士会の多くが被害者対策へ取組み、「犯罪被害者支援運営協議会」（大阪弁護士会）、「犯罪被害者支援対策委員会」（静岡弁護士会）等を発足させて、法律相談、電話による法律相談、他の被害者支援機関・組織との連携活動を行っている[8]。

(5) 被害者の支援を目的とする民間支援団体は平成12年末の時点で16都道

府県に 17 団体が設立され、前年の平成 11 年には「全国被害者支援ネットワーク」が結成された。各団体は警察や自治体そして最近では弁護士会等とも密接な協力関係をとりつつ、主に被害者の電話相談、カウンセリング等を行っている[9]。

3　被害者保護・支援の課題

被害者の保護・支援については、前述した関係各機関の法実務の進展と平成 12 年と 13 年の立法により、わが国も形としては被害者保護先進国の仲間入りをしたといってよかろう。しかし、これらの立法はこれからの法運用によって狙い通りに実施されるかを見守っていかなければならない。ドイツやアメリカ合衆国等においては被害者保護のための制度が必ずしも十分に活用されなかったり（附帯私訴など）、法文通りに実施されていない（州によって重要な手続につき情報を提供されなかったり、意見聴取の機会が与えられなかったり、被害弁償を受けることが少ないなど）などとの指摘もあるし、また、国連のレベルでも、1985 年に採択された「犯罪と権力濫用の被害者のための司法の基本原則に関する宣言」の実現状況の検証も必ずしも満足のいく結果とはなっていないようである[10]。

まずは、上記の立法がその狙い通りに解釈・運用されていくのを見守るのが第一の課題といえよう。そのことを前提にして、被害者保護・支援にとって重要な幾つかの点について課題を指摘してみたい。

(1)　情 報 提 供

警察による「被害者の手引き」の配布、「犯罪被害者連絡制度」、検察による「被害者等通知制度」、犯罪被害者保護法による公判手続の優先的傍聴と公判記録の閲覧・謄写等により、被害者は受けられるサービスや刑事手続の進行状況、民事訴訟に必要な資料等以前に比べて多くの情報が提供されるようになった。受刑者の出所情報についても、犯人の報復を心配する被害者の要望に応じ

て、適切に提供することが考えられている。このように被害者への情報提供は相当に充実してきている。刑事手続において被害者に情報を提供することは、憲法が刑事手続に要請する公平性、適正手続という概念の基本となるものである。また、様々な必要な情報を受けることは、被害者にとって重要である。ただ、被害者に必要な情報は警察・検察によって多く提供されるが、それだけではない。民間支援団体による情報提供も必要である。ところが、「民間援助団体の活動実態に関する調査」によれば、民間援助団体は警察に対して事件の概要等刑事手続の進行状況等に関する情報の提供を望んでいる[11]。秘匿性の高い刑事事件の情報を適切に管理できる体制の確立、民間援助団体職員の倫理規定の整備を前提として積極的に検討すべきと思われる[12]。なお、平成12（2000）年に、総理府（当時）が行った犯罪被害者に対する初の世論調査の結果によれば、犯罪被害者保護関連二法が成立したことを知らなかった人が41％余で、同法の内容について知っている人は13％余にすぎなかった[13]。多くの国民は被害者保護に高い関心を持っており、また、徐々に被害者に関する情報を得ているが、まだ必ずしも十分とはいえないように思われる。国民の理解・共感が得られなければ被害者保護・支援のさらなる展開は望みえないので、国民に対する広報活動も、関連して、重要と思われる。

(2) 刑事手続への参加

被害者の刑事手続への参加は様々な形態が考えられるが、最近の法改正によって、① 被害者の遺族も不起訴になった事件の処分の当否の審査を申し立てることができるようになり、また、② 被害者等は優先的に傍聴できるように配慮されることとなり、さらに ③ 被害者は単に証人として事実を聴かれるだけでなく、事件の当事者として「主体的に」事件について被害感情や被告人に対する処罰感情等を述べることが認められ、この意見は量刑上の一資料とすることができるとされ、そして、④ 被害者等の意見陳述は少年審判においても認められることとなった（少年法9条の2）。この中、意見陳述権については消極的見解も少なからずあったが、同見解の中心は被害者の感情的・応報的陳述

によって不当に量刑が重くなる結果を齎すのではないかとの懸念であった。意見陳述を認め量刑の一資料とすることは、罪責認定後に、より多くの資料を基に正義の個別化を図る量刑理論に適うものであるし、また、被害者を疎外して第二次被害を与えることを防ぐ要請にも沿うし、さらに、検察官の求刑と裁判所の量刑という2つの機関がそれぞれに確立した基準を経て下されるわが国の量刑判断は、数多い量刑資料の1つである被害者の意見陳述によって恣意的な判断、不当に重い量刑になるとは到底思われない[14]。意見が既にした陳述であるとか相当でないと裁判長が判断した場合には意見陳述が制限されるとの歯止めまで規定している（刑訴法292条の2第5項、少年法9条の2)。改正法施行後、刑事裁判においても、少年審判においても被害者等の意見陳述が既に認められている[15]。実務の積み重ねにより改正法の趣旨が着実に活かされていくことを期待したい。

　フランスにおいては、附帯私訴により被害者は私訴原告として書類の閲覧権をはじめ、弁護人の助力を受けて公判に出席し、意見陳述権が与えられるという[16]。ドイツにおいては被害者は補助的訴追者として、傷害罪、性犯罪など一定の犯罪において公訴に参加することが認められ、証人や鑑定人に質問する権利、証拠調べを請求する権利、無罪判決に対して上訴する権利等が認められている[17]。さらに、アメリカ合衆国においては、手続の重要な各段階（保釈決定、有罪答弁の協議、仮釈放等の決定等）において被害者は意見を聴かれることとされており、量刑の段階でも全ての州において意見陳述権が認められている。

　わが国においても被害者は手続の重要な各段階における決定がなされる際に意見を述べる等被害者の意見が、処分を決定する機関に十分に伝えられて、その意見を配慮した上で重要な処分がなされる必要がある。起訴・不起訴の決定、いかなる訴因で起訴するか、公訴の取下げ、訴因の一部取下げ、量刑、仮釈放等の重要な決定において関係各機関は被害者の意見を聴くか、または被害者の考えを考慮した上で決定すべきと思われる。手続を進める各機関は被害者の事情を配慮しながら行動しているつもりでも、被害者しか指摘できない事実や意見は必ずありうるので、その点に謙虚に耳を傾ける必要があるのではなか

76 第Ⅰ部　犯罪被害者を保護・支援する必要性と根拠

ろうか。被害者の要望・意見が関係各機関に伝わり、その決定に反映されうる
仕組みが作られる必要がある。

〔**追記**　このような必要に応えるかのように、平成 19 年の刑訴法改正において被害者
　　　参加制度が創設された（刑訴法 316 条の 33 以下）。詳細は第Ⅳ部を参照。〕

(3)　経済的支援

　通り魔殺人等故意の犯罪により不慮の死を遂げた被害者の遺族または身体に
重大な障害を負った被害者に対して、国が遺族給付金または、障害給付金を支
給する犯罪被害者給付金制度（以下、「犯給制度」という）は犯罪被害者等給付金
支給法（以下、「犯給法」という）に基づくもので、犯給法の目的は、社会の連
帯共助の精神に基づき、国が給付金を支給し、被害者の精神的・経済的打撃の
緩和を図ることにある。犯給制度発足以降 19 年間の運用実績を踏まえると、
給付を受けた被害者が同制度を肯定的に評価していること等を含めて同制度は
被害者の精神的・経済的打撃の緩和という役割を相当程度果してきたと評価で
きよう[18]。しかし、同制度の趣旨・実績を評価しつつも、なお不十分である
との批判に応えて改正犯給法は支給範囲の拡大と支給額の引上げを実現し、例
えば最近大きな問題となっている PTSD（心的外傷後ストレス障害）も同制度で
カバーされうる等同制度の充実が図られた。しかしさらに、過失行為によって
家族の命を奪われた遺族の精神的・経済的打撃は深く大きいので過失犯による
犯罪被害をも対象とすべきとか、外国人にも相互主義を前提に適用を検討すべ
き等の課題が存在する[19]。

〔**追記**　犯給制度はその後、平成 18 年、20 年、21 年、30 年の各改正により、給付金
　　　の支給額の増加、支給対象の拡大、若年者や親族間犯罪被害者に係る給付金
　　　の在り方の改革など大きな進展を見せている。第 14 章を参照。〕

　このように犯給制度は充実しつつあるが、被害者の経済的打撃を十分に回復
するためには犯給制度だけでは十分ではない。まず、順序として、被害に直接
責任を負う加害者が被害者の経済的損失を回復させる義務を負わなければなら
ない。現状回復は正義の要請である。刑事手続において有罪者に刑罰として損

害回復を命じる英米の損害賠償命令（restitution order, compensation order）、刑事手続において民事上の請求権を実現するヨーロッパ大陸諸国の附帯私訴[20]のわが国への導入の可否が検討されるべきである。損害賠償命令は、時間と費用が節約でき、また、犯罪によって壊された加害者と被害者、加害者と社会の人々との人間関係の修復に先立ち、さらに、加害者が責任を認めて金銭を支払えば社会復帰の可能性が期待できるとの利点が指摘される。他方、附帯私訴は刑事手続で収集した証拠を利用して事実認定をし、これを民事の請求権の実現のために役立てられるので、訴訟経済にも適い、また、迅速な裁判が期待でき、何よりも被害者の経済的、精神的負担を軽減できる利点が指摘される。もちろん、刑罰としての性格、訴訟構造との適合性、利用可能の容易性等様々な問題点のあることは承知の上で、なお、どういう形で導入が可能かを検討する価値は十分にあると思われる。

〔**追記**　平成20年の犯罪被害者保護法により損害賠償命令が創設され、簡易、迅速、安価に損害回復が可能となった。〕

　次に、犯罪被害者保護関連二法では見送られた被害回復のための没収・追徴に関する制度の利用の可能性を考えてみる必要がある[21]。犯罪被害財産を加害者から剥奪し、それを国庫に帰属させずに、被害者の損害回復のために被害者に優先的に帰属させるというのが没収の考え方である。没収は保安処分的性格を持つといわれ、没収対象物を犯人から剥奪することはその本質的要素であるが、剥奪したものを国庫に帰属させるかは必ずしも本質的要素といえるか疑問である。没収したものと国庫ではなく被害者（直接の被害者ではないにせよ）に帰属させることとすることは理論的に背理とはいえないし、政策的にはとりうる良い選択の1つといえよう。

〔**追記**　平成18（2006）年の組織的犯罪処罰法の一部改正と被害回復給付金支給法の成立によってヤミ金融等による不正な犯罪収益等を没収・追徴した上、被害者に給付することが可能となった。詳細は第13章を参照。〕

　そして、犯人に資力がなく被害者の損害回復が実現できないときは、国家による補償制度が必要である。実際には犯人に資力がない場合が多いので、国家

78　第Ⅰ部　犯罪被害者を保護・支援する必要性と根拠

による補償制度に多くを頼らざるを得ないが、順序としては最後の手段と位置づけるべきである。

　犯給制度はわが国の特色ある犯罪被害補償制度であるが、被害者に対する十分な経済的支援策といえるためには前述のような様々な方法を組み合わせた総合的な経済的支援制度を樹立しなければならない。

4　おわりに──被害者保護・支援の若干の展望

　アメリカ合衆国では32州において被害者の権利が基本権として各州の憲法において保障されている（2001年現在）。それ以外の州でも法律によって被害者の権利が保障されている。他の多くの先進諸国においても法律で被害者の諸権利が保障されている。わが国においても、前述のごとく、最近の立法において様々な被害者の権利が認められた。それでもなお、被害者の権利を権利として宣言することが重要であると考える。それは、被害者の権利を確認し、将来の発展を期待でき、また、国や地方自治体のなすべきスケジュールを明確にできるからである。しかし、現在、憲法上の基本権として憲法に宣言することは現実的ではないであろう。そこで、犯罪被害者基本法の制定を目指すことが妥当と思われる。犯罪被害者基本法に最低限含まれるべき内容の多くは全国被害者支援ネットワークの「犯罪被害者の権利宣言」の中に表現されている。

　〔**追記**　前述したが、平成16（2004）年には国の責務として犯罪被害者のための施策を総合的かつ計画的に推進し、もって犯罪被害者等の権利利益の保護を図ることを目的とする犯罪被害者等基本法が制定されている。この基本法を契機に被害者等の権利利益は大きく拡大、充実していくのである。〕

　なお、本章であまり触れることができなかった事項につき若干付言すると、支援を受ける権利は国の機関だけでは十分に達成することはできないので民間団体の支援が不可欠である。民間支援団体の育成・強化のために公的な財政的支援、税制上の優遇措置がなされてしかるべきであり、また、そのためには支援団体自体の経験の蓄積と国民の理解が必要であり、それらは徐々にではあろ

第 5 章　犯罪被害者保護・支援の課題と展望　*79*

うが、広がっていくことが期待できよう。

　〔**追記**　例えば民間の被害者支援団体である全国被害者支援ネットワークは本 2018 年
　　　　には設立 20 周年を迎え、加盟する全国 48 の被害者支援センターと共に「ど
　　　　こにいても、いつでも、被害者が求める支援が受けられる」との目標の実現
　　　　に向けて活動を続けている。〕

　また、再被害から守られる権利は当然の要求とはいえ、必ずしも十分に保障
されていたとはいえない。警察を中心として再被害から守られる手立てが講じ
られているが、報道機関においても再被害を生まないための行動規範を制定す
る等の動きが出ていることが注目される[22]。

　最後に、「犯罪被害者の権利宣言」にない被害者の重要な権利として「事件
を不必要な遅滞なく（迅速に）処理して貰う権利」を付け加えたい。慎重な審
理は必要である。しかし、不必要な遅滞により被害者はさらに深く傷つくので
ある。子供を殺害された遺族の苦悩は測り知れない程大きい。年配の遺族には
自分の生きている間に裁判の結果を見届けたいという切実な想いがある。他
方、迅速な裁判を受ける権利は被告人の憲法上の権利である。不必要な遅滞な
く事件を終わらせて貰う被害者の権利と迅速な裁判を受ける被告人の権利とは
本来矛盾するものではない[23]。刑事裁判は歴史を裁くものではない。

1)　山上皓「被害者の心のケア」ジュリスト 1163 号 80 頁、86 頁。富田信穂「被害者
　　学の軌跡と展望」被害者学研究第 10 号 33 頁。
2)　日本弁護士連合会「犯罪被害者に対する総合的支援に関する提言」1999 年（平成
　　11 年）10 月 22 日。
3)　本法の解説として、松尾浩也編「逐条解説犯罪被害者保護二法」（有斐閣 2001 年）
　　及び、椎橋隆幸＝高橋則夫＝川出敏裕「わかりやすい犯罪被害者保証制度」（有斐
　　閣 2001 年）を参照。
4)　犯給法の改正については、安田貴彦「犯罪被害者給付制度の現状と課題」警察学
　　論集 53 巻 10 号 1 頁以下などを参照。
5)　改正少年法については現代刑事法 24 号の座談会（岩井＝河村＝廣瀬＝佐藤＝椎
　　橋）及び論文（瀬川、入江、浜井、森田、川出、吉井、前野）等を参照。
6)　「少年事件における被害者調査について」家裁月報 52 巻 12 号 1 頁以下を参照。

なお、被害者保護の立法としては「児童買春・ポルノ処罰及び児童保護法」（平成11年）、「ストーカー規制法」（平成12年）、「児童虐待防止法」（平成12年）を指摘しなければならないが、それらの検討は他日に期したい。

7) 法律のひろば54巻4号（平成13年4月号）2頁。

8) 白井孝一「弁護士会における犯罪被害者支援の実践の方法について」、瀬戸則夫＝杉本吉史「大阪弁護士会犯罪被害者支援センターの実践と課題」自由と正義51巻2号102頁、126頁を参照。

9) 宮澤浩一＝國松孝次監修、大谷実＝山上皓編集代表「犯罪被害者に対する民間支援」（東京法令出版 2000年）を参照。

10) ハンス・ヨアヒム・シュナイダー「二一世紀犯罪学の展望(2)―過去三〇年間における世界の被害者学の発展」（竹村典良訳）桐蔭法学7巻2号95頁以下、罪と罰52巻3号所収の富田、奥村、太田、横地各論文を参照。

11) 三菱総合研究所「民間援助団体の活動実態に関する調査」（平成12年11月）を参照。

12) 犯罪被害者支援に関する検討会（座長宮澤浩一中央大学教授（当時））「犯罪被害者給付制度その他犯罪被害者支援に関する提言」（平成12年12月）を参照。

13) 総理府「犯罪被害者に関する世論調査」（平成12年9月）を参照。

14) 本書第16章、17章を参照。

15) 日本経済新聞（2001年5月10日）朝刊。

16) 小木曽綾「被害者の権利と加害者の権利」宮澤浩一＝國松孝次監修『犯罪被害者支援の基礎』179頁参照。

17) もっとも、被害者（公訴参加人）はこれらの権利を殆ど行使していないという。Richard S. Frase & Thomas Weigend, German Criminal Justice as a Guide to American Law Reform : Similar Problems, Better Solutions, 18B. C. International & Comp. L. Rev. 317. 350-351. なお、田口守一「西ドイツにおける犯罪被害者の地位」刑法雑誌29巻2号27頁、加藤克佳「刑事手続における被害者の地位―ドイツ法を素材として」刑法雑誌40巻2号100頁以下を参照。

18) 宮城直樹「犯罪被害給付制度の概要と今後の課題」、また、安田貴彦「警察における被害者対策の意義と今後の課題」（いずれも『警察行政の新たなる展開』上巻（東京法令出版 2001年））420頁以下と392頁以下を参照。

19) 前掲注12）の検討会の提言を参照。

20) 附帯私訴については、小木曽綾「犯罪被害者と刑事手続―フランスの附帯私訴―」法学新報98巻3・4号317頁、滝沢誠「附帯私訴による被害者の損害回復」法学新報107巻9・10号141頁以下参照。

21) 没収・追徴と被害者保護との関係については、渥美東洋「複雑社会で法をどう活かすか―相互尊敬と心の平穏の回復に向かって―」（立花書房 1998年）及び渥美東

洋編『組織・企業犯罪を考える』（中央大学出版部 1998 年）の渥美、中野目、堤、田村論文などを参照。

22) 読売新聞（2001 年 5 月 10 日）朝刊。

23) See, Paul G. Cassell, Barbarians at the Gates? A Reply to the Critics of the Victims' Rights Amendment, 1999 Utah L. Rev 479, ; Steven J Twist, The Crime Victims' Rights Amendment and Two Good and Perfect Things, 1999 Utah L, Rev. 369.

第Ⅱ部　捜査と公判手続における
被害者の保護

第6章

捜査と被害者保護

1 被害者保護の必要性・重要性

事件後に犯罪の被害者が家族以外に、最も早い時期に、最も頻繁に接触するのは警察であろう。警察は事件に際して、犯罪の捜査のみならず、被害者の救護等に様々な活動を行う役割を担っている。

他方、被害者は犯罪の直接の当事者として、加害者とともに犯罪について最もよく知っている者であるため、参考人として事情を聴かれたり、裁判では証人として証言することが求められたりする。被害者は犯罪についての最も重要な情報源であるから被害者の協力なくしては犯罪の解明は覚束ない。

ところが、被害者は犯罪によって身体的にも金銭的にも精神的にも大きな痛手を受けている。社会や国家はその成員が苦境にあるとき、その者を援助することが期待されるが、被害者が犯罪によって害を被った場合も、とくに被害者に何らの責任もない場合には、社会や国家は被害者を保護することが期待され、警察や検察の組織が整備され、被害者自らが被害の回復のための活動に代わって行動することが期待されている時代にあっては、社会や国家が被害者を保護し、犯罪以前の状態に回復させる努力をしないことは正義の原理に反するのである。

まず、被害者は苦境に立たされた一人の人間としてその尊厳とプライバシーを尊重される扱いを受けなければならない。近年、世界的な潮流として、被害者の権利章典を制定する国が増加しているが、上記の被害者の権利・利益の尊

86 第Ⅱ部 捜査と公判手続における被害者の保護

重が最も基本にある考えである。被害者の権利・利益を尊重するという前提に
立って国の機関、最初は捜査機関が犯罪解明への協力を被害者に求めるのでな
ければならない。

捜査機関（ここでは主として警察）が被害者に対していかなる対応をするかに
よって、被害者の対応、協力の程度が決定される部分が相当大きいと考えられ
る。

2　刑事手続における被害者保護の根拠

捜査において具体的にいかなる保護が必要かを論じる前に、捜査手続もその
一環であり、最初の段階である刑事手続において何故被害者を保護すべきなの
かをさらに、手続構造との関係で考えてみたい。

さて、罪を犯したと疑われている被疑者・被告人には様々な権利が保障され
てきた。実際には、被疑者・被告人の多くは裁判の結果有罪と認定され、従っ
て、多くの者は真犯人なのであるが、彼等には黙秘権が保障され、無罪推定の
地位が与えられ、弁護人の助力を受けながら、検察官の主張に対して可能な限
り争うことが認められ、それでもなお、合理的な疑いが残らない程度に犯罪が
立証されたときに初めて有罪認定が許されるのである。

このような慎重な手続を採らなければならない理由は、誤って被告人を処罰
しないためであると同時に（近年ではむしろそれ以上に）適正な手続に従って訴
訟を進めること自体が重要だと考えられているからなのである。近年では、被
疑者の基本的人権を侵害するという重大かつ違法な方法で採取された証拠は排
除される（排除法則）とする法制度を採る国は珍しくないが、そこでは、その
結果、真犯人が処罰を免れることがあってもやむを得ないと考えているのであ
る。

例えば、捜査機関が個人の会話を正当な理由なく傍受したとすると、この傍
受行為は個人の最も基本的な権利であるプライバシーの権利を侵害すること
で、憲法上許されないことであり、しかもこのような傍受行為が本人の知らな

い間に行われていると思うと、人々は常に監視されているという不安な気持を抱き、その結果自由に対する委縮効果（chilling effect）を生じさせてしまう。それが延いては自由な社会の存立を脅かすことになるのである。

そこで、このような傍受行為は違法であり、そのような違法な手続によって得た証拠はたとえ有罪立証に役に立つものであっても排除されてしまうのである。言葉を換えれば、被疑者・被告人の権利という特殊な利益を保護することが個人の集合である市民の自由（自由な社会）という普遍的な利益の擁護に繋がっているのである。そのように考えると、犯罪の直接の一方当事者である被疑者・被告人の権利・利益とならんで他方の当事者である被害者の権利・利益を刑事司法の中に反映することによって、より普遍的な価値を生み出せるシステムを構想することが可能になると考えられるのではなかろうか。

かつて、糺問主義の訴訟においては糺問官が被告人を一方的に問い質すという直線的な関係であった。しかし、現代の当事者主義の訴訟においては、検察官は訴追者の立場から主張・立証を展開し、被告人は弁護人の助力を受けながら反証を展開し、これらの攻防を裁判官は利害関係のない公平な第三者としての立場からよく見て聴いて判断を下すという立体的構造を採用している。そして、当事者主義の訴訟の方が、各当事者の意見を十分に反映することができて、公平な裁判の実現という点からみて、優れた制度であると一般に評価されている。

さらに、当事者主義の訴訟の中に、事件の一方当事者でありながら従来は無視ないし軽視されてきた被害者の主張を取り入れることによって、訴訟をより立体的・多角的に運営することが可能になると思われる。そのためには、被害者を様々な形で援助し、その協力を得なければならないし、他方、被疑者・被告人の事実の認定および刑の量定を中心とする刑事手続の中で、被害者の主張がどこまで認められるか、参加の形態はいかなるものであるべきかをも慎重に判断する必要がある。

3 被害者が警察に求めている活動

　警察はわが国において概ね住民に親しまれてきた存在である。その大きな理由は警察が住民の様々なニーズに応えてきたからであろう。様々なニーズの中には、犯罪を予防し、犯罪を摘発し、その結果治安をよく守ってきたこと、その他捜査活動に限らず、様々なサービスを住民に提供してきたからであろう。「駐在さん」の伝統は今もなお特に地方では生きている。犯罪の被害者のニーズにも警察は概ねよく応えていることが判明している。被害者が事件直後に警察に何をして欲しいかといえば、犯行現場へすぐに来て、事件を止めること、負傷者を救護し、救急車（病院を含む）を手配し、身の安全を確保すること、そして事件の捜査（被疑者の発見・確保と証拠の収集・保全）をすることを強く求めている。

　また、被害者に労りや励ましを与えることも求められている。最後の点については、遺族である被害者が強く期待していることに特徴がある。アメリカでは州によって、レスポンス・タイム（通報に応じて警察が犯行現場へ到着するまでに要する時間）の短縮はあまり重要とみていないところがあるのに対して、わが国ではレスポンス・タイムの短縮は依然として重要な目標であると考えられている。わが国ではレスポンス・タイムの短縮は事件を解決する可能性を高めるだけでなく、被害者のニーズにも合致しているところが興味深い。

　警察の被害者への対応については多くの被害者が肯定的に捉えている。しかし、中には警察の対応が事務的であったとか、冷たく感じられた等の意見もみられる。また、殺人など重大な犯罪の被害者や性犯罪の被害者は大きな精神的苦痛を受け、しかもこの種の精神的苦痛は長期に及ぶことも指摘されている。被害者の精神的苦痛を緩らげ、癒すためには警察の思いやりをもった対応が必要であるし、性犯罪の被害者への対応は女性の警察官が担当するようにしなければなるまい。また、精神科医への紹介などのサービスを行うことも欠かせないであろう。

さらに、捜査段階だけでなくその後の段階も含めた被害者の多様なニーズに応えるためには、わが国でも民間のボランティア団体のより活発な活動が期待されるが、警察はそれらの団体との協力関係を築き、よきコーディネイター役を果すことが期待されよう。個々の警察官の努力に頼るだけでなく、被害者の保護がより確実に実現され、警察への信頼が高められるためには、被害者の権利・利益を組織的・制度的に保護するシステムを構築することが重要である。

4 第二次被害を招かない捜査活動

被害者も市民の一人として犯罪捜査に協力する義務があり、また、前述の如く、被害者は犯罪について最もよく知っている者であるから捜査機関としては是非とも協力して欲しい人物である。そして、多くの場合、被害者としても犯人を捕まえて裁判にかけて有罪にして貰いたいと考えるので、捜査には協力的である。

ところで、犯罪による直接の被害を「第一次被害」といい、その後の刑事司法過程やマスコミの報道などにより、被害者が名誉やプライバシーを侵害されたり、肉体的・金銭的・精神的損害を被ることを「第二次被害」と一般に呼ばれている。被害者は犯罪で大きな痛手を受けているのであるから、その後の刑事司法過程やマスコミ等との関係においてさらに被害を受けることは避けなければならない。

アメリカのある被害者は犯罪による被害は恐ろしかったが、その後の刑事手続において求められるものの方がより苦痛だったという人もいるのである。性犯罪の被害者、殺人の遺族のことを考えるとそのような苦しみを容易に理解することができよう。

刑事司法過程における「第二次被害」が深刻な状態になると、被害者は最早、刑事司法機関に協力したくないと考えるようになるのも当然である。刑事司法の最初の段階である捜査においても、被害者の「第二次被害」を避けるようにして、必要な保護策を提供することができなければ、捜査への協力も積極

的には受けられないおそれがあるのである。

わが国において捜査活動による第二次被害化があるかについて関連する調査の項目から判断すると、「警察の捜査に振り回された事実があったか」との質問に対して、7割強の被害者は「なかった」と答えており、3割弱の被害者が「あった」と答えており、「あった」と答えた者の9割がそれを被害の一部と思うと答えているので、3割弱の被害者にとって捜査が第二次被害者化の要因とみられているといってよいであろう。

第二次被害の具体的内容としては、警察の調べにつき、「呼び出し回数が多い」、「しつこく聞かれた」が多く回答されている。つまり、警察が綿密な捜査をしようとすればするほど、被害者がそれを負担に感じていることを示しているのだと思われる。警察に対しては、無駄のない、重複を避けた取調べ、不必要なことは聴かない取調べをすることが期待されるであろう。

もっとも、出口を考えて入口が作られるのであるから、公訴提起・維持、公判での使用に耐えられる必要のために周到な取り調べがなされている面が強いので、事実認定に必要な調書とはどのようなものが必要かという観点からもこの問題を検討する必要がある。

5　告訴をめぐる問題

捜査における被害者の保護の問題として、告訴について触れてみたい。被害者には告訴権が認められている（刑訴法230条）。告訴は捜査機関に対してする犯罪事実の申告および犯人の処罰を求める意思表示である。告訴は一般に捜査の端緒となるものであるが、親告罪においては告訴は訴訟条件であり、告訴が欠けると公訴提起は無効で、手続が打ち切られる（刑訴法338条4号）。

捜査の端緒としては、被害者の被害届と告訴による場合が最も多い。捜査の開始は被害者の意思にかかっているといってもよい。被害者が事件を警察に通報するか否かは警察に対する期待や信頼感と関係していると思われる。警察は被害者の意思を尊重した取扱いをしなければならない。犯罪捜査規範は被害者

の告訴があったときにこれを受理し、告訴調書を作成し、その事件のすみやかな捜査をすべきことを定めている（63、64、67条）。

　もっとも、民事事件を有利に展開するために告訴を利用する場合があるが、そのような告訴の濫用を防止するため、警察官は告訴がぶ告、中傷を目的とする虚偽または著しい誇張によるものでないかを注意しなければならないし（捜査規範67条1項）、また、告訴事件が無罪となった場合、告訴人に故意又は重大な過失があったときはその者に訴訟費用を負担させられると規定している（刑訴法183条）。

　ところで、親告罪とは告訴の存在が訴追・裁判を行うための要件になっている犯罪のことをいい、信書開封、秘密漏示（刑法133、134、135条）、未成年者拐取、被拐取者引渡し（224、227、229条）、私文書毀棄（259条）、器物損壊（261条）、信書隠匿（同263条）、名誉毀損、侮辱（同232条）等がある。親告罪の中でも特に被害者の名誉・プライバシーを尊重しているものとして、強姦、強制猥褻等（同180条）があった。

　これらは、犯人の処罰という国家利益を犠牲にしても被害者の意思を尊重して、その名誉・プライバシーを保護しようとしたものである。当時の性犯罪の捜査の在り方については、被疑者の意思に反し、そのプライバシーを侵害する結果となる捜査（強制捜査がこれに当たる場合が考えられる）は許されるべきではないが、被害者やその家族のプライバシーを暴かないような形の慎重な任意捜査は許される、というのが一般の見解であった。しかし、その後平成12年に性犯罪の告訴期間が撤廃され、また、平成29年には性犯罪を非親告罪とする法改正があった（第9章と第10章を参照）。勿論、改正法下においても性犯罪被害者の名誉とプライバシーを保護する形で捜査は行われなければならない。

　なお、告訴は取り消すことができるが、公訴提起後は取り消すことができない（刑訴法237条）。しかし、例えば、示談の成立などによって犯人と被害者との関係が修復された場合とか性犯罪の被害者がプライバシーをこれ以上暴かれたくない、もう裁判には耐えられないといった例外的な場合には、公訴の取り消しをするのが望ましい場合もあろう。

参 考 文 献

渥美東洋『刑事訴訟を考える』（日本評論社 1987 年）第 15 講

渥美東洋『刑事訴訟における自由と正義』（有斐閣 1994 年）第 6 章

國松孝次「犯罪被害者の人権と警察」『警察学論集』48 巻 1 号 1 頁

特集「刑事手続における犯罪被害者の保護」『刑法雑誌』29 巻 2 号所収の宮澤浩一・
田口守一・椎橋隆幸・奥村正雄・白取祐司の各論文

野間禮二『刑事訴訟における現代的課題』（判例タイムズ社 1994 年）第 1 部第 7 章

特集「犯罪被害給付制度 10 周年」『警察学論集』44 巻 12 号の各論文と座談会

加藤久雄「犯罪被害者の人権」「犯罪と非行」100 号 99 頁

諸澤英道「被害者に対する刑事政策」宮澤・藤本・加藤編『犯罪学』49 頁以下。

日本被害者学会『被害者学研究』1 ～ 4 号（成文堂 1992-1994 年）掲載の各論文及び
座談会

第7章

刑事手続における被害者保護

1　はじめに

　被疑者・被告人には歴史を経て黙秘権、弁護権、証人審問・喚問権など様々
な権利が保障されてきた。被告人の言い分を聴いて納得の行く裁判をすること
は必要なことであり、そのためには訴訟の各過程で被疑者・被告人が参加する
ことは当然のことと考えられたのである。他方、犯罪の被害者は犯罪によって
その権利・自由が侵害されたのに、さらに、その後刑事司法過程やマスコミの
報道によりその名誉やプライバシーを侵害されたり、金銭的・精神的損害を蒙
ること（第二次被害という）もある。被害者が犯罪で被害を受けたまま回復され
ないことは不正義であり、また、第二次被害によって被害者はますます疎外感
を深めていく。被害者は犯罪の一方当事者であり、加害者とならんで最も犯罪
について知っている者であるから、被害者から事情を聴いたり、現場検証に立
ち会って貰うことなどは事件の解明に欠かせない。そして、一般的には被害者
は犯人を検挙して事件を解明することに利害関係があり、捜査に協力的である
が、第二次被害の有無・程度によっては捜査への協力が期待できない状況にな
るおそれもある。近年の欧米の被害者保護立法の背景の１つには、被害者を援
助し、被害者の協力を得られなければ刑事司法が適切に機能しない場面が出て
きていたことを直視しなければならない。

　本章は、犯罪被害者実態調査の中から、(1)被害者が捜査活動を第二次被害
者化の要因とみているか、(2)被害者は警察に何を求めているか、(3)警察の援

94 第Ⅱ部　捜査と公判手続における被害者の保護

助活動が被害者の警察に対する意識に影響を与えているか、(4) 被害者はマスコミの報道を第二次被害者化の要因とみているか、以上の 4 点についての関連ある質問とその集計結果を分析することを目的としている。

2　捜査活動と第二次被害者化

捜査と第二次被害者化に関係すると考えられる質問の中に「警察の捜査に振り回される事実があったか、あったとすればそれらを被害の一部と思うか」との質問がある。これに対する回答の単純集計結果によれば（表7-1参照）、A調査（身体犯被害者）25.7％、B調査（被害者の遺族）31.1％、C調査（財産犯被害者）10.7％がそうした事実があったとし、多くても 3 割の被害者が捜査活動を第二次被害者化の要因とみているにすぎない。しかし、そうした事実があったと回答した者はいずれの調査でもその約 9 割がそのことを被害の一部と思うと回答している。被害の具体的内容としては「呼び出し回数が多い」（A調査29.2％、B調査19.2％、C調査34.6％）、「しつこく聞かれた」（A調査27.8％、B調査20.5％、C調査19.2％）が各調査に共通して多くなっている（表7-2参照）。また、「捜査に振り回された」と回答した者は、遺族（31.1％）、身体犯被害者（25.7％）、財産犯被害者（10.5％）の順に多くまた、遺族の中で罪種別の違いをみてみると、強盗殺人（59.3％）、殺人（28.6％）、傷害致死（3.8％）の順になっている（表7-3参照）。事件が重大で、捜査の必要が高いほど被害者の負担も増える傾向にあ

表 7-1　第 2 次被害者化
（マスコミの取材・報道に対する不快、警察の捜査に振り回された）

	A調査（N = 227）			B調査（N = 261）			C調査（N = 220）		
	あった	なかった	被害の一部と思う	あった	なかった	被害の一部と思う	あった	なかった	被害の一部と思う
対マスコミ	80(36.9)	137(63.1)	(96.2)	144(58.5)	102(41.5)	(95.7)	32(16.2)	165(83.8)	(93.3)
対捜査	54(25.7)	156(74.3)	(92.5)	75(31.1)	166(68.9)	(93.1)	21(10.5)	179(89.5)	(90.5)

※　「あった」「なかった」の（ ）は無回答を除く回答総数に対するパーセンテイジ。「被害の一部と思う」の数値は「あった」と回答した者のうち無回答を除いたパーセンテイジ。

第7章　刑事手続における被害者保護　*95*

表7-2　被害の一部と思う

⇨どのようなことに困ったか、警察の調べはどうだったか（複数回答）

対マスコミ	A調査	B調査	C調査
〈事件を世間に知られてしまった〉	32(24.1)	61(20.5)	15(33.3)
〈氏名を報道された〉	49(36.8)	65(21.8)	14(31.1)
〈知られたくないことが世間に知られた〉	18(13.5)	41(13.8)	5(11.1)
〈記事の内容が事実とちがっていた〉	17(12.8)	68(22.8)	6(13.3)
〈取材方法が強引だった〉	8(6.0)	53(17.8)	2(4.4)
〈その他〉	9(6.8)	10(3.3)	3(6.7)

対捜査	A調査	B調査	C調査
〈呼び出しの回数が多かった〉	21(29.2)	28(19.2)	9(34.6)
〈しつこく聞いてきた〉	20(27.8)	30(20.5)	5(19.2)
〈こちらの言い分を聞こうとしなかった〉	5(6.9)	17(11.6)	1(3.8)
〈犯人扱いしてきた〉	3(4.2)	23(15.8)	2(7.7)
〈他人に知られないような配慮がたりなかった〉	6(8.3)	16(11.0)	2(7.7)
〈こちらの気持ちをわかろうとしなかった〉	9(12.5)	24(16.4)	3(11.5)
〈その他〉	8(11.1)	8(5.5)	4(15.5)

※　「被害の一部と思う」と回答した者の回答。（　）内は、縦のパーセンテイジ。

表7-3

	あった	なかった	計	
殺人	40(28.6)	100(71.4)	140	DF = 2
強盗殺人	16(59.3)	11(40.7)	27	$x2$ 値 = 19.76
傷害致死	1(3.8)	25(96.2)	26	1%有意
計	57(29.5)	136(70.5)	193	

るといえようか。

　以上から、被害者の7割強は捜査活動を第二次被害者化の要因とみていないが、約3割は捜査活動を第二次被害者化の要因とみていると推測される。被害者の捜査への協力は犯罪解明のために不可欠であるが、被害者の置かれた状況は様々であり、各被害者の立場を配慮した捜査活動が期待される。とりわけ遺

96　第Ⅱ部　捜査と公判手続における被害者の保護

族は苦境に立たされているので十分な配慮が強く求められる。

3　被害者が警察に求めていること

　被害者が事件後に、最も早い時期に最も頻繁に接触するのは警察であろう。警察は犯罪を解明するために捜査をするだけでなく、犯罪の被害者を救護・援助する等の様々な活動が求められていると思われる。A、B両調査において「事件直後に警察が次のようなことをしてくれたか、また、してくれたかどうかにかかわらず、それは本当にしてほしいことであるか」を質問している（A問19、B問15）。A、B両調査を合計（平均）すると、警察にしてほしかったこととして、①「事件を早く止めること」（92.9%）、②「現場を保存し証拠を集めてくれること」（85.6%）、③「介護や救護」（82.1%）、④「救急車をふくむ病院の手配」（76.8%）、⑤「やじうまやマスコミの整理」（71.1%）、⑥「家族や職場に連絡すること」（68.6%）、⑦「散乱した現場の整理」（64.8%）の順となっている。ほぼ全部の項目について、身体犯被害者も遺族も「してほしかった」と回答する者が「しなくてもよかった」と回答する者を上回っているが、唯一、身体犯被害者調査の「散乱した現場の整理」の項目のみが「しなくてもよかった」の方が多くなっている（表7-4参照）。

　いずれの項目でも、身体犯被害者よりも遺族の方が警察への期待が大きい傾向にあり、特に⑤、⑦では両者の差が大きい。これは、遺族が置かれた立場から、遺族が警察に何を求めているかを示唆するものであろう。

第7章 刑事手続における被害者保護 *97*

表7-4

〈(ロ) 事件を早く止めること〉

	「してほしかった」	「しなくてもよかった」	計	
A	90(86.5)	14(13.5)	104	DF = 1
B	106(99.1)	1(0.9)	107	$x2$ 値 12.54
計	196(92.9)	15(7.1)	211	1%有意

〈(ハ) 介護や救護〉

	「してほしかった」	「しなくてもよかった」	計	
A	83(76.9)	25(23.1)	108	DF = 1
B	87(87.9)	12(12.1)	99	$x2$ 値 4.29
計	170(82.1)	37(17.9)	207	5%有意

〈(ニ) 救急車をふくむ病院の手配〉

	「してほしかった」	「しなくてもよかった」	計	
A	76(71.0)	31(29.0)	107	DF = 1
B	83(83.0)	17(17.0)	100	$x2$ 値 4.15
計	159(76.8)	48(23.2)	207	5%有意

〈(ホ) 家族や職場に連絡すること〉

	「してほしかった」	「しなくてもよかった」	計	
A	67(57.3)	50(42.7)	117	DF = 1
B	101(78.9)	27(21.1)	128	$x2$ 値 13.28
計	168(68.6)	77(31.4)	245	1%有意

〈(ト) やじうまやマスコミの整理〉

	「してほしかった」	「しなくてもよかった」	計	
A	66(55.0)	54(45.0)	120	DF = 1
B	104(87.4)	15(12.6)	119	$x2$ 値 30.55
計	170(71.1)	69(28.9)	239	1%有意

〈(リ) 散乱した現場の整理〉

	「してほしかった」	「しなくてもよかった」	計	
A	54(47.4)	60(52.6)	114	DF = 1
B	88(83.8)	17(16.2)	105	$x2$ 値 31.85
計	142(64.8)	77(35.2)	219	1%有意

〈(ヌ) 現場を保存し、証拠を集めてくれること〉

	「してほしかった」	「しなくてもよかった」	計	
A	78(76.5)	24(23.5)	102	DF = 1
B	94(94.9)	5(5.1)	99	$x2$ 値 13.88
計	172(85.6)	29(14.4)	201	1%有意

98　第Ⅱ部　捜査と公判手続における被害者の保護

4　警察活動と被害者の警察に対する意識との関係

　捜査活動による第二次被害の有無および警察の援助活動の提供の有無が被害者の警察に対する意識に影響を与えているかに関係する質問（事件後現在まで「警察を信頼できるようになった」（A問9、B問7））がある。まず、「捜査に振り回された」かどうかという質問への回答と「警察を信頼できるようになった」との回答をクロス集計してみると、A、Bいずれの調査でも、「警察の調査に振り回された」と回答した者の「警察を信頼できるようになった」との質問への回答は、「あてはまらない」に偏っているが、「振り回された」事実はないと回答した者は、「あてはまる」に偏っており、「捜査に振り回された」と感じるかどうかが、警察への信頼感に影響を与えていることが伺われる（表7-5参照）。

　次に、「事件直後に警察は次のようなことをしてくれたか」との質問に対する回答と「警察を信頼できるようになった」との回答をクロス集計してみると、いずれの質問でも、当該援助を「してくれた」場合に「信頼できるようになった」と回答する割合が高い。「信頼できるようになった」との質問に「あてはまらない」と回答した者は、「してくれなかった」と回答する傾向が強い

表 7-5　信頼できるようになった（表 7-5 に共通）

A調査—捜査に振り回された	あてはまる	あてはまらない	計
あった	21(63.6)	12(36.4)	33
なかった	97(81.5)	22(18.5)	119
計	118(77.6)	34(22.4)	152(100.0)

$x2$ 値 = 4.75、5%有意

B調査—捜査に振り回された	あてはまる	あてはまらない	計
あった	28(54.9)	23(45.1)	51
なかった	85(84.2)	16(15.8)	101
計	113(74.3)	39(25.7)	152(100.0)

$x2$ 値 = 15.2、1%有意

が、それぞれの項目で「してくれなかった」と回答した者の「信頼できるように
なった」との質問に対する「あてはまる」「あてはまらない」との回答の間
にはさほど大きな差はない（表7-6参照）。したがって、援助を受けたことと信

表7-6　信頼できるようになった（表7-6に共通）

A調査

〈身の安全確保をしてくれた〉	あてはまる	あてはまらない	計
してくれた	82(82.0)	18(18.0)	100
してくれなかった	18(60.0)	12(40.0)	30
計	100(76.9)	30(23.1)	130(100.0)

$x2$ 値 = 6.29、5%有意

B調査

〈事件を早く止めてくれること〉	あてはまる	あてはまらない	計
してくれた	55(91.7)	5(8.3)	60
してくれなかった	15(45.5)	18(54.5)	33
計	70(75.3)	23(24.7)	93(100.0)

$x2$ 値 = 24.42、1%有意

〈介護や救援〉	あてはまる	あてはまらない	計
してくれた	46(85.2)	8(14.8)	54
してくれなかった	15(55.6)	12(44.4)	27
計	61(75.3)	20(24.7)	81(100.0)

$x2$ 値 = 8.50、1%有意

〈いたわりや励まし〉	あてはまる	あてはまらない	計
してくれた	74(89.2)	9(10.8)	83
してくれなかった	15(45.5)	18(54.5)	33
計	89(76.7)	27(23.3)	116(100.0)

$x2$ 値 = 25.25、1%有意

〈散乱した現場の整理〉	あてはまる	あてはまらない	計
してくれた	51(85.0)	9(15.0)	60
してくれなかった	21(56.8)	16(43.2)	37
計	72(74.2)	25(25.8)	97(100.0)

$x2$ 値 = 9.54、1%有意

100　第Ⅱ部　捜査と公判手続における被害者の保護

頼できるようになったこととの間に相関があるとは言えるが、援助を受けなかった場合に、そのことが直ちに警察への信頼感に影響しているとは言えない。

5　マスコミの報道による第二次被害者化

　捜査活動とならんで第二次被害者化の要因と考えられるものとしてマスコミによる報道がある。マスコミの強引な取材、不正確な記事、不必要にプライバシーを暴く報道等によって被害者は肉体的・精神的苦痛を蒙っているものと指摘されてきた。この点に関係する調査として、「マスコミの取材・報道による不快感」があったか、また、「それを被害の一部と思うか」との質問があり、これに対して、「あった」「被害の一部と思う」との回答は、A調査36.9％、96.2％、B調査58.5％、95.7％、C調査16.2％、93.3％であった（表7-1参照）。これによると、遺族、身体犯被害者、財産犯被害者の順で、マスコミの取材・報道活動を第二次被害者化の要因とみている。また、実務家（警察官、検察官、弁護士、裁判官、保護観察官）に対して、被害者が「マスコミの取材・報道により不快感をもったとしたら、あなたはそれを『被害の一部』と思うか」との質問をしている（表7-7参照）。この実務家調査の結果は、身体犯本人と遺族の場合と若干異なるが、実務家の約7割はマスコミの取材・報道活動を第二次被害者化の要因とみている（ちなみに、捜査活動に対しては3〜4割の実務家がそう考えている）。

　また、マスコミの取材・報道による不快感を被害の一部と思う者の被害の内容については、身体犯被害者と遺族とでは若干異なり、身体犯被害者の場合は、数の多い順から、①「氏名を報道された」（36.8％）、②「事件を世間に知られてしまった」（24.1％）、③「知られたくないことが世間に知られた」（13.5％）、④「記事の内容が事実と違っていた」（12.8％）、⑤「取材方法が強引だった」（6.0％）、その他であったが、遺族の場合は④、①、②、⑤、③の順であった（表7-2参照）。

表7-7　実務家調査

被害者が「マスコミの取材・報道により不快感をもったとしたら、
　　　　「警察や検察の捜査により不快感をもったとしたら、
　　　　　　　　　あなたはそれを『被害の一部』と思うか」

身体犯の場合

		警察官	検察官	弁護士	裁判官	保護観察官	計
被害の一部と思う	対マスコミ	78(57.8)	24(63.2)	47(65.3)	32(60.4)	31(77.5)	212(62.7)
	対捜査	31(23.0)	17(44.7)	34(47.2)	25(47.2)	19(47.5)	126(37.3)
被害の一部と思えない	対マスコミ	45(33.3)	12(31.6)	20(27.8)	15(28.3)	5(12.5)	97(28.7)
	対捜査	93(68.9)	17(44.7)	31(43.1)	26(49.1)	14(35.0)	181(53.5)
わからない	対マスコミ	12(8.9)	2(5.3)	5(6.9)	6(11.3)	4(10.0)	29(8.6)
	対捜査	11(8.1)	4(10.5)	7(9.7)	2(3.8)	7(17.5)	31(9.2)
計		135(100.0) (39.9)	38(100.0) (11.2)	72(100.0) (21.3)	53(100.0) (15.7)	40(100.0) (11.8)	338(100.0) (100.0)

遺族の場合

		警察官	検察官	弁護士	裁判官	保護観察官	計
被害の一部と思う	対マスコミ	92(68.1)	26(68.4)	47(65.3)	31(58.5)	34(85.0)	230(69.0)
	対捜査	32(23.9)	18(47.4)	34(47.2)	20(37.7)	19(47.5)	123(36.5)
被害の一部と思えない	対マスコミ	33(24.4)	10(26.3)	20(27.8)	16(30.2)	4(10.0)	83(24.6)
	対捜査	91(67.9)	16(42.1)	32(44.4)	31(58.5)	14(35.0)	184(54.6)
わからない	対マスコミ	10(7.4)	2(5.3)	5(6.9)	6(11.3)	2(5.0)	25(7.4)
	対捜査	11(8.2)	4(10.5)	6(8.3)	2(3.8)	7(17.5)	30(8.9)
計		135(100.0) (39.9) 134 (39.8)	38(100.0) (11.2)	72(100.0) (21.3)	53(100.0) (15.7)	40(100.0) (11.8)	338(100.0) (100.0) 337

性犯罪の場合

		警察官	検察官	弁護士	裁判官	保護観察官	計
被害の一部と思う	対マスコミ	119(88.1)	34(89.5)	60(83.3)	46(86.8)	39(97.5)	298(88.2)
	対捜査	48(35.8)	28(73.7)	44(61.1)	32(60.4)	31(77.5)	183(54.3)
被害の一部と思えない	対マスコミ	14(10.4)	2(5.3)	9(12.5)	5(9.4)	-(-)	30(8.9)
	対捜査	74(55.2)	9(23.7)	23(31.9)	19(35.8)	6(15.0)	131(38.9)
わからない	対マスコミ	2(1.5)	2(5.3)	3(4.2)	2(3.8)	1(2.5)	10(3.0)
	対捜査	12(9.0)	1(2.6)	5(6.9)	2(3.8)	3(7.5)	23(6.8)
計		135(100.0) (39.9) 134 (39.8)	38(100.0) (11.2)	72(100.0) (21.3)	53(100.0) (15.7)	40(100.0) (11.8)	338(100.0) (100.0) 337

6 まとめと提言

　今回の調査によって、従来指摘されてきた、捜査活動およびマスコミの取材・報道による第二次被害についての被害者の意識が統計上の数字によって示された。

　多くの被害者は捜査活動を第二次被害とは考えていない。従って警察の姿勢は肯定的に受け止められているが[1]、3割弱の被害者は捜査活動から何らかの苦痛を受け、その9割がそれを被害の一部とみていることも示された。住民に親しまれ、頼りにされている警察官の姿が数字によっても裏づけされたが、他方で、より信頼される警察と評価されるために、被害者の人格を尊重した、思いやりのある態度で被害者に接することが広く行き渡るよう制度的に確立されることが望まれる[2]。

　また、マスコミの取材・報道が第二次被害者化の要因とみる者が多いことが改めて示された。犯罪が社会的にみて重要性がある場合、そのことを世間に知らせることは国民の知る権利の観点からも必要であるが、必要な範囲を超えて、人々の好奇心を煽ったり、被害者の過去を暴くなどプライバシーを不当に傷つけたり、遺族を執拗に取材したり、また、遺族に犯行現場の生々しい状況、遺体の写真、犯行の痕跡等を見せたり、あるいは、一般に報道するなどのことは避けるべきである。マスコミは間違いのない、正確な報道をする権利があるが、それは義務でもある。誤った報道、煽動的な報道は「知る権利」に奉仕するものではない。従って、間違った報道に対しては、被害者はその取消しを求めることが認められなければならず、また、報道機関はそのような求めがあれば真しに受け止め、訂正する義務を負うものと考えなければならない。さらに、重大な犯罪であっても性犯罪など特に被害者のプライバシーを尊重すべき犯罪については実名報道をする必要があるかを反省しなければならない。不必要に被害者のプライバシーを暴かない、正確な報道、真の知る権利に奉仕するマスコミの報道姿勢が求められているといえよう。

1) 国や被害者の種類は異なるものの、類似の傾向を示す調査結果が外国において発表されている。例えば、シャプランド、ウィルモア、ダフがイギリスのコヴェントリーとノーザンプトンで276人の暴力犯罪の被害者を3年にわたってインタヴュー調査した結果によれば、70数パーセントの被害者が警察との最初の出会いに非常に満足しているか満足している。その理由は警察官の態度が良く、レスポンスも早く、警察官が被害者の期待する役割を果してくれるとみているからである。被害者の話をよく聞いたり、親切にしたり、真剣に対応してくれる警察官に被害者は満足するのである。他方、警察官に不満を持った被害者は、警察官が面倒見の悪い、あるいは敵対的な態度さえ示す警察官との出会いを経験しているのである。22％の被害者が警察との最初の出会いにおいて何らかの不都合を感じたと報告している。Shapland = Willmore = Duff, Victims in The Criminal Justice System（Gower Pub. Co. 1985）ch：2などを参照。また、そこに他の調査研究も紹介されている。
2) 國松孝次「犯罪被害者の人権と警察」警察学論集48巻1021頁を参照。

※ 本章は荒木伸怡会員、小木曽綾会員との共同研究の成果を筆者がまとめたものである。

第8章

犯罪被害者をめぐる立法課題

1　は じ め に

　わが国の犯罪被害者対策は、昭和 55 (1980) 年の犯罪被害者等給付金支給法を除いて、欧米の先進諸国に比べて大幅に遅れているといわざるをえない。関係学会の様々な調査研究活動によって犯罪による第二次、第三次被害の深刻さが明らかにされるのに呼応するかのように、関係機関も次第に真剣に対応するようになった。

　警察は悪質商法や暴力団犯罪の被害相談を初めとして平成 8 (1996) 年には「被害者対策要綱」を策定して総合的に被害者対策に取り組んでいる[1]。検察庁は平成 11 年 4 月から全国的に「被害者等通知制度」を開始した[2]。弁護士会は窓口を設けて被害者の相談業務を行ってきた。民間のボランティア団体の活動も充実してきている。これらの犯罪被害者の保護・支援活動は高く評価されてよいが、従来の法律の枠組の中における運用で可能な被害者対策には限界があり、不十分である。

　そこで、最近では法律を制定ないし改正して被害者対策を講じようとの動きが出てきている。例えば、日本弁護士連合会は 1997 年 4 月に「犯罪被害者回復制度等検討協議会」を設置し、被害者の問題を総合的に調査・検討した後、「犯罪被害者基本法」を近いうちに発表するという[3]。そして法務省は実体法・手続法の両面にわたる犯罪被害者の保護のための法の整備を検討中であるという[4]。

106 第Ⅱ部 捜査と公判手続における被害者の保護

犯罪被害者を保護する立法（現行法の改正を含む）をする際には当然のことながら被害者のニーズを考慮する必要がある。諸外国やわが国の調査・研究によると、被害者のニーズとして、① 事件直後及び訴訟進行中の医療及び法的サービスの援助、② 情報提供を受ける権利、③ 刑事手続に参加する権利、④ 被害につき金銭的回復を受ける権利等が主なものとして指摘され、これらはさらに様々な具体的な内容を持つ権利に分かれる。本章では他の論稿との重複を避けるため、次の３点に絞って立法の必要性を論じてみたい。

(1) 親告罪の告訴期間の延長

(2) 被害者の公訴、量刑段階での意見陳述権

(3) 被告人と対面しない被害者証言の尋問

2　告訴期間の延長

犯罪被害者には告訴権が認められている（刑訴法230条）。告訴は捜査機関に対して行う犯罪事実の申告及び犯人の処罰を求める意思表示である。告訴は一般に捜査の端緒となるものであるが、親告罪においては告訴は訴訟条件であり、告訴が欠けると公訴提起は無効で、手続が打ち切られる（刑訴法338条4号）。現行法の親告罪としては、信書開封、秘密漏示（刑法133〜5条）、未成年者拐取、被拐取者引渡し（同229条）、私文書毀棄、器物損壊、信書隠匿（同263条）、名誉棄損、侮辱（同332条）等がある。親告罪の中でも特に被害者の利益を尊重しているものとして、強姦、強制猥褻（同180条）がある。〔**追記** 平成29年の刑法改正により、強姦罪の構成要件が拡張され、また、性犯罪が非親告罪化された。第10章を参照。〕

これらは、犯人の処罰という国家利益を犠牲にしても被害者の意思を尊重して、被害者の名誉を保護するのが狙いである。そうであれば、捜査の実行によって事件の内容が公にされ、被害者の意図に反してそのプライバシーが侵害されてはならない[5]。

ここで問題となるのが、一般に捜査は関係者のプライバシーが不当に侵害さ

れないような形で行うべきであり（刑訴法196条）、また、告訴がない場合には強制捜査は控えるべきともいわれているが、確かに被害者が告訴をし捜査機関が強制捜査を実行し、その結果被害者のプライバシーが公になってしまうことは容易に想像できる。また、被害者は一度した告訴を取り消すことができるが、公訴提起後は取り消すことができない（刑訴法237条）。

　このような状況の中で特に性犯罪被害者は告訴をするか否かの困難な決断を迫られる。この決断をする期間は6か月である（刑訴法235条）。ところが、性犯罪被害者はトラウマ（心的外傷後ストレス障害）に襲われることも多く、このような不安定な精神状態の中で告訴をするかどうかを決断することは酷な選択を迫ることになる場合が多くあるといえよう。

　ところで、告訴期間を定めた趣旨は刑事訴追の可否をいつまでも私人の意思にかからせると不都合をきたすからであると説明されている。非親告罪では告訴期間の制限はなく、公訴時効の完成までは告訴提起が許されるのに、強姦罪等は重い犯罪であるが、被害者の名誉を保護するために親告罪とされているのであるから、被害者の名誉保護とは関係のない理由で被疑者を訴追する機会が失われてしまうのは強姦罪を親告罪とした制度趣旨に適合せず、不合理な結果を生み出している。強姦犯人は、被害者のプライバシーを暴かれるおそれやトラウマの渦中で告訴を決断できないために、公訴時効期間よりも短い6か月の告訴期間の経過により、事後全く訴追されることはなくなってしまうのである。強姦の犯人を処罰したいと思わない被害者はいるであろうか。それなのに、告訴がなく、従って訴追される率が他の重大犯罪よりも低いのは強姦の被害者が置かれている苦境を物語っている。強姦罪を親告罪としたことがその制度の趣旨を超えて、強姦犯人を不当に利する結果になっていることは否定できないであろう。特に6か月という告訴期間の合理性は極めて疑わしい。

　そこで、性犯罪被害者が犯罪直後の混乱した精神状態から脱し、その後起こるべく様々な事態をよく知った上で告訴するか否かの判断ができるだけの時間の余裕は与えられるべきであろう。性犯罪の告訴期間を大幅に延長するか、できれば告訴期間を撤廃すべきである。同時に、被害者のトラウマを癒すための

カウンセリング、捜査機関による刑事手続の進行とそれに伴う事象の説明、そして弁護士による助言等が提供される必要があろう[6]。

3 被害者の刑事手続への参加権、特に意見表明権

被害者が刑事手続へ参加するためには、その前提として事件の経緯や裁判手続の進行等についての情報が被害者に提供されていなければならない。被害者への情報提供は警察の「被害者連絡制度」及び検察庁の「被害者等通知制度」によって運用上実現されつつある。運用の状況をみながら法制化することが望ましい。

被害者の刑事手続への参加の形態は様々なものがあるが、本章ではまず傍聴する権利を簡単に述べた後、公訴に関わる手続段階での参加と公判における参加の問題を論じてみたい。米英などの国々では被害者の公判及びその他の裁判手続に出廷する権利を認めている。出廷を希望する被害者には優先的に傍聴する席を確保する必要がある。

⑴ 公訴に関わる手続での参加

アメリカ合衆国の多くの州の憲法及び法律において被害者は検察側と協議する権利及び有罪答弁の協議において意見が聴かれる権利が認められている[7]。イギリスの検察官の実務規範においても訴追決定の公益判断の際に被害者の利益が考慮されるべきこととされている[8]。公訴を提起するか否かは被疑者のみならず被害者にとっても最大の関心事である。ましてや有罪答弁の協議はそこで有罪（そして大体の刑も）が決まってしまう重要な局面である。

しかし、従来は必ずしも被害者の意見が容れられる訳ではなく、事件の効率的処理などの行政上の目的が優先されることが少なくないといわれてきた[9]。被害者は軽視され続け、刑事司法の適正な運用への被害者の協力も得難くなるおそれも指摘された。そこで最近では公訴提起や有罪答弁協議において被害者の意見が聴かれるようになったのである。

第 8 章　犯罪被害者をめぐる立法課題　*109*

　わが国では検察官のみが公訴提起の権限を有し（刑訴法 247 条）、検察官は犯罪や犯人をめぐる事情そして犯罪後の事情をも考慮に入れて起訴・不起訴を決定する幅広い訴追裁量権を有している（同 248 条）。この検察官による幅広い訴追裁量権を行使した事件処理は事実上相当程度合衆国の有罪答弁制度に類似している。合衆国の有罪答弁制度はかつて取引による司法として強く批判されたが、現在では答弁協議が裁判官の下で弁護士が立ち会う形で行われ、有罪答弁が任意で正確で事実の裏づけがあることが要件とされるようになっている[10]。

　わが国では起訴された事件の殆んど全てが有罪と認定されるので起訴・不起訴の決定は極めて重要であり、その前提となる検察官の幅広い訴追裁量権の行使は適正に行われる必要があり、そのためにはその際に犯罪の直接の当事者である被害者の意見を聴くことは非常に重要なファクターであろう。

　この点、捜査実務では被害者の被害・処罰感情についても供述調取に録取されているので、検察官は起訴・不起訴に当ってもこれらの点を考慮しているといえよう。さらに進んで、制度として被害者が望む場合は必ず被害者の意見が起訴・不起訴の決定に際して聴取されるようにするべきである。もっとも被害者の意見が聴取されることは検察官の訴追裁量権の行使をより適切に行わしめるためであって、その権限を拘束するわけではない。

　ところで事件が不当な理由で不起訴処分にされると国民の批判に晒されることなく事件が終了させられてしまうおそれがあるので、これを抑制するために現行法は検察審査会制度（検審法）と付審判請求手続（刑訴法 262 条以下）を設けた。

　検察官の不起訴処分の当否を審査する（検審 2 条）検察審査会は、裁判への国民参加を認めていることに加えて、その存在が検察官の心理に相当の影響を及ぼし起訴・不起訴の決定を適正にするのに重要な役割を果しているといえるが、被害者が告訴人となった場合に、その意見を聴取する必要は高いといわなければならない。検察審査会の起訴相当、不起訴不相当の決議に法的（又は事実上の）拘束力を認めるべきとの議論がなされているが[11]、それよりも前に、検察審査会の審査をより迅速かつ充実したものにする必要があると思われる。

110　第Ⅱ部　捜査と公判手続における被害者の保護

そのためには少なくとも、被害者の申出があった場合には被害者が検察審査会に出席して意見を述べることができるように法律を整備すべきと思われる。

　公務員の職権濫用罪（刑法 193-6 条、破防法 45 条の罪）について検察官の不当な不起訴処分を抑制するために設けられた付審判請求手続については、その手続の性格を大きく、捜査の性格を有する手続とする説と訴訟構造に準じた性格を有する手続とする説とそれらの中間説とに分かれており、判例はこの手続を捜査か訴訟かという二者択一的な捉え方をせず、同制度の目的・機能から適切な審理方式を採りうるとしている（最決昭 47 年 11 月 16 日刑集 26 巻 9 号 515 頁、最決昭 49 年 3 月 13 日刑集 28 巻 2 号 1 頁）。

　思うに、付審判請求手続は一方で捜査が不十分にしか行われなかった場合には新証拠の発見・収集を含めた活動が必要であるから、捜査能力に限界のある裁判所にとって被害者等の請求人等の協力が必要であるが、他方で、公開を予定していない捜査記録を請求人等に閲覧謄写させることは捜査協力者や被疑者のプライバシーを保護するために制限される合理的な理由があるので、無制限かつ全面的な捜査記録の閲覧謄写は許されないが、具体的事情に応じた個別開示は許されるとするのが妥当であろう[12]。したがって、被害者の手続への参加も同制度の趣旨の範囲内において許されてしかるべきである。

(2)　公判（量刑）手続における意見表明権

　英米圏の諸国においては量刑の段階において被害者が犯罪によって被った影響についての供述（Victim Impact Statement 以下 VIS と略す）（法廷での陳述又は供述書という形をとる）を斟酌することが許されている。例えばアメリカ合衆国においては VIS は非死刑事件においては問題なくその使用が認められており、また、死刑事件においても合衆国最高裁が第 8 修正違反としたこともあったが、現在では合憲と判断している。

　すなわち、ブース判決（Booth v. Maryland, 482 U.S. 496 (1987)）において合衆国最高裁は老夫婦に対する強盗殺人等で有罪認定を受けた被告人の量刑段階で遺族の VIS が同州法に基づき提出され斟酌されたことに対して、VIS は陪審の関

心を、① 被告人の経歴、前科・前歴及び犯罪の具体的状況に照らして死刑が適当か否かを決定する任務から逸らせてしまうおそれがあり、また、② 陪審の感情を過度に刺激し、犯人と被告人についての関連ある証拠に基づいて事件を決定するという任務からの陪審の関心を逸らしてしまうので、憲法第8修正に違反すると判示し、2年後のギャザーズ判決（South Caroline v. Demetrius Gathers, 490 U.S. 805（1989））もブース判決を是認した[13]。しかし、ブース、ギャザーズ両判決ともに法廷意見は5名の僅差の多数を構成したのみであり、反対意見も有力であった。そして1991年のペイン判決（Payne v. Tennessee, 501 U.S. 808（1991））において合衆国最高裁はブース、ギャザーズ両判決を覆して、VISは合憲であると判示した。

　すなわち、ブースとギャザーズ両判決は「特定の被害者又は死刑事件の被告人が被害者の家族に惹起した被害に関係する証拠」は死刑の量刑決定には関連性がないとの前提に立っていたが、ペイン判決で最高裁はこの前提を否定し、犯罪によって惹起された被害は被告人の刑事責任及び適切な量刑を決定する上で長い間重要な（関連性のある）斟酌要因であったと判示した[14]。

　合衆国では事実認定手続と量刑手続とを二分しているところから、後者においては多くの資料を基にして被告人に最も適した量刑をするというのが先例であり、ペイン判決でも指摘されたように、死刑事件においても量刑決定者は量刑判断をする際にできるだけ多くの資料を斟酌することができるとの前提に立っているのである（Gregg v. Georgia, 428 U.S. 153（1976））。

　同時にペイン判決は、一方で被告人側は事実上何の制限もなく全ての軽減事由を提出することができる（当の犯罪行為とは直接に関係のない10年以上も前の出来事までも）のに対して、国（被害者）側は被告人が奪った被害者の人生の一部をかいまみる証拠を提出することも、また、被告人の殺人によって惹起された被害者の家族や社会が失ったものを表現することも許されない不公平な結果となることをも判示している[15]。

　確かに、合衆国等においてVISが量刑上斟酌することを認められていることには理由がある。前述の如く、合衆国では手続が二分され、事実認定手続

112 第Ⅱ部　捜査と公判手続における被害者の保護

（公判）においては厳しい証拠法則があり、被害者もよく検察側証人として召喚されるが、そこで被害者はその信用性や時には性格についてまで継続的に攻撃に晒されるのであるが、被害者が犯罪によって被った影響について詳しく供述することは関連性がないだけでなく、不当な影響を与えるということで公判では許されないのである。

　被告人が有罪と認定された場合に、量刑手続に入って初めて、被害者は自己や自己の家族に対して犯罪が与えた影響について陳述する機会が与えられるのである[16]。量刑手続で被害者がこのような発言をする機会が与えられないと、被害者は被告人側からの厳しい攻撃にさらされるだけで裁判が終ってしまうのである。

　VISの評価は賛否両論分かれており慎重に判断しなければならないが、現在私はエレツの見解に説得力があると考えている。エレツによれば、被害者の参加は、結果に対する満足度を高める結果をもたらし、また、科される刑罰に影響を与える（公判での供述は象徴的な意味を持つだけで量刑上効果がなく、書面の方が量刑決定に影響を与えるという）ことを通じて被害者の苦悩を間接的に緩らげることができる、というのである[17]。別の言い方をすれば、被害者の表現を妨げることは被害者の立直りまたは回復に必要な要素を被害者に与えることを拒絶することであるともいう。

　さて、わが国の刑事裁判はアメリカ合衆国のように事実認定手続と量刑手続とが截然と区別されてはおらず、事実上も公訴事実の立証と情状立証が同一の手続で行われているという[18]。そしてVISに相当する証拠・資料も、被害者の被害・処罰感情を捜査機関が録収した調書として証拠採用されたり、被害者が証人として喚問される際に被害・処罰感情についても供述を求められたり、重大事件で被害者又はその遺族が希望する場合に情状証人として法廷で意見を述べたりという形で事実上被害者の意見が法廷で表明されているといわれる[19]。このように、わが国では実務の知恵によってVISの目的・機能は相当程度実現されている。問題は被害者の公判での意見陳述を権利として認めるかどうかである。

第8章　犯罪被害者をめぐる立法課題　*113*

　私は次の理由により、被害者の意見陳述を権利として認めるべきであると考える[20]。被害者が意見陳述をする時期は手続の最終段階が相応しいと思われる。

　(1)平成4年から6年にかけて実施された26名の研究者による犯罪被害者の実態調査の一環として行われた刑事司法関係実務家に対するアンケート調査の結果によれば、「被害者に公判での発言の機会を与える」べきかの質問に対して、職種によって大きなバラツキがあるが、全体を平均すると「必要である」が55.0％、「必要ない」が14.5％、「どちらともいえない」が30.5％で、実務家の過半数は被害者が公判で発言する機会を与えるべきだと考えていることが判明した[21]。

　(2)消極論は被害者が応報的となり、それが量刑に不当な影響を与えることを恐れているのだと思われる。確かに被害者遺族の処罰感情は厳しいが、処罰感情は損害賠償の約束が成立するか否かによっても差が生じてくる[22]。重要なのは、被害者の公判での意見陳述が量刑に不当な影響を与えるかであろう。量刑手続での被害者の意見陳述は量刑に影響を及ぼさないとの外国の研究もある[23]。わが国の場合は上記の心配は殆どないといってよいと思われる。というのは現在の実務でも殆どの被害者に意見表明の機会が与えられているのであり、上記の意見表明によって不当に量刑が重くなったという話は聞いていない。わが国の量刑は関連ある犯罪事実、情状事実をどのように斟酌すべきかについて客観的・統一的基準に基づいて行われている[24]。検察官の求刑、裁判官の刑の相場による宣告刑はそれぞれ確立された基準に基づいており、大きな「ぶれ」はない。死刑事件においても同様であり、永山判決で示された死刑量刑基準に沿って運用がなされている。したがって、被害者の意見陳述を権利として認めたからといって不当に量刑が厳しくなるとは思わない。

　(3)被害者が意見陳述を申し出ているのにそれを拒むことは、被害者を疎外するおそれがある。他方で、被害者を単に手続の客体としてのみではなく主体として扱うことによって被害者の立直りに寄与する可能性がある。

4　被告人と対面しない被害者証人の尋問

　性犯罪の被害者特に性的虐待を受けた児童が証人として喚問された場合、一方では被告人には公開裁判を受ける権利（憲37条1項、82条）と証人審問・喚問権（憲37条2項）が保障されているが、他方では被害者は公開の法廷で暴かれたくない自分の被害につき厳しい反対尋問にあうことは再度の被害を受けるに等しく、これを避けたいと思う合理的な理由があるので、上記の2つの利益の調整が必要とされるのである。

　欧米では強姦や児童の性的虐待の被害は深刻であり、例えばイギリスでは強姦罪の訴追・有罪判決の数が減っていることが問題とされている[25]。強姦の被害者や性的虐待の児童を保護しつつ適正な刑事裁判を進めていくためには反対尋問のあり方等証人保護策が工夫されなければならない。欧米諸国はこの問題に真剣に取り組んでいる。

　アメリカ合衆国最高裁は1988年のコイ判決（Coy v. Iowa 487 U.S. 1012 (1988)）[26]において強制猥褻の被害者の少女（13歳）と被告人の間にスクリーン（衝立）を置いて証人が証言したことが合衆国憲法第6修正の被告人の面と向かって証人と対決する権利（face-to-face confrontation）を侵害すると判示したが、1990年のクレイグ判決（Maryland v. Craig, 497 U.S. 836 (1990)）[27]において、虐待を受けた児童（6歳）の証人尋問に閉回路テレビを用い証人、検察官、弁護人が別室で証人尋問を行い、被告人、裁判官、陪審はモニターを通して法廷で上記証人尋問の様子を見ることができ、被告人は電話連絡により弁護人を通して異議申立をすることができるとの証人尋問方法は第6修正に違反するものではないと判示している[28]。

　同様の年少者の性犯罪被害者への音声・映像伝達装置を用いた法廷外の別室における証人尋問等の配慮はイギリス、ドイツ、オーストリアにおいても行われているという[29]。

　わが国においては、現行法上性犯罪の被害者を保護する方策としては、被害

者たる証人が精神的圧迫を受け充分な供述をすることができないときには、被告人を退廷させたり（刑訴法 304 条の 2）、特定の傍聴人を退廷させたり（刑訴規 202 条）、証言内容が「善良の風俗を害する虞」があると判断されるときは公開を停止することができるし（憲法 82 条 2 項前段）、さらに、公判期日外における裁判所外での証人尋問（臨床尋問、刑訴法 158 条 1 項）や公判期日外における裁判所内での証人尋問（刑訴法 281 条）の活用が有力に主張されている[30]。そして、証人が捜査段階で供述した内容が録取されている調書も公判廷での供述が著しく困難な場合には証拠能力が認められる（刑訴法 321 条 1 項）。

　ただでさえ暗数の多い、従って最も弱い立場にあると思われる性犯罪の被害者が直接の被害に加えて第二次被害を受けないためにも、また、適正な刑事司法の実現のためにも、まず上記の現行法の諸規定を必要な場合には、その要件の解釈を慎重にしつつ、しかし躊躇することなく適用すべきである。これによって性犯罪被害者の公判での証言の際の苦痛・困惑は相当程度緩和されるであろう。

　しかし、児童が虐待を受ける事例がわが国でも増加しているが、性的虐待を受けた児童の場合はその犯人（親や親戚や顔見しりの者である場合）と対面すること自体が大きな精神的肉体苦痛となるのである。従って、この種の事例ではテレビ等を用いた被告人と対面しない証人尋問を採用する必要性は高い。詳論はできないが、上記の証人尋問方法と憲法 37 条 2 項の証人審問・喚問権との調和は可能だと思われる。

　なお、被害者の保護の観点からはその金銭的損害の回復として附帯私訴、損害賠償（弁償）命令、犯罪収益の没収・追徴財産を利用した損害回復制度等論ずべき立法課題はたくさんあるが、これらについては他日に期したい。

1)　警視庁犯罪被害者対策室監修『警察の犯罪被害者対策』（立花書房　平成 10 年）参照。
2)　被害者等適知制度実施要領を参照。
3)　朝日新聞 1999 年 4 月 20 日朝刊
4)　読売新聞 1999 年 3 月 30 日朝刊

116 第Ⅱ部 捜査と公判手続における被害者の保護

5) 親告罪と被害者の保護との関係については、渥美東洋『刑事訴訟を考える』（1988年　日本評論社）173 頁以下を参照。

6) 宮澤浩一・被害者学研究創刊号（1988 年）38 頁、藤本哲也・比較法雑誌 27 巻 1 号（1993 年）8 頁等を参照。

7) アメリカ合衆国では州が憲法を改正して州憲法中に被害者の権利を規定する州が増えており、1999 年 4 月現在その数は 33 州となっている（National Victim Center）。また、安田貴彦・現代のエスプリ 336 号（1995 年）182 頁以下を参照。

8) 奥村正雄・現代のエスプリ 336 号 178 頁参照。

9) Abraham S. Goldstein, The Passive Judiciary : Prosecutorial Discretion and the Guilty Plea（Louisiana State University press, 1981）Chap Ⅱ を参照。渥美東洋監訳（椎橋＝香川＝中野目＝宮島訳）『控え目な裁判所』（中央大学出版部 1985 年）51 頁以下参照。

10) 同前書 59 頁以下参照。また、Rule 11, Federal Rule of Criminal Procedure 参照。

11) 三井＝河上＝中山＝田邨編『刑事手続 上』（筑摩書房 1988 年）417 頁以下参照。

12) 渥美東洋・判例タイムズ 311 号 80 頁、三井誠・ジュリスト 564 号 78 頁、松本一郎・別冊判例タイムズ 7 号 295 頁などを参照。

13) ブース判決及びギャザーズ判決を論じた論文は多いが、とりあえず、本書第 15 章を参照。

14) ペイン判決の評釈も多いが、15 Harv. J. of L & pub. Policy 275（1992）等を参照。

15) Payne v, Tennessee, 501 U.S. 808, 826

16) William Pizzi & Walter Perron. Crime Victims in German Courtrooms : A Comparative Perspective on American problems 32 Stan. J. of Intl. L. 37, 45（1996）.

17) Edna Erez, Victim Partcipation in Sentencing : Rhetoric and Reality 18 Journal of Criminal Justice 19（1990）. また、エドナ・エレッ「量刑手続への被害者の参加、量刑の結果そして被害者の福祉」（椎橋隆幸訳）、カイザー＝クーリー＝アルプレヒト『犯罪被害者と刑事司法』（宮澤＝田口＝高橋編訳）（成文堂 1995 年）243 頁以下、特に 259 頁を参照。

18) 松本時夫・公判法大系Ⅲ 58 頁参照。

19) 長島裕・法律のひろば 50 巻 3 号 18 頁。

20) 野間禮二『刑事訴法における現代的課題』（判例タイムズ 1994 年）303 頁を参照。

21) 宮澤＝田口＝高橋編『犯罪被害者の研究』（1996 年　成文堂）183 頁、471 頁等を参照。

22) 平成 8 年度犯罪白書 348 頁以下参照。

23) エドナ・エレツ・前掲注 17）の翻訳書 255 頁以下参照。

24) 松本時夫・公判法大系Ⅲ 58 頁以下参照。

第 8 章　犯罪被害者をめぐる立法課題　*117*

25)　Louise Ellison, Cross-Examination in Rape Trials,〔1998〕Crim. L.R. 605

26)　コイ判決の紹介として、津村政孝・ジュリスト 965 号 86 頁等を参照。

27)　クレイグ判決については、津村政孝・アメリカ法 1994-2 号 375 頁以下を参照。

28)　証人審問・喚問権については、山田道郎・法律論叢 57 巻 4 号 149 頁以下、早野暁・中央大学研究年報 27 号（1997 年）217 頁以下、堀江慎司・法学論叢 141 巻 1-5 号、142 巻 2 号（1997 年）等を参照。

29)　宮澤浩一・捜査研究 567 号 78 頁、568 号 86 頁、569 号 64 頁を参照。

30)　野間禮二・松山大学論集 4 巻 6 号 23 頁以下参照。

第 9 章

性犯罪の告訴期間の撤廃

1　はじめに

　平成 12 年 5 月 12 日、犯罪被害者保護のための二法（刑事訴訟法及び検察審査会法の一部を改正する法律、犯罪被害者等の保護を図るための刑事手続に付随する措置に関する法律）が成立した。わが国の犯罪被害者対策は欧米のそれに比べて 20 年遅れているといわれてきたが、近年の関係各機関の実務における保護・支援策の進展と上記の法律の成立により、その差は相当に縮まったといえよう。被害者保護法の内容は 8 項目にわたる。それらは、1．性犯罪の告訴期間の撤廃、2．ビデオリンク方式による証人尋問、3．証人尋問の際の証人の遮へい、4．証人尋問の際の証人への付添い、5．被害者等の傍聴に対する配慮、6．被害者等による公判記録の閲覧及び謄写、7．公判手続における心情その他の意見の陳述、8．民事上の和解を記載した公判調書に対する執行力の付与、である。これらの中、本章は性犯罪の告訴期間の撤廃につき、法律の内容と意義につき検討を加えるものである。なお、法務大臣の法制審議会への諮問の中には第 9 として被害回復に資するための没収及び追徴に関する制度の利用、が含まれていたが、制度の必要性は理解できるものの、残された問題点も多くそれらをより広い視野から検討した上で実現すべきとの理由で、上記の答申からは見送られている[1]。

2 性犯罪を親告罪とした意義

　犯罪の被害者には告訴権が認められている（刑訴230条）。告訴は捜査機関に対して行う犯罪事実の申告及び犯人の処罰を求める意思表示である。告訴は一般には捜査の端緒となるものであるが、親告罪においては告訴は訴訟条件であり、告訴が欠けると公訴提起は無効であり、手続が打ち切られる（刑訴338条4号）。現行法上親告罪とされている犯罪には、私用文書毀棄、器物損壊、信書隠匿（刑法264条）、信書開封、秘密漏示（同135条）、非営利略取誘拐、非営利拐取幇助、被拐取者収受（同229条）、親族相盗（同244条）、名誉毀損、侮辱（同232条）、強姦、強制わいせつ（同180条）等がある。これらは、犯罪の被害が軽微であるため、また、犯罪による秩序の乱れの回復を家族等の親密な者の手に委ねた方が賢明であるため、さらには、被害者のプライバシーを保護することの方が重要である等の理由から、被害者等国家機関以外の者に訴追の可否を決定することを認めたのである。最近では、告訴を単なる捜査の端緒としてのみ捉えるのではなく、被害者の刑事手続への参加の一形態として理解したり、親告罪の制度を紛争のより根本的な解決へ導く加害者と被害者・共同体との関係修復の条件と積極的に把える見解が増えてきている[2]。

　さて、強姦、強制わいせつ等の性犯罪を親告罪とした趣旨は、犯人の訴追・処罰という国家利益を犠牲にしても被害者の意思を尊重して、被害者の名誉、プライバシーを保護するところにある。ちなみに、英米法では親告罪の制度はないが、性犯罪があって、証拠が揃って被疑者が特定されていても、被害者が望まない場合にはその意思が尊重されて、訴追へ向けての手続は進められない。性犯罪被害者の尊厳、プライバシー、第二次被害を受けない利益が尊重されて、訴追へ向けての手続を進めるか否かは全く被害者の意思に委ねられているのである[3]。

　そこで、訴追の前提となる捜査の段階においても被害者の意思は尊重されるべきであり、捜査の実行によって事件の内容が公にされ、被害者のプライバシ

ーがその意図に反して侵害されることがあってはならない。一般に捜査は関係者のプライバシーを不当に侵害しないような形で行うべきとされているが（刑訴196条）、強制捜査が行われるとその結果被害者のプライバシーが明らかにされてしまう事態は容易に想像できる。そこで、被害者の告訴がない場合は強制捜査は控えるべきといわれており、捜査機関は被害者の告訴がない限り強制捜査は行わないのが実務であるという。また、被害者は一度した告訴を取り消すことができるが、告訴提起後は取り消すことができない（刑訴237条）。

　性犯罪被害は警察に通報されにくく、その大きな理由は被害者が事件について周囲に知られたくないからであるといわれる[4)]。被害者は自己のプライバシーが明らかになる危険を考えながら告訴をするか否かの決断をしなければならない。それだけではなく、近年の研究によれば、性犯罪被害者は犯罪によって心の傷を負い、被害者によっては、PTSD（心的外傷後ストレス障害）と診断され、犯罪の記憶の再体験、現実からの逃避、緊張感・恐怖感の持続、不眠・浅眠等様々な症状が長期間持続するという[5)]。このように、程度の差はあれ不安定な精神状態の中で、被害者は、自己のプライバシーが公にされる危険を考えながら、告訴をするか否かを決断しなければならないのであるが、この決断は被害者が犯人を知った日から6か月以内にしなければならないのである（刑訴235条）。この告訴期間の制限は果して合理的な理由があるのであろうか。

3　告訴期間の不合理性

　親告罪の告訴期間を6か月と制限したのは刑事司法権の発動を長く私人の意思にかからせることは不都合だからといわれる[6)]。被疑者の人権保障に力点を置く見解もある[7)]。前者は公訴権の適正行使の要請、後者は犯人の地位安定の要請ともいわれる[8)]。訴追の可否をいつまでも私人の意思にかからせると不都合をきたすからという場合の不都合とは一体何であろうか。刑訴法235条1項にいう「犯人を知った」の文言の解釈をめぐっての判例の展開をみてみることが参考になる。

122 第Ⅱ部 捜査と公判手続における被害者の保護

告訴期間の起算点である「犯人を知った」の意義につき、最高裁は「犯人が誰であるかを知ることをいい、告訴権者において、犯人の住所氏名などの詳細を知る必要はないけれども、少なくとも犯人の何人たるかを特定し得る程度に認識することを要するものと解すべきである。」と判示した[9]。下級審判例は「犯人を知った」の意義については上の最高裁の判示文と重要な差異があるとは思えないが、個々の事例に対する適用においては大きく2つに分かれていた。1つは識別可能説とでもいうべき考え方で、この説によれば、被害者が犯人の容貌、年齢、身長、体格、服装等により犯人を他の者と識別でき、その後の面割り等の際に犯人と被告人とが同一であるとの認識を持つことのできる場合に「犯人を知った」ことになるという[10]。この説によれば「犯人を知った」時期は比較的早くなり、結果的に犯人の地位の安定に資することになろう。もう1つは人間関係確認説とでもいうべき考え方で、犯人を他の者と識別できるだけでは足らず、さらに、犯人がどこの誰か、すなわち犯人と自己（及び家族）との人間関係を知ったときが「犯人を知った」ときに該るというのである[11]。この説によれば、被害者はより多くの材料を得て、告訴に伴う利益・不利益を相当程度較量した上で告訴するか否かを判断することができる。

最近、東京高裁は、被告人が被害者の娘との不倫関係を種に被害者から多額の金員を喝取し、警察への告訴を断念させるためと新たな恐喝の種とするために、①平成7年4月15日、②同年10月22日及び③平成8年8月31日に被害者を強姦したが、被害者は被告人が逮捕された後の平成8年5月16日（①の事実）と同月22日（②の事実）にそれぞれ告訴した事案において、①、②の事実については、被害者が被害を受けてから6か月を経過して告訴がなされ、被害者は当時犯人が何人であるかを知っていたのであるから、上記各告訴は、いずれも6か月以内という法定の告訴期間を経過してなされた無効なものであるとの被告人側の主張に対して、次のように判示して、被害者の告訴が有効であることを確認した。すなわち「親告罪の犯行に脅迫行為が用いられ、そこに犯人と告訴権者やその身辺の者との特殊な関係を暗示させる内容が含まれているような場合には、告訴をするかどうかを決めるに当たって、単に犯人が誰であ

るか特定し得る程度に認識するだけでは十分でなく、それ以上に、犯人は告訴権者やその身辺の者とつながりがあるかどうか、告訴が告訴権者やその身辺の者との社会生活に危害その他の影響を及ぼすことがないかどうか等の点についても、概括的な判断をすることができる程度の知識が必要であると考えられる。従って、このような特別の事情があるときは、このような点を含めて犯人が誰であるかを知ったときにはじめて、告訴するか否かを通常決めることができる程度に『犯人を知った』と判断するのが相当である」[12]。本事案の場合、識別可能説によれば、被害者は各被害当時犯人の人相、風体等を被告人と識別できる認識はあったといえるから、①、②の事実に対する告訴は期間を経過した無効なものとなる。しかし、被害者は、偽名を用い、暴力団員と名乗り、娘の暴力団員との不倫関係を種に恐喝する被告人につき娘ひいては自分と被告人との関係、告訴した場合の娘やその家族に及ぼす影響等を判断するのに必要な知識を得ていたとはいえない状況にあったのであるから、仮にこのような状況で告訴するか否かを決めなければならないとすると被害者に酷な判断を迫ることになるものと思われる。従って、東京高判平成9・7・16が人間関係確認説を採って本件告訴を有効としたのは妥当であるが、名古屋地判昭和52・11・24も述べたように、通常は犯人を他の者と明確に識別できる程度に認識すれば「犯人を知った」といえるが、「特別の事情」がある場合は犯人が何人であるか、犯人や自己（及び家族）と犯人との関係を知り得る事情を認識することが必要だと判示している点に条文解釈の限界を感じざるを得ない（もっとも原審の横浜地判平成8・12・18は特別な事情を問題にしていない。判時1615号157頁）。ともあれ、昭和39年の最高裁判決以降は人間関係確認説が主流となってきたといってよく、また、学説上も、①告訴期間の起算点を「犯罪を知った」時（犯罪事実を認識すれば告訴は可能ともいいうる）ではなく「犯人を知った」時としている、②犯人の地位を安定させるためには公訴時効の制度が存在する等の理由から、告訴期間の制度趣旨や識別可能説に対して批判が加えられていたほか、告訴期間が6か月という短期間であることにも疑問が出されていた[13]。

124 第Ⅱ部 捜査と公判手続における被害者の保護

4 告訴期間の撤廃

　強姦罪等は重大な犯罪であるが、被害者の名誉を保護するために親告罪とされている。ところが、被害者はプライバシーが公になることをおそれ、また、心の傷が癒えない状況で告訴を決断できないために公訴時効期間よりも遥かに短い6か月の告訴期間を経過することにより、強姦犯人は事後全く訴追されることはなくなってしまうのである。被害者の名誉保護とは違う理由で犯人を訴追する機会が失われてしまうのは強姦罪等を親告罪とした制度趣旨に適合せず、不合理な結果を生み出している。告訴期間の制限が強姦犯人を不当に利する結果になっていることは否定できないであろう。特に6か月という告訴期間は極めて疑わしいものであった[14]。そこで、告訴期間の撤廃又は延長が提案されたのである。

(1) 告訴期間の延長説

　告訴期間を延長すべきとする主張の論拠は、① 性犯罪について、犯罪行為の日から1か月を超えて告訴された事例の調査（平成9年4月1日から同11年6月30日まで）によれば、告訴を思い悩んだり、犯人が怖かったり、事件を思い出したくないため告訴できなかった者でも、ほとんどが事件後9か月以内に告訴をしている[15]、② 事件後長期間経過後に告訴がされても、証拠の散逸その他の理由で捜査に困難を来たす、③ 民事崩れの告訴が増加するおそれがある[16]、等である。

(2) 告訴期間撤廃説

　告訴期間の延長説に対して撤廃説は、① 被害者が性犯罪から受ける精神的被害は最近のPTSDの研究によれば深刻であり、また、個人差もあり、被害者がいつ立直れるかの明確な線引きをすることは困難である。② 少数ではあっても現実に2年以上経っても精神的苦痛から告訴できなかった被害者がいる

第 9 章　性犯罪の告訴期間の撤廃　*125*

場合に、その被害者が告訴をしてきた場合に門前払いをするのは不親切である[17]、等を根拠とする。

　思うに、告訴期間を 3 年程度に延長すれば事態は相当に改善されるであろう。しかし、より根本的には何故告訴期間が定められなければならないかを問う必要がある。性犯罪を親告罪としてのは被害者の名誉を保護するためであり、告訴するか否か（プライバシーを公にしてまで犯人の処罰を求めるか否か）を被害者の意思に委ねたのである。告訴期間の制限は被害者の告訴するか否かの選択権の幅を狭めるものである。被害者の選択の幅を狭める理由としては、前述の如く、犯人の地位の安定は公訴時効の制度があり正当な理由とはなりえない。期間の経過に伴う証拠の散逸による適正な捜査・訴追の困難性そしてそれに伴い、被害者の期待に沿えない結果となることが理由として考えられるが、時間の経過に伴う捜査の困難は非親告罪の場合も同じであるし、相当期間を経過して告訴をした被害者はそれだけ苦悩が大きかったと推測され、思いあまってした告訴は門前払いするのではなく、誠実に受理した上、捜査が困難な場合にはその旨を伝えて理解を求める努力がなされてしかるべきであろう。最も深刻な精神的被害にあった被害者に告訴への途を閉ざす正当な理由はないと思われる。従って、刑事訴訟法の改正によって、性犯罪の告訴期間が撤廃されたことは被害者保護の趣旨に沿う妥当な結論であった。同時に、警察や検察、カウンセラー、民間のボランティア団体のメンバー等の支援によって被害者が告訴するか否かの選択をより容易にするような環境作りをしていくことが重要である。

5　おわりに

　性犯罪の告訴期間を撤廃したことによって被害者が告訴するか否かの選択の幅が時間的に広げられた。日本のように性犯罪を親告罪としている国においても、また、親告罪としていない英米においても、被害者が刑事手続を進めたくないと考えた場合はその意思を尊重しなければならないとされている。被害者

126 第Ⅱ部 捜査と公判手続における被害者の保護

の意思を尊重すべき根拠は尊厳とプライバシーを保護し、第二次被害を避けることにある。被害者が告訴するか否かの選択に際して、被害者が被害による精神的打撃が深刻な状態で決断を迫られたり、加害者と被害者（及びその家族等）の人間関係について十分な認識のない状態で決断しなければならないというのはあまりにも不合理であり、被害者の尊厳を無視するものである。被害者が告訴をすれば捜査が始まり訴追・裁判へと進展する。その過程で被害者は自己のプライバシーが公になることになる。

　そのような不利益を考えながら被害者は告訴するか否かを選択するのであるから、それ以上に被害者に不当なプレッシャーを与える理由はない。被害者に告訴するか否かの判断をする上で正当な理由のない障害（告訴期間の制限）を取り除いたのが上記の刑訴法の改正であり、適切な措置である。

1)　被害者保護のために二法の成立に到る経緯及び法案の内容について、特集「犯罪被害者の保護」ジュリスト 1176 号 2-57 頁が多角的に検討を加えている。
2)　松尾浩也『刑事訴訟法上新版』（弘文堂 平成 11 年 11 月）40-1 頁。ところで、修（回）復的司法（Restorative Justice、正義の回復理論）の考えをわが国で初めて明確な形で示したのは渥美東洋博士であろう。渥美博士は一方で修（回）復的司法の可能性を追求しつつ、他方でその限界（適用可能な領域）をも指摘し、さらに、その考えを実現するための条件作り（その代表的なものが、コミュニィティ・ポリーシング）を提言している。渥美東洋『刑事訴訟を考える』（日本評論社 1988 年 1 月）170 頁以下、同『罪と罰を考える』（有斐閣 1993 年）特に第 3 編第 10 章、第 2 編第 2 章を参照されたい。また、宮澤浩一先生古稀祝賀論文集第 1 巻『犯罪被害者論の新動向』（成文堂 2000 年 5 月）の多くの論稿が参考になる。
3)　Donald J. Hall, The Role of the Victim in the Prosecution and Disposition of a Criminal Case, 28 Vand. L. Rev. 931, 951 (1975). Douglas E. Beloof, The Third Medel of Criminal Process : The Victim Participation Model, 1999 Utah L. Rev. 289, 300 (2000).
4)　内山絢子「性犯罪被害者の被害実態とニーズ」刑政 111 巻 5 号 46 頁参照。
5)　小西聖子『犯罪被害者の心の傷』（白水社 1996 年 12 月）などを参照。
6)　団藤重光『新刑事訴訟法綱要七訂版』357 頁、注解刑事訴訟法中巻 179 頁（高田）など。なお、旧刑事訴訟法 265 条は親告罪の告訴期間を 6 か月と定めたが、その理由書には「告訴権者カ告訴権ヲ行使セサル間ハ起訴スヘキヤ否全ク不定ノ状態ニア

第 9 章　性犯罪の告訴期間の撤廃　*127*

リ永ク此ノ如キ状態ヲ持続スルハ秩序ヲ害スルノ虞アリ…」と説明されていた。その趣旨は必ずしも明確ではない。

7)　注釈刑事訴訟法〈新版〉3 巻 286 頁（佐藤）

8)　寺崎嘉博・平成 10 年度重要判例解説 184 頁。

9)　最決昭和 39・11・10 刑集 18 巻 9 号 547 頁。解説として、小野慶二・刑事判例評釈集 26 巻 145 頁、井口浩二・最高裁判所判例解説（昭和 39 年度）176 頁。

10)　非厳格説ともいわれる。井上正治＝江藤孝・法律のひろば 18 巻 8 号 44 頁。

　　　なお、平本喜祿・研修 364 号 81 頁参照。この説に立つ判例として、大阪高判昭和 26・8・27 高刑集 4 巻 8 号 998 頁、仙台高判昭和 30・7・14 裁判特報 2 巻 13 号 713 頁などがある。

11)　厳格説ともいわれる。この説に立つ判例として、大阪高判昭和 31・6・4 裁判特報 3 巻 12 号 609 頁、東京高判昭和 37・6・27 下刑集 4 巻 5 = 6 号 392 頁、東京高判昭和 39・4・27 高刑集 17 巻 295 頁、名古屋地判昭和 52・11・24 判時 890 号 125 頁などがある。

12)　東京高判平成 9・7・16 判タ 960 号 298 頁。本件の解釈として、寺崎・前掲、森山大輔・警察公論 53 巻 7 号 112 頁、稲田伸夫・警察学論集 51 巻 5 号 167 頁がある。

13)　藤永＝河上＝中山編・大コンメンタール刑事訴訟法 3 巻 681 頁以下（髙﨑秀雄）、豊田健・法学研究 40 巻 6 号 109 頁、寺崎・前掲 185 頁など。

14)　平成 9 年 1 月 1 日から同 11 年 8 月 31 日までの間に警察が強姦、強制わいせつ等の被害相談を受けたものの中で、被害者に処罰意思があるにもかかわらず、既に告訴期間を経過しているために捜査ができなかった事例が 57 例あったという。法制審議会刑事法部会第 76 回会議議事録 23 頁。

15)　同議事録 26 頁。

16)　同議事録 23-4 頁。

17)　ジュリスト 1176 号 7 頁（大谷直人）、同議事録 24-33 頁。

付記

　　本章をほぼ書き終えた時点で注 2) 掲記の宮澤古稀祝賀論文集第一巻に収められている田口守一教授の論文「親告罪と告訴の国家訴追主義」を拝読し、多くの教示を受けた。同論文は本章のテーマに直接関連し、また拙稿（法律のひろば 1999 年 5 月号 12 頁以下。）にも言及されているので若干のコメントを試みてみたい。

　　第 1 に、田口教授は性犯罪の告訴期間の撤廃に賛成する私見につき「被害者保護の趣旨から告訴期間を撤廃することにより、被害者の告訴申立が容易になり、犯人の処罰を確保することができる」との理解で、「告訴期間の撤廃がむしろ国家訴追主義の趣旨に適うものとみる」考え方であると位置づけ、しかしこの考え方は「そもそも親告罪制度は犯人の処罰を確保するための制度ではないこと、また告訴期間

制度もまさに犯人処罰を目的とした制度であることといった制度目的とは整合性を持たない」と批判される（前掲書255頁）。そもそも田口教授は親告罪の告訴と告訴期間の撤廃の問題を国家訴追主義との関係（特に、その要素が弱いか（やわらかいか）強いか（固いか））において考察している。親告罪は国家訴追主義を制限する制度であり、告訴期間制度は国家訴追主義的要素であり、後者を撤廃することは、純粋な親告罪に帰ることを意味し、処罰・不処罰両方向につき、被害者の自己決定に委ねた趣旨だと理解される（258頁等）。前半のレトリックは巧みであり、また後半の結論には賛成である。しかし、まず私見は告訴期間の撤廃の問題を国家訴追主義の趣旨に適うか否かとの視点から理解していないし、そのような表現も用いていない。英米では親告罪の概念も告訴期間の制度も存在しない。直截に被害者保護の観点から告訴期間の撤廃を根拠づけることが可能であると考える。また、告訴期間制度は告訴権の行使に時効を設けることにより、国家の犯罪訴追を確保するために国家訴追主義的要素であったとしても、実際の機能としては、告訴期間が経過してしまえば被害者やその意を受けた公益の代表者である検察官が訴追しようとしても絶対に訴追は不可能になってしまうのであるから、逆に言えば、告訴期間（国家訴追主義的要素）を撤廃すれば、公訴時効が完成するまでは告訴権者は告訴することができるのであるから、告訴期間の撤廃は国家の訴追の可能性を広げることは間違いないのである。

　第2に、田口教授は一方で告訴期間の撤廃は告訴するか否かを全て被害者の意思に委ねた趣旨だとし（255頁）、私もこの点には賛成であるが、他方で、むしろ被害者が告訴しないこと、訴訟外の紛争処理を選択することを期待しており、これはまた田口教授の刑事訴訟目的論にも適うといわれる（254頁以下）。親告罪制度は、告訴をしない場合にこそ意味がある（255頁）、とか訴訟外の紛争解決が果たされるのであれば、国家はそれ以上介入しないという点すなわち国家訴追主義を抑制する点に意味がある（256頁）といわれるように、田口教授は告訴期間の撤廃を国家訴追主義の抑制という観点から意義づけられる。私も真に自由な選択ができる状態で被害者が示談、和解等の訴訟外解決を選ぶのであれば、それを否定するものではない（現代刑事法第2巻2号4頁以下）。しかし、性犯罪被害者はその被害から生じるPTSD等の精神的・身体的苦痛に悩まされ、その状態が長く続くことも珍しくないことは本文で述べた。そのような苦境の中にある性犯罪被害者に示談等の訴訟外解決を求めることは難しい場合が多く予想される。被害者が告訴し、犯人の処罰を求めることよりも、示談等による訴訟外解決を求める方が、国家訴追主義の抑制そして刑事司法目的論にも適合するため、後者の解決方法の方により意義を認め、その結果、相対的に被害者が告訴の意思決定をする選択は訴訟外解決の決定よりも意義が認められない趣旨と解釈されるおそれはないであろうか。この点は読み方が難しく、私の誤解であるかもしれない。ともあれ国家訴追主義の抑制という視点から告

訴期間の撤廃を考察することは理論的には貴重であるが、本文で取り上げた法改正は親告罪自体（一定の犯罪を親告罪としておくことの可否）に遡って深く検討を加えたわけではなく、むしろ、そもそも合理的な根拠に基づいて定められたか疑わしい6か月という告訴期間につき、苦境にある性犯罪被害者がその苦境のゆえ告訴するか否かを決断できないまま告訴期間が経過し、そのために永久に訴追の機会が失われるという不合理を解消するために告訴期間を撤廃したものと解するのが妥当であり、被害者の保護、被害者意思の尊重あるいは被害者のプライバシー（告訴するか否かの選択の自由を含めた）の保障のために実現されたと説明することが立法の経緯からも素直であろう。

　恐らく、私見は田口教授の趣旨と基本的には異ならないと思う。ただ、田口教授の論文に大きな学問的刺激を受けたので感想を述べてみた。誤解があればご叱正を賜りたい。

第10章

性犯罪の非親告罪化

1　はじめに

　性犯罪に関する刑法の規定を整備するための「刑法の一部を改正する法律」（平成29年法律第72号、以下「本法」という。）は、平成29年6月16日参議院本会議で可決・成立し、同月23日に公布の後、7月13日から施行されている。本法は、強姦罪の構成要件を拡張して強制性交等罪とし、その法定刑の下限を引き上げると同時に集団強姦罪等を廃止した。また、監護者わいせつ罪及び監護者性交等罪を新設した。さらに、強盗強姦罪を改めて強盗・強制性交等罪とした。このように本法は刑法実体法の改正が中心であるが、同時に親告罪であった性犯罪を非親告罪化（親告罪でないものとする）する改正が含まれている。性犯罪の非親告罪化は犯罪被害者の保護において重要な意味がある。本章では、本法の内容をごく簡略に紹介した後、性犯罪の非親告罪化の内容と意義について若干の考察を試みたい。

2　刑法一部改正法の概略[1]

(1)　強姦罪の構成要件を拡張して強制性交等罪へ

　強姦罪は女子に対する姦淫を処罰対象としてきたが、男性を含む人一般が被害者たり得る者とされ処罰の対象とされた。

　また、従来、強制わいせつ罪の対象とされてきた性交類似行為の一部も性交

132 第Ⅱ部　捜査と公判手続における被害者の保護

（姦淫）と同等の悪質性・重大性があると考えられた結果、肛門性交及び口腔性交は強制わいせつの加重類型として処罰することとされた。

　そこで、強姦、肛門性交、口腔性交は名称の上でも、強制性交等罪として処罰される。

(2)　強制性交等罪の厳罰化と集団強姦罪等の廃止

　改正前の強姦罪の法定刑は「3年以上の懲役」であり、強姦致死傷罪の法定刑は「無期又は5年以上の有期懲役」であったが、改正後は各々「5年以上の有期懲役」と「無期又は6年以上の懲役」とされ、法定刑の下限が引き上げられた。この見直しの理由は、近時、強姦は「魂の殺人」といわれるように犯罪の悪質性・重大性が多くの人に共有されている背景の中、性犯罪に対する量刑傾向も重くなっている裁判実務の下で、強姦罪の評価は強盗や現住建造物放火に対する評価を下回るものではないと考えられたため、それらの罪と同程度に法定刑の下限を引き上げたものである。また、このように強制性交等罪及び強制性交等致死傷罪の法定刑の下限を引き上げたことにより、集団強姦罪（4年以上の懲役、刑法178条の2）は強制性交等罪や強制性交等致死傷罪の法定刑の範囲内で適切な量刑を行うことができると考えられたため廃止された。

(3)　強盗強姦罪を改めて強盗・強制性交等罪とした

　改正前は、強盗犯人が強姦をした場合には、強盗強姦罪（241条前段）が成立し、その法定刑は無期又は7年以上の懲役であるが、強姦行為後に強盗の犯意を生じて強盗をした場合には、強姦罪と強盗罪の併合罪（処断刑は、5年以上の有期懲役）となるものとされていた。しかし、同一の機会に、それぞれ悪質な強盗の行為と強制性交等の行為の双方を行う悪質性・重大性に鑑みると、両行為の前後関係の違いによって科すことができる刑に大きな差異があることを合理的に説明することは困難があると考えられた。そこで、この不均衡を解消するために、行為の前後関係にかかわらず、両行為に重く（無期又は7年以上の懲役）処罰することとされた。

なお、両行為がいずれも未遂の場合は任意的な刑の減刑が認められ（人を死傷させた場合は除く）、また、両行為のいずれか一方を自己の意思により中止したときには必要的に刑が減刑又は免除される。

(4) 監護者わいせつ罪及び監護者性交等罪の新設

実親、養親等の監護者が18歳未満の者に対してわいせつな行為や性交等を繰り返して行う行為は暴行又は脅迫を用いることなく、また、心神喪失又は、抗拒不能に乗じるものでなくても、強制わいせつや強姦と同様に悪質であり、同等の当罰性が認められると考えられた。18歳未満の者は監護者に経済的にも精神的にも依存しているところ、監護者の影響力を行使して性交等の行為をした場合、監護者わいせつ罪及び監護者性交等罪を新設して（刑法179条）、強制わいせつ罪又は強制性交等罪と同様に処罰することとされた。従来は、子供の意思に反して行われた親子間の性交が暴行又は脅迫が用いられていないという理由で児童福祉法違反（10年以下の懲役または300万円以下の罰金）等で処分されていたところ、この種の行為が子供の性的自由を大きく侵害し、子供の成長に重大な悪影響を与えていることを直視した上での改正である。本罪が成立するためには18歳未満の者の同意の有無は問題とならない。

3 性犯罪の非親告罪化

(1) 改正法（非親告罪化）の内容

従来、強制わいせつ罪及び強姦罪並びに準強制わいせつ罪及び準強姦罪及びこれらの罪の未遂罪は親告罪とされ（刑法176～178条）、被害者等の告訴がなければ公訴提起できなかったが、改正法は強制性交等罪及び準強制性交等罪並びに監護者わいせつ罪及び監護者性交等罪等を非親告罪とした（刑法180条の削除）。

また、わいせつ・結婚目的の略取・誘拐の罪及び刑法225条の罪を幇助する目的で犯した被拐取者引渡し等の罪並びにこれらの罪の未遂罪を非親告罪化し

た。併せて、略取・誘拐された被害者と犯人が婚姻した場合における告訴の効力に関する特例を定める刑法229条但書を削除した。

この結果、略取・誘拐の罪については、未成年者略取・誘拐にかかる罪のみが親告罪として維持されることになった。

(2) 性犯罪の非親告罪化の趣旨

性犯罪が親告罪とされた趣旨は、一般に、公訴の提起によって被害者の名誉・プライバシー等が害されるおそれがあるため、公訴提起に当たって被害者の意思を尊重するためであるとされていた。しかし、その後、第3次男女共同参画基本計画や「性犯罪の罰則に関する検討会」における議論の中で、性犯罪を親告罪としていることにより、むしろ、被害者に大きな負担を生じさせているとの見解が多数であることが判明した。それらの議論を受けて、法制審議会刑事法（性犯罪関係）部会における7回の審議を経て衆・参本会議において全員一致により刑法改正案が可決・成立したのである。改正法の非親告罪化の趣旨は、性犯罪の告訴をめぐる実情に鑑みると、① 性犯罪により肉体的・精神的に多大の被害を受けた被害者にとっては、告訴をするか否かの選択を迫られているように感じられたり、② 告訴することにより被告人から報復を受けるのではないかとの不安を持つ場合があり、③ 加害者が知人である場合には自分が告訴することにより知人を犯罪者にしてしまうため告訴するかにつき葛藤したり躊躇するなど、かえって被害者に精神的な負担を生じさせていることが少なくないため、非親告罪化して被害者の精神的負担を解消することが相当であると考えられたのである。

(3) 非親告罪化をめぐる議論状況

法制審議会刑事法部会においても性犯罪の非親告罪化については消極論ないしは問題点を指摘する見解があった。例えば、被害者が告訴すると事情聴取や実況見分への立ち会い等捜査上の負担が生じたり、また、証人尋問において反対尋問を受ける等公判における負担が生じたりすることがある。加害者と被害

者が知人同士である強姦事件の場合などで加害者に弁護人がついて加害者と被害者とが冷静に話し合いをして示談という形になって問題解決がなされたときに被害者には放っておいて貰う権利（プライバシーの権利）あるいは私的自治に委ねてよい部分があるのではないかというのである[2]。被害者の処罰意思にかかわらず処罰することを法律的に可能にすること、被害者の心理的な負担を軽減するために被害者の意思を尊重する制度（被害者の心情の平穏等の利益を保護する目的・機能を有する制度）を撤廃することは理屈として疑問があるというのである[3]。

　確かに、被害者の中には事件を表（裁判）沙汰にして自己のプライバシーを晒したくないと考える方は少なくない。事件の捜査や公判に関わる負担を避けた問題解決で我慢せざるを得ないと考えた被害者も少なくなかったと推測される。強姦されて警察に相談した被害者が認知件数の3.7％に過ぎないという数字（内閣府の調査）からも告訴することのハードルがなお高いということを推測する一証左といえるかもしれない。

　しかし、多くの被害者は加害者を処罰したいと考えているとの事実は重い。示談で問題を解決した被害者も加害者を許している訳ではなく、本当は処罰して欲しかったと考える方が多数なのである。自己の事件を公にすることへのおそれ、捜査や公判の負担に耐えられるかの不安、知人を犯罪者にすることへの躊躇などが告訴をするか否かの判断につき被害者に重い負担をかけているのである。大多数の被害者の本当の思いは、被害者の名誉・プライバシーを最大限守って貰いながら、加害者には罪に相応しい処罰を受けて欲しいというものであろう。性犯罪の刑事手続における被害者保護の現状は被害者の思いを完全に実現しているとは残念ながら言えない。だからこそ告訴を断念する被害者もいるし、親告罪を残し被害者の選択権を残して欲しいと考える方もいるのである。しかし、この状況は大きく変わりつつある。性犯罪被害者の名誉・プライバシーを可能な限り保障しながら被告人に刑事責任を問うという手続きが法改正と法運用によって進展しつつある。

136 第Ⅱ部 捜査と公判手続における被害者の保護

⑷ 被害者保護の法整備と法運用の展開

⑴ 犯罪被害者保護関連二法の制定[4]

平成 12 (2000) 年 5 月に「刑事訴訟法及び検察審査会法の一部を改正する法律」(以下、刑訴法等改正法という) と「犯罪被害者等の保護を図るための刑事手続きに付随する措置に関する法律」(以下、犯罪被害者保護法という) が成立・公布された。この二法は様々な局面で被害者等を保護・支援する内容を持つ重要な法律であるが、本章との関係では刑訴法等改正法中の性犯罪の告訴期間を撤廃したことと被害者が証人となった場合の負担軽減の措置を採用したことが重要である。

第一に、従前、強姦、強制わいせつ等の性犯罪の被害者は、犯人を知った日から 6 か月以内に告訴しなければならず、6 か月以内に告訴しないとその後の起訴は無効となり、永久に犯人を訴追・処罰することが不可能となる。ところが、性犯罪被害者は犯罪の直接の被害が苦痛であるだけでなく、事件が公になりプライバシーが明るみになることや公判廷における証人尋問の精神的負担を勘案しながら告訴をするか否かの困難な選択を余儀なくされていた。この困難な選択の判断のためなは 6 か月という告訴期間には合理的な理由はないと言わざるを得ず、犯人を不当に利する結果になっていたため、撤廃されることになった (刑訴 235 条 1 項 1 号)。告訴期間の撤廃により、性犯罪被害者が精神的苦境の中で困難な決断を迫られる事態は相当に解消され、そのことによって性犯罪被害者の告訴するか否かの選択の幅が広げられたと言えよう (第 9 章参照)。

第二の証人の負担軽減の措置の内容は、a 証人尋問の際の証人への付添い、b 証人尋問の際の証人と被告人および/または傍聴人との間を遮へいする措置、c ビデオリンク方式による証人尋問、そして d ビデオリンク方式による証人尋問の録画が導入された。

ところで、性犯罪の被害者や年少者が証人として公判廷で尋問を受けるとき、強い不安感や緊張を憶え、場合によっては精神的被害 (第二次被害) をうけることがある。そこで、不安や緊張を和らげるのに適切な者 (心理カウンセ

ラーや親など）が証人に付き添うことを認めた（刑訴法157条の4）。また、被害者が証人として被告人や傍聴人の前で証言する場合に強い精神的圧迫感が予想される場合に、それを軽減するために、一定の要件の下に、証人と被告人または傍聴人との間にスクリーン（衝立）を置くなどの措置（遮へい）をとったり（同法157条の5）、ビデオリンク方式（証人は法廷外の別室に在室させ、法廷にいる裁判官や検察官、被告人・弁護人がテレビモニターを通じて、証人の姿を見て、音声を聴きながら証人尋問を行う方式）をとることが認められた（同法157条の6）。さらに、性犯罪の被告人が複数おり、各被告人の公判が分離されている場合、被害者が各公判で繰り返し証言することによる精神的被害を避けるために、ビデオリンク方式による証人尋問の状況を録画し、訴訟記録に添付して調書の一部として、後の公判で一定の要件の下に証拠能力を認めることとされた（同法157条の4、321条の2）。これらの措置の導入により性犯罪被害者の尋問を受ける際の精神的負担を軽減しつつ、被告人の反対尋問権との調和を図ったのである。

(2)　被害者特定事項の秘匿、匿名化

　従来から刑事手続の各段階において被害者の氏名、住居等の被害者特定情報の記載がなされる場合があり（逮捕状・勾留状、起訴状、判決書等）、特に、構成要件上「人」が行為の客体ないし結果として規定されている場合は、具体的な特定人が表示されなければならないとされている。「人」の表示は氏名の表示を常に必要とするかが問題である。そして、被告人特に弁護人は被害者特定情報を知ることができる立場にある。他方で、被害者は被害者特定情報を知られることにより、名誉やプライバシー、身体や財産等への侵害等再被害を受ける場合がある。特に、性犯罪やストーカー事件の場合は、「逗子ストーカー事件」の反省からも、被害者特定情報を秘匿（匿名化）する要請が強い場合がある。被告人の防御権の行使と被害者の保護とのバランスをいかにとるかが問題である。

（i）　公判手続における被害者特定事項の秘匿決定

　性犯罪事件等の公判手続において、被害者等の申出があり、被告人又は弁護

138　第Ⅱ部　捜査と公判手続における被害者の保護

人の意見を聴いて裁判所が相当と認める時は、被害者特定事項を公開の法廷で明らかにしない決定をすることができる（刑訴290条の2第1項）。被害者特定事項秘匿決定がなされたときは、起訴状の朗読、証拠書類の朗読、判決の宣告等は、被害者特定事項を明らかにしない方法で行わなければならない（同法291条2項、305条3項）。また、訴訟関係人のする尋問又は陳述が被害者特定事項にわたる時は制限される（同法295条3項）。しかし、この秘匿制度は傍聴人には知られないようにするが、被告人・弁護人には秘匿の効果が及ばない（同法291条2項参照）。また、公判手続以外の捜査手続や公判前整理手続はこの秘匿制度の対象になっていない[5]。

(ⅱ)　証拠開示における被害者特定事項秘匿の要請

検察官は、証拠開示の際、被害者特定事項を明らかにされることにより、被害者等の名誉や社会生活の平穏が著しく害されるおそれがあると認められる等の場合に、弁護人に対し、その旨を告げ、被害者特定事項が、被告人の防御に関し必要がある場合を除き、被告人その他の者に知らせないようにすることを求めることができる（刑訴299条の3）。この秘匿要請を受けた弁護人は、被害者特定事項が、被告人の防御に関し必要がある場合を除き、これを被告人その他の者に知られないように配慮すべき法的義務を負う[6]。また、この秘匿要請により、被害者特定事項が被告人その他の者に知られない一定の役割を果たすであろうし、被害者等に安心感を与え、被害者の申告や十分な供述の確保にも資することが期待されている[7]。

しかし、秘匿要請できる被害者特定事項は起訴状に記載された事項以外のものに限定されているし（同法299条の3但書）、また、「被告人の防御に関し必要がある場合」には被害者特定事項を被告人等に知られないようにすることはできない。「被告人の防御に関し必要がある場合」は事案に即して判断されることになるが、被告人の防御権と被害者のプライバシーや再被害のおそれが関係しているので、その解釈は合理的な根拠に基づき客観的に認定されなければならない[8]。

弁護人が秘匿要請に違反した結果、被害者のプライバシーが不当に侵害され

第 10 章　性犯罪の非親告罪化　*139*

たり、身体への危害が加えられた場合には、弁護人に不法行為（民法 709 条）が成立したり、傷害罪や名誉毀損罪の共犯が成立する場合もありうる。また、正当な理由がなく弁護人がこの要請に従わなかった場合には懲戒事由に該当する[9]。

(iii)　捜査段階における被害者の特定事項の秘匿

　捜査の段階で被疑者に被害者の氏名・住所等の被害者特定事項が知られてしまったのでは、その後の被害者特定事項の秘匿決定や秘匿要請が意味のないものになってしまうといわれる。逗子ストーカー殺人事件において、捜査員が被疑者に脅迫罪での逮捕状を示す際、被疑事実の要旨にある被害者（被疑者が以前交際していた女性）の結婚後の氏名等を読み上げたことをきっかけに被疑者が被害者の住所等を特定することにつながったのではないかといわれている。

　逮捕状には、被疑者の氏名及び住居、罪名等とならんで「被疑事実の要旨」を記載しなければならない（刑訴 200 条 1 項）。また、逮捕状により被疑者を逮捕するには、逮捕状を被疑者に示さなければならない（同法 201 条 1 項）。勾留状にも被疑事実の要旨が記載される（同法 207 条 1 項、64 条 1 項）。被疑事実の中に被害者の氏名・住居等が含まれるとすると、被疑事実の告知により被疑者が被害者特定事項を知るところとなる。そもそも、逮捕状に被疑事実の要旨の記載が求められているのは、被疑者に犯罪を犯した相当な嫌疑があり、逃亡又は罪証隠滅のおそれがあることを裁判官が確認して、違法・不当な身柄拘束（誤認逮捕など）がなされないような制度の一環としてあると言ってよいであろう。そうであれば、被疑事実の要旨の記載は、他の犯罪事実との識別が可能な程度に具体的に記載することが必要である[10]。その趣旨から考えると、被疑事実の要旨の中には被害者の氏名・住所等は常に記載しなければならない事項とは言えないであろう。事案によって、記載が必要な場合とそうではない場合があると言えよう。因みに、被疑者の氏名等は逮捕状の請求書に記載すべき事項であるが、被疑者の氏名が明らかでないときは、人相、体格その他被疑者を特定するに足りる事項で指定してもよいとされている（刑訴規則 142 条 2 項）。

　他方、ストーカー事案、DV 事案、暴力団による組織犯罪の場合には、特定

の被害者に加害が繰り返される可能性が高い。このような事案では、加害者が被害者の氏名・住居等の被害者特定事項を知った場合には、被疑者が加害行為に及ぶおそれが高いので、必要な範囲で被害者特定事項を秘匿（匿名化）する必要が高いし、また、その正当な理由もある。分かりやすい指標としては、被疑者が以前から知っている情報以上の情報を被疑者に提供すべきではないというものが参考となる。警察庁は平成24年12月20日付の通達を出して具体的な例を指示した。同通達は、被疑事実の要旨への被害者の氏名・住所等の記載方法について、犯罪事実が特定され、他の犯罪事実との識別を可能にする観点と被害者の再被害防止への配慮が高いかの観点を検討し、① 被疑者に知られていない被害者の氏名でなく、被疑者が了知している旧姓、著名な芸能人等の通称等を用いること。② 被疑者に知られていない被害者の住所、居所を記載しない、又は、「○○県内において」等の概括的な表記にとどめること等、その表記方法について事案に応じて柔軟に検討することを指示している。同通達は具体例として、被害者の姓が変わっている場合と著名な芸能人等の場合に必要な被害者の特定方法を掲げているが、事案は様々であるので、要は、犯罪事実の特定は必要であるが、そこには一定の幅があると言えようか。被疑者の犯行態様、加害言動その他の事情を考慮して、被害者に再被害のおそれが高いと判断される場合は、そのおそれの高さに応じて、被害者の氏名、住所等の表示は匿名化したり、概括的にするなど柔軟な表示方法が許されると言えよう。例えば、被害者の氏名については、事案に応じて、ニックネーム、カタカナ表示、姓を記載して名を秘匿する、匿名にして写真を添付する、匿名にして、その他の個人特定情報等を用いる等が提案されている[11]。事案に応じた表示方法として評価できよう。

　以上述べたように、性犯罪被害者等の氏名、住所等の被害者特定事項は、逮捕状、勾留状、起訴状、証拠書類、訴訟記録、判決書等において、なお、明らかにされる場合があるが、全体の傾向としては、再被害の防止の要請を受けて、必要な範囲で、匿名化、概括的表示などにより、被害者の名誉・プライバシー・身体の安全を配慮する方向に進んでいると評価できる。

4 おわりに

　性犯罪の非親告罪化については強い反対もなく実現された。その理由は、性犯罪を親告罪としている理由が、公訴提起によって被害者の名誉・プライバシー等が侵害されるおそれがあるので、公訴提起に当たっては被害者の意思を尊重しようということにあったが、実情は、親告罪であることが被害者に告訴するか否かにつき様々な理由で重い精神的負担を課していることが判明したため、非親告罪化して被害者の精神的負担を解消することが相当と考えられたのである。制度の趣旨と実態とが乖離しているときに実態に合わせて法を改正し、被害者の切実な要望に沿うことは重要である。また、被害者の意識も徐々に変化してきているのであろう。もっとも、性犯罪被害者の中には、自分の事件を公にして名誉・プライバシーが侵害されることを懸念する方も少なくないと思われる。非親告罪化は、公訴提起、その前提となる捜査につき、被害者が左右することをできなくするものである。それにも拘わらず、被害者の多くが性犯罪の非親告罪化に賛成したのは何故か。被害者の思いは、被害者の名誉・プライバシーを尊重しつつ、加害者に犯罪に相応する罰に服して欲しいというものである。「被害者の名誉・プライバシーを尊重しつつ」ということが、前述のとおり、近年の法改正・法運用によって相当程度実現されてきており、しかも、その法運用に対する信頼感が被害者やその関係者の間で共有されてきていることが背景にあると思われる。

　なお、性犯罪の非親告罪化の直接の改正趣旨ではないが、性犯罪が性的自由を侵害する重大な犯罪であること（そのことは強制性交等罪等の法定刑の下限を引き上げたことに端的に示されている）も[12]非親告罪化の背景にあると思われる。また、そう解することが、従来から強姦致死傷罪や集団強姦罪が非親告罪とされていたことと整合的に説明することができると思われる。

142 第Ⅱ部 捜査と公判手続における被害者の保護

1) 刑法一部改正法の解説については以下の文献を参照されたい。加藤俊治「性犯罪に対処するための刑法改正の概要」法律のひろば 2017 年 8 月号 52 頁以下、同「性犯罪に対処するための『刑法の一部を改正する法律』の概要」刑事法ジャーナル 53 号 73 頁以下、同「性犯罪に対処するための刑法の一部改正に関する法制審議会の答申」法律のひろば 2016 年 10 月号 50 頁以下、今井將人「『刑法の一部を改正する法律』の概要」研修 830 号 39 頁以下、同「『刑法の一部改正する法律』の概要（上）」警察公論 72 巻 11 号 10 頁以下、北川佳世子「性犯罪の罰則に関する刑法の改正」法学教室 445 号 62 頁以下、樋口亮介「性犯罪規定の改正」法律時報 89 巻 11 号 112 頁以下、岡田志乃布「刑法の一部を改正する法律について」警察学論集 70 巻 10 号 67 頁以下。また、岡田志乃布「『性犯罪の罰則に関する検討会』取りまとめ報告書について」警察学論集 69 巻 1 号 115 頁以下を参照。

2) 宮田桂子・第 4 回議事録 3-4 頁

3) 宮田・同前。また、武内幹事も「処罰の意思がそれ程強固でなくとも、捜査の負担を被害者に与えることになるという側面は、やはり否定できないのではないか」と指摘する。第 1 回議事録 27 頁

4) 犯罪被害者保護関連二法については、松尾浩也編著『逐条解説犯罪被害者保護二法』（有斐閣 2001 年）、椎橋隆幸・高橋則夫・川出敏裕『わかりやすい犯罪被害者保護制度』（有斐閣 2001 年）等を参照。

5) 千田恵介・警論 67 巻 9 号 133 頁以下、峰ひろみ・町野古稀下巻 487 頁以下参照。

6) 白木功・大コメ刑訴法［第二版］6 巻 271 頁、峰・同前 490 頁

7) 白木・大コメ 6 巻 268-269 頁

8) 白木　大コメ 6 巻 271 頁

9) 白木　271 頁、酒巻 139 頁、峰・前掲 491 頁

10) 峰・同前 493 頁

11) 石川光泰「再被害防止への配慮が必要とされる事案における逮捕状の請求等について」警察学論集 66 巻 6 号 55 頁以下、千田恵介「性犯罪事犯等の刑事手続における被害者氏名等の秘匿」警察学論集 67 巻 9 号 131 頁以下を参照。

12) 北川・前掲注 1)、62 頁等を参照。

第 11 章

証人保護手続の新展開

1　は じ め に

　犯罪の被害者は、犯罪により財産、自由、身体、場合によっては生命までも奪われることがあるが、同時に犯罪について最もよく知っている者であることが多い。被害者は一方では被害の回復を求める正当な理由があるが、他方では犯罪の解明のために協力を求められることになる。犯罪の解明は犯罪によって乱された社会の秩序を回復するために必要なことであり、国民は参考人や証人として社会の平和の実現のため犯罪の解明に協力することが求められる。被害者も例外ではない。また、犯人を発見して裁判が行われ、被告人が有罪と確定されることによって、被害者は犯罪や犯人について知り、また、被害の回復を図ることも可能となるのであり、その意味でも犯罪解明への協力は必要なのである。

　ところが、被害者は犯罪によって身体的、経済的、精神的被害を受けた者であり、中でも性犯罪被害者は精神的被害を強く受け、さらには身体の健康にも変調を来すことが少なくない。その被害は PTSD（心的外傷後ストレス障害）と診断されることもあり、その場合、被害の回復には長期間要することも少なくないといわれる[1]。性犯罪の被害者が年少者の場合、被害者が家族や親戚等身近な者である場合には問題はより深刻なものとなる。被害者が証人として刑事司法に協力することは欠かせないが、この過程で第二次被害を受けることを回避しなければならない。

144 第Ⅱ部 捜査と公判手続における被害者の保護

このような被害者に捜査や裁判への協力を求めることは被害者にとって大きな負担となり、時によっては酷な場合がある。犯罪の直接の被害に伴う苦痛に加えて捜査、裁判という刑事司法過程において被害の状況等言いたくないこと、知られたくないことを話すことが求められ、この苦痛（直接の被害と同様の、場合によってそれ以上の苦痛とも言われる）を受けることが第二次被害といわれることは今や周知のことである。特に公判においては、裁判の公開原則の下、被告人側が反対尋問をする場合等に被害者は相当に強い精神的圧迫を受けることがままあったのである。

刑事司法過程における第二次被害の問題が指摘されて以来、わが国の警察、検察、弁護士会、裁判所は各々の立場から第二次被害が起こらないように、そうでなくとも最小限に止められるように取り組んできている。本章では、被害者たる証人から供述を得る際に証人の精神的圧迫を軽減する方策として、平成12年5月に成立した刑事訴訟法及び検察審査会法の一部を改正する法律（以下「改正法」という）が採用した遮へい措置とビデオリンク方式の合憲・適法性について若干の考察を試みてみたい。この問題の考察に当たっては、平成17年4月14日に最高裁判所が両方式を併用した証人尋問を合憲とした判断を下しているので（刑集59巻3号259頁）、同判決の検討をも重要な素材として取り上げてみたい。

なお、遮へい措置、ビデオリンク方式は性犯罪の被害者たる証人を主たる対象とするが組織犯罪の目撃者が証人となる場合に組織による報復のおそれが精神的圧迫となっている場合にも適用されうるものである。

2 証人を保護しつつ供述を採取する既存の方策とその限界

従来から裁判実務においては、証人を保護しつつ供述を採取する方策として、裁判の公開停止（憲82条2項）、期日外尋問（刑訴158条1項・281条）、被告人・傍聴人の退席・退廷（刑訴281条の2・304条の2、刑訴規則202条）と

いう措置が採られていた。しかし、これらの活用には限界があり、証人の保護策としては十分ではなかった。そこで、平成12（2000）年5月には刑事訴訟法及び検察審査会法の一部を改正する法律が改正され、遮へい措置とビデオリンク方式が採用された。

(1) 裁判の公開停止

憲法82条2項によれば「公の秩序又は善良の風俗を害する虞」がある場合には、「対審は、公開しないで」行うことができる。実際上、この規定によって公開停止するのは性犯罪時の具体的状況の供述をする場合がほとんどであるといわれ、性犯罪時直前までの状況は公開で証言しなければならず、また、公開停止して犯罪時の具体的状況を供述した後も公開して証言を続けなければならないため、証人の負担軽減として十分な機能を果たしていたか疑問であるし、また、プライバシー保護という観点からは十分とは言い難いし、さらには、性犯罪者の証人以外の証人には適用が困難である。要するに、憲法上の保障である裁判の公開原則の例外を今以上に大幅に活用することは望めないという限界がある[2]。

(2) 被告人・傍聴人の退廷

裁判所は、証人が被告人の面前においては圧迫を受け「充分な供述をすることができない」と認めるときは、弁護人が出席している場合に限り、検察官及び弁護人の意見を聴き、その証人の供述中被告人を退廷させるとができる（刑訴304条2）。また、裁判長は、証人が特定の傍聴人の面前で「充分な供述をすることができない」と思料するときは、その供述をする間、その特定の傍聴人を退廷させることができる（刑訴規則202条）。これらの措置によって証人がより証言し易い環境が作られるといえよう[3]。また、傍聴人の退廷は裁判の公開原則との関係で傍聴人全員の退廷は慎重に行わなければならないといえるが、被告人の場合のように証人審問権との衝突の問題は起こらないので、より広く適用されうるといわれる[4]。しかし、これらの退廷措置はもともと有力な証言

146　第Ⅱ部　捜査と公判手続における被害者の保護

の確保を目的としたもので、証人保護を目的としたものでなく、また、その要件として「充分な供述をすることができない」ことが求められているため、被告人の面前で証言することが可能であれば、そのことによって証人に精神的苦痛を与えるおそれがある場合であっても適用されないし、また、証人の証言終了後には被告人を入廷させ、被告人に証言の要旨を告知し、その証人を尋問する機会を与えなければならないとされ（刑訴304条の2）、被害者たる証人の保護という観点からは限界があると指摘されていたのである[5]。

(3)　期日外の証人尋問

公判期日外の証人尋問には裁判所外で行われる「所在尋問」「臨床尋問」（刑訴158条1項）と受訴裁判所が裁判所内で公判準備として行う証人尋問（同法281条）とがある。

期日外尋問は非公開で行われ、被告人に立会権はあるが（同法157条1項）、立会わなくても行うことができる（同法159条1項参照）。公開の法廷に比べて精神的負担の大きくない場所で証人が証言できるという利点がある。なお、裁判所以外での期日外尋問の方が裁判所内での期日外尋問より広く行われてきていたといわれる。

ところで、裁判所内での期日外尋問（同法281条）はいかなる場合に実施が可能であろうか。裁判公開の原則、公判中心主義、口頭主義の観点からは一般的には、公判期日外であれば尋問できるが、公判期日に尋問することが不可能あるいは著しく困難な場合であるといえよう[6]。例えば有力な見解として、公開停止、被告人・傍聴人の退廷等の措置をとってもなお証人が充分な供述をしないときに期日外尋問が許されるとするのである[7]。ところが、この見解等によれば、証人は一度公判廷で証人尋問を受けて、充分な供述をしないという状況になって初めて期日外尋問が許されることになるのである。これでは、被害者たる証人は公判廷で第二次被害にあってからでないと期日外尋問は許されないことになってしまうし、また、期日外尋問でも証人は相当な精神的苦痛を受けることになるのである。

そこで、公判廷で尋問を経ずに、公判廷での証人の供述が不能ないし著しく困難であることの疎明があり、弁護人に期日外尋問に異議がなく、裁判所が必要かつ相当と認めたときには当初から期日外尋問によるべきとの解釈が有力になされたのであった[8]。その後の被害者の保護の考え方の高まりを背景に、近年の裁判実務は期日外尋問を広く活用してきているようである[9]。もっとも、裁判所外での期日外尋問の方が広く実施されているようであり、これには証人の都合が容れられる利点もあるが批判もない訳ではない。

ともあれ、最近でも、期日外尋問は、公判廷での証人尋問が証人の精神に対する被害が深刻になる旨の医師の判断がある場合等に限定するのが相当であるとする見解[10]にみられるように、現在の実務を大きく超えるような運用は想定し難いと思われる。

3 付添い、遮へい措置、ビデオリンク方式

平成12年5月の刑訴法改正は被害者保護、証人保護対策として、証人への付添い、遮へい措置、ビデオリンク方式を認めた。

(1) 付 添 い

証人への付添い（刑訴157条の4）は証人が著しく不安又は緊張を覚えるおそれがあると認められるときに、適当な者を証人に付き添わせることができる。付添人として適当な者とはカウンセラーや年少者の家族などが想定されている。付添人の役割は証人のそばにいて証人に安心感を与え、不安や緊張を緩和することである。付添人は裁判官や訴訟関係人の尋問あるいは証人の供述を妨げたり、供述の内容に不当な影響を与えるような行動をしてはならない[11]。証人の心身の健康を配慮した必要最小限度の言動は許されるであろう。

(2) 遮へい措置

証人が被告人の面前で証言する際の精神的負担を軽減するために被告人・傍

148 第Ⅱ部 捜査と公判手続における被害者の保護

聴人と証人との間で、一方からの又は相互に相手の状態を認識することができないようにするための措置（遮へい措置）を採ることが認められた（刑訴157条の5）。① 被告人と証人との間の遮へいは、犯罪の性質、証人の年齢、心身の状態、被告人との関係その他の事情により、証人が被告人の面前において供述するときは圧迫を受け精神の平穏を著しく害されるおそれがあると認められる場合であって、相当と認められるときに採ることができる（同法157条の5）。被告人の退席・退廷が「圧迫を受け充分な供述をすることができないと認めるとき」（同法281条の2・304条の2）に比べて遮へい措置の要件は緩和されている。供述は可能（例えば、泣きながらも供述できる場合）であっても裁判所は制度の趣旨から、遮へい措置を相当と認めることができるといわれる[12]。他方、② 傍聴人と証人との間の遮へいについては、裁判所は、犯罪の性質、証人の年齢、心身の状態、被告人との関係その他の事情（被告人との間の遮へいの考慮要因）のみならず、名誉に対する影響をも考慮して、相当と認められれば遮へい措置を採ることができる（同法157条の3第2項）として、その要件は相当に緩和されている。① と ② の要件の違いは、前者の場合、被告人の憲法上の権利である証人審問権の一部といわれる被告人が証人の供述態度や表情を直接観察する権利が制限されているため要件が厳しく、後者の場合は遮へい措置によって裁判の公開を担保されているかであるが、裁判の公開は証人の供述態度・表情を傍聴人に認識させることまでは要請していないとの解釈に由来している[13]。

(3) ビデオリンク方式

ビデオリンク方式とは、性犯罪被害者等が証人となる場合[14]、その証人を公判廷以外の場所に在席させて、映像と音声の送受信により相手の状態を相互に認識しながら通話をすることができる方法によって、尋問することをいう（刑訴157条の6）。

ビデオリンク方式の2つの典型例として、イギリス方式（イギリスとアメリカの一部の州が採用している）とアメリカ方式（アメリカの連邦が採用している）とがある。前者では、裁判官、検察官、被告人、弁護人は公判廷に居り、証人のみ

が別室に在席する。後者では、裁判官と被告人が公判廷に居り、検察官と弁護人は証人と同じ別室に居て、証人に対して直接に尋問することができる。

わが国はイギリス方式を採用した。その理由はイギリス方式の方がビデオリンク方式の制度趣旨により適うということと、証人保護のために的確な訴訟指揮が可能だという点である。すなわち、本制度の趣旨は証人の精神的圧迫を軽減することにあるが、被告人・傍聴人が証人の面前に存在するという人的圧迫の軽減のみならず、裁判官、訴訟関係人、傍聴人が存在する公判廷という場に起因する精神的圧迫の軽減が主眼であると位置づけられるので、検察官、弁護人が別室に同席して証人を尋問すると、制度趣旨が大幅に減殺され[15]、また、検察官、弁護人の尋問がヒートアップした場合に、裁判官が同じ公判廷に居る方が的確に訴訟指揮ができると考えられたのである。

この方式による場合、被告人、弁護人は証人に直接対面して尋問することはできないが、テレビモニターに映った証人の態度、表情をみながら、また、音声を聴きながらリアルタイムで尋問することができる（証人からも見聴きできる）。

なお、遮へい措置とビデオリンク方式は併用が可能であり（刑訴157条の3参照）、また、これらと退席・退廷措置との併用も可能である（刑訴281条の2・304条の2）。

(4) 問　題　点

被害者の保護を図る刑訴法の改正等に関しては、被害者の意見陳述を認めることの是非を最大の争点として反対論も少なからず主張された。証人尋問をめぐる被害者、証人の保護策についても疑問が提起された。付添いに関しては付添人が証人の供述に不当な影響を与えないようにする工夫をすれば問題は解消できる。問題は遮へい措置及びビデオリンク方式において、被告人が証人に直接面と向かって尋問することが制限される点である。憲法37条2項の証人審問権が面と向かって尋問する権利（face to face confrontation）、直接の対面・対質権を保障したものであると解釈できるのか、仮にそうであるとすれば直接の対

150 第Ⅱ部 捜査と公判手続における被害者の保護

面・対質権を制限するのは証人審問権の合理的制約として許されるのかが問題
とされるのである。この問題をめぐって平成 17 年に最高裁判所の判断が示さ
れたので、次にはこの最高裁判例を紹介した後、問題点を若干考察してみた
い。

4 最高裁平成 17 年 4 月 14 日第 1 小法廷判決
（刑集 59 巻 3 号 259 頁）

⑴ 事案の概要

　被告人は、B 男方において B の留守中に B の妻である A 女（当時 26 才）に
対し、その口を両手で塞ぎ、更にその頚部を押さえつける等の暴行を加え、よ
って、同女に全治 7 日間を要する顔面擦過傷、頚椎捻挫の障害を負わせた後、
同所に居続け、約 4 時間後に A と会話中に同女に対し劣情を催し、強いて同
女を姦淫しようと企て、同女を押し倒してその上に覆い被さるなどの暴行を加
え、その反抗を抑圧した上、強いて同女を姦淫したものであると認定され、懲
役 4 年 10 月の有罪判決を受けた（名古屋地方裁判所一宮支部）。被告人は第 1 審
において障害罪、強姦罪につき無罪を主張して争っていたところ、裁判所は第
5 回公判において A 女の証人尋問を、被告人と証人との間の遮へい措置（刑訴
157 条の 3（改正後は 157 条の 5）第 1 項）、傍聴人と証人との間の遮へい措置（同
条 2 項）、ビデオリンク方式（同法 157 条の 4（改正後は 157 条の 6）第 1 項）を併用
して実施した。被告人側は上記の証人尋問方法につき審判の公開規定違反（同
法 377 条 3 号）、訴訟手続の法令違反のほか事実誤認の主張をして控訴したが棄
却された（名古屋高等裁判所平成 16 年 6 月 29 日・刑事第 2 部判決）。そこで被告人
側は大要次のような理由で上告に及んだ。第 1 は憲法の公開原則（憲 82 条 1
項・37 条 1 項）違反の主張である。すなわち、証人が在廷する原則が公開とし
ての裁判であって、不在となるビデオリンク方式は違法性を有している。裁判
官は、証人が発した言葉を、イントネーション、発言の間（ま）、表情及び身
振り手振りとともに認識して全体としての意味を把握し、心証を形成する。こ

第 11 章　証人保護手続の新展開　*151*

れは、検察官や弁護人についても同じである。このような裁判官の心証形成過程に鑑みると、被告人や傍聴人に証人の表情や身振り手振りなどが認識できない方法で尋問するのを許すことは、裁判官の心証形成の根拠となる証拠を被告人や傍聴人が確認できないまま裁判を進行させることを意味し、実質的な公開がなされていない。仮に、遮へい措置やビデオリンク方式が個別に行われてる場合に公開原則に反しないとしても、両者を併用することは明らかに公開原則違反である。第 2 は被告人の証人審問権（憲 37 条 2 項）の侵害を主張するものである。すなわち、聴覚で確認できる内容にしても、肉声とスピーカーを通した声とでは、音色や聞こえやすさにおいて格段の相違があり、肉声を聞くのでなければ供述の趣旨を正確に捉えることができない。被告人は、証人の肉声を聞くとともに証人の身振り手振りなどを確認しつつこれに対して反対尋問するのでなければ、実質的な反対尋問権、すなわち審問権を保障したことにならない。

(2)　判 決 要 旨

上告棄却

①　裁判の公開原則違反との主張に対して

「証人尋問が公判期日において行われる場合、傍聴人と証人との間で遮へい措置が採られ、あるいはビデオリンク方式によることとされ、さらには、ビデオリンク方式によった上で傍聴人と証人との遮へい措置が採られても、審理が公開されていることには変わりはないから、これらの規定は、憲法 82 条 1 項、37 条 1 項に違反するものではない。」

②　証人審問権侵害との主張に対して

「証人審問の際、被告人から証人の状態を認識できなくする遮へい措置が採られた場合、被告人は、証人の姿を見ることはできないけれども、供述を聞くことはでき、自ら尋問することもでき、さらに、この措置は、弁護人が出頭している場合に限り採ることができるのであって、弁護人による証人の供述態度等の観察は妨げられないのであるから、前記のとおりの制度の趣旨にかんが

み、被告人の証人審問権は侵害されていないというべきである。ビデオリンク方式によることとされた場合には、被告人は、映像と音声の送受信を通じてであれ、証人の姿を見ながら供述を聞き、自ら尋問することができるのであるから、被告人の証人審問権は侵害されていないというべきである。さらには、ビデオリンク方式によった上で被告人からの証人の状態を認識できなくする遮へい措置が採られても、映像と音声の送受信を通じてであれ、被告人は、証人の供述を聞くことはでき、自ら尋問することもでき、弁護人による証人の供述態度等の観察は妨げられないのであるから、やはり被告人の証人審問権は侵害されていないというべきことは同様である。したがって、刑訴法157条の3、157条の4は、憲法37条2項前段に違反するものでもない。

　以上のように解すべきことは、当裁判所の判例（先例省略）の趣旨に徴して明らかである。」

5　証人審問権と証人保護との調整

(1)　証人審問権の内容

　憲法37条2項は被告人に証人審問・喚問権を保障している。被告人は自己に有利な証人については違法・不当な妨害や誘因があっても強制的にでも法廷に出てきて貰い、また、不利な証人に対してはその証言の正確性のテストを含めて証人を尋問する機会が保障されている。当事者主義の刑事裁判においては不可欠の権利である。もっとも、証人審問権の内容については、伝聞法則（刑訴320条）の根拠を憲法37条2項に求め、従って各過程に誤りが入る危険のある供述の正確性・信用性を当事者がチェックする反対尋問権の保障と理解するのが通説であった。これに対して、渥美東洋博士は対質権の保障は反対尋問の保障とは若干異なるという。すなわち、伝聞法則は、当事者の証人に対する反対尋問権を保障し、反対尋問を通して、事実認定者の認定を当事者にコントロールさせるとともに、証言の信用性と真実性を吟味させようとする原則であるのに対して、対質権の保障は、法廷において証人として利用しうる証人はかな

らず法廷に出頭させ、被告人と対決・対質させなければならず、その証言を書面の形式で法廷に提出することを許さない立場であり、両者は共に当事者論争主義に由来する規範的要請である。そして、憲法37条2項は証人審問権を保障するが、その前提には対質権の保障が含まれているという[16]。

その後、証人審問権を伝聞法則とは全く切り離して理解したり、伝聞法則や反対尋問権と対面・対質権の両方を含むものと考える見解が少しづつ増え、最近では証人審問権には対面・対質権が含まれるとして、その内容を分析して遮へい措置やビデオリンク方式の合憲・適法性を論じる見解が出されている[17]。例えば、証人審問権は被告人に反対尋問する権利を保障するだけでなく、証人と直接対面したり、観察しながら尋問する権利を含むというのである[18]。遮へい措置とビデオリンク方式はこの中の一部の要素が欠けるので証人審問権侵害か否かの問題が生じるのである。

憲法37条2項が保障する証人審問権は上記の直接の対面・対質権を含むのであろうか。アメリカ合衆国憲法第6修正の文言（証人との対決権《right of confrontation》を保障している）や合衆国最高裁判所の判例の動向などから、アメリカ法を継受したわが憲法37条2項も直接の対面・対質権を含むとする見解[19]と同条同項が、対決する（confrontation）権利とせずに、尋問する（examine）権利としたり、刑訴法304条の2の規定が存在すること等を理由として、対決権は含まれないとする見解[20]に分かれている。

憲法37条2項の文言や制定過程からは、同条同項が直接の対面・対質権を含むか否かについて立法者の意志は明確であるとはいえない（決定的ではない）であろう。この問題は証人審問権の本質・機能に遡って合理的な解釈を導くべきではないかと思われる。私はすでに積極的に立つことを表明していたが[21]、ここで理由を補説したい。すなわち、被告人は、自分の有罪・無罪が判断される中心の場である公判廷において、自己に不利な証人に対して尋問し、その証言の信用性・真実性を徹底的に批判・吟味する機会が与えられなければ被告人本人延いては国民の裁判に対する納得・信頼が得られない。証言の信用性・真実性を批判・吟味するためには、被告人が弁護人の助力を得て証人に直接対面

し対質することが重要である。一般的に言って、被告発者を目の前にして告発者が嘘を言うことは心の負担を伴うし、また、嘘を言う場合にもそれが態度や表情などの身体的変化となって現れる可能性がある。そのことがまた、被告人側の効果的な反対尋問を可能にする。さらに、証人尋問は実際には弁護人が習熟しており、弁護人が効果的に実施するのが通常であろうが、刑事裁判への納得・信頼という観点からは、被告人にその機会を与える必要があるのである[22]。その意味で、通常の事件においては証人審問権は被告人の証人に対する直接の対面・対質権を含んでいると解される。しかし、事案によっては被害者の第二次被害化の防止という重要な利益があり、被害者、証人の精神的負担を軽減して証言するという形態を採ることにより、証人審問権の一部は制限されるものの、証人審問権の中心機能は損なわれずに行使することが可能で、結果的に適正な刑事裁判の運用が図られる場合があると考えられる。性犯罪被害者、児童、組織犯罪の目撃者が証人となる場合、あくまで公判手続での証言を求めるとなると第二次被害化は避けがたいし、他方、第二次被害化を避けるために書面を容易に多用することも望ましくない。また、この点は重要なことであるが、これらの証人は被告人の面前では恐怖や自責の念や家族が崩壊するおそれなどからかえって真実が述べられないことがあり、証人審問権が本来狙っている機能を果たすことができないおそれがある場合が確かに存在するのである[23]。

　そこで、証人審問権は原則として被告人の直接対面・対質権を内容とするが、性犯罪被害者等が証人となる場合は一定の範囲で合理的な制約が認められると考える。合理的な制約といえるためには、基本的に、証人審問権の中心的機能は果たされる条件があること、また、被害者、証人保護という重要な利益があること、両者のバランスが適正な刑事裁判の運用のために平衡がとれていることである。遮へい措置とビデオリンク方式はこのような場合の例であるといえよう。これらは証人尋問の形態を多様化し、証言を採取する方法の選択の幅を広げたものと評価できるのである。

　平成17年最高裁判決は証人審問権の内容については言及していない。この

点につき、最高裁が引用する先例（公判期日外の証人尋問や法廷外の証人尋問に被告人を立ち合わせなかったが、弁護人に尋問に立ち会う機会を与えている以上、被告人の証人審問権を侵害するものではないと判示している。最大判昭和 25 年 3 月 15 日刑集 4 巻 3 号 371 頁、最大判昭和 30 年 4 月 6 日刑集 9 巻 4 号 663 頁）やその判示ぶりに照らして、最高裁は証人審問権の内容として「供述態度を観察する権利」及び「直接対面する権利」は含まれるとは解していないとの評釈がある[24]。もっとも、論者は、同判決が、それまでの判例とは異なり、証人の供述態度の観察の点にあえて触れていることからすると、「供述態度を観察する権利」が証人審問権の内容に含まれるとするものと解する余地もないではないともいう[25]。

　直接観察する権利、直接対面する権利が証人審問権の内容でないと解すれば憲法問題は生じない。証人審問権の内容に含まれるとしても、その一部の制約が合理的なものであれば憲法 37 条 2 項違反とはならない。本件において、最高裁は遮へい措置及びビデオリンク方式による証人尋問が実質的に合理的であることを述べて、その制度の合理性をもって両証人尋問方式が憲法 37 条 2 項に違反しないと判示したのであろう。本件の事案での遮へい措置とビデオリンク方式の併用を合憲とするために、直接観察・対面する権利が証人審問権に含まれるか否かを判断する必要なく合憲の結論を下せると考えたからではあるまいか[26]。

(2)　遮へい措置、ビデオリンク方式の合理性

　刑事裁判が行われる法廷は厳粛な儀式が行われる場という側面がある。人が初めて傍聴人として法廷へ入ったとき相当な緊張感を覚えるであろう。被害者が証人として証言台に立つとき、中でも性犯罪の被害者、とりわけ児童が証人尋問を受けるときの精神的圧迫は、一般の人の想像を超えるものがあるといわれる。第二次被害化は避けなければならない。

　ところで、遮へい措置がとられた場合、被告人は証人の姿を見ることはできない、従って証人の表情や動作を観察することはできない。この点で証人の直接観察が証人審問権の内容だと解すれば、証人審問権の一部の制限となる。し

156 第Ⅱ部 捜査と公判手続における被害者の保護

かし、最高裁もいうように、被告人は証人の供述を聞くことはでき、また、自ら尋問することもできる。さらに、この措置は弁護人が出頭している場合に採ることができるのであって、弁護人による証人の供述態度等の観察は妨げられないのである。被告人は弁護人と相談することもできるし、また、実際には弁護人の方が遙かに効果的な尋問をすることができるのである。被告人が法廷という同じ場所に存在し、尋問もできるということによって証人は安易に嘘の証言をするおそれも減少させられる。実務家の経験を踏まえた意見によれば、心証形成のうえで特に問題点は感じられないので、実施例が増加すると考えられるという[27]。この予想は当たり、証人尋問の際の遮へい措置の実施状況は平成12年度（11、12月）が104人、13年度が847人、14年度912人、15年度1,062人、16年度1,074人と毎年増加し、累計は3,999人であった。遮へい措置のニーズの高さが窺われる[28]。〔**追記** 因みにその後の遮へい措置の実施状況は以下の通りである。17年度1,103人、18年度1,233人、19年度1,222人、20年度1,007人、21年度1,094人、22年度1,295人、23年度1,317人、24年度1,757人、25年度1,792人、26年度1,661人、27年度1,563人、28年度1,623人。以上の累計は20,666人（平成28年度まで）である。〕

　ビデオリンク方式が採られた場合、被告人は証人と同じ場所に居ることはできないが、映像と音声の送受信を通じて、証人の姿を見ながら供述を聞き、自ら尋問することができる。この方式では、被告人は証人の表情や動作を観察することができるのである。ビデオリンク方式による証人尋問はいわば一種の仮想空間での尋問であるので、弁護人にとって、真実に迫るために、証人の生の顔色や、動作や手に汗をしているか否かということまで逐一見ながら尋問するということができなくなり、勢い気迫で尋問を迫るという臨場感にも欠けることになる、との批判がある[29]。しかし、ビデオリンク方式がヴァーチュアルだとの批判は機器の改善や操作の習熟によってさらに改善が可能であるし、他方、あるいは誤解があるかもしれないが、「気迫で尋問を迫る」という姿勢は一般の事件において望ましい熱心な刑事弁護の在り方として推奨できるが、強い精神的圧迫を受けている性犯罪の被害者たる証人（特に児童の場合）に対する

第 11 章 証人保護手続の新展開 *157*

尋問としてはより穏やかな方法が望ましいのではあるまいか。ある弁護士の経験によれば、ビデオリンク方式は証言の信用性の程度に法廷での証言と若干の違いがあるものの、尋問し易い側面もあり、全体として、法廷での尋問より劣っていたという印象はなく、とくに異を唱える必要はないとの意見がある[30]。ビデオリンク方式の実施状況をみてみると、平成 13 年が 67 人、14 年度が 122人、15 年度が 136 人、16 年度が 217 人となり増加傾向が明らかであり、累計は 542 人となり、やはりこの方式のニーズも高いものといえよう。〔**追記** 因みにその後のビデオリンク方式の実施状況は以下の通りである。17 年度 210人、18 年度 234 人、19 年度 224 人、20 年度 202 人、21 年度 235 人、22 年度261 人、23 年度 242 人、24 年度 288 人、25 年度 278 人、26 年度 299 人、27 年度 290 人、28 年度 303 人。以上の累計は 3,608 人である。〕

　最後に、証言の真実性・信用性はいかに担保されるのであろうか。一般には厳しい反対尋問に耐えてこそ、真実性が担保されるといわれる。しかし、性犯罪被害者等強い精神的圧迫を受けている者も同じようにいえるか疑問である。むしろ、性犯罪被害者等は被告人や傍聴人が法廷に在席して、同人らに見られたりしている場合には、恐怖感、屈辱感、嫌悪感、自責の念などの精神的苦痛から本当のことを言えない弊害が大きいといわれるのである[31]。そうであれば、証言の真実性の担保という点からも遮へい措置、ビデオリンク方式は、肯定される場合があり、証人審問権の中心的部分を侵害することにはならない合理的な証人尋問制度であるということができよう。

1) PTSD については多くの文献があるが、とりあえず、小西聖子『犯罪被害者の心の傷』（白泉社 1996 年）、また犯罪被害実態調査委員会『犯罪被害者実態調査報告書』（2003 年）を参照。
2) 野間禮二『刑事訴訟における現代的課題』（判例タイムズ社 1994 年）313 頁以下、小倉哲浩「証人保護のための各手続の性質及び相互の関係」判例タイムズ 1150 号（2004 年）6-8 頁などを参照。
3) 小倉・前掲注 2) 12 頁。
4) 小倉・前掲注 2) 12 頁。

158 第Ⅱ部 捜査と公判手続における被害者の保護

5) 川出敏裕「刑事手続における犯罪被害者の保護」ジュリスト 1163 号（1999 年）3 頁など。

6) 野間・前掲注 2) 317 頁参照。

7) 平野龍一＝松尾浩也編『実例法学全集刑事訴訟法（新版）』（青林書院新社 1977 年）147 頁以下〔熊谷弘〕を参照。

8) 野間・前掲注 2) 321 頁。

9) 大谷直人＝川出敏弘＝河村博＝神洋明＝田口守一＝松尾浩也「〈座談会〉犯罪被害者の保護——法制審議会答申をめぐって」ジュリスト 1176 号（2000 年）10 頁（大谷直人発言）、小倉・前掲注 2) 10 頁。

10) 小倉・前掲注 2) 10 頁。もっとも論者は、遮へい措置やビデオリンク方式による証人尋問が可能になったことを前提に論旨を展開している。

11) 松尾浩也編『逐条解説・犯罪被害者保護二法』（有斐閣 2001 年）13 頁〔酒巻匡〕、68 頁〔申斐行夫＝神村昌通＝飯島泰〕参照。

12) 松尾編・前掲注 11) 15 頁。〔酒巻匡〕。

13) 松尾編・前掲注 11) 15-16 頁。〔酒巻匡〕。

14) 刑訴法 157 条の 6 第 1 項は第 1 号において強制わいせつ、強姦等類型的わいせつ行為が行われることが想定される犯罪を、また第 2 号では児童に対する淫行、児童買春など性犯罪等に類似する特別法上の犯罪を列挙しており、第 3 号において前 2 号に準ずるほど精神的圧迫を受けるおそれがある者、例えば組織的犯罪の被害者や目撃者、年少者、知的障害者等の場合が考えられる。

15) 松尾編・前掲注 11) 19-20 頁。〔酒巻匡〕。

16) 渥美東洋『刑事訴訟法要締』（中央大学出版部 1974 年）237-238 頁。ここにも渥美博士の先見性がみてとれる。

17) 山田道郎「対面と伝聞」法律論叢 53 巻 1・2 号 127 頁（1980 年）、同「対面条項と伝聞法則——『オハイオ対ロバーツ』判決を中心にして」法律論叢 56 巻 4 号 129 頁（1983 年）、同「対面条項の理論的考察」法律論叢 57 巻 4 号 149 頁（1984 年）、多田辰也「証人審問権についての予備的考察」立教法学 49 号（1998 年）233 頁以下を参照。そして、堀江慎司「証人審問権の本質について（1）から（6・完）——アメリカにおける議論を中心に」法学論叢 141 巻 1 ～ 5 号、142 巻 2 号（1997 年）、同「アメリカの刑事公判におけるテレビ尋問制度について」法学論叢 148 巻 3・4 号（2001 年）297 頁以下を参照。

18) 堀江・前掲注 17) 法学論叢 142 巻 2 号 22 頁以下、川出・前掲注 5) 44 頁など。

19) 堀江・前掲注 17) 法学論叢 142 巻 2 号 22 頁以下など。

20) 渡邉一弘「犯罪被害者等の保護に関する刑事訴訟法の一部改正について」廣瀬健二ほか編『田宮裕博士追悼論集上巻』（信山社 2001 年）273 頁参照。

21) 椎橋隆幸「犯罪被害者をめぐる立法課題」法律のひろば 52 巻 5 号（1999 年）

17-18 頁、加藤克佳＝椎橋隆幸＝川崎英明「犯罪被害者の刑事手続上の地位」法学セミナー 572 号 95 頁以下、573 号 86 頁以下（2002 年）を参照。

22)　堀江・前掲注 17）法学論叢 142 巻 2 号 22 頁以下を参照。

23)　椎橋・前掲注 21）法セミ 573 号 90 頁、Lucy S. McGough, Child Witness（Yale Univ. Press, 1994）特に 156 頁以下を参照。

24)　眞田寿彦「刑事裁判における遮へい措置及びビデオリンク方式での証人尋問を合憲とした最高裁判決」法律のひろば 52 巻 9 号（2006 年）47 頁。また、本判決の評釈として、堀江慎司「証人尋問における遮へい措置、ビデオリンク方式の合憲性」刑事法ジャーナル 2 号（2006 年）108 頁以下が詳しい。

25)　眞田・前掲注 24）47 頁。論者は、ビデオリンク方式について、同判決は直接対面の点に触れることなく同方式による証人尋問が証人審問権を害するものではないとしているので、「直接対面する権利」は証人審問権の内容をなすものではないことを前提とするものだとする。しかし。遮へい措置とビデオリンク方式の両方式の合憲性が争われた本事案で、両方式とも証人審問権との関係では共通する問題が存するにもかかわらず、一方は観察の点に触れているが、他方は直接対面には触れていないという判示の仕方を理由として、前者については証人審問権の内容に含まれる余地があり、後者については証人審問権の内容でないことを前提としているというように違って解釈するほどの合理的理由があるかは疑問である。

26)　しかも、本件では、前述のように被告人の犯行態様が悪質であっただけでなく、被告人は、A女を姦淫後空腹を覚え、食べ物を買いに一旦B男宅を出ているが、その際、A女がB男と連絡を取れないようにするため、携帯電話機を隣室に置き、A女に後ろ手錠を掛け、両足を緊縛するなどして身体の自由を拘束し、B男が入室できないように玄関扉に施錠し、洗濯機に細工をしている。また、被告人はB男が帰宅すると被害者両名に自殺を強要したり、長時間両名を連れ回すなどしており、さらに、本件は被告人の同種強姦等の累犯前科の刑の執行の満期終了後わずか 3 か月の犯行であった。ところが、被告人は犯行を否認し、反省、悔悟の情は全く窺われず、被害者に対する謝罪や慰謝の措置は何ら講じられていないと認定された事案であり、被害者たる証人が被告人の面前において証言するときは、圧迫を受け精神の平穏を著しく害されるおそれがあると認められる場合であり、遮へい措置及びビデオリンク方式を採ることが相当と認められて当然の事案であったといえよう。

27)　安原浩「裁判実務からみた被害者保護制度について」刑法雑誌 42 巻 1 号（2002年）99 頁。なお、神洋明弁護士は遮へいの方がソフトで原則的な措置と考えられるという。神洋明「証人尋問方式の特例」季刊刑事弁護 25 号（2001 年）45 頁。

28)　最高裁判所事務総局刑事局「平成 16 年における刑事裁判の概況（上）」法曹時報58 巻 2 号（2006 年）130 頁。

29)　神洋明・前掲注 27）44 頁。

160　第Ⅱ部　捜査と公判手続における被害者の保護

30)　新垣剛「ビデオリンク方式による尋問」季刊刑事弁護 35 号（2003 年）86-88 頁参照。

31)　段林和江「性被害と被害者側代理人からみる問題点——痴漢被害を中心に」季刊刑事弁護 35 号（2003 年）108 頁。

（上記引用以外の参考文献）

　　椎橋隆幸＝高橋則夫＝川出敏弘『わかりやすい犯罪被害者保護制度』（有斐閣 2000 年）〔特に川出執筆部分〕、山田道郎『証拠の森——刑事証拠法研究』（成文堂 2004 年）、加藤克佳「刑事訴訟における犯罪被害者の保護」夏目文雄先生古稀記念論文集『刑事法学の新展開』（中部日本教育文化会 2000 年）199 頁以下、同「刑事手続において保護を求める被害者の権利」法律時報 71 巻 10 号（1999 年）29 頁以下、小早川義則「デュー・プロセスをめぐる合衆国最高裁判例の動向（2）」名城法学 49 巻 4 号（2000 年）77 頁以下、津村政孝「証言中のスクリーンの使用と被告人の『対面』権」ジュリスト 965 号（1990 年）86 頁、同「虐待の被害者である子供の証人尋問に一方向のクローズドサーキットテレビを利用することが被告人の証人審問権を侵害しないとされた事例—— Maryland v. Craig, 497 U.S. 836（1990）」アメリカ法 1994-2（1995 年）375 頁、松原芳博「証人対質条項と伝聞法則をめぐる問題状況」鈴木義男先生古稀祝賀『アメリカ刑事法の諸相』（成文堂 1996 年）225 頁以下、田口守一「証人尋問の新たな形態の導入ビデオリンク方式と遮へい措置」現代刑事法 19 号（2000 年）21 頁、小木曽綾「証人たる被害者の保護」現代刑事法 10 号（2000 年）37 頁、島田睦史「証人付添人に関する諸問題」判例タイムズ 1151 号（2004 年）4 頁、角田正紀「遮へい措置、ビデオリンクに関する諸問題」判例タイムズ 1151 号（2004 年）10 頁、岡上雅美「性的虐待の被害者たる子供の法廷外供述の採用とアメリカ合衆国憲法修正 6 条の対質条項」比較法学 27 巻 2 号（1994 年）51 頁、早野暁「被告人の対決権」中央大学大学院研究年報 27 号（1998 年）217 頁、滝沢誠「今日の刑事手続における証人」法学新報 109 巻 4 号（2002 年）95 頁、同「証人保護の多義的な目的」比較法雑誌 37 巻 1 号（2003 年）127 頁、渥美東洋「被害者の刑事法運用全システムに関する理論の発展に与えた影響の大きさ」、瀬川晃「刑事司法における被害者への配慮」いずれも宮澤浩一先生古稀祝賀論文集第一巻（成文堂 2000 年）、中村真利子「遮へい措置及びビデオリンク方式を用いた証人尋問の合憲性」比較法雑誌 48 巻 4 号（2015 年）241 頁など。

第Ⅲ部　犯罪被害者等基本法と
　　　犯罪被害者等基本計画

第 12 章

犯罪被害者等基本計画が示す施行の全体像

1　は じ め に

　平成 17 年 12 月、犯罪被害者等基本計画（以下「基本計画」という）が閣議決定された。基本計画は今後の犯罪被害者等の保護・支援に極めて大きな影響力を持つと思われるので、その全体像を大まかに紹介してみたい。

　平成 16 年 12 月、犯罪被害者等基本法（以下「基本法」という）が成立・公布された。基本法は、犯罪被害者等のための施策の基本理念や施策の基本事項を定めると同時に、これらの施策を総合的かつ計画的に推進するために、内閣府に犯罪被害者等施策推進会議（以下「推進会議」という）を置き、基本計画案を作成させることとした（1 条、24 条）。

　基本法は、犯罪被害者等の権利利益の保護を図ることを目的とし（1 条）、基本理念として、犯罪被害者等は尊厳が重視され、その尊厳にふさわしい処遇を保障される権利を有すること、犯罪被害者等のための施策は、被害の状況、原因、その置かれている状況その他の事情に応じて適切に講じられること、被害を受けたときから平穏な生活に戻るまでの間途切れることなく必要な支援を受けることができることが謳われた（1 条、3 条）。そして、国、地方公共団体、国民の責務を規定し、それらの連携協力を定めた後（4-7 条）、前述の基本計画を定め、そして、2 章で国と地方公共団体の講ずべき 12 の施策を定めている（11-22 条）。12 の基本的施策とは、① 犯罪被害者等の相談に応じ、必要な情報・助言を提供すること、② 損害賠償の請求の適切かつ円滑な実現のための

164 第Ⅲ部 犯罪被害者等基本法と犯罪被害者等基本計画

援助等、③ 給付金の支給に係る制度の充実、④ 被害者の心身の状況に応じた保健医療・福祉サービスの提供、⑤ 再被害の防止等の安全の確保、⑥ 公営住宅への入居における特別の配慮等の居住の安定、⑦ 事業主の理解を深める等の雇用の安定、⑧ 刑事手続への参加の機会を拡充するための制度の整備、⑨ 被害者の保護、捜査、公判の過程における被害者等への配慮、関係者の訓練、啓発、施設の整備等、⑩ 国民の理解の増進、⑪ 専門的知識に基づく適切な支援を行うための調査研究の推進等、⑫ 財政上、税制上の措置等民間の団体に対する援助、である。

　基本法が成立する以前にも犯罪被害者等に対する保護・支援策は関係各機関によって進められ一定の成果が上げられてきたことは間違いない。例えば、第1に、経済的支援としては、犯罪被害者等給付金支給法（昭和55年。以下「犯給法」という）とその改正法（平成13年。給付金の支給対象の拡大、給付基準額の引き上げを内容とする）があり、また、民事訴訟を提起するために必要な資料が得られることを可能にした公判記録の閲覧・謄写、そして、刑事手続における和解の内容を公判調書に記載し、それに債務名義性が与えられ、損害回復の実現を図ることが期待できる刑事和解制度の導入（犯罪被害者保護二法）等がある。第2に、情報提供については、犯罪被害者対策要綱の制定（平成8年）、犯罪捜査規範の一部改正（平成11年）、また、被害者通知制度の全国的実施（平成11年）等により、保護・支援に必要な情報、被害者に捜査の進捗状況、事件処理の結果、公判期日、裁判の結果等が提供されるようになった。第3に、刑事裁判における保護と参加についても、公判の優先的傍聴、性犯罪の告訴期間の撤廃、遮へい措置・ビデオリンク方式の導入、意見陳述制度の導入、検察審査会の審査申立権者の範囲の拡大等が実現した（犯罪被害者保護二法）。

　それらの被害者に対する保護・支援策の展開にも拘らず、なお、被害者や関係者、識者からは上記の保護・支援策では不十分であるとの批判が強かった。その理由としては、例えば、犯給法による給付金の支給は、社会の連帯共助の精神に基づき、国が給付金を支給し、犯罪被害者の精神的・経済的打撃の緩和を図ることが目的である（犯給法1条）として給付は見舞金の性格を有し、ど

うしても恩恵的な色彩を持つものであった。また、意見の陳述制度は被害者が証人としてではなく、事件の当事者として主体的に事件についての心情その他の意見を述べることが認められたが、これもその許否は裁判官の裁量に委ねられており、一般的には意見陳述権を認めたものとは解されていない。さらに、減ったとはいえ、刑事司法過程における第二次被害が殆どなくなったといえるには程遠く、マスコミによる第二次被害も依然として指摘されている。第二次被害とまではいえないとしても、被告人側とは別の待合室を要求する等、被害者にとっては切実な改善を求める声は多いのである。要するに、従来の被害者等のための施策は（ここまで来るのも関係者の大変な努力があったことは認めつつも）一時的、断片的で、施策の谷間がいろいろな局面で存在したのである。悪くいえば、パッチワーク的に保護・支援策が組み立てられてきたのである。

　基本法は、犯罪被害者等に対する施策がなお不十分であることを認めた上で、被害者の権利利益の保護を図るのは国、地方公共団体やその他の関係団体機関等の責務であり、国等は民間の団体等とも連携して、犯罪被害者のための施策を「総合的かつ計画的に」推進するために制定されたのである（前文等）。基本法は、犯罪被害者の権利を認めたこと（第1条、3条、19条）、縦割り行政では保護・支援の谷間ができてしまうため、総合的・計画的な施策を作成することとしたこと、基本法を具体化するため内閣府に推進会議を置き、犯罪被害者等基本計画の案を作らせることとして被害者等のための施策を実現する手順を示したこと等において高く評価されるべきである。

2　基本法から基本計画の策定へ

　基本法は犯罪被害者等のための施策の基本理念とそれに沿った12の基本的施策を示したが、それらを具体化するためには、推進会議による基本計画案が作成されなければならない。「基本法が犯罪被害者のための施策を総合的かつ計画的に推進していくための基本構想を示すものであり、犯罪被害者等の視点に立って施策を展開していく過程の第一段階で」、「基本計画は、第二段階とし

166 第Ⅲ部　犯罪被害者等基本法と犯罪被害者等基本計画

て、一定の期間内に構築すべき施策体系の具体的設計図と工程を示すものであり、個別具体的な施策の着実な実施を図っていくためのものである。」と位置づけられている。

　推進会議は内閣官房長官（会長）のほか5人の閣僚と4人の有識者で構成され、また、その下に設けられた検討会は、推進会議の有識者委員4人と11人の専門委員より構成されている（座長は宮澤浩一慶応大学名誉教授）。

　検討会は、検討の基本的な方針として、犯罪被害者等のために有用でないもの、公共の福祉の理念に反するもの、あるいはより有用な代替的手段があるもの、のいずれかに該当するものでない限り、当該施策を基本計画に盛り込むこととして、多数の項目を精力的に検討した。専門委員の中、犯罪被害者等のための施策に特に関係の深い府省庁である内閣府、警察庁、総務省、法務省、厚生労働省、国土交通省からの担当者は検討会と各府省庁とにおける議論や協議の中で、様々な調整、すり合わせが必要だったと想像され、検討会は相当ハードなスケジュールの下に熱心な議論を積み重ねたと聞いている（大体月に2回位の頻度で、毎回長時間の議論がなされたという）。その結果、平成17年8月には「犯罪被害者等基本計画案（骨子）」（以下「骨子案」という）がまとめられ、さらに、パブリックコメントに付された後、続いて検討を行った後、基本計画案を作成し、それが平成17年12月に閣議決定されたのである。このように、府省庁間にまたがる施策をうまく機能するようにするためには、また、その施策が国民の理解を得られるためには、検討会と各府省庁間、また、検討会と国民との間の意見の交換をして、それらの意見を取り入れつつ基本計画の案を作成するというプロセスは必要かつ不可欠の作業であったと思われる。しかも、施策は速やかに実施し、検討を要する施策は原則1年以内に検討の方向性を示すこととされた。もっとも、大きな制度改正や財源が必要なもの等特別な事情がある施策の検討期間は2年又は3年以内とされた。そして、検討会の議事要旨、議事録のみならず、準備段階での関係府省庁や構成員の検討の結果や意見もすべて意見として提出され、直ちに全構成員に配布されたという（神村昌道「犯罪被害者等のための施策をめぐるこれまでの経緯と基本計画案骨子」ジュリスト1302

号32頁)。基本法が定める施策策定過程の透明性を確保するためである（23条）。

3 基本計画の概要

(1) 基本方針

基本計画は4つの基本方針を設定した。これは、個々の施策の策定・実施や連携に際し、実施者が目指すべき方向・視点を示すものである。第1は、尊厳にふさわしい処遇を権利として保障することである。基本法3条1項の規定「すべて犯罪被害者等は、個人の尊厳が重んぜられ、その尊厳にふさわしい処遇を保障される権利を有する。」を受けて、犯罪被害者のための施策は、例外的な存在に対する一方的な恩恵的措置ではなく、社会のかけがえのない一員として、犯罪被害者等が当然に保証されるべき権利利益の保護を図るためのものであることを明らかにしている。

第2は、個々の事情に応じて適切に行われることである。基本法3条2項は「犯罪被害者のための施策は、被害の状況及び原因、犯罪被害者が置かれている状況その他の事情に応じて適切に講じられるものとする。」と提言する。確かに、被害の状況、内容、原因等は多様であり、また、被害者等が直面する問題は時の経過とともに変化する。犯罪被害者等のための施策は被害者等の事情や変化を正確に把握した上で、個々の事情に応じて適切な施策を実施していかなければならない、ということはよく理解できる。

第3は、途切れることなく行われることである。基本法3条3項は、「犯罪被害者等が、被害を受けたときから再び平穏な生活を営むことができるようになるまでの間、必要な支援等を途切れることなく受けることができるよう、講ぜられるものとする。」と規定する。被害の回復に必要なニーズもこれまた多様であり、長期間を要することもある。しかし、平穏な生活を取り戻すという観点からみると、制度の変更、機関の担当者の交代、そして地理的な条件等によって施策が途切れることなく継続的に、また、誰もがどこでも支援を受けられるようにすべきことを示している。

168 第Ⅲ部　犯罪被害者等基本法と犯罪被害者等基本計画

　第4は、国民の総意を形成しながら展開されることである。基本法6条は、「国民は、犯罪被害者等の名誉又は生活の平穏を害することのないよう十分配慮するとともに、国及び地方公共団体が実施する犯罪被害者等のための施策に協力するよう努めなければならない」と規定する。犯罪被害者等は自らの地域社会の中で平穏な生活を取り戻すことが大切である。そのためには、国民一人ひとりが犯罪被害者等をよく理解し、配慮し、尊厳を尊重して支えるべきことを謳っている。

(2)　重 点 課 題

　基本計画は、関係府省庁がそれぞれに対応していくのみならず、各府省庁が、有機的な施策体系の一部を担っているという意識の下で横断的に取り組んでいく必要のあるものとして5つの重点課題を掲げた。

　第1は、損害回復・経済的支援等への取組である。犯罪被害の中身は複雑で想像以上に広範囲にわたり、かつ、深刻である。財産的被害に直接あっていなくても、経済的な困難にみまわれることが少なくない。経済的被害の回復は他の重点課題とも密接に関連している。加害者に対しては被疑者・被告人の裁判に関わる費用、受刑者の更生や社会復帰にかける費用に比べて犯罪被害者に投じられている国からの直接の援助は乏しいとの批判をも受け止めながら犯罪被害者の損害回復・経済的支援へ取り組むことを重点課題として掲げている。

　第2は、精神的・身体的被害の回復・防止への取組である。身体的被害の回復・軽減のための支援は、いつでもどこでも適切な支援を受けられるようにする必要がある。また、多くの犯罪被害者等は精神的被害をも受ける。そして、精神的被害に対する適切な介入・支援が行われないと重症化や慢性化をもたらすため、被害直後からの適切な治療や援助が必要である。しかし、そのための専門家・施設が不足しているとの指摘を受け止めて、犯罪被害者等の精神的・身体的被害の回復・軽減そして防止のための取組を行わなければならないとしている。

　第3は、刑事手続への関与拡充への取組である。事案が解明され、犯人に適

正な処罰が行われることは、社会の秩序を回復するだけなく、被害者の正当な立場を回復する意味を持ち、これがまた被害者の精神的回復に寄与することも指摘されている。刑事手続は国家、社会、個人の様々な利益、価値観が衝突する場面であり、特に少年手続はより考量困難な種々の要請に応えなければならない場面であるが、そのことを前提にしつつも、事件の当事者である犯罪被害者等は刑事・少年手続に適切に関与するために、その機会を拡充する取組を行わなければならない、としている。

第4は、支援等のための体制整備への取組である。犯罪被害者等のニーズが多様であるので、それらのニーズを実現するために対応する機関も多くなるが、各機関がバラバラであっては支援の谷間ができてしまうので、異なる制度や機関の継ぎ目を橋渡しする横断的システムの構築が必要である。そのためには民間の支援団体の存在と地域ネットワークの形成が重要であるが、民間の支援団体の殆どが財政面での脆弱さ、人材育成の面での問題を抱えている。この現状を乗り越えて、継ぎ目のない支援体制を構築しなければならない、としている。

第5は、国民の理解の増進と配慮・協力の確保への取組である。いかに良い施策が推進されても国民の理解と協力がなければその効果は十分には発揮されない。施策の実施と国民の理解・協力はまさに「車の両輪」である。犯罪被害者等への支援に協力することを通して、犯罪等に対し、地域社会が一丸となって対決し、安全で安心な社会をつくることを可能にする。様々な分野・場面での教育活動や広報・啓発活動への息の長い取組による犯罪被害者等への国民の理解を深めることも重要だとしている。

(3) 推 進 体 制

犯罪被害者等のための施策を全体として効果的・効率的に行っていくためには、施策の推進体制が確立されなければならない。基本法7条の要請として、① 国の行政機関相互の連携・協力、② 地方公共団体との連携・協力、③ その他様々な関係機関・関係者との連携・協力、がうまく機能していかなければな

らない。③の関係では総合支援法13条に規定する日本司法支援センターの活動が期待されるところである。また、基本法23条との関係では、④犯罪被害者等の意見の施策への適切な反映、⑤施策策定過程の透明性の確保が求められている。犯罪被害者等のニーズは各施策の実施により、その重要性に変化が生じる可能性がある。その時々の犯罪被害者等のニーズを最も適切に実現するためにはその意見を定期的に聞く機会を設ける必要があるのである。さらに、推進会議の所掌事務に関連して、⑥施策の実施状況の検証・評価・監視、⑦フォローアップの実施、⑧基本計画の必要な見直し、が求められている。施策はやりっ放しでは心許ない。常に施策の効果を測定し、効果があればそれを維持・発展させ、問題点があればそれを直し、効果があまりないものは思い切って見直す作業が必要である。そのため、推進会議は、施策の検討・決定・施行の状況について、適時適切に監視を行うこととされている。また、関連して、内閣府は、点検結果について、年次報告書を通じて公表することとされた。これは国民の理解を得る上でも必要かつ有用であろう。

4　基本計画の特徴

　基本計画はV（16頁）以下において、前述した重点課題に係る具体的施策の各項目毎にその取組方について詳細に提示している。基本計画は各施策の取組について、「現状認識」を前提に、「基本法が求める基本的施策」を確認しつつ、「犯罪被害者等の要望に係る施策」を考慮した上で、「今後講じていく施策」をその実施に関係する府省庁を明示して提示している。提示された具体的な施策は数が多く一つ一つ紹介・検討することは小稿ではできないので、年少者被害者である場合の施策を例としてみてみよう。

　犯罪等の被害はより弱い者へ向かって皺寄せされる傾向があると思わざるをえない。年少者はいろいろな意味で弱い面を持っているので、その保護・支援は重要である。児童虐待は連鎖するといわれるので、その連鎖を断つためにも年少被害者への施策は重要である。年少被害者等に主として関わる機関は文部

科学省、厚生労働省、警察庁、法務省、裁判所等である。基本計画によれば、警察において、少年サポートセンターや各警察署の少年保護係等の悩みごと相談窓口からの引継ぎや電話・電子メール相談の設置・導入などにより、被害少年が相談しやすい環境の整備を図っていくこととしている。また、法務省において専門相談電話「子どもの人権110番」及び「子供の人権専門委員」の活用・充実を図っていくこととされた。文部科学省においては、教育委員会が、警察署、児童相談所、保健所、弁護士会、医師会等の諸機関・団体等との連携・協力の充実・強化及び学校における相談窓口機能の充実を図っていくこととされた。また、犯罪等の被害に関する研修等を通じて学校における相談対応能力の向上に努めることとし、教育委員会は臨床心理の専門家等を教育相談所等に配置したり、児童相談所、福祉事務所等の情報を児童生徒及びその保護者に提供することを促進することとしている。

　児童虐待の被害者については、学校関係者など、職務上虐待を受けている子どもを発見しやすい立場にある者が、通告義務の周知徹底を図るなど、早期発見・早期対応のための体制の整備に努めることとされた。また、警察及び児童相談所の連携を一層充実させること、また、通報連絡体制の活用、児童虐待防止ネットワークの活用等により、再被害の防止に努めることとされた。なお、ビデオリンク方式等の設置が一層適正に運用されるように努めていくこととされたが、児童が性被害にあった場合に証人として尋問される場合にもこの措置は適用されることとなろう。

　また、犯罪等による被害を受けた児童の継続的な支援のために職員が研修や技能習得に努めることとされている。これは、警察、法務省、文部科学省、厚生労働省に共通して求められているものである。

　ところで、犯罪の被害にあった者をどう保護・支援するかは重要な問題であるが、犯罪の被害にあわないこと、犯罪を未然に防止できればそれに越したことはない。基本計画は国民の理解の増進と配慮・協力の確保への取組として、① 学校における生命のかけがえのなさ等に関する教育の推進、② 学校における体験活動を通じた命の大切さの学習についての調査研究の実施及びその成果

の普及、③ 学校における犯罪被害者等の人権問題も含めた人権教育の推進に努めることと並んで、④ 学校における犯罪抑止教育の充実、⑤ 子どもへの暴力防止のための参加型学習への取組を促している。

このように、年少者が被害者となる場合にとるべき施策だけを取り上げても、様々な機関が関わらなければならないことが判る。基本計画は各施策につき、責任ある官庁はどこで、また、どことどこの官庁がどういう形で連携・協力すべきで、それはいつまでに実現すべきかを具体的に提示している。透明性を高めていることも国民の理解を得るのに効果的であろう。基本計画に示された犯罪被害者等のための施策がその道筋通りに実現されていくことを期待したい。

なお、参考文献は末尾に一括して掲げることをお許しいただきたい。基本計画のより詳細な検討は他日に譲りたい。

参 考 文 献

犯罪被害者基本計画（平成 17 年 12 月）

椎橋隆幸・大久保恵美子・高井康行・廣田耕一・三浦守・山上皓「犯罪被害者のための施策をめぐって」ジュリスト 1302 号 2 頁

川出敏裕「犯罪被害者の刑事手続への参加」ジュリスト 1302 号 36 頁

佐伯仁志「犯罪被害者への被害回復支援について」ジュリスト 1302 号 44 頁

飛鳥井望「犯罪被害者の精神的ケア」ジュリスト 1302 号 53 頁

鳴谷潤「犯罪被害者施策の展開」立法と調査 251 号 53 頁

井川良「犯罪被害者基本法」ジュリスト 1285 号 39 頁

西本仁久「犯罪被害者保護法制の現状と課題—犯罪被害者等基本計画を中心に—」法の支配 139 号 39 頁

番敦子「日本司法支援センターにおける犯罪被害者支援」ジュリスト 1305 号 71 頁

日本弁護士連合会犯罪被害者支援委員会『犯罪被害者の権利の確立と総合的支援を求めて』331 頁以下（明石書房 2004 年）

法務省「『犯罪被害者のための施策を研究する会』の中間とりまとめについて」など

第13章

犯罪収益のはく奪による被害回復制度の意義

1　問題の所在——法改正に至る背景——

「自分の不正行為から利益を享受することは許されない」。これは正義の原理を表した言葉である。他人の犠牲において不正な利益を保持すること自体、正当な根拠は見出せない[1]。「組織的な犯罪の処罰及び犯罪収益の規制等に関する法律」（平成11年法律第136号。以下、「組織的犯罪処罰法」という）は、犯罪行為により取得した不動産、動産及び金銭債権を没収できることを認め（13条1項）、また、事実上又は法律上没収できない場合及び没収は可能であるが相当でないと認められる場合に、その価額を追徴することを認めている（16条1項）。また、同法によれば、犯罪収益に由来する財産の没収・追徴、そして混和財産の没収も可能である（15条1項）。犯罪収益等が混和した財産については、没収すべき不法財産の額又は数量に相当する部分の没収が認められる（14条）。

同時に、組織的犯罪処罰法は、犯罪収益等が犯罪被害財産であるときはこれを没収・追徴できないと規定した（13条2項、16条1項ただし書き）。この没収・追徴の禁止の趣旨は、被害者が犯人に対して損害賠償請求権等の私法上の権利を行使する場合に、没収・追徴がされてしまっては被害者の私法上の請求権の実現が困難になってしまうため、被害者の原状回復の利益を優先させたものと説明されている[2]。この犯罪被害財産についての没収・追徴の禁止の趣旨は理解できないわけではない。しかし、現実には、この趣旨の狙い通りに運ばない

事態は珍しくなかった。つまり、詐欺や出資の受入、預り金及び金利等の取締りに関する法律（以下、「出資法」という）違反など組織的に行われる犯罪やマネーローンダリング行為などの犯罪においては、被害者は報復を恐れて私法上の請求権の行使をためらったり、そもそも、誰を相手にいかなる方法で損害の回復を図ったらよいかについてもよく判らないなどの理由で、本来可能であるべき私法上の権利を行使することが困難な状況に置かれてきた。その結果、犯人は正当な根拠のないまま不法な犯罪収益を保有し続ける結果となる事態が生じていたのである[3]。

2　判例の展開

　没収・追徴が禁止される犯罪被害財産の範囲をどのように理解するかについての裁判所の判断は、必ずしも統一されているとは言い難い状況にあったと言われる[4]。確かにそうであるが、しかし、裁判例が区々である中でも一定の方向性が出てきつつあると言ってもよいと思われる裁判例が蓄積されつつあるのではなかろうか。参照し得た裁判例の概略は次の通りである。

　(1)　ヤミ金融を営んでいた被告人による貸金業法違反（無登録貸金営業）、出資法違反（高金利の受領）及び組織的犯罪処罰法違反（犯罪収益取得の仮装）の事案において、大阪地判平成 16 年 11 月 22 日（判時 1902 号 160 頁）は、犯罪収益等が没収できない犯罪被害財産に当たるか否かの判断の際には、犯罪被害者において、返還請求権などの請求権が存続するか否かが最も重要な要素となるとの前提に立って、被害者が存在する犯罪で起訴された部分のみが犯罪被害財産であるとの検察官の主張に対して、① 組織的犯罪処罰法が「犯罪収益」等の他の基本的かつ重要な概念について起訴された犯罪事実に係る収益に限定しないという定義を用いている、また、② 被害者の請求権行使の実質的要保護性は、検察官によって起訴されているかどうかに比例するとは考えられないことから妥当でない、として追徴すべきでないと判示している。

　しかし、本件の控訴審において大阪高判平成 17 年 5 月 18 日（判時 1902 号

157 頁）は以下の理由で原判決を破棄自判し、追徴を認めている。「犯罪収益は、本来、没収・追徴により犯人から剥奪すべきものであり、被害者がその被害回復を図るために私法上の権利を行使する蓋然性がある場合には、被害者保護のため、例外的に没収・追徴を控えるべきであるが、そのような蓋然性がない場合には、没収・追徴により犯人から犯罪収益を剥奪することこそ、同法の目的に適うというべきである」。本件の場合、高金利により得た財産については一部を除いて、被害者は私法上の権利を実際に行使する「蓋然性がないから、犯罪被害財産には該当せず、被告人からその価額を追徴することができると解される」。

（2）　暴力団組長である被告人が、組織的なヤミ金融を行っていた者から、違法に受領した利息及び元金等で購入された割引興業債券 5 枚（額面合計 5,000 万円）を、その情を知りながら収受した事案において、東京地判平成 16 年 12 月24 日（判時 1891 号 172 頁）は、本件割引興業債券は犯罪被害財産には該当しないとして、その相当価額 5,000 万円を追徴した。同判決によれば、「犯罪被害財産に該当するというためには、追徴時において、単に抽象的に同法 13 条 2項に列挙された犯罪の被害財産に該当するというだけでは足りず、現実に被害者から被害回復の図られることが見込まれるだけの客観的な状態にあることがその前提となっていると解される」とした後、「本件においては、本件割引興業債券の購入原資となった犯罪収益等が、どの被害者から得られたか特定できないばかりでなく、被害者が、直接の不法行為者ないし不当利得者とはいえない被告人に対し、いかなる法的構成をもって被害回復の請求ができるかも明らかではないのであって、このような事実関係の下では、現実に被害回復の図られることが見込まれるだけの客観的状態にあるとはいえないから、本件割引興業債券は犯罪被害財産には該当せず、被告人からその相当価額を追徴すべきである」と判示した。

（3）　被告人が、ヤミ金融を営んでいた共犯者に依頼され、犯罪収益等を隠匿した事案において、東京地判平成 17 年 3 月 24 日（判時 1900 号 172 頁）は、まず、組織的犯罪処罰法 13 条 2 項につき「被害者が喪失した財産によって形成

された財産のすべてについて没収を禁止するのではなく、被害者が当該財産を引き当てとしてこれを保有する者に対し損害賠償請求権等の私法上の権利を行使し、被害回復を図り得る場合に限って、これを犯罪被害財産としてその没収を禁止する趣旨である」とした上で、直接の「犯人に対しては損害賠償請求等がなされる可能性があるといえるが、間接取得者（犯人を通じて間接的に財産を得たにすぎない者）に対しては、一般的、類型的に被害者が当該犯罪行為に係る損害の回復を求め得るものとはいい難い」、また、13条2項の文理からも「犯人に帰属する財産についてのみ犯罪被害財産としてその没収を禁止するとの趣旨」と読める。以上を総合すると、「犯罪被害財産には、間接取得者に帰属する財産は含まれない」と判示した。追徴額については、「本件報酬の全額の追徴も一応可能であるが、共犯者等に分配されるなどして実質的に被告人が利得していない部分を除いた財産の価額（3億8,000万円中の2億5,800万円）に限って追徴する」と判示した。本判決は確定している。

　(4)　前出(3)の事件を含めて3件の五菱会系ヤミ金融事件の中、残りの2件の事案を紹介する。ⓐ事件はヤミ金融業を営んでいた被告人による出資法違反（法廷外利息受領）、組織的犯罪処罰法違反（犯罪収益等の仮装・隠匿）の事案である。検察官は、違法な収益等で購入した割引金融債150枚（額面合計13億2,600万円）を償還させた上、クレディスイスに入金させ、もって犯罪収益を隠匿して得た預金債権につき、犯罪被害財産とは、没収対象財産から被害回復が図られることが客観的、具体的に見込まれると刑事手続において認められるものをいい、これに当たるためには、刑事手続上、犯罪行為及び被害者が特定されていること、すなわち被害者の財産と没収対象財産との結び付きが明らかであることが必要であるから、本件預金債権は犯罪被害財産に当たらないと主張した。これに対して東京地判平成17年1月26日（判時1884号152頁）は、以下のように判示した。①組織的犯罪処罰法13条の文言からは犯罪被害財産の範囲を限定する趣旨は看取できない。②同法10条1項の犯罪行為が成立するには、前提犯罪（隠匿等に係る財産が犯罪収益等であることを基礎づける犯罪行為）が具体的に特定されること、すなわち、前提犯罪が訴追され又は訴因として具

第 13 章 犯罪収益のはく奪による被害回復制度の意義 *177*

体的に明示されることは必要ない。③ 同法 13 条 2 項の犯罪行為によって被害者から得た財産又は当該財産の保有若しくは処分に基づき得た財産であれば、特段の事情がない限り、これを引き当てとして被害者から犯人に対する損害賠償請求等がなされる可能性があり、同法 13 条 2 項の被害者保護の趣旨が妥当するというべきで、このことは前提犯罪やその被害者が刑事手続上特定されているか否かによって左右されるものではない。④ 前提犯罪やその被害者が刑事手続上特定されるか否かは、検察官の訴追裁量や立証意欲、捜査の進ちょく状況等によっても左右されるが、このような事情によって被害者の保護が左右されるのは不合理である。これらの理由で裁判所は本件預金債権は犯罪被害財産に当たるとし、その価額の追徴を認めなかった。

　ⓑ 事件は、ヤミ金融組織を統括していた被告人の出資法違反（法定外利息の受領）、組織的犯罪処罰法違反（犯罪収益等の処分仮装・隠匿）の事案であるが、検察官は、被告人が隠匿した 100 ドル紙幣 1 万 7,000 枚の没収とスイスの銀行に対する預金債権等の価額約 51 億円の追徴を求めた。これに対して、東京地判平成 17 年 2 月 9 日（判タ 1185 号 159 頁）は、ⓐ 事件判決と同様の理由を挙げて前記米ドルと預金債権等は犯罪被害財産に当たるから、没収・追徴はできないと判示した。本件は控訴された。

　(5)　前記 (4) ⓑ 事件他の控訴を受けた東京高判平成 17 年 11 月 17 日（判タ 1212 号 310 頁）は、原判決を破棄・自判し、ⓑ 事件の被告人につき 51 億円余りの追徴を命じた。その理由は、以下の通りである。組織的犯罪処罰法 13 条 2 項を文字通りに解釈すると「犯罪の被害者が存在し、抽象的にしろ損害賠償請求権等を行使する可能性があるというだけで没収・追徴が禁止されることになり、その反面、13 条 2 項、16 条 1 項本文によって没収・追徴が可能となるのは、せいぜい被害者が損害賠償請求権等の権利を放棄している場合や、犯人が別の財産をもって既に被害者に対して被害弁償を済ませた場合など、極めて限られることにならざるを得ない。このような解釈は、被害者の保護に役立たない上、かえって犯罪による利得が犯人から剥奪されずにその手元に残されるという甚だ不合理な結果を招来することになり、犯罪収益等は原則的に没収・

追徴できるとした同法の立法趣旨にそぐわないのみならず、被害者の財産的な被害の回復を図るために例外的に没収・追徴を禁止した趣旨にも資さないこととなるのであるから、損害賠償請求権等が現実に行使される可能性がないような場合にまで没収・追徴が許されないと解するのは相当でない。したがって、当該財産に対して被害者が私法上の権利を現実に行使する可能性がないような場合には、その財産は、13条2項、16条1項ただし書により没収・追徴が禁止された『犯罪被害財産』には当たらないと解するのが相当である」とし、続けて「没収・追徴が禁止される『犯罪被害財産』とは『刑事手続上、訴因として当該財産に係る犯罪行為及び被害者が特定されているもの』をいい（当該裁判所に公訴提起がされたか否かを問わない。）、それ以外は『犯罪被害財産』には当たらず、原則どおり、13条1項、16条1項本文により裁判所の合理的な裁量によって没収・追徴の当否及びその範囲を定めるのが、犯人からの犯罪による収益等の剥奪と被害者の財産的保護という2つの相反する側面を有する立法趣旨及び目的を達成するための最も合理的かつ妥当な解釈というべきである」と判示した。

　(6)　このように下級審の判断は、犯罪収益等が犯罪被害財産に当たらないので没収・追徴できるとするいわば積極裁判例4件と没収・追徴できないとするいわば消極裁判例3件とが対立している。高裁判例は2件とも積極裁判例である。判例の詳細な分析は他日を期すしかないが、ラフな言い方をすれば、積極裁判例と消極裁判例とでは13条2項、16条1項ただし書の立法趣旨の解釈にかなりの違いがあり、また、消極裁判例は文言解釈を重視し、被害者の損害賠償請求権等の私法上の権利の行使の可能性（被害回復の現実性）を一般的・抽象的に考える傾向があるのに対して、積極裁判例はその点を現実的・具体的に考え、また、犯罪収益等のはく奪と被害者の財産的被害回復の調和的実現という具体的妥当性を追求する姿勢が強く感じられるように思われる。そして、流れとしては、積極裁判例に傾いてきつつあったと言えるのではなかろうか。

3 組織的犯罪処罰法の一部改正と被害回復給付金支給法の成立

　五菱会系ヤミ金融事件で明らかになった問題は、犯罪収益等の一部がスイスの銀行に送金、隠匿され、これがスイス当局によって没収された際、その没収された財産をスイスから譲り受け、被害者の回復に充てる必要が痛感されたが、わが国の法制度上、相互主義の保証（将来において同種の要請に応じる旨の保証）ができないこと、また譲り受けた財産を被害者の回復に充てる手続が存在しないため、外国から没収財産を譲り受ける点でも、没収財産で被害回復する点でも法律を整備する必要が強く認識されたことである。そこで、法制審議会での審議・答申、そして、その答申に基づく法律案が国会に提出、審議され、平成18年6月13日に「組織的な犯罪の処罰及び犯罪収益の規制等に関する法律の一部を改正する法律」（平成18年法律第86号。以下、「組織的犯罪処罰法一部改正法」という）及び「犯罪被害財産による被害回復給付金の支給に関する法律」（平成18年法律第87号。以下、「被害回復給付金支給法」という）が成立し、同月21日に公布された。この2つの法律の概要については、既に適切な解説が公刊されているので詳細はそちらに譲ることとして[5]、本章ではごく要点だけを指摘するに止めたい。

(1) 組織的犯罪処罰法一部改正法
　a　組織的犯罪処罰法に13条3項及び16条2項を新設して、13条3項の各号（被害者の損害賠償請求権等の行使が困難と認められる場合を類型化したもの）に該当する場合には、犯罪被害財産を没収・追徴することができることとされた。もっとも、これは任意的没収・追徴であり、各号に該当していても、実際に多くの被害者が私法上の権利を行使していて、犯人に不正な利益が残るおそれがない場合には、被害者の権利行使を優先して、没収・追徴を控えることもあるという[6]。

180　第Ⅲ部　犯罪被害者等基本法と犯罪被害者等基本計画

　b　犯罪被害財産の没収・追徴により得られた金銭は、もともと財産犯等の被害者が失った財産が移転、転換したものであるところから、18条の2を新設し、第1項で、裁判所は、犯罪被害財産の没収・追徴の言渡しと同時に、没収すべき財産が犯罪被害財産である旨又は追徴すべき価額が犯罪被害財産の価額である旨を示さなければならないとした上、第2項において、それらの没収した財産、追徴した価額に相当する金銭が被害回復給付金に充てられるものとされた。

　c　外国との関係で相互主義を保証するため、64条の2を新設し、没収・追徴の確定裁判の執行の共助の要請をした外国から執行財産の譲与の要請があったときは、その全部又は一部を譲与することができることとし（第1項）、また、法務大臣は、執行財産の全部又は一部の譲与が相当と認めるときは、検事正に対し、当該執行財産等の譲与のための保管を命ずるものとされた（第2項）。

(2)　被害回復給付金支給法

　a　被害回復給付金の支給手続は、検察官が実施するものとされた（6条）。検察官は、犯罪被害財産の没収・追徴の裁判が確定したときは、支給対象犯罪行為の範囲を定めなければならない（5条1項）。支給対象犯罪行為の範囲は、犯罪被害財産の没収又はその価額の追徴の理由とされた事実に係る対象犯罪行為及びこれと一連の犯行として行われた犯罪行為等である（2条）。裁判で起訴・認定されなかった余罪の被害者も救済の対象になり得るものとされている。

　b　検察官は、犯罪被害財産又はその価額を給付資金として保管したときに、遅滞なく、被害回復給付金を支給する手続を開始しなければならない（6条1項）。検察官は、犯罪被害財産支給手続の開始決定をしたときは、直ちに、同手続を行う検察官が所属する検察庁、支給対象行為の範囲、給付資金の額、支給申請期間等を官報に公告しなければならない（7条1項）。支給資格を有する者への周知の方法としては、この官報公告の他、検察官は対象被害者又はそ

第 13 章　犯罪収益のはく奪による被害回復制度の意義　*181*

の一般承継人であって知れている者に対し通知しなければならない (7条3項)。支給申請期間は、被害者の申請の期間を十分に確保するために、公告の翌日から起算して 30 日以上でなければならない (7条2項)。

　この点、多くの被害者がこの制度による被害回復給付金の支給を受けることができるように被害者掘り起こしの努力が必要だとの見解が主張された。前述の公告と個別の通知以外の方法として、犯罪被害者団体を通じての情報提供等を活用して支給対象犯罪行為の範囲等について周知徹底を図ることが衆参の法務委員会で附帯決議されている。それらを含めた運用の積み重ねによって多くの被害者が給付金制度の内容について知ることができ、ためらうことなく申請するようになることが期待される。

　c　支給申請期間内に資料を添えてなされた申請に対して、検察官は支給を受けることができる者に該当するか否かの裁定を行う (9条1項、10条1項、11条)。裁定には、申請人が被害回復給付金の支給を受けることができる者に該当する旨の裁定 (資格裁定)、これに該当しない旨の裁定 (拒否裁定) 及び却下裁定がある。資格裁定をする際に、検察官は、その犯罪被害額を定める (10条2項)。

　d　検察官は、すべての申請に対する裁定及び支給手続に要する費用等の額が確定したときは、遅滞なく、資格裁定を受けた者に対し、被害回復給付金を支給しなければならない (14条1項)。仮に給付資金が不足する場合には、資格裁定を受けた者に対し、その犯罪被害額に応じた按分支給をすることができる (14条2項)。支給後なお残余が生ずるときは申請期間内に申請をしなかった者に対する特別支給手続が開始される (18条1項)。これらの支給手続が終了した後なお残余がある場合、これは一般会計の歳入に繰り入れられる (34条1項)。

　e　検察官は、弁護士の中から一人又は数人の被害回復事務管理人を選任し、裁定のための審査に関する事務などを行わせることができる (22条1項)。手続を適正かつ迅速に行うためには、法律の専門家であって、法令及び法律事務に精通し、破産管財人等の経験のある弁護士に関与させるのがより適切であ

182　第Ⅲ部　犯罪被害者等基本法と犯罪被害者等基本計画

る場合があると考えられること、また、手続が公平・適正に行われているという信頼をより一層確保するためには、当該事件と関わりのない第三者であり、かつ、一般的に高度の職業倫理を有し、適切な職務の遂行を期待できる弁護士を手続に関与させた方がより適切である場合があると考えられたことによると説明される[7]。なお、支給手続の調査等の実務を実効的なものにするため、検察官は、必要と認めるときに、申請人とその他の関係人に対し、報告、文書その他の物件の提出もしくは出頭を命じ、又は公務所もしくは公私の団体に紹介して、必要な事項の報告を求めることができる（28条1項）。被害回復事務管理人にも同様の権限が与えられている。

4　被害回復給付金制度の意義

　組織的犯罪処罰法一部改正法と被害回復給付金支給法の成立によって、ヤミ金融等による不正な犯罪収益等を没収・追徴した上、被害者に給付することが可能となったことは大きな意義がある。犯罪収益等が犯人の手元に残らないように、たとえそれが外国に送金された場合でもはく奪できる制度の創設は組織犯罪対策としても被害者保護対策としても積極的に評価できる。もっとも、この制度が財産的被害に関する被害者保護対策として万能であるわけではない。とは言え、この制度は財産的被害の回復対策として単なる対処療法的な制度にすぎないという評価は当たらない。この制度は、犯罪被害者保護法に基づいて平成17年12月に閣議決定された犯罪被害者等基本計画が被害者の損害回復・経済的支援等への取組みとして法務省に求められている施策の一環として位置づけられている。犯罪被害給付制度を初め、刑事和解制度[8]（平成12年11月導入）、損害賠償命令制度（平成20年12月施行）等と並んで被害者の財産的被害を回復する総合的施策の重要な一環として位置づけるべきであると思われる。

　　1)　犯罪収益のはく奪の根拠については、渥美東洋編『組織・企業犯罪を考える』（中央大学出版部1998年）3頁以下などを参照。

2) 三浦守＝松並孝二＝八澤健三郎＝加藤俊治『組織的犯罪対策関連三法の解説』（法曹会 2001 年）144 頁は次のように解説する。「犯罪収益は、本来、犯人からはく奪すべきものであるが、被害者がその財産について正当な権利を有し没収ができない場合又はこれに準ずる場合であって、犯人からこれを没収することによって、被害者の犯人に対する損害賠償請求権などの私法上の請求権の実現を困難にすることが被害者保護の観点から適当でないと認められる場合には、没収・追徴を控えるべきものと考えられる。この点は、財産犯のいわゆる贓物に限らず、犯罪収益が被害者から犯人に財産や価値が移転することによって生じたものである場合には、被害者は、その保有する財産を現に失い、犯罪収益について正当な権利又はこれに準ずるような密接な利益を有し、その原状回復を求め得るのであるから、その原状回復を優先させるために、没収・追徴を控えるべきものと考えられ、このような場合の没収ができないものとされた。」

3) もっとも、このような事態は予想されなかった訳ではない。学界・法務省では犯罪被害財産の没収を可能にして、これを被害者に帰属させる制度の提案がなされたり、「犯罪被害者のための施策を検討する会」において、犯罪収益規制の徹底と被害者保護の拡充を図る観点から検討が続けられてきているし（これらの経緯については、平城文啓「『犯人から財産犯等の犯罪収益をはく奪し、これを被害回復に充てるための法整備』に関する審議経過と答申の概要」刑事法ジャーナル 2 号 69 頁以下を参照）また、学界でも犯罪収益等の確実な没収・追徴とその被害者への回復の提言がなされていた（渥美東洋博士など）。

4) 飯島泰「『組織的な犯罪の処罰及び犯罪収益の規制等に関する法律の一部を改正する法律』及び『犯罪被害財産等による被害回復給付金の支給に関する法律』の概要等」ジュリスト 1319 号 83 頁、谷滋行「『組織的な犯罪の処罰及び犯罪収益の規制等に関する法律の一部を改正する法律』及び『犯罪被害財産等による被害回復給付金の支給に関する法律』の概要」警察学論集 59 巻 9 号 174 頁などを参照。

5) 前注 4) の文献の他、平城文啓「財産犯等の犯罪収益のはく奪、被害回復関係の法整備について」捜査研究 663 号 2 頁、谷滋行「『組織的な犯罪の処罰及び犯罪収益の規制等に関する法律の一部を改正する法律』および『犯罪被害財産等による被害回復給付金の支給に関する法律』の概要」金融法務事情 1782 号 39 頁を参照。

6) 谷・前注 5) 1782 号 41 頁。

7) 谷・前注 5) 1782 号 45 頁。

8) 被告人と被害者等が共同して和解の申立てをし、裁判所がその内容を公判調書に記載したときは、その記載は裁判上の和解と同一の効力を有する（犯罪被害者保護法 4 条）。この公判調書には民事執行法上の債務名義が与えられるので、強制執行が可能となり、費用や時間をかけずに損害回復の実現が期待できる。

第 14 章

第 3 次犯罪被害者等基本計画とその成果

1　はじめに

　わが国の犯罪被害者に対する保護・支援の施策は、近年大きく進展し、この分野の先進的な国々に比べて引けを取らないだけでなく、他国にない特色のある制度も設けられた。特に平成 16 年 12 月の「犯罪被害者等基本法」の制度と基本法を具体化する「犯罪被害者等基本計画」（平成 17 年 12 月）が被害者対策の進展を加速させたことは間違いない。第 1 次基本計画下においては、犯罪被害給付制度の拡充や損害賠償命令制度の創設、また、刑事手続への被害者参加制度の創設、そして、すべての都道府県での犯罪被害者のための総合的対応窓口の整備がなされた。第 2 次基本計画の下では、犯罪被害者給付制度の更なる拡充、カウンセリング費用の公費負担制度の実現へ向けての一定の改善の努力、被害者参加人に対する旅費等の支給、国選弁護への資力要件の緩和等の制度の充実、そして、約 9 割の市区町村での総合的対応窓口の整備等がなされた。このように、第 1 次、第 2 次基本計画の下で犯罪被害者対策は着実に進展してきた。しかし、犯罪被害者等の抱える問題が全て解決した訳ではなかった。第 2 次基本計画の下で課題とされた項目が第 3 次計画策定の重要論点として検討された。基本計画策定・推進専門委員等会議における精力的な議論を経て、平成 28 年 4 月 1 日に第 3 次犯罪被害者等基本計画が閣議決定された。

186　第Ⅲ部　犯罪被害者等基本法と犯罪被害者等基本計画

2　第3次基本計画の策定方針と特徴

　犯罪被害者対策には、被害者等の要望が反映されなければならないし、また、関係省庁・団体、地方公共団体、民間支援団体等との連携・協力の充実・強化が欠かせない。さらに、被害者支援の重要性が国民に広く理解されなければならないし、そのためには広報活動が重要である。このような認識を前提に、第3次基本計画は261項目の具体的施策を掲げている。

　これらの施策のどれもが実現されるべきであるが、中でも、性犯罪や児童虐待等潜在化しやすい犯罪被害者等への支援を求めている、また、地方公共団体と民間の団体の協力による、被害者への生活全般にわたる、継ぎ目のない、中長期的な支援体制を整備すべきとしている点に特徴がある。さらに、実効性の確保の観点から、具体的施策の進捗状況の点検においては、定量的に把握することに努め、これが困難な場合でも、できる限り定性的に把握することを求めている。

3　重要課題に係わる具体的施策

　重要課題に係わる施策は多数に上るので、以下では、重要と思われる事項幾つかをランダムに採り上げて紹介したい。

⑴　損害回復・経済的支援への取組

⑴　海外での犯罪被害者に対する経済的支援

　海外での犯罪被害者に対しても、社会の連帯共助の精神にのっとり、何らかの経済的支援をスタートさせるべきとの提言（「犯罪被害者給付制度の拡充及び新たな補償制度の創設に関する検討会」以下「検討会」という）があった。この取りまとめに従った施策の推進については「与党と連携しつつ、具体化に向けた取組みを進める」こととされていたが（平成26年3月26日犯罪被害者等施策推進会議

決定）、第 3 次基本計画では、前述の「取組を推進し、必要な措置を講ずる」
とされた。その後間もない平成 28 年 6 月 1 日、議員立法として、「国外犯罪被
害弔慰金等の支給に関する法律」が成立し、6 か月以内に施行されることとな
った。本法律によれば、死亡した国外犯罪被害者の遺族に弔慰金（200 万円）
が、障害が残った被害者に障害見舞金（100 万円）が、それぞれ支給される。
この点につき、国外犯罪被害者の場合、国内犯罪被害者に比べて 1 回限りの給
付で、給付額も低いとの批判もあるが、犯罪被害給付制度においては、被害の
内容や不支給事由の有無、症状が固定化したか等、事実の調査が必要で、また
一定の時間を要するが、国外犯罪被害者の場合は事実調査が困難な場合がある
等の違いがある。また、海外渡航者には旅行保険に加入することを期待するこ
とはあながち不都合ともいえない。そのような背景の下に上述の国外犯罪被害
弔慰金支給制度が制定されたのである。社会連帯共助の精神に基づく 1 つの制
度として評価されてよいであろう。なお、平成 28 年 7 月 1 日バングラデシュ
で殺害された被害者の遺族については、本法の施行前であったので、同年 7 月
12 日の閣議決定により、特別措置として給付金が支払われることとされた。

(2) 加害者の損害賠償責任の実現に向けた調査の実施

　被害者は本来、加害者から損害賠償を受けられる筈であるが、民事訴訟を提
訴・勝訴して債務名義を得ても現実には損害賠償を受けられない状況がある。
そこで、警察庁において、日弁連等の協力を得て、現状について実態調査を行
い、その結果に応じて、必要な検討を行うとしている。関連して、法務省は、
強制執行を容易にするため、裁判所が金融機関に口座情報を照会して回答させ
る民事執行法の改正を法制審議会に諮問するという。これが実現すれば、被害
者の損害回復が容易になる事案が増え、また、被害者の心理的負担の軽減も期
待できよう。

(3) 預保納付金の活用

　「振り込め詐欺救済法」によれば、振り込め詐欺等の犯罪利用口座の残高は

被害者に返還されるが、なお残金があり預金保険機構への納付金となった金銭は、犯罪被害者支援の充実のために支出されることとされている。預金保険機構から委託を受けた日本財団は ① 犯罪被害者等の子弟を対象とした無利子の貸与制の奨学金制度と ② 犯罪被害者等支援団体への助成制度を行い、運用している。ただ、① 貸与制の奨学金制度は利用者が少なく、また、② 支援団体からは、団体が将来に向けて自立した組織として持続的な活動を可能にするために、相談体制の充実のための人件費を含む使途の拡充が要望されていた。そこで、第 3 次基本計画では、「子供への奨学金を貸与制から給付制に変更するとともに、犯罪被害者等支援団体への助成対象に相談員の育成に必要な費用を追加する」こととしている。

　平成 29 年 4 月から日本財団は預保納付金支援事業の内容を見直し、奨学金事業について貸与制から給付制へ移行した。この移行に伴い、申請件数は貸与制下に比べ 2 倍を超える増加となった。また、助成事業については、平成 30 年度より犯罪被害者等早期援助団体を対象に、犯罪被害相談員の育成費（雇用経費）が助成対象に追加されている。

⑷　犯罪被害給付制度に関する検討

a　犯給制度の進展

　犯罪被害給付制度については、第 3 次基本計画では、「検討会」の取りまとめに従った取組を進めるとともに、犯罪被害者に負担の少ない支給の在り方や、若年者の給付金の在り方及び親族間犯罪被害者に係る給付金の在り方について、実態調査や他の公的給付制度に関する調査を 1 年をめどに行い、これらを踏まえた検討を速やかに行って、必要な施策を実施する、とされた。特に、親族間犯罪の被害者等への給付の在り方については、当初、犯罪被害者と加害者との間に親族関係があるとき、また、給付金の支給や全額支給が社会通念上適切でないと認められるときには、給付金の全額又は一部を支給しないこととされていた（昭和 55 年法律第 36 号）。しかし、その後の社会情勢の変化等を踏まえ、「検討会」の提言を受けた規則の改正により、犯罪被害者又は第一順位

遺族と加害者との間に兄弟姉妹の関係がある場合には、当該兄弟姉妹が同居していた場合に限り、給付金を原則不支給とし、当該兄弟姉妹が別居していた場合には原則３分の１の額が支給されることとされた（平成 26 年国家公安委員会規則第 9 号、平成 26 年 10 月 10 日公布、同年 11 月 1 日施行）。ところで、夫婦間の犯罪については、加害者に対し「DV 防止法」の保護命令が発せられているなどの場合には、３分の１減額した額が支給され、犯罪被害者等に不注意・不適切な行為が認められないなど全額支給が必要と認められるときは、全額支給されることとされていた（平成 21 年改正）。他方で、犯罪被害者又は第一順位遺族と加害者との間に三親等内の親族の関係があったときは、原則３分の２減額した額が支給され、それが社会通念上適切でないと認められる特段の事情があるときは、３分の１減額した額が支給されることとされていた。この点につき、近年、児童虐待、高齢者虐待及び障害者虐待が増加傾向にある中で、近親者による密室で行われることが多く、そのため被害が長期間続くことが多い児童虐待の被害者が全額支給という救済を得られないのは不当であるとの主張が高まっていた。そこで、「検討会」の提言を受けた規則の改正が行われた。改正規則によれば、親族間の犯罪行為が、児童虐待、高齢者虐待、障害者虐待に該当すると認められるとき（犯行時、犯罪被害者の生命又は身体に重大な危険が生じていた場合に限る）、又はこれに準ずる事情がある場合は、犯罪被害者等給付金を最高で全額支給できることとされた（前掲平成 26 年国家公安委員会規則第 9 号）。

　このように、親族間の犯罪の被害者についても、給付金を支給することが類型的に適切と考えられる場合、また、個別の事案で適切と考えられる場合に、給付金を支給するという方向で（法制度上も運用上も）拡充がなされてきた。しかし、さらに進んで、親族間の犯罪の実態を踏まえると親族間の犯罪の給付金につき、原則不支給、例外支給という構造を逆転させるべきとの主張が有力になされた。他方で、親族間は互いに助け合うべきとの基本原則は給付制度の在り方の根本に関わるので維持すべきであり、また、原則不支給を維持しないと、事案によっては、当該親族が給付金を受けることが常識的に考えて極めて不適切な場合が出てきてしまうおそれがあるとの見解もあった。このような状

況の中で、第3次基本計画は、この点についての実態調査を1年を目途に行い、これを踏まえた速やかな検討の上、必要な施策の実施を求めたのである。

　　b　犯給制度のさらなる充実

　第3次基本計画において求められた犯罪被害者給付制度に関する4つの検討項目について警察庁は1年間実態調査した上、犯罪被害者遺族、民間の犯罪被害者支援団体及び法律専門家を構成員とする「犯罪被害給付制度に関する有識者検討会」を開催し（平成29年4月から7日）、同検討会は提言を取りまとめた。この提言を踏まえて、平成30年3月、犯罪被害者等給付金の支給等による犯罪被害者等の支援に関する法律施行令（以下、「施行令」という。）及び犯罪被害者等給付金の支給等による犯罪被害者等の支援に関する法律施行規則（以下、「施行規則」という。）の一部が改正され、平成30年4月から施行されている。

　改正の内容を以下に略述する。

　①　重傷病給付金の期間の延長（令第7条関係）

　重傷病給付金の給付期間について、改正前は、犯罪行為により負傷又は疾病が生じた日から起算して1年までの間とされていたものを、3年までの間に延長された。これは、実態調査の結果、重傷病給付金の支給対象者が治癒又は症状固定するのに1年以内の場合は約70%であったところ、3年以内の場合にはほとんどの対象者が治癒又は症状固定していることが判明したからである。

　②　仮給付金の制限の見直し（令第16条関係）

　犯罪被害者等は犯罪被害直後に治療費や葬儀代等様々な経済的負担を強いられる。給付金の裁定の迅速化が求められる所以であり、迅速化の努力は続けられている。平成28年度の裁定期間は約6.7か月で前年度比で0.3%減少している。それでもなお、迅速な給付を求める声は切実である。そこで、仮給付金は、速やかに裁定できる事情があるときに、判明している事実関係のみに基づいて犯罪被害者等給付金の一部を支給できる制度であるが、これを改正前は、認定可能な犯罪被害者等給付金相当額の3分の1の範囲内との制限があったが、その制限を見直し、仮給付金の支給決定時点で認定可能給付金相当額の範囲内と改訂された。この柔軟な措置により犯罪被害者に負担の少ない迅速な救

済が得られることとなった。

③　幼い遺児への遺族給付金の引上げ（規則第2条関係）

遺族給付金の額は、従来、生計維持関係遺族（妻、子等）の人数に応じて、一般に生活回復・自立に必要とされる10年間を勘案して定められていたが、犯行時8歳未満の遺児が含まれる場合には、改正前の倍数に遺児の年令及び人数を勘案した数を加えたものとし、この結果、遺児が18歳になるまでの年数分の給付金が増額されることとされた（例えば、犯行時3歳の遺児は18歳になるまで15年間（従来より5年分の増額）給付が受けられることになった。

④　親族間犯罪被害の給付の拡大と区分類型の合理化（規則第2条及び第7条）

従来は、親族は互いに助け合うべき関係にあるとの考えの下に、被害者と加害者との間に親族関係があるときは、①夫婦、直系血族、同居の兄弟姉妹の関係があるときは全額不支給、②両者の間に三親等内の親族に当たる場合は3分の1の支給とされていた。ただし例外はあり、不支給や減額支給が社会通念上適切でないと認められる「特別の事情」があるときには不支給は3分の1支給に、3分の1支給は3分の2支給が受けられるとされた。さらに、「特段の事情」があり、加えて、犯罪行為が児童虐待等に当たるとき、また、加害者にDV防止法上の保護命令が発せられていた場合には全額支給するとの給付の拡大がなされてきた。今回の改正ではさらに、親族間犯罪の実態が変化し、多様となっているとの認識を背景に、①事件時に親族関係が事実上破綻していたと認められれば親族関係を理由とした制限は行わない。②事件時に18歳未満の者が受給者となる場合は、その者と加害者との親族関係を理由とした支給制限は行わない。③同居の兄弟姉妹についても別居の兄弟姉妹と同じく3分の2を減じた額を支給する。④三親等を超える親族関係があることを理由とした支給制限は行わない。

この施行令と施行規則の改正により犯罪被害者に対する経済的支援策はさらに充実したことは間違いない。

192　第Ⅲ部　犯罪被害者等基本法と犯罪被害者等基本計画

(2)　精神的・身体的被害の回復・防止への取組、支援体制整備への取組

　子供や女性の被害者の被害回復と予防のための取組を充実させることも第3次基本計画の重要な内容とされる。その幾つかを挙げる。例えば、学校において、犯罪被害を受けた子供を含む児童生徒の相談に的確に対応できるように、スクールカウンセラーやソーシャルワーカー等の適正な配置をするなどの教育相談体制を充実させることとされた。また、児童相談所が夜間・休日を問わず虐待通告等の緊急相談にいつでも応じられる体制整備に努めることとされた。

　性犯罪被害者への支援の充実としては、カウンセリング体制の充実やワンストップ支援センターの設備促進のため、国、地方公共団体、民間支援団体間の連携・協力の充実・強化、各種情報の収集・提供の周知を図ることとされた。

(3)　刑事手続への関与・拡充への取組

　刑事手続における被害者の関与について、第3次基本計画は全般的に、捜査、公訴、公判、上訴、有罪判決後の処遇等の刑事手続の各段階において法律又は法律の趣旨によって犯罪被害者に認められている権利・利益の行使や各機関に対する要請に対して、警察庁、検察庁、裁判所、法務省、日本司法支援センター等の担当各機関が被害者の権利・利益の行使や要請に対して法律の趣旨に沿った誠実な対応をより一層徹底することを求めている。また、犯罪被害者が刑事手続への関与を適切に行うことができるように、そのために必要な情報を各機関は提供することに努めることとしている。この中で、日本の特色ある制度として被害者参加制度があるところ、第3次基本計画は、「法務省において、刑事裁判の公判前整理手続等の経過及び結果に関し、犯罪被害者等の希望に応じ、適宜の時期に、検察官がその経過及び結果について必要な説明をし、また、被害者参加人等が公判前整理手続の傍聴を特に希望する場合において、検察官が相当と認めるときは、当該希望の事実を裁判所に伝えるなどの必要な配慮を行うよう努める」等としている。被害者等参加人制度は、犯罪被害者と

弁護人が被害者参加人という包括的な地位で一定の要件の下に証人尋問、被告人質問、弁論としての意見記述という訴訟行為を行うことを認めている。さらに、公判期日に限らず、その準備手続である公判前整理手続に被害者参加人等（主として弁護人）が出席できないかが問題とされ、議論されてきている。法務省が行った有識者による2年間の検討会においてもこの問題が検討されたが、多数意見は、公判前整理手続が争点と証拠を整理し、審理計画を明確にするための手続で、そこでは、裁判所と両当事者（検察官と被告人・弁護人）が率直に意見交換する場であるので、被害者参加人等が出席することは適当ではない、というものであったと理解する。もっとも、公判期日の設定や審理の円滑な運用という観点からは被害者参加人等が出席している方がうまくいくこともあることは否定できない。実際、公判前整理手続に被害者参加弁護人が事実上出席した事例はあったといわれている。被害者参加弁護人の代表的な見解も、参加とはいえ、傍聴して裁判長の質問があれば答える機会が与えられる程度の参加形態を希望しているとのことである。そうすると、被害者参加制度は、もともと、被害者参加人と検察官とが的確なコミュニケーションを保ちつつ運用されるものであるから、重要なのは、被害者参加人と検察官とが十分な意思疎通をしつつ、検察官が自分で訴訟行為をした方が被害者の要望をよりよく実現できると考えれば、そのように訴訟行為を行い、そう思わない場合は被害者参加人の希望を裁判所に伝えて、被害者の要望が実現されるように努めることである。以上のことを踏まえれば、第3次基本計画が犯罪被害者等と検察官の意思疎通の充実に努めるとの内容は時宜に適った妥当なものといえよう。

⑷　犯罪被害者等施策の推進体制

　平成28年4月1日、「内閣の重要施策に関する総合調整等に関する機能の強化のための国家行政組織法等の一部を改正する法律」（平成27年法律第66号）の施行に伴い、犯罪被害者等施策が内閣府から国家公安委員会（警察庁）に移管された。現場に近いところで犯罪被害者等施策を行ってきた国家公安委員会（警察庁）が、今後は、よりきめ細やかな取組をしていくことが期待されてい

194 第Ⅲ部 犯罪被害者等基本法と犯罪被害者等基本計画

る。関係府省庁の緊密な連絡の下で、犯罪被害者等施策を強力に推進していく点では変わりがない。

4 結びにかえて

第3次基本計画が掲げた261項目の具体的施策が実現されると犯罪被害者の保護・支援は大きく進展する。海外での犯罪被害者に対する経済的支援は法制度としては既に実現した。その他の施策についても、関係各機関は取組を進めている。施策の多くは関係各省庁、地方公共団体、民間の被害者支援団体等の連携・協力がなければ実現しえないものである。関係各機関・団体の有機的な連携と協力、そして粘り強い努力によって少しでも多くの施策が実現されることを望みたい。理由なく犯罪被害に遭った方々を経済的、精神的、身体的各方面からの保護・支援をして、できるだけ現状を回復し、その立ち直りに寄与することが当たり前だと国民が考える社会、国民が相互に尊敬し、相互に助け合う社会が、成熟度の高い社会といえるのではあるまいか。テロ犯罪によって多数の生命・身体が害される今日、社会の安全・安心、犯罪被害者の保護・支援の重要性に一層の思いを馳せるべきであろう。

参 考 文 献

安田貴彦「犯罪被害者支援の現状と今後の課題～第3次犯罪被害者等基本計画を中心に」（椎橋隆幸古稀記念『新時代の刑事法学 下巻』、信山社 2016 年）とそこに引用されている多数の文献、また、井上夏帆「犯罪被害者等給付金の支給等による犯罪被害者等の支援に関する法律施行規則の一部改正」警察公論 2015 年 2 月号 12 頁、「シンポジウム：犯罪被害者への経済的支援─犯給制度の再評価と展望」被害者等研究第 25 号（2015 年）所収の富田信穂、滝澤依子、武内大徳、奥村正雄、滝沢誠各氏の論文、川本哲郎「犯罪被害者支援の今後の課題」同志社法学 67 巻 4 号（2015 年）201 頁などを参照。

最近の法や制度改正についての参考文献を以下に掲げる。川出敏裕「犯罪被害給付制度の現状と課題」椎橋隆幸古稀記念『新時代の刑事法学〈下巻〉』493 頁、「特集・犯罪被害給付制度の改正」警察学論集 71 巻 5 号の小島隆雄、小堀龍一郎、砂

田武俊各氏の各論文、「特集・犯罪被害給付制度の改正」警論71巻5号（2018年）1頁以下、富樫良平「犯罪被害者等給付金の支給等による犯罪被害者等の支援に関する法律施行令の一部を改正する政令等の概要について」捜研811号（2018年）43頁、滝沢誠「犯罪被害給付制度の新展開」『日高義博先生古稀祝賀論文集 下巻』483頁、田村正博「被害者学と被害者政策」被害者学研究28号（2018年）4頁など。

第Ⅳ部　公判手続における犯罪被害者の法的地位

——被害者参加を中心として——

第 15 章

犯罪によって被害者が被った影響についての供述（Victim Impact Statement）を量刑上斟酌することが許されるか

1　被害者の権利回復を求める運動の最近の動向

　1982 年 12 月に出された犯罪の被害者に関する大統領のタスク・フォースの最終報告書は犯罪被害者の取り扱いを改善すべきことが重要であると述べている[1]。その主な理由として、罪のない被害者が人道的な取り扱いを受けることは裁判の理念の求めるところであるし、また、刑事司法制度が効果的に機能するかは被害者及び証人の協力にかかっているとの認識があったことが掲げられる。被害者の取り扱いを改善することは、被害者の犯罪解明への協力を得ることによって治安の維持、犯罪の防止にも役立ち、また、被害者の刑事手続への参加を認め、被害者の意見を反映させることによって、被害者に満足を与えたり、精神的苦痛を緩和することができると考えられた。多くの州が被害者の権利を認める法律を制定したり、被害者の被った損害を補償するプログラムを持っており、また、連邦でも、被害者及び証人保護法や犯罪の被害者に関する法律を制定して、被害者の刑事手続への参加、被害者への補償、被害者への様々なサービスの提供等を保障しようとしている[2]。しかし、被害者の権利を回復する運動を進めてきた人々にとっては、被害者の権利が法律で規定されているからといって満足できるものではない。何故ならば、被害者の権利、例えば、事件の進行や公判期日について告知を受ける権利や口頭又は書面で犯罪により

200 第Ⅳ部 公判手続における犯罪被害者の法的地位

被った影響を述べる権利や有罪認定を受けた犯人から弁償を受ける権利等が実現されなかった場合、それに対する救済策が規定されていないからである[3]。そこで、被害者の権利を回復する運動がこの時期力を入れていたのは、被害者の権利を憲法上の権利として認めさせることである。既に、前述のタスク・フォースの最終報告書は、合衆国憲法第6修正を改正すべきことを勧告していた。すなわち、公平な陪審による迅速な公開裁判を受ける権利、事件について告知を受ける権利、証人審問・喚問権、弁護人の援助を受ける権利を被疑者・被告人に保障している第6修正の現行の条文に続けて、「同様に、被害者は全ての刑事訴追において、裁判手続の全ての重要な段階において、出廷し、聴聞を受ける権利を有する」との文言を追加することを勧告したのである[4]。また、被告人の権利の保障に並べて被害者の権利を保障する第6修正説とは別個に第27修正を設けて被害者の権利を確立しようとの案もある[5]。すなわち、「犯罪被害者は、連邦及び州の刑事裁判手続の全ての重要な段階において、被告人の憲法上の権利を侵害しない限度において、告知を受け、出廷し、聴聞を受ける権利等の基本的権利を有する。」さらに、被害者の権利を回復する運動がさらに発展した結果、1987年2月に発足した、被害者の憲法上の権利を確立するための組織連合（Victims Constitutional Amendment Network）は同年同月の会議で、連合の関心を州の制定法の改正とか合衆国憲法第6修正の改正に向けるよりも、各州の憲法の改正に向けることを決議している。そもそも被害者の権利を何故憲法上の権利として認めさせなければならないかというと、それは、第1に、被害者は少なくとも被告人と同じように取り扱われるべきであるという基本的な考え方があることと、第2に、被害者の権利が保障されなかった場合に現在の各州の法律はそれを効果的に救済する制度を持っていないため、被害者の権利が画餅に帰することになってしまうので、被害者の権利を実効的なものにするために憲法上の権利として確立しようというのである。この主張によれば、被害者の権利が憲法上の権利として認められることになれば、それが侵害された場合にその救済策を設けなければならないことになるので、例えば、裁判所又は検察官が公判前の手続（保釈の決定、公判期日の続行（延期）、管轄裁判地

の変更の申立、公訴棄却の申立）について被害者に告知することを怠った場合、被害者は新たな聴聞を開いて貰うことを求めることができることになり、ここでは二重の危険の禁止条項は適用されないことになる。また、量刑聴聞手続において、被害者が告知を受けなかったり、聴聞手続に参加することが認められなかった場合にも、被害者は被告人に保障された二重危険禁止条項に触れることなく、新たな聴聞を求めることができる。さらに、被害者は、被害弁償命令が不当であると思ってもそれに対する上訴はできないといわれているが（U. S. v. Franklin, 792 F. 2d. 998（11th Cir. 1986）量刑の当事者ではない被害者からの上訴を受け入れる権限は裁判所にはないと判示された。）、被害者が受けた犯罪の結果につき資料を提供する機会とか合理的な被害弁償額の基礎となる情報を提供する機会が与えられなかった場合は、被害者は量刑手続の当事者として、権利として、被害弁償命令に対する上訴をすることができるといわれるのである[6]。ところで、被害者の憲法上の権利を確立するための組織連合（Victims CAN）がこの時期に、各州の憲法の改正をして被害者の権利を憲法上の権利として確立することを目指していることは前述したが、州憲法の改正案の内容は第6修正案と第27修正案と殆ど変わりがない。それでは、上記の主張の根拠はどこにあるかというと、次の3点が指摘されている。第1に、各州を基盤に憲法の改正を実現するのに必要な公衆の支持を得るための努力の方が連邦憲法の改正より容易である。第2に、刑事法は伝統的に連邦の問題というよりは州の問題である。第3に、各州は、それぞれの政治的要請に適合するように憲法の文言を改正することができる。各州を基盤に憲法の改正を求めて行く方法は、全国民に受け入れられる改正を推進しなければならないという困難な仕事を回避することができる[7]。これらの3つの根拠は、刑事法は基本的に州の問題であるという点は合衆国における伝統的な考え方で正しい指摘であるし、また、実現可能性という点では賢明な主張であった。果して、ロード・アイランド州は、被害者の権利に関して、州憲法の改正を初めて実現した州となった。被害者の権利について、同憲法は次のように規定する。「犯罪の被害者は、権利として、刑事手続の全ての局面において、州の官憲から、尊厳と敬意と注意深さをもって取り

202 第Ⅳ部 公判手続における犯罪被害者の法的地位

扱われなければならない。被害者は、犯罪の加害者から、加害者の引き起した傷害又は損害に対して、金銭上の補償（回復措置）を受け、また、その他、国が与える補償を受ける権利を有する。量刑前に被害者は、加害者の行為が被害者に与えた影響について、裁判所に供述する権利を有する。」[8] フロリダ州も被害者の権利に関して州憲法の改正を行っている[9]。

　もっとも、上記の被害者の権利を憲法上の権利にすべきだという主張に対しては批判があることを注意しなければならない。第1は、被害者の権利を憲法上の権利にすべきという主張には、歴史的観点から欠陥があるというものである。すなわち、上記の主張は、刑事事件を被害者と被告人との間の争いという点を強調して、被害者に準検察官という役割を与えることにより、私人による血の復讐という考え方に逆戻りする危険な傾向を示しているというのである。

　第2は、被害者の刑事手続への参加が被害者の心理に良い結果を齎らすとするのは推測でしかない。また、被害者に刑事手続の全ての重要な段階に出廷を求め、それに対して補償しなければならないとすると財政的に困難な問題が生じる。被害者の権利を憲法上の権利に改正した場合に、それが精神的、財政的に被害者に否定的な結果を生むとしたならば、それは刑事司法制度を被害者の要請とは正反対の方向で機能させる原因となってしまう。そこで、被害者の権利を憲法上の要請とみるよりも法律上の要請とみるべきで、それが慎重な態度であるという。なぜなら、結果の予測を誤った場合、憲法の改正をするのは厄介であるが、法律を改正するのは容易だからであるとする。

　第3は、法的な欠陥といわれるものである。すなわち、権利章典は政府の侵害から個人の自由を保障することが意図されているのであり、個人を個人に対して保護しようとしているのではない。刑事訴追のいかなる段階においても、被害者の身体の自由は政府によって侵害されてはいない。被害者は、被告人のように逮捕されているわけではないし、公判にかけられているのでもなく、また、罰金や収監刑を科される危険がある訳でもない。被害者が獲得しようとしている権利は憲法上の性格を有するものではない。かくして、被害者の権利を憲法上の権利だとする考えは、被害者の権利を獲得する適切な方法ではない、

というのである[10]。

　これらの主張のうち、第1の主張はかなり誇張があるように思われる。すなわち、被害者の権利を憲法上の権利として確立しようとの主張は、現在の刑事司法制度の基本的な枠組は維持しつつ、一定の範囲で被害者の参加を認め、その意見を反映させていこうとしているのである。被害者がその経済的損失に対して回復措置を求める権利、被害者の告知・聴聞を受ける権利、量刑手続において被害者の意見を聞いて貰う権利等は現行の刑事司法制度の基本的枠組を変革するものではないだろう。私人訴追を復活するとの主張は訴追のあり方にかなりの変革を求めるものであろうが、この主張とて、検察官訴追制度を基本としつつ、一定の狭い範囲に限定して私人訴追を導入しようとするに過ぎないのである[11]。そして、私人による血の復讐への逆戻りをする危険があると言われるが、被害者の権利を回復する動きはむしろ、疎外されてきた被害者の不満がつのり、自警団思想・私刑という形で暴発することを避けて、適切なチャンネルを通して、被害者の正当な利益を反映させようということであるから、正鵠を射た批判とはいえないだろう。

　第2の、被害者の刑事手続への参加が被害者の心理に良い結果を齎らすとするのは推測でしかないとの主張については、一方で、単に証拠方法として扱われたことへの強い疎外感が表明されていたのに、他方で、刑事手続への参加を認められることにより、主体として扱われ、自分の意見を表明したり、一定の役割を与えられたことにより、精神的な満足を得たという被害者も相当数存在するし、また、被害者は、刑事手続への参加を認められたことにより刑事司法制度への関わりを積極的に持つようになったともいわれるのである[12]。ともあれ、被害者の刑事手続への参加が認められてからまだあまり年月を経過しておらず、広範かつ周到な調査研究もない段階では、被害者の刑事手続への参加が精神的にどの程度の満足を齎らすのか、あるいは復讐心から刑事司法の健全な機能に悪影響を与えるのか等、経験をふまえた実態調査をするなどして少し時間をかけて慎重に判断すべきことであろう。この点は、最近の調査研究を含めて、後でまた若干言及してみたい。また、被害者の権利の侵害に対する補償

の実現は確かに重大な財政的問題を生ぜしめるであろう。しかし、参加の形態・重要性にも種々のものがあると思われる。全ての出廷が補償を要するほどの重要な手続段階であるとされるのかは議論の余地があるし、おそらく、被害者は出廷の権利を放棄する場合も相当あるであろう。他方、真に重要な手続段階への参加を保障するために補償措置を講じることは被害者の権利を実効的に保障するために必要なことであろう。

　被害者の権利を憲法上の権利とすることに対する批判として最も重要なものは第3の主張であろう。確かに、被害者の権利は、政府の不正な侵害から個人の自由を保障することを意図した被告人の権利とはかなりその性格を異にすると思われる。もっとも、現在憲法で保障されている基本権にも幾つかの違った性格のものがあるのであり、また、被害者の権利は、第二次被害者化、第三次被害者化と言われるように、国の機関、マスコミ等によって侵害されうることをも考えると、被害者の権利が、国民の多数の支持を得て、憲法上の権利として認められることを根本から否定する理由があるとはいえないように思われる。もっとも、被害者の権利を憲法上の権利にすべきとの主張は、被害者の権利が保障されなかった場合の救済を実効的なものにすることに大きな狙いがあることも事実である。この狙いを達成するためには被害者の権利を憲法上の権利にしなければならないのか、それとも、被害者の権利を規定したものの、それが守られない場合の救済策を欠く現在の法律を改正して、被害者の権利を実効性のあるものとすれば良いのか、まず、後者を先行させるべきではないのかといった議論はさらに、慎重に続けられるべきであり、また、続けられていくであろう。

　ところで、被害者の権利を憲法上の権利とすべきかという議論にも関連して、被害者の権利にも様々のものがあるが、その中、どの権利を憲法上の権利として又は実効性のある権利として認めるのが妥当かの問題がある。被害者の権利を憲法上の権利として、又は法律上の権利として規定した憲法、法律は一般に、被告人の権利を害しない限度において同権利を保障している。しかし、被害者の権利の内容によっては、被告人の権利と鋭い緊張関係に立つか、場合

によっては衝突するように見えるものがある。その1つの例として、被害者が犯罪によって被った影響について供述（Victim Impact Statement 以下VISと略す）をする権利が掲げられる。量刑の個別化の要請の下に、適切な量刑をするに際して、被告人側の事情だけでなく、被害者側の意見をも反映すべく被害者側の事情をも考慮することができるようにしようとするのがVISの目的である。ところが、量刑においてVISを利用することには幾つかの重要な批判が加えられており、特に、死刑事件においてVISを利用することは違憲ではないかと批判され、その批判を受け入れた合衆国最高裁判所の判決も出されるに到った（Booth v. Maryland, 482 U. S. 496 (1987)）。以下では、VISの内容・立法例、VISを違憲とした裁判例を紹介した後、若干の検討を加えてみたい。

2 犯罪によって被害者が被った影響についての供述（Victim Impact Statement (VIS)）の立法状況及びその問題点

1987年8月の時点で、アメリカ合衆国の48州が量刑手続において被害者の何らかの関与を認める法律を有し、少なくとも38州がVISを法律で定めており[13]、何らかの形でVISを量刑上斟酌することが認められている州は48州を数える。一般的に、VISは量刑前調査報告書（presentence report）の一部として量刑聴聞に提供されるが、被害者又はその家族が量刑聴聞に出廷して口頭で供述することも多い。VISを定めた法律の内容は各州によって相当異なっている。犯罪が被害者に与えた客観的な被害状況だけに限定する法律もあれば、被害者の主観的な意見の提出を許す法律もある。VISに含まれる内容は4種類に分けられるという。第1は、犯罪の状況と犯罪が行なわれた方法である。第2は、被害者の身元と人格である。第3は、犯罪が被害者及び被害者の家族に与えた被害とその程度である。そして、第4は、被告人について、また被告人が受けるべき適切な刑罰について被害者又は被害者の家族が持っている意見である[14]。このうち、第1類型の犯罪の状況及び犯罪の方法および第2類型の被

206 第Ⅳ部 公判手続における犯罪被害者の法的地位

害者の身元については、既に罪責認定手続においてこれらに関する証拠は提出
されてもいるし、また、被告人の量刑を判断する上でもその性質からいっても
問題はない。しかし、第2類型の被害者の人格および第3、第4類型の情報に
ついては量刑資料とすることには批判がある。VISの内容として、いかなる資
料を含むことが許されるのかを合衆国最高裁判所が最近下したブース判決
(Booth v. Maryland, 482 U. S. 496 (1987)) とギャザーズ判決 (South Carolina v.
Gathers, 490 U. S. 805 (1989)) を紹介しつつ、そこでの問題点を検討してみたい。

3 ブース判決の事実と判旨[15]

(1) 事実の概要

　被告人ブースとその共犯者はウェスト・ボルチモアの老夫婦宅に押入り、強
盗を働き、老夫婦を殺害した。犯行の目的はヘロインを買うための金欲しさか
らで、被告人は被害者が近所の人であったので身元がばれてしまうことをおそ
れて、ナイフで繰り返し刺して殺害した。被告人は2つの第1級謀殺罪、2つ
の強盗罪、そして強盗の共謀罪で有罪認定を受けた後、死刑を宣告された。陪
審が斟酌した量刑資料の中に州の保護観察局 (State Division of Parole and
Probation) が用意したVISが量刑前調査報告書の一部として含まれていた。メ
アリランド州法によれば、被害者に肉体的、精神的または経済的損失をもたら
した重罪または、被害者に重傷または死をもたらした犯罪の場合には、VISが
提出され、量刑上斟酌されなければならないとされている。本件のVISには、
被害者が家族及び地域社会の人々から尊敬されていた人物であったこと、遺族
が事件によって受けた精神的痛手が深いもので数か月経てもなお消えないもの
であること、被告人の残虐な殺害行為は決して許されるものではなく遺族は迅
速かつ厳正な処罰を望んでいることなどが記述されていた。弁護人は第1審の
証拠排除申立手続において、VISは関連性がなく、また、不当に感情を刺激す
るものなので、死刑事件において本件VISを量刑資料とすることは残虐かつ
異常な刑罰を禁止した第8修正に違反すると主張したが容れられず、また、メ

アリランドの上級審も、先例（Lodowski v. State, 302 Md. 691, 490 A. 2d. 1228 (1985)）に従って、VIS を量刑資料とすることを認め、死刑判決を維持した（Booth v. State, 306 Md. 172, 507 A. 2d 1098 (1986)）。合衆国最高裁は、死刑の量刑にあたる陪審が VIS を斟酌することを第 8 修正は禁止しているか否かを判断するためにサーシオレーライを認容した。

(2) 判旨・法廷意見

破棄差戻

パウエル裁判官執筆の法廷意見

　本件における VIS は陪審に 2 種類の量刑資料を提供するものである。第 1 は被害者個人の人格と犯罪が被害者の家族に与えた精神的影響である。第 2 は犯罪と被告人個人についての被害者の家族の意見を述べたものである。以下の理由で、これらの量刑資料は死刑事件の量刑決定に関連性のないものであり、また、これらの量刑資料を許容することは陪審が恣意的かつ気まぐれのやり方で死刑を言い渡すという憲法上許されない危険を生じせしめるものであると判断する。

　死刑事件においては、死刑か否かの最終的な問題について地域社会の良心を表明するのが量刑にあたる陪審の役割である。この役割を果す際に陪審は「かけがえのない 1 人の個人として」被告人に焦点を合わせることが要求されている。しかし、VIS の焦点は被告人に合わされているのではなく、被害者の人格と評判そして犯罪が被害者の家族に与えた結果に合わされている。先例が示しているように、被告人は被害者について知らないことが多く、従って、被害者の家族が存在していること、また家族がどのような人格の人々であるかを知らないであろう。さらに、被告人は謀殺行為が謀殺された者以外の者に影響を与えるか否かに基づいて被害者を選ぶことなどはめったにない。従って、VIS に依拠することを陪審に許すと、被告人が知らなかった、従って殺害の意思決定とは関連のない要因によって陪審が死刑を科す結果が生じうるのである。このように、VIS は陪審の注意を被告人の経歴、前科・前歴、犯罪の状況から逸ら

208 第Ⅳ部　公判手続における犯罪被害者の法的地位

せてしまうおそれがある。

　本件の被害者の家族は具体的かつ説得的に被害者を失った悲嘆と損失の程度を表現した。しかし、事件によっては、被害者は家族を残して死ぬとは限らないし、また、遺族によっては、被害者に対する喪失感は同じように大きくてもその感情を十分に表現できないかもしれない。死刑判決の言渡しがこのような違いにかかっているかもしれないという事実は、陪審にこの種の量刑資料を斟酌することを許すことが危険であることを示す一例である。遺族がその悲嘆を表現したい程度および表現できる程度は、被告人が死刑判決を言渡されるか否かの判断には関連性がないことは確かである。

　被害者が問題のある人格の人間ではなく地域社会で信頼されている人物であるとの認識に基づいて死刑か否かの判断をしてもよいとする正当な理由は存在しない。この種の量刑資料は死刑が科されない多くの事件と死刑が科される事件とを原則に基づいて区別する方法を提供するものではない。

　被害者の人柄とか遺族の受けた精神的痛手に関する証拠について被告人が反証するのは困難である。また、被害者にこの種の量刑資料の提出を許せば、被告人にも許さざるを得ず、そうなると量刑手続はミニ公判の様相を呈するおそれがある。これは単に魅力がないというに止まらず、陪審の関心を、憲法上求められている任務すなわち被告人の経歴、前科・前歴および犯罪の具体的状況に照らして死刑が適当か否かを決定する任務から逸らせてしまうおそれがあるのである。

　VIS に含まれているもう 1 つの情報は遺族の意見と犯罪の特徴についての資料である。本件の残忍な謀殺によって惹き起された遺族の悲嘆と怒りは理解できるし、また、陪審も一般的にこの遺族の感情を察している。しかし、この資料が国によって正式に提出されると、陪審の感情を過度に刺激し、犯罪と被告人についての関連ある証拠に基づいて事件を決定するという任務から陪審の関心を逸らせてしまうという目的に奉仕してしまうことになるのである。

　死刑を科するか否かの謀殺事件の裁判の量刑段階において VIS を提出することは第 8 修正に違反し、従って、メアリランド州法は、VIS を量刑資料とし

て斟酌することを要件としている限度で無効とされる。

ホワイト裁判官執筆の反対意見（バーガー、オコンナ、スカリア各裁判官参加）

被告人が犯した残忍な謀殺は人間性に対する侮辱であるが、その影響は被害者にのみ及ぶものでなく、被害者の住んでいた地域社会もまた被害を受けているのである。中でも、被害者の遺族は同種の被害を受けたことのない者には想像だに困難な精神的打撃と悲嘆とを被ったのである。

陪審員が謀殺者につき犯行の際の内心の意思だけではなく惹起した被害の全体について責任があると判断する傾向があることは何も非常識ではない。殆どとは言わないが多くの人は次のことに同意してくれるであろう。つまり、停止信号を無視して運転し、不注意で歩行者を死に至らしめた者は、同じ信号を歩行者がいないときに、無視して運転した者よりもずっと重い処罰に値することを。

量刑判断者が死刑が適切な刑罰かを判断する際に被害者の人種が何であるかというような要因に依拠することを州が助長してはならないことは明らかに正しい。しかし、量刑上斟酌するものとして、個別の謀殺行為が他の社会の構成員就中遺族に与えた具体的な被害を州が量刑資料としようと決めたのに、斟酌することができないとする理由を理解することができない。

被害者の遺族がその喪失感を表現する能力に違いがあることから生じる恣意性に法廷意見は依拠しているが、それは結論を正当化するための、重要性のない考慮事項である。いかなる2人の検察官であっても、陪審に対して行う弁論能力が全く同じではない。また、いかなる2人の証人も事実を伝える全く同じ能力を備えていることはない。しかし、死刑事件で提出できる証拠と弁論は限定を受け、死刑事件全てに共通する最低限の事項に限られるという要件は存在しない。

VISに対する被告人の反証から生ずる仮定の問題は推測の域を出ないし、また、本件の事実とは関係がない。メアリランド州ではVISに対して被告人が反証する権利を制限していないし、また、本件では、被告人は、恐らくそれが被告人の利益に適うと考えて、反証を提出していない。

スカリア裁判官の反対意見

　法廷意見は、被告人の死刑判決を受ける適格者であるかが内心の罪（moral guilt）とは関連のない要因によって決まりうること（また、常に決まっていること）の理由を説明していない。

　法廷意見が依拠している原則つまり死刑判決を科すか否かは内心の罪を基礎としてのみ決定されるべきであるとの原則は、憲法の条文にも、我々の社会の歴史上の実践においても、また、当裁判所の先例の中にも存在しないのである。

4　ギャザーズ判決（South Carolina v. Gathers, 490 U. S. 805 (1989)）の事実と判旨

(1)　事実の概要

　被告人ギャザーズ（Demetrius Gathers）と 3 人の共犯者がある夕方、公園のベンチで、初めて逢った被害者ヘインズ（Richard Haynes）に話しかけ、会話を拒まれると、被害者を殴る、蹴る、頭にビンを投げる等の暴行を加えた。ギャザーズはヘインズを傘で殴り、性的暴行を加え、立去った。暫くして、ギャザーズは犯行現場に戻り、ナイフでヘインズを刺殺した。

　ヘインズは 31 歳で無職で、精神障害があり、3 度、精神病院に入院したことがあった。ヘインズは自分を牧師だと思い、自ら「司祭」（Reverend Minister）と名乗り、日頃より、布教活動に必要な物を持ち歩き、公園で布教活動を行っていた。最初の暴行行為の際、共犯者はヘインズのバッグをかき回し、所持品を地面にばら蒔いていった。ヘインズの所持品の中には、2 冊の聖書、ロザリオ、プラスチック製の天使像、オリーブ油、そして布教のための小冊子があった。小冊子の中に「スポーツ選手の祈り」（The Game Guy's Prayer）と題する冊子があった。

　サウス・カロライナ州の裁判において、陪審はギャザーズを謀殺罪（murder）と第 1 級性的暴行罪（first degree criminal sexual conduct）で有罪の認定をした。

ヘインズの所持品を含む証拠が有罪認定手続および量刑手続において異議なく許容された。問題とされたのは、検察官が最終弁論において言及した次の内容であった。中でも、人間の生き方をフットボールとボクシングの選手に喩えて、スポーツの徳を賞称した「スポーツ選手の祈り」に言及して、ヘインズが信仰の厚い人間であったことが述べられた部分である。すなわち、自分が困難な役割に正面から正々堂々と、勇敢に、全力を尽して、仲間と共に挑み、運悪く、試合がうまく運ばないときも、それを素直に受け入れ、八百長だとか不公平だとか文句を言わない人間であるように、神に対して加護を求める内容の祈りに言及している。要するに、ヘインズが信仰心が厚いこと、また、小柄で、精神障害があり、定職も持てず、運にも見放されているが、悲劇を含めて人生をあるがままに受け止めている人間であることが述べられた。さらには、ヘインズは選挙人登録証（a voting registration card）を持っており、地域社会を信じ、地域社会の活動に参加する人間であり、そのため公園に行き、ベンチに座り、被告人のような人間に攻撃されないことを信じていた人間であったことが述べられた。

　サウス・カロライナ州最高裁判所は、被害者の人格に関するかくも詳細にわたる弁論は犯罪の状況を理解するために必要であるとは言えず、検察官の弁論は被害者が信仰心厚い人間であり、登録選挙人であることを理由に被告人が死刑判決を受けるに値するとの示唆を与えるものである、と認定した。同最高裁は、ブース対メアリランド判決に依拠して、ギャザーズの死刑判決を破棄して、新たな量刑手続を行うよう差し戻した。そして、サーシオレーライの申請が合衆国最高裁によって受理された。

（2）判　　旨

上告棄却

　ブレナン裁判官執筆の法廷意見（ホワイト、マーシャル、ブラックマン、スティーブンス各裁判官参加）

　合衆国最高裁の死刑事件の先例が一貫して判示してきたように、死刑を科す

212 第Ⅳ部 公判手続における犯罪被害者の法的地位

ためには、被告人の刑罰は被告人の個人の責任（可罰性）（personal responsibility）と内心の罪（moral guilt）とに見合ったものであることが必要とされている。ブース対メアリランド事件で当最高裁は、刑事手続における VIS は「具体的な被告人の道義的責任（blameworthiness）に全く無関係な要因」を持ち込むものだ、と判示した。

ブース事件において陪審に提示された証拠には、被害者の人格の特徴を記述したもの、犯罪が被害者の遺族の感情に与えた影響、そして、犯罪と被告人についての被害者の遺族の意見が含まれていた。本件で争点となっているのは、右の第 1 の種類の供述、つまり、被害者の人格的特徴に関する供述である。本件においては、被害者の人格の特徴を述べたのは被害者の遺族ではなく検察官であったが、その供述は、すべての重要な点において、ブース事件の供述と区別することができない。ブース事件で述べたように、「陪審にこの供述に依拠することを許すと、被告人が気づいていない、従って、殺害の意思決定とは関係のない要因に基づいて死刑判決を下す結果となりうる。」

とはいえ、ブース事件の法廷意見は VIS に含まれているこの種の内容の供述が「犯罪の状況に直接関係あるものである場合」には許容される可能性を残していた。サウス・カロライナ州は本件がその場合に当たる事件であることを主張している。同州の主張するところによれば、事件の際に被害者の身体の周りに故意にぶちまけられた被害者の様々な所有物は、犯罪の状況と関連性があるか、または、被告人の一定の人格的特徴を示しているものである。

しかし、当法廷は申請人の主張には賛成できない。ギャザーズが何か盗むものを探すために、ヘインズ所有の冊子類をかき分け、ぶちまけた事実は、確かに、犯罪の状況に関連性のある事実であり、従って、適法な弁論の対象となる事実である。しかし、本件における検察官の弁論は上記の限界をはるかに超えている。すなわち、検察官は、陪審に向って被害者が持ち歩いていた布教のための小冊子を長時間朗読し、また、ヘインズの所持品である「スポーツ選手の祈り」と選挙人登録証から検察官が推測したヘインズの人格的特徴について説明を加えたのである。しかし、これらの書面の内容は犯罪の状況と関連性があ

第 15 章　犯罪によって被害者が被った影響についての供述…　*213*

りえたはずがない。被告人が当該小冊子または選挙人登録証に印刷されている内容を読んだという証拠はおよそない。実際、被告人が書面の内容を読んだという可能性は殆どありえない。公判での証言によれば、ギャザーズはヘインズの鞄の検査を手早く済ませた。ヘインズの所持品を場所をかまわずぶちまけて、ぶちまけた物をざっと見たが、その所要時間が1分もかからなかったという。おまけに犯罪が行われたのは夜間の森をつっきる暗い所においてであった。犯人達は懐中電灯を持っていなかった。このような状況においては、被害者が襲われたときに偶々持ち歩いていた様々な書面の内容は純粋に偶然そういう内容のものだったということであり、被告人の道義的責任（moral culpability）に関連のある資料を何ら提供するものではない。これらの書面が別の目的のために証拠として許容されたとはいえ、その書面の内容は犯罪の状況に直接関連しているということはできない。従って、サウス・カロライナ州最高裁の判示は是認される。

　ホワイト裁判官の補足意見

　ブース判決が破棄されない限り、サウス・カロライナ州最高裁の判断は是認される。

　オコンナ裁判官の反対意見（レーンキスト、ケネディ各裁判官参加）

　ブース判決は下されたときに誤っており、いつでも破棄する判決に加わる用意があるが、本件はブース判決を破棄しなくても、正しい事件の処理をすることができる。被害者の家族に与えた侵害（harm）に関する供述を死刑量刑手続で提出するのは許されないとのブース判決の中心的判示部分は本件には及ばない。本件で争点となっているのは、単に被害者本人についての検察官のコメントである。

　第8修正自体が求めているのは、死刑事件において科される刑罰は犯罪によって惹起された侵害と被告人の道義的責任（blameworthiness）とは釣合ったものでなければならないということなので、量刑をする陪審が被害者の人格的特徴に関する証拠について弁論したり、斟酌することを禁ずる第8修正の厳格なルールは排斥される。

214　第Ⅳ部　公判手続における犯罪被害者の法的地位

当最高裁が一貫して要件としてきたところによれば、刑罰の量刑手続における陪審は、被告人の経歴に関する広範な資料を斟酌することが許されなければならない。そこで、犯罪の状況が関連性があるのみでなく、被告人が、死刑より軽い刑の基礎として提供する被告人の人柄や経歴のいかなる側面も「減刑事由として」量刑判断者が斟酌することを排除しないことを第8および第14修正は求めているのである。

本件において、量刑を行う陪審は、被上告人の母親、姉（妹）、従兄（弟）の証言を聴いたが、これらの証言はすべて被上告人が優しく、気をつかう（caring）人間であったことを示している。また、ギャザーズの6年生の時の先生の証言も聴かれた。これらの証言のどれもが1986年9月13日の事件に直接関係はないが、それらは全て被告人自身および被告人の道義的責任について、陪審の評価には関連性があるのである。

同様に、適切な刑罰という社会観念の中に長い間に亘って含まれている要因の1つは、被告人の行為によって惹起された侵害である。かくて、応報そのものが死刑の刑事学上の正当な目的であることが長い間に亘って認められてきているのである。応報主義の正当根拠の中心は、量刑は犯罪者の個人的責任（culpability）と直接関連するものでなければならないということである。さらに被告人の責任を決定する1つの必須の要因は、惹起された侵害の程度である。

被告人の行為によって惹起された侵害は、たとえ被告人が具体的に当該侵害を惹起することを意図していなかった場合でも、死刑事件の量刑判断者が適切な刑罰は何かについてする道義をわきまえた判断（moral judgment）に関連性があるのである。

タイソン事件において（殺害行為を実行していない）被告人等に死刑が適当であると判示するのに決定的だったのは、被告人等が助勢して惹き起した侵害、すなわち、4名の罪のない人間を死に至らせたことである。

第8修正は、地域社会が刑を量定するに際して、地域社会の損失を斟酌することを排除していないし、また、死刑事件の量刑段階において、被害者が匿名

の他人で居続けなければならないことを求めている訳ではない。本件の被害者が改宗のための活動と地域社会の政治的活動への参加を通じて、自分の地域社会への関心を示していた、信仰心の厚い、罪のない人間であったということは、丁度、社会が幼い子供の父または母の殺害に対して悲嘆と怒りの目でみるのと同じように、被害者の死によって社会が被る損失と関連性があるのである。

　確かに、検察官が被害者の人種、宗教または政治的所属を理由に死刑を科すよう促すことは違法である。しかし、「スポーツ選手の祈り」は既に異議なく証拠として認められており、検察官が言及しなくとも陪審が読むことのできるものであるから、検察官が最終弁論の中で当該書面を朗読したことはハームレス・エラー（判決に影響を及ぼさない瑕疵）であろう。そうはいうものの、まず、この点についての審理をするために本件をサウス・カロライナ州最高裁へ差戻すべきだと考える。

　また、確かに、死刑事件の被告人は VIS を反駁するための関連ある証拠の提出が許されなければならない。しかし、本件では、被上告人は、量刑段階において提出されたが、反駁することを認められなかった証拠を全く指摘していない。むしろ、検察官は公判の罪責認定段階において異議なく提出された証拠にコメントを加え、また、証拠から様々な推論を引き出した。検察官が最終弁論において記録の中の被害者に関する証拠にコメントを加えることができるように、弁護人も同じことができるのである。実際、弁護人はヘインズのことを繰り返し「司祭」と言及したことに対してコメントしている。しかし、被上告人のデュー・プロセスを理由とする他の主張と同じように、この争点は差戻して、サウス・カロライナ州最高裁で審理して貰うのが最適である。

　スカリア裁判官の反対意見

　ブース判決は誤りであった。また、本件は正面からブース判決の有効性に疑問を投げかけているのであり、ブース判決は破棄されるべきと考える。

216 第Ⅳ部　公判手続における犯罪被害者の法的地位

5　ペイン判決（Payne v. Tennessee, 501 U.S. 808 (1991)) の事実と判旨[16)]

(1)　事実の概要

　被告人ペインは、ガールフレンドのアパートを数回訪ねたが留守であった。同アパートで被告人はコカインを注射し、ビールを飲んだ後、外出した。その後被告人は同アパートに戻った際、同じアパート内の被害者チャリス（Charisse Christopher 当時28歳の女性）宅へ立入り、性行為を強要したが拒絶され、抵抗されたため、肉切り包丁でチャリスを42カ所刺し、失血死させ、また、娘のレイシー（2歳）の胸、腹、背中、頭を刺して殺害し、さらに、息子のニコラス（3歳）にも身体を貫通する刺創を含め数カ所刺したが、ニコラスは7時間の手術の後奇跡的に助かった。被告人は犯行を否認したが、不利な証拠が圧倒的に多く、全ての訴因につき陪審は有罪の評決を下した。

　量刑手続において、被告人はその父、母、ガールフレンドそして臨床心理学者の4人を証人として喚問し、被告人の両親は被告人が良い息子であり、逮捕歴も前科もなかったこと、薬物濫用の経歴はなかったことを証言した。ガールフレンドは被告人が優しい人間であり、自分や3人の子供に愛情を持って接してくれること、また、臨床心理学者は被告人が知能指数が低く、精神的に障害を持っているが、精神異常でも精神病質でもなく、さらに、自分が会った中で最も礼儀正しい受刑者であったと証言した。

　他方、国側は被害者チャリスの母親（Mary　Zvolanek）を証人として喚問し、証人はニコラスが母親を求めて泣くこと、妹がいなくて寂しがっていること等を証言した。また、最終弁論において検察官は陪審員に対し次のように述べた。陪審員諸侯は被告人や被害者の家族の心の痛みを和らげてやれることはないが、生き残ったニコラスのためしてやれることはあります。ニコラスが成長して事件について知りたいと考えるようになり、どのような裁判（正義）が行われたのかを知りたいと考えるようになったときに、陪審員諸侯の判断によっ

てその答えを出すことができるのです、と。また、被告人の最終陳述に対する反論において検察官は、レイシーが成長する機会を奪われたため2歳以後の彼女の将来を知るものはなく、また、チャリスが息子のニコラスにお休みのキスをしたり、子守歌を歌うことも失われた等と述べた。

　陪審は被告人に対して2つの謀殺罪につき死刑を、また、謀殺未遂については30年の収監刑を言い渡した。テネシー州最高裁判所も有罪認定と量刑を確認した。

　合衆国最高裁判所は被害者の個人的性格や犯罪が被害者の家族に与えた感情的な影響に関する被害者の意見陳述（証拠）（VIE：Victim Impact Evidence）を死刑事件において陪審に斟酌することを禁止したブース判決とギャザース判決を再検討するためにサーシオレーライを決めた。

⑵　判旨・法廷意見（レーンキスト首席裁判執筆、ホワイト、オコンナ、スキャリア、ケネディ、スータ裁判官参加）

　VIE の許容性は事案毎に決定されるのではなく、それが犯罪の状況に直接関連する場合以外は死刑事件の量刑手続きにおいて自動的に許容されないことをブース判決は明らかにした。2年後のギャザース判決はこの原則をブース判決での検察官が行った最終弁論を被害者の個人的資質に関して量刑を行う陪審にまで拡張した。

　ブース判決とギャザース判決は次の2つの前提に立っている。つまり、特定の被害者または死刑事件の被告人が被害者の家族に与えた法益侵害に関係する証拠は一般的に（言って）被告人の道義的責任（非難可能性）（blameworthiness）を表すものではなく、また、道義的責任に関係する証拠だけが死刑の量刑判断に関連性を有するのである。しかし、起訴された犯罪の結果として、被告人の引き起こした法益侵害の評価は、犯罪の構成要素を決定するに際しても、刑事法の重要な関心事であり続けたが、それはよく理解できることである。かくして、2人の同程度非難可能性のある犯罪の被告人が、各人の行為が程度の異なる法益侵害を齎したという理由だけで、異なる犯罪（構成要件）で有罪とされ

うるのである（銀行強盗が警備員に拳銃で狙いを定め、引き金を引き警備員を殺害した場合、強盗犯人は死刑に科されうる。しかし、予想に反して不発に終わった場合は死刑は科されえない。強盗の内心の罪は同じであるが、刑事責任は前者の場合の方がより重大である）。

裁判官は量刑の際、幅広い裁量権を有しており、犯罪によって惹起された法益侵害を斟酌することはその裁量の行使に当たっての重要な要因である。連邦の裁判制度においては、裁判官は無制限に近い程の情報を斟酌することが許され、死刑の量刑においても、グレグ判決でのスチュワート、パウエル、スティーブンス裁判官の合同意見によれば、ジョージア州法が量刑前の聴聞手続で幅広い範囲での証拠と弁論が許されていることに対する申請人の批判は斥けられている。

一方で、死刑事件の被告人が自己の情状に関して提出する関連性のある減刑証拠については事実上何らの制限も加えられないのに対して、州は、被告人が抹殺することを選んだ被害者の人生を一瞥する証拠を提供することや被告人の殺害行為に由来する被害者の家族および社会の損失を明らかにすることも禁止しているのである。

多くの事件において、被害者に関わる証拠は、少なくともその一部は既に陪審の下に提出されている。なぜなら、それらの証拠は公判の罪責認定段階において関連性があるからである。しかし、量刑段階において許容される上記以外の証拠についても、戦術上の理由から弁護側が被害者が受けた影響に関する証拠について反駁するのは賢明ではないと判断するかもしれず、この事実からこの種の事柄は他の事案において当事者が直面するディレンマと変わるところはないのである。

一般的に言って、VIE は勤勉で献身的な親を殺害した者は死刑に値するが、邪悪な者を殺害した者は死刑に値しないというような事例の種類に応じた相対的な判断を奨励するものではない。そうではなく、VIE は被害者の死から生ずる地域社会の損失がどのようなものであると陪審が考えるかにせよ、被害者の個々の人間としてのかけがえのなさを示すことが意図されているのである。

被害者および殺人が被害者の家族に与えた影響に関する証拠が死刑を科すべきか否かについての陪審の判断において関連性があるとの州の結論は正当である。VIE を他の関連性のある証拠と別に取り扱うのは根拠がない。

本判決にはオコナー、スカリーア、スータ各裁判官の補足意見とマーシャル、スティーブンス各裁判官の反対意見がある。この中、オコナー裁判官の補足意見とスティーブンス裁判官の反対意見の一部を紹介する。

オコナー裁判官の補足意見（ホワイト、ケネディ裁判官参加）

当法廷は VIE が必ず証拠として許容されなければならないとか、許容されるべきであると判示したものではない。ただ、州が VIE を斟酌することを許容した場合は、第 8 修正は VIE の提出を自動的に禁止する立場を採っていないと判示したのである。具体的な事案である証人の証言または検察官の弁論が量刑の手続を基本的に不公正なものにする程影響が強い場合には、被告人は第 14 修正の適正手続条項によって適切な救済を求めることができる。本件ではこの限界を超えていない。

スティーブンス裁判官の反対意見（ブラックマン裁判官参加）

法廷意見は量刑判断者に恣意的かつ気紛れ的な方法で関連性のない証拠に依拠することを許容するので第 8 修正に違反する。

関連性のない VIE は量刑判断者の注意を量刑上の適法な焦点から逸らし、また、感情やその他の恣意的な要素に依拠することを奨励するため、必然的に被告人の権利を侵害するのである。

6 ケリー判決（Kelly v. California, 555 U.S. 1020（2008））の事実と判旨[17]

従来、犯罪によって被害者等（遺族を含む）が被った影響や地域社会が受けた損失については、証人が口頭や書面によって供述すること（Victim Impact Statement〔VIS〕、Victim Impact Evidence〔VIE〕）が主流であった。近年では、VIE の形態は写真や動画を含むビデオが多用されるようになっている。本件は、死

220 第Ⅳ部　公判手続における犯罪被害者の法的地位

刑事件の量刑手続きにおいて、写真を含むビデオを視聴する形態の証拠（VIE）が許容されるとしたカリフォルニア州最高裁判所の判断に対してなされた裁量上告（certiorari、サーシオレーライ）を合衆国最高裁判所が認めなかった事例である。裁量上告は認められなかったが、スティーブンス、ブライア両裁判官の反対意見が付されている。

(1)　事実の概要

被害者サラ・ウィア（19 歳の女性）は鋏で 29 カ所刺されて殺害された。数日後に、かってケリー（Kelly）が 5 か月同居していた女性の部屋で遺体が発見された。遺体は裸で毛布に包まれており、遺体の頭部はビニールの袋でおおわれ、袋の上には野球のヘルメットが置かれていた。ケリーの指紋が紐のロール（円筒）、ヘルメット、ベッドから検出された。遺体が腐敗していたため性的暴行の直接証拠は発見されなかったが、別の 3 名の強姦被害者に対する犯罪の手口と著しく共通していること等から陪審はケリーの強姦の故意を認定した。ケリーは有罪と認定され、死刑が宣告された。

問題とされたのは検察が提出した VIE であった。本件 VIE の内容は以下の通りである。

検察はウィアの幼年期から殺害される直前までの人生を記録したモンタージュ（制止写真とビデオ映像を合成したもの）から成る 20 分のビデオを再生した。同ビデオのナレーターは被害者の母親マーサ・ファーウェル（Martha Farwell）であり、穏やかな背景音楽（アイルランドの女性歌手エンヤ ENYA の作曲）が流される中、被害者の水泳、乗馬、通学そして家族や友人との交流が写し出されていた。同ビデオは、被害者の墓標とカナダ、アルバータで乗馬する人々の映像で終わっている。母親によれば、そこは被害者の出身地であり、また、被害者がいる天国なのである。

カリフォリニア州最高裁は次のように述べて本件 VIE を許容した。

⑴　母親の証言はサラの人生とサラの死が家族や友人に齎した苦痛に適切に焦点が当てられており、むしろ、ごく普通に許容される典型的な VIE である。

⑵　被害者の死が社会にとってかけがえのない損失を齎した個人であることを量刑判断者に想起して貰う目的で提出することは許されるが、陪審の関心をその適切な役割から逸らしたり、不合理に、単に主観的な反応を招来するような、関連性のないまたは扇動的な証拠を検察は提出することはできない。

⑶　本件では、公判裁判所はビデオを観てその裁量権を行使した。また、本件は被害者が次々と繰り返し証言する事案ではなく、被害者の母親だけがサラの謀殺事件が与えた影響について証言した場合である。ビデオは母親の証言を補足するものであっても重複するものではなかった。ビデオの大部分は、母親のナレーションを含めて、過度に感情的なものではなく、刑（罰）の決定に関連性のある証拠を提出するものである。それは、サラの人間性を表現するものであり、VIE の立法趣旨に沿ったものである。それは、幼少期から若すぎる成人の死に至るサラの人生の事実を基にした年代記であり、陪審をして、被告人の殺人に起因する被害者の家族と社会に対する損失を理解する助けとなるものである。

⑷　背景に流されたエンヤの音楽と最後の乗馬の情景は関連性がなく感情的な要素があるが、ビデオの殆どの部分は事実に基づき、関連性があり、過度に感情に訴えるものではないので、公判全体としてみればハームレス（被告人の実質的な権利を侵害しない手続上の瑕疵に当たる場合）といえる。

⑵　合衆国最高裁判所の対応

合衆国最高裁はサーシオレーライを認めなかったが、スティーブンスとブライヤー両裁判官の意見がある。

⑴　スティーブンス裁判官の意見

①　スティーブンス裁判官は、ブース判決の法廷意見の、つまり、VIS は、陪審の感情を過度に刺激するものであり、また、犯罪と被告人についての関連

のある証拠に基づいて死刑か否かを決定するという観点からは関連性のない量刑資料であり、これを許容すると陪審がその本来の任務から関心を逸らせてしまい、その結果、陪審が恣意的かつ気まぐれ的方法により死刑を言い渡す憲法上許されない危険を生ぜしめるので、類型的に使用が禁止されるものであるとの立場を基本的にはしている。

② VIE はいかなる形態のものであれ、強い影響力がある。本件が示すように、音楽写真またはビデオ映像によってその影響力はより大きいものとなり、不公平な量刑判断をするおそれは即座に圧倒的なものとなる。

ビデオはブースで争点となった書面による VIE やベインで許容された短時間の口頭証言よりも遙かに大きな影響力がある。

③ ベインにおいて、提出された証拠が過度に量刑判断を誤らせるおそれがあるため、公判が量刑判断を根本的に不公平となる場合には、第 14 修正の適正手続条項が救済の仕組み（枠組み）を提供（用意）している、とした。しかし、当法廷は、州や連邦の裁判所に対して、許容される VIE と許容されない過度に量刑判断を誤らせるおそれのある形態の VIE との間の不明瞭な領域がある中で、明確な指針を示せないでいた。少なくとも、当法廷は、ベインで宣告された基準を適用する上で、許容できる VIE の範囲について、とっくの昔に示すべきであった指針を今提供すべきである。当最高裁は、VIE の利用につき課すべき合理的な制約は何かを検討すべき義務がある。

(2) ブライヤー裁判官の意見

私は、問題のビデオが、被害者の家族や地域社会に対する影響を含めて、犯罪が引き起こした侵害の全体像を陪審が理解することを助けるものであることを認める。また、ビデオはその生命が奪われた個人がかけがえのない人物であったことを陪審が思い起こすことを助けるであろう。さらに、ビデオは少なくとも、被告人が抹殺することを選んだ人生の一端を陪審が垣間見る機会を与えるだろう。

他方、ビデオの個人的、感情的そして芸術的な属性事態が法的問題を生じさ

せる。これらの属性は、ビデオの純粋に感情的な影を強め、おそらく、異常な
ほどに強くする。

　私は、この領域において、憲法上許容されるものと許容されないものとの間
の限界をどこに置くかが困難であることを理解している。私見によれば、当最
高裁はサーシオレーライを認め、憲法上の指針を明確にするために本件事案を
審議すべきである。

7　考　　　察

⑴　VIS、VIE に関する合衆国最高裁の基本的立場

　前述したように、Booth、Gathers で採られた、VIS、VIE を量刑資料として
自動的に許容しないとする立場は Payne によって否定された。Booth は VIS
の内容である被害者の人格や評判、犯罪が被害者の家族に与えた影響は、被告
人の非難可能性とは全く無関係であり、被告人の前歴および犯罪の状況に焦点
を当てて死刑か否かを判断すべきであるのに、VIS は陪審の注意を、そこから
逸らし、被害者の人格や評判、家族に与えた影響に焦点を当てるようにしてお
り、このような相当でない要因によって死刑か否かの判断をすることは、気ま
ぐれ的かつ感情によって死刑量刑をすることを禁止した合衆国憲法第 8 修正に
違反すると判示した。Booth は、probation officer が作成した量刑前調査報告
書の VIS の提出が第 8 修正違反とされたが、Gathers では、被害者の性格、信
仰心、生活状況等について検察官が行った最終弁論（VIE）が違憲と判断され
た。

　Payne は、Booth、Gathers の両判決を覆した。Payne は、犯罪が引き起こ
した被害者や家族に対する影響の評価は死刑か否かの判断に重要であること、
また、被害者がかけがえのない存在であり、その死は地域社会にとって大きな
損失であることは被告人の減軽事由を評価する上で不公正ではないこと等を理
由に VIS、VIE は第 8 修正には違反しないと判示した。

　また、Kelly は、被害者の生前の人生を記録した写真と動画を含むビデオ

（VIE）を量刑資料として州の最高裁が許容した判断に対して被告人がサーシオ
レーライ（裁量上告）を求めた事案で、合衆国最高裁はサーシオレーライを認
めなかった。

　これらの判例の流れから判断すると、合衆国最高裁は、VIS、VIE を第 8 修
正が量刑資料として自動的に禁止する証拠ではなく、犯罪の結果としての侵害
（害悪）を適切に評価する上で関連性のある証拠として許容できると判示して
いると言えよう。VIE の新しい形態であるビデオについて、合衆国最高裁がサ
ーシオレーライを認めなかったことは、この事案のビデオ（エンヤの音楽を背景
に母親がナレーションにより被害者（娘）の人生を語った約 20 分のビデオ）は許容さ
れる範囲のものと考えたのであろう。

　もっとも、合衆国最高裁は、死刑事件において、いかなる VIS、VIE も量刑
資料として許容されると判示している訳ではない。VIS や VIE が過度に感情的
であるため量刑手続を基本的に不公正なものとするほど影響力が強い場合には
第 14 修正の適正手続条項により救済されるとの基準（限界）を示している。
この基準に対しては学説の批判が多く、許容される VIS、VIE と許容されない
VIS、VIE とを分ける明確な基準を提供しているとはいえないと言われてる。
とはいえ、Payne 後現在まで、判例変更はされていないため、「過度に感情的
であるため量刑手続を基本的に不公正なものとする」か否か、適正手続条項違
反となるか否かについて、各事案に対する適用事例の集積の中で、より具体的
な基準が形成されていくのであろう。

(2)　VIS、VIE の是非を巡る諸論点の検討

　VIS、VIE の是非を巡っては学説の批判が多い。判例に表れた VIS、VIE の
幾つかの重要な論点について若干の検討を加えたい。

(1)　VIS、VIE は死刑事件において量刑に関連する資料（証拠）といえるの
　　　か。
　Booth での VIS は、保護観察官（probation officer）が犯罪が遺族に与えた影

響について遺族から聴取し、書面にしたもので、これを保護観察官は陪審に朗読している。

　法廷意見は（5対4の僅差で）、本件VISの朗読は不適法で死刑判決を破棄すると判示した。その理由は以下の通りである。

　「VISの焦点は被告人に当てられてはおらず、被害者とその家族に対する影響に当てられている。（VIS）の要素（内容）は全て特定の被告人の非難相当性とは関連性がない。先例が示しているように、被告人は被害者について知っていないことが珍しくなく、また、それ故、被害者の家族の存在や特徴について知識がないのである」（Booth v. Maryland, 482 U. S. 496（1987）, at 504）

　さて、合衆国においては、伝統的に、刑の個別化の理念に基づき、量刑に関する資料は保護観察官によって収集され、量刑判断に供されていた（Williams v. New York 337 U. S. 241）。VISについても、Booth 当時で、36州と連邦が非死刑事件においてその使用が許容されていた。法廷意見を執筆したPowell裁判官は、死刑は他の刑罰と異なり特別である（death is different）との前提で論を進めている。非死刑事件では関連性がある資料として量刑判断に供されているのに死刑事件では何故許されないのか。「死刑は特別である」との意味は何か。そこから、非死刑事件ではVISが許容されるが、死刑事件では許容されないという結論が導かれる根拠は何か。VISは量刑資料として関連性がないからだという理由に基づくのであれば、非死刑事件についても同じく関連性がないから量刑資料として許容されないという結論になるのが論理的ではなかろうか。Powell裁判官はこの点については言及してない。そもそも、「死刑は特別である」との言葉の内容を把握することは困難だと言われている[18]。この言葉を、死刑を執行すると取り返しがきかないからその認定と執行は慎重にすべきだという意味では理解し易い。合衆国最高裁の判例においても、例えば、死刑の認定には少なくとも1つの加重事由が認定されなければならず、また、減軽事由の提出を不当に制限されてはならず、加重事由と減軽事由を斟酌して、加重事由が凌駕する場合に限って死刑認定が許されるという法理が形成されているが、これは受け入れ易いものと思われる[19]。しかし、VIS、VIEの許容性につ

226　第Ⅳ部　公判手続における犯罪被害者の法的地位

いて非死刑事件では許され、死刑事件では許されない根拠として「死刑は特別である」との言葉が説得的であるかは疑問である。

　次に、VIS、VIE は被告人の非難相当性には関連性のない証拠であるのか

　犯罪の重大性を決定する際、裁判所や立法者は、いかなる要素を考慮して判断するべきか。ドレスラー教授によれば、立法者は、各犯罪の侵害の重さを、直接の被害者や家族そして社会全体を斟酌して判断しなければならないと言う[20]。つまり、直接の被害者や家族への侵害を含む侵害結果の重大性は非難相当性の判断をする際の明白かつ異論のない強力な要素なのである。それ故、VIS の是非は、量刑者が犯罪の侵害結果を判断する際に VIS が有益であるか否かにかかっている。そして、カッセル教授によれば、事案によって、VIS は被告人の犯罪の全ての結果を明らかにしているので、適切な量刑をするために極めて有益であり、VIS の情報がなければ、裁判官は事件につき、ゆがめられた心象風景しか得られなかったのではないかと指摘している。カッセル教授自身も連邦裁判官として多くの VIS を聴取した経験からの印象として、裁判官や陪審員が VIS 読むことにより、犯罪による損失につき新たな事実を学ばなかったことは極めて稀なことだと述べている[21]。ある公判裁判官を対象にした実証研究によっても、VIS は犯罪の侵害について新たな情報を提供できるものだとしている[22]。特に、家庭内暴力事件の加害者・被害者間の関係の変遷過程とかその他の事件でも VIS がなければ知ったり、理解することができないことがあるとの調査研究結果は興味深い[23]。

　そこで、Payne は VIS の量刑における有用性を認めて、全ての VIS を自動的に禁止する Booth、Gathers を変更したのである。すなわち、「VIS は、問題とされた犯罪によって引き起こされた具体的な侵害結果を量刑判断者に伝えるもう一つ別の形態にすぎない。それは、量刑判断者が長い間斟酌してきた一般的な形態の証拠である」。

　カッセル教授の VIS についての評価は説得力があるものと思われる。

　VIS は、犯罪、特に、犯罪の侵害結果についての情報を明らかにする、それは量刑の中心となる目的、すなわち、刑罰は犯罪に相応しくなければならな

い、との目的に非常に関連性がある。適切な量刑は裁判官や陪審が犯罪の様々な局面や犯罪が惹起した侵害結果を知らなければ、正確に判断できない[24]。

(2) VIS は陪審に不当な偏見を与え、重罰化をもたらすか

VIS に対する次のような批判は少なくない。つまり VIS は陪審に予断と偏見を抱かせ、憤激を生じさせる。VIS を聴いた陪審は VIS に圧倒され、被告人の軽減事情などの重要な証拠の健全な審査を困難にする[25]。また、VIS は特に強烈な苦痛の感情を伝える場合は、陪審に同情と怒りを喚起する。陪審が VIS を聴いて感じる怒りは懲罰的な（応報の）感情に変化する。一般的に、怒りは健全な判断を阻害する。怒りは詳細な情報の伝達（過程）を阻害し、非難する傾向（非難の対象を誤ることを含めて）を高め、また、処罰する衝動をより強化するのである[26]。

この批判は Booth の法廷意見が述べた「(VIS) は、陪審の感情を過度に刺激し、犯罪と被告人についての関連ある証拠に基づいて事件を決定するという任務から陪審の関心を逸らせてしまう」との部分と同旨のものであろう。

しかし、陪審が VIS を聴いて、被害者に同情し、憤激を共有し、冷静な判断ができずに重い判断をすることになるのか、または、陪審が事件のより多くの局面を知ることができたため侵害の結果がより重いことを正確に理解したために、そのことが量刑に反映されたのか、いづれが真実であるのか容易に判断できるものではない。

何よりも、多くの研究者が指摘していることであるが、VIS が陪審の健全な判断を阻害し、死刑判決が下されているとの見解は実証されていない。むしろ、非死刑事件でも、死刑事件においても、VIS の立法からの時間の経過に伴って、重い量刑判断が増加してはいないとの実証研究がある。VIS が厳罰化を招いているとの結論は軽々に出すべきではあるまい。

(3) VIS を提出した者とそうでない者との間に不平等は生じているか。

被害者の受けた侵害の重大性、被害者の特徴等につき雄弁に語ることができ

228 第Ⅳ部 公判手続における犯罪被害者の法的地位

る者の方がそうでない者よりも被告人に重い量刑を齎すことができるとの見解がある[27]。その前提には、被害者の生前の社会的地位や名声とにより被告人の量刑に差が生じるのは不平等であるとの考えがあるのであろう。

しかし、他の人に比べて明確に自分の考えを表現できないからといった理由でその種の証言を裁判所が排除しなければならないとすれば、いかなる種類の口頭証言も許容されないことになるであろう[28]。ホワイト裁判官がBooth の反対意見で述べたように、「どの二人の検察官も陪審に対して全く同じ弁論をする能力を持っている訳ではないし、また、いかなる二人の証人も事実を伝える全く同じ能力を持っている訳ではない。しかし、その証拠や弁論が共通する最低の水準にまで引き下げて評価されなければならないという要請は存在しない」（Booth v. Maryland, 482 U.S. 486, 518（1987））。その他にも、VIS を巡る事情は様々である。全ての被害者が重罰を望む訳ではない。また、死刑よりも長期の収監刑を望む遺族もいる。さらには、弁護人の能力（技量）も様々である。全てが同じでなければ（量刑に及ぼす影響があるのであれば）、その量刑判断は許容されないのであろうか。

他方で、被告人については、現行制度の下では、ほぼ無制限に減軽証拠の提出は許されていることを前提にかんがえれば、平等な正義（裁判）という主張によれば、VIS は許容されるべきことになる[29]。平等は事件の間での公平性だけでなく、事件の中での公平性をも要求するのである[30]。

Payne が判示したように、「VIE は勤勉で献身的な親を殺害した者は死刑に値するが、邪悪な者を殺害した者は死刑に値しないというような、事例の種類に応じた相対的な判断を奨励するものではなく、被害者の個々の人間としてのかけがえのなさを示すことが意図されているのである」。

そういう意味では、Gathers においても検察官は、被害者が信仰心が厚く、小柄で、精神障害があり、定職を持てず、運にも見放されているが、人生をあるがままに受けとめ、また、地域社会を信じ、地域社会の活動に参加する人間であることを、最終弁論において述べたのである。この VIE（検察官の最終弁論）は被害者のかけがえのなさを示すものとして許容されるべきであった（オコン

ナ裁判官の反対意見）が、Gathers の法廷意見はこれを認めなかった。

　(4)　小　　　括

　合衆国最高裁は、過度に感情的なため、量刑手続きを基本的に不公正とするような VIS、VIE は第 14 修正の適正手続違反となるとの基準を示している。適正手続違反とならないような VIS、VIE とは何か。バランスのとれた VIS、VIE は許容されるとも言われる。具体的には、VIS、VIE を行う人や書面、写真やビデオ等の関連性の有無と程度、その人数や証拠の量、内容が過度に感情的になっていないか等を総合的に判断してそれらが量刑判断を誤らせるおそれがあるのか否か、量刑手続きを基本的に不公正にするようなものになっていないかを個別の事案毎に判断して、その集積によりさらに具体的な基準を形成していくことが求められていると言えよう。

1)　President's Task Force on Victims of Crime, Final Report (1982).
2)　Victim And Witness Protection Act of 1982, Public L. No. 97-291, 96 Stat. 1248. 本法の解説として、本書第 1 章、中野目善則・法学新報 94 巻 6・7・8 号 116 頁を参照。Victims of Crime Act of 1984, 18 U. S. C. §§ 1512, 3013, 3671, 3672, 4207, 4215 (Supp. II 1984); 42 U. S. C. §§ 10601-10604 (Supp. II 1984), as amended by Pub. L. No. 99-401, 100 Stat. 903 ; Pub. L. No. 99-646, 100 Stat. 3592 (1986) を参照。また、各州の立法の状況を伝えるものとして、Note, State Legislation in Aid of Victims and Witnesses of Crime, 10 J. of Legislation 394 (1983). またより最近の状況を伝えるものとして、Marlene A. Young, A Constitutional Amendment for Victims of Crime : The Victim's Perspective, 34 Wayne L. Rev. 51, 59-64 が参考となる。
3)　例えば、被害者が刑事手続へ参加する権利として、事件の告知は重要なもので、また、告知をすることに反対する意見は稀であるが、事件のどの部分について告知するかについては州によってかなりの相異があるし、また、告知の意味・内容についても州によって違いがある。さらに、多くの州は告知の責任を特定の 1 つの機関に任せていない。何よりも、法律によって被害者への告知を義務づけていても、実際に告知がなされなかった場合の救済策を定めている州が全くない事実を指摘しなければならない。Young, Ibid. at 61-62.
4)　President's Task Force on Victims of Crime, Final Report (1982) at 114. なお、同報告書は連邦、州、そして民間レベルでの被害者の地位の改善に関する 68 の勧告

230 第Ⅳ部　公判手続における犯罪被害者の法的地位

を行っている。

5)　これは、被害者援助のための全国組織（National Organization for Victim Assistance（NOVA））が1986年1月の会合において、タスク・フォースの最終報告書が提案した合衆国憲法第6修正の改正案の代替案として採択したものである。

6)　Ken Eikenberry, Victims of Crime / Victims of Justice, 34 Wayne L. Rev. 29, 45-47（1987）を参照。

7)　Young, Ibid. at 67.

8)　R. I. Cost. Art. I, § 23.

9)　S. J. Res. 135, 10th Leg., 1st Reg. Sess., 1987 Fla. Sess. Law Serv. No. 4, A-1, A-2（West）．なお、Young, Ibid. at 67-68 を参照。

10)　James M. Dolliver, Victim's Rights Constitutional Amendment : A Bad Idea Whose Time Should not come, 34 Wayne L. Rev. 87, 89-92（1987）．

11)　Abraham S. Goldstein, Defining the Role of the Victim in Criminal Prosecution, 52 Miss. L. J. 515, 558-560（1982）．また、Note, "Private Prosecution : A Remedy for District Attorney's Unwarranted Inaction," 65 Yale L. J. 209（1955）を参照。

12)　Dean G. Kilpatrick & Randy K. Otto, Constitutionally Guaranteed Participation in Criminal Proceedings for Victims : Potential Effects on Psychological Functioning, 34 Wayne L. Rev. 7（1987）参照。同論文では、被害者の手続への深い関与が心理療法の効果があることを示唆している。

13)　次の立法例を参照されたい。Ariz. Rev. Ann. §§ 12-254（4）, 13-702（b）（9）（1956 & Supp. 1987）; Cal. Penal Code § 1191. 1（West 1982 & Supp. 1986）; Colo. Rev. Stat. § 16-11-102（1986）; Conn. Gen. Stat. Ann. §§ 54-91a（West 1958）, 54-91C（West 1958 & Supp. 1988）; Del. Code Ann. tit. II, § 4331（1985）; Fla. Stat. Ann. § 921. 143（West 1984）; Ga. Code Ann. § 27-2502. 1（Harrison Supp. 1986）; Idaho Code § 19-5306（b）（1985）; Ill. Ann. Stat. ch. 38, para. 1005-3-2（a）（Smith-Hurd 1982）; Ind. Code Ann. §§ 35-38-1-8 to 1-9（Burns 1985）; Iowa Code Ann. § 901. 3（5）（West 1979 & Supp. 1988）; Kan. Stat. Ann. § 21-4604（2）（1981）; La. Code Crim. Proc. Ann. art. 875（B）（West 1984）; Me. Rev. Stat. Ann. tit. 17-A, § 1257（Supp. 1987）; Md. Ann. Code art. 41, § 4-609（c）（3）（1986）; Mass. Gen. Laws Ann. ch. 279, § 4B, ch. 258 B, § 3（h）（West Supp. 1988）; Minn. Stat. Ann. § 609. 115（b）（West 1987）; Miss. Code Ann. §§ 99-19-151 to 19-159（Supp. 1987）; Mont. Code Ann. §§ 46-18-112, 46-18-242（1987）; Neb. Rev. Stat. § 29-2261（1985）; Nev. Rev. Stata. § 176-145（3）（1985）; N. H. Rev. Stat. Ann. § 651: 4-a（1986）; N. J. Stat. Ann. § 2C : 44-6（b）（West 1982 & Supp. 1988）; N. Y. Crim. Proc. Law § 390. 30（3）（Mckinney 1983 & Supp. 1988）; Ohio Rev. Code Ann. §§ 2929. 12, 2947. 051（Baldwin 1986）; Okla. Stat. Ann. tit. 22, § 982（West 1986）; Or. Rev. Stat. §§ 137. 530（2）, 144. 790（2）（1983）; Pa. Stat. Ann. tit. 71, § 180-9. 3

第 15 章　犯罪によって被害者が被った影響についての供述…　*231*

(Purdon Supp. 1988); R. I. Gen. Laws §§ 12-28-3, 12-28-4, 12-28-4. 1 (Supp. 1988); S. C. Code Ann. § 23A-27-1. 1 (Law. Co-op. 1988); S. D. Codified Laws Ann. § 23A-27-1. (1988); Tenn. Code. Ann. §§ 40-35-207 (8), 40-35-209 (b) (1982); Utah Code Ann. § 64-13-20 (4) (1986); Vt. Stat. Ann. tit 28, § 204 (e) (1986), tit. 13, § 7006 (Supp. 1987); Va. Code Ann. § 19. 2-299. 1 (1983); Wash. Rev. Code Ann. §§ 7. 69. 020 (4), 7. 69. 030 (Supp. 1988); W. Va. Code §§ 61-11A-2, 61-11A-3, 61-11A-6 (1984); Wis. Stat. Ann. §§ 950. 04 (2m), 950. 05 (1) (dm) (West Supp. 1987).

14) 　Phillip A. Talbert, The Relevance of Victim Impact Statements to the Criminal Sentencing Decision, 36 UCLA L. Rev. 199, 203 (1988).

15) 　本判決については既に紹介・解説があるので参照されたい。渥美東洋代表（清水真担当）・比較法雑誌 22 巻 4 号 104 頁。

16) 　本第 15 章の前半（ギャザーズ判決の事実と判旨）は平成 2 年（1990 年）9 月に公刊されたものである。本章の後半は本書の刊行に当たり、その後の判例の展開をペイン判決とケリー判決を中心に紹介したものである。前半の論稿を発表した後、筆者が様々な理由で続篇を書けないでいる間に、VIS、VIE をめぐって多数の論稿が公刊された。当初はこれらの先行業績を参考にしていただければ充分と考えていたが、本書を刊行する際に、私なりの考えを示す必要から必要最小限度でその後の合衆国最高裁の判例の展開をフォローしたものである。

　以下に、VIS、VIE についての邦語文献を掲げる。

　斉藤豊治「アメリカにおける死刑の量刑手続きと被害者の参加」浅田・高田・久岡・松岡・米田編『転換期の刑事法学』501 頁（現代人文社 1999 年）、同「量刑に関する被害者の意見陳述権」浅田・川崎・安原・石塚編『刑事・少年司法の再生』441 頁（現代人分社 2000 年）、同「アメリカにおける被害者の刑事手続参加」犯罪と刑罰第 20 号 53 頁（成文堂 2010 年）、隅田陽介「アメリカ合衆国における Victim Impact Statement（VIS）(1-2・完)」比較法雑誌 34 巻 2 号 139 頁、34 巻 3 号 117 頁（中央大学出版部 2000 年）、同「刑事手続における Victim Impact Statement に関する一考察」法学新報 117 巻 7・8 号 493 頁（中央大学出版部 2011 年）、同「アメリカ合衆国における犯罪被害者の権利の保障」被害者学研究 23 号 85 頁（成文堂 2013 年）、堤和通「刑罰制度での犯罪被害者への共感―米国 VIS 再見―」Future of Comparative Study in Law 日本比較法研究所創立 60 周年記念論文集 707 頁（中央大学出版部 2011 年）、佐伯昌彦『犯罪被害者の司法参加と量刑』（東京大学出版会 2016 年）、島田良一「被疑者影響証拠の許容性について」摂南法学第 40・41 号 115 頁（2009 年）、平山真理「被害者と量刑―アメリカ合衆国の死刑事件裁判における Victim Impact Statement の検討より―」前野・斉藤・浅田・前田編『量刑法の総合的検討 149 頁（成文堂 2005 年）、椎橋隆幸編『米国刑事判例の動向Ⅴ 123 頁〔清水真〕（中央大学出版部 2016 年）、吉村真性「刑事手続における被害者参加論（一）～

232 第Ⅳ部 公判手続における犯罪被害者の法的地位

（三完）） 龍谷法学 39 巻 2，3，4 号等を参照。また、諸外国の被害者の手続への参加制度については、犯罪と刑罰第 20 号特集号の各論文、奥村正雄「犯罪被害者と量刑―イギリスの意見陳述制度を中心に」三井誠先生古稀祝賀論文集（有斐閣 2012年）883 頁、滝澤誠「犯罪被害者の訴訟参加(1)～(3)」獨協法学 64 号 308 頁、66 号 190 頁、67 号 165 頁などを参照。

17) ケリー判決については、島田良一・アメリカ法 2010(1)、257 頁、平山真理「刑事裁判の劇場化と『感情を揺さぶる証拠』」浅田・川崎・葛野・前田・松宮編『刑事法理論の探求と発見』323 頁（成文堂 2012 年）参照。

18) Margaret Jane Radin, Cruel Punishment and Respect for Persons: Super Due Process for Death, 53 S. Cal. L. Rev. 1143, 1162 n. 67 (1980).

19) 米国での死刑判断が気まぐれ的、恣意的になされないような取り組みについては、椎橋隆幸編『米国刑事判例の動向Ⅴ』（中央大学出版部 2016 年）を参照されたい。

20) Joshua Dressler, Understanding Criminal Law 57 (4th ed. 2006).

21) Paul. G. Cassel,In Defense of Victim Impact Statement, 6 Ohio St. J. Crim. L. 612, 629 (2008).

22) Amy Propen & Mary Lay Schuster, Making Academic Work Advocacy Work: Technologies of Power in the Public Arena, 22 J. Bus. & Tech. Comm. 299, 318 (2008).

23) Id. at 315.

24) Cassel, Id. 632.

25) Susan Bandes, Empathy, Narrative and Victim Impact Statement, 63 U. Chi, L. Rev 361 (1996) など。

26) Bandes, Victims, "Closure", and the Sociology of Emotion, 72 Law & Contemporary Problems (2009).

27) Joseph L. Hoffman, Revenge or Mercy? Some Thoughts About Survivor Opinion Evidence in Death Penalty Cases, 88 Cornell L. Rev. 530, 532-33 (2003).

28) Paul Gerwitz, Victims at the Criminal Trial, 90 Nw. U. L Rev. 863, 882 (1996).

29) Cassel, Id. 640.

30) Gerwiz, Id. 873-874.

第 16 章

犯罪被害者等の心情その他の意見陳述権

1　はじめに

　平成 12 年 5 月 12 日、犯罪被害者保護関連二法（「刑事訴訟法及び検察審査会法の一部を改正する法律」及び「犯罪被害者等の保護を図るための刑事手続に付随する措置に関する法律」）が成立し、同月 19 日、公布された。犯罪被害者保護関連二法は刑事手続における犯罪被害者の保護を狙いとしたものであり、幾つかの項目に及んでいるが、上記の中、本章は被害者等に心情その他の意見陳述を認めた刑事訴訟法（以下「刑訴法」という）292 条の 2 を中心に、意見陳述の内容とその根拠について若干の検討を加えるものである。

　従来、被害者は事件の当事者であるにも拘わらず、事件の進行状況（捜査、訴追、裁判）について十分な情報提供を受けられず、また、刑事手続において、話したくない事項につき供述することを求められたり、他方では、話したいことについては機会を与えられなかったりして、疎外感を深めていた。その後、警察、検察の実務において「被害者対策要綱」の策定、「被害者等通知制度」の実施により、被害者への情報提供体制が充実され、平成 12 年の被害者保護関連二法により、強い精神的圧迫を受けるおそれのある証人が証言をする際にその精神的負担を軽減する尋問方法が採用され、また、証人として受動的に聞かれたことだけに答えるのではなく、事件の当事者として主体的に被害に関する心情等を陳述する機会を与えることにより、被害者の疎外感を解消するように努め、また、刑事手続が被害者の尊厳を配慮しつつ、公平に進められている

234　第Ⅳ部　公判手続における犯罪被害者の法的地位

ことを実感させ、被害者及び国民の刑事司法に対するより一層の理解と信頼を
確保することに役立つものと推測される。

　被害者が被害感情や被告人に対する処罰感情を述べる機会は近年では多くの
国々で認められている。もっとも、意見陳述の性質、方法、範囲等については
より積極的な立場を採る国と慎重な行き方を採る国とがあり、また、各国にお
いて学説も様々である。ただ、各国の法制度の違いはあるものの、意見陳述の
性質、方法、範囲等をめぐる賛否の意見には共通する面も相当にある。本章で
は、英米の学説と調査研究をも参考にしながら、意見陳述をめぐる幾つかの問
題を検討するが、まずは、意見陳述権を認めた刑訴法 292 条の 2 の内容を概観
しておこう。

2　意見陳述権の概要

(1)　意見陳述の意義、内容、時期

　従来からわが国の実務においては、被害者が証人として喚問される際に被害
感情、被告人に対する処罰感情についても供述を求められたり、重大事件にお
いて被害者又はその遺族が希望する場合に、情状証人として法廷で意見を述べ
るという形で、事実上被害者の心情等の意見が法廷で表明されてきていた[1]。
刑訴法 292 条の 2 によれば「裁判所は、被害者又はその法定代理人（被害者が
死亡した場合においては、その配偶者、直系の親族又は兄弟姉妹。以下「被害者等」と
いう。）から、被害に関する心情その他の被告事件に関する意見の陳述の申出
があるときは、公判期日において、その意見を陳述させるものとする。」と規
定する（292 条の 2 第 1 項）。被害者等から申出があると、裁判所は原則として
意見を陳述させることとなるので[2]、被害者等には意見陳述権が認められたも
のといってよかろう。被害者が陳述する意見の内容は、基本的には、被害感情
や被告人に対する処罰感情等の被害に関する心情その他の被告事件に関する意
見であるが、意見の前提となる被害事実の概要については、必要な範囲におい
て述べることは許される[3]。この意見陳述は量刑上の一資料にすることは許さ

れるが、犯罪事実を認定するための証拠とすることは許されない（同条の2第9項）。わが国が事実認定手続と量刑手続を截然と分けていないために意見陳述が事実認定に不当な影響を与えないかとの批判があったため、そのおそれを払拭する意味もあったであろう。これに関連して、意見陳述の時期についての明文の規定はないが、通常は証拠調べ終了後、検察官の論告及び弁護人の弁論に先立って行われると考えられる[4]。意見陳述を事実認定に用いない趣旨を手続的に保障するためにも上記の時期は適切であろう。もっとも、事案によっては、上記以外の適当な段階で被害者に意見陳述を認める場合も考えられるという。

(2)　意見陳述の手順、方法、制限

裁判官及び訴訟関係人は、意見陳述の趣旨を明確にするために質問することができる（刑訴法292条の2第3項、4項）。意見陳述は心情の吐露を中心にするものなので、性質上、意見陳述に対する反対尋問は考えられない[5]。また、意見陳述又はこれに対する訴訟関係人の質問が既にした陳述若しくは質問と重複するときその他相当でないときは制限が認められ（同条の2第5項）、さらに、裁判所は審理の状況を考慮して、相当でないと認めるときには、意見の陳述に代え意見を記載した書面を提出させ、又は意見の陳述をさせないことができる（同条の2第7項）。意見陳述を書面提出に代える場合の例としては、多数の被害者がいる場合に、代表的な人に意見陳述をして貰い、他の人々には書面を提出して貰うような場合が考えられる[6]。そして、例外的にではあるが意見陳述や書面提出自体が制限される場合もありうる。これらの訴訟指揮権の行使が被害者等の意見陳述権を不当に害さないように適切に行われることが極めて重要である。むしろ、訴訟指揮権が行使されずに、意見陳述の制度の趣旨が十分に活かされるような陳述をする前提を作っておく必要が高い。「意見の陳述の申出は、あらかじめ、検察官にしなければならない。この場合において、検察官は意見を付して、これを裁判所に通知するものとする。」（同条の2第2項）。検察官は意見陳述制度の趣旨や被害立証等の経緯等、事件の進行状況につき被害

者に十分に説明し、意見陳述が、その制度の趣旨に沿って被害者等にとっても十分に納得のいく陳述ができるようにすべきであろう[7]。

　なお、意見陳述に際しても、被害者等が被告人や傍聴人の存在による心理的・精神的負担を軽減するために、適当な者の付添い、被告人と証人との間の遮へい措置、ビデオリンク方式を認めることができる（同条の2第6項）。

3　意見陳述権をめぐる論争

(1)　意見陳述のどこが問題なのか

　犯罪被害者保護関連二法の中でも最も反対が強かったのは意見陳述権についてであった。

　意見陳述に反対する見解には様々のものがあるが、多くの反対論に共通しているのは、反対論は被害者等が意見陳述すること自体に反対しているのか、意見陳述が被告人の人権を侵害する（又はそのおそれがある）という場合、被告人のいかなる人権が侵害されるのか、量刑が不当に重くなるおそれがあるという場合にそのおそれを支える実例や実証研究はあるのか、意見陳述について外国においても問題として指摘されている点は日本にも妥当するものなのか等につき、明確な論述をしていないことを指摘できると思われる。例えば、前述の如く、実務においては従来から証人尋問の際等に被害者等に被害感情や被告人に対する処罰感情を述べる機会が与えられており、事実上意見陳述はなされていたのである。反対論は従来の実務の運用も違法・不当であったというのであろうか、それとも、法改正によって認められた意見陳述権が問題であるというのであろうか。原理的（一般的）な反対論は意見陳述権自体に問題があるとしているので、実務の運用にも問題があることになり、結局、被害者等の意見陳述は制限されるべきことになり、そうなると被害者等はさらに刑事手続から排除・疎外されることになる。後者の場合は、刑訴法292条の2は相当でない意見陳述を制限できる規定を設けているが、相当でない陳述とはどのようなものか、また、この規定が十分に機能し得ない欠陥をもっているのかを明らかにす

第 16 章　犯罪被害者等の心情その他の意見陳述権　*237*

る必要があるであろう。

(2)　意見陳述と被害者の立直り

　意見陳述を含む被害者の刑事手続への参加が被害者等の立直りに寄与することが広く認められてきている。意見陳述はカタルシス効果、癒しの効果があるとも表現される。これに対し、理性的・論理的であり、しかも攻撃防御の場である刑事裁判に情緒的な心の癒しという要請を持ち込むのは相応しくないという主張がある[8]。しかし、まず、被害者等が意見陳述をしたいと考える場合は少なくなく、現実に陳述の申出をしたときに、それを拒むことは被害者をさらに疎外することとなり、第二次被害を与えることになる。他方で、被害者等に意見陳述の機会を与えることは傷ついた心の治療的効果と被害者等に満足感を与えることが幾つかの実証的研究によって明らかにされている[9]。これに関連して、被害者等が意見陳述をしたが、その意図が反映されない結果となる場合に被害者等は強い不満を抱くおそれがあるとの批判もある[10]。これについても、被害者等が意見陳述の意義・手続等についての説明が十分になされていれば結果についても満足する傾向があるといわれている[11]。また、意見陳述をするか否かは被害者等の選択に委ねられており、意見陳述をした場合の結果の予測も含めて十分な説明を受けた後に意見陳述をするか否かを決めればよいのであるから、自分の意図が反映されなかった結果に対する不満の問題は重要ではない。重要なのは、この問題は刑事司法や刑罰の根本問題と密接な関係をもっていることであり、今回の法改正の基本趣旨とも関係していることなのである。つまり、意見陳述が被害者等の立直りに寄与する効果があるのに、何故このことを刑事手続の中で考慮してはならないのであろうか。意見陳述権を認める狙いとして、被害者側は意見陳述の機会を与えられたことで判決結果に納得できることが多く期待でき、また、被告人にとっても被害者等の生の声を聞くことによって事件を重く受けとめ、それが更生のきっかけとなり、延いては刑事手続が国民の信頼できるものとなる、ことが期待されている[12]。この狙いは、近時有力に主張されている修復的司法（簡単に言えば、被害者、被告人、地域

社会の人々が同じ協議会に参加し、コーディネーターの進行により、被害者は自分の受けた被害の状況を語り、被告人がこれを受けとめて謝罪し、被害弁償に努め、更生を誓い、地域社会が納得して被害者の保護・支援と被告人の更生・社会復帰に助力するという考え方）に共通する考え方を見出すことができよう[13]。被告人が国家とのみ対峙し、被害者等の声を直に聞き、被害者等の立直りを考えないのでは被告人の真の社会復帰がありうるのか疑問である。

(3) 意見陳述と量刑

(1) 意見陳述を認めると量刑が不当に重くなるおそれがあるとか量刑が不統一になるおそれがあるとの批判がある。この主張は「おそれがある」といっているだけで実証されていないし、むしろ、英米での調査研究によれば意見陳述は量刑の均衡性と正確性を高めているとの研究成果がある[14]。

反対論の中には、意見陳述を認めることは被害者の意見に従って刑罰を決定することになり、それは形を変えた私的復讐の観念の復活であり、また、意見陳述は重罰化に帰着するとの見解がある[15]。しかし、意見陳述を認めるべきとの考え方は現在の当事者主義訴訟の構造を変えることなく、証人尋問とは別の機会に（その際に行われることもありうる）被害者等に意見陳述の機会を与えることを主張しているのであり、しかも意見陳述は量刑の一資料として斟酌することが認められるのである。そもそも意見陳述が裁判官の量刑判断を拘束する訳ではなく、被害者等の意見に従って刑罰を決定すると考えること自体が現実にそぐわない。また、意見陳述を認めている国は多いが、それらの国々が私的復讐の観念に回帰しているのだとは言えないだろう。また、量刑判断は、証拠法則の制約の下に合理的な自由心証に従って厳密な事実認定をした後で、刑の個別化の観念に則って、より多くの資料を斟酌して、被告人に相応しい刑罰を選択するのであり、その際事実上量刑の一般的な基準とされている刑訴法248条では犯罪をめぐる事情、犯人をめぐる事情そして犯罪後の事情を含む広範囲の事情が量刑資料として用いられることを認めており、その中には、被害弁償、謝罪の努力、示談の成否ないし被害感情の強弱、社会事情の推移等も含

まれるとされている[16]。死刑を科すか否かの判断の考慮要因として最高裁は、犯罪の性質、動機、態様ことに殺害の手段方法の執拗性、残虐性、結果の重大性ことに殺害された被害者の数、遺族の被害感情、社会的影響、犯人の年齢、前科、犯行後の情状等の各般の情状を掲げている（最判昭58年7月8日刑集37巻6号609頁）。量刑の起訴となる事実として被害者が受けた身体的・精神的・財産的損害の重大さ、被害感情の強弱は一般的に、また、諸外国においても認められている。量刑の事実の基礎となる事実の範囲は理論的には死刑事件と非死刑事件とで本質的な違いはない。ただ、死刑事件の場合には量刑判断により一層の慎重さが求められるとは言えよう。

(2) 反対論の中心は意見陳述が重罰化を招くとか、そのおそれがあるということであろう[17]。量刑が恣意的となり、統一性を失うとも言われる。

　量刑は被告人に想応しい刑罰を選択するために広範囲の事実を基礎として決定される。裁判官は事件の全体像を知って初めて適切な量刑判断ができるとも言えよう。検察官は被害者の立場を全て代弁できる訳ではない。被害者等が意見陳述することにより事件の全体像を浮かび上がらせることができる。意見陳述を否定することは重要な証拠を隠し、歪んだ又は不十分な事件像しか伝えないことになってしまう[18]。ところで、刑事手続への被害者関与のうち被害者の応報感情を「宥める」方向はよいが、これに「火をつける」攻撃的な関与は応報（刑）思想を流入させる危険が大きいとの理由で意見陳述に反対する見解がある[19]。この見解が、被告人に利益な意見陳述は許されるが不利益なそれは許されないとの考えと重なるのかどうか判らないが、ともかく、一定の方向での意見陳述しか認めない考え方である。被害者の応報感情は謝罪や弁償（の約束）等被告人側の対応によっても変化があることが判明している。被告人側は示談や和解の成立したことを必ず起訴・不起訴の決定や量刑の決定の際に考慮要因として提出し、それは問題なく認められている。被告人側の対応（謝罪等何もしない場合もある）による被害者の応報感情の変化も含めて被害者等がその時点での被害感情や被告人に対する処罰感情を述べることが何故許されないのであろうか。一定の方向での意見陳述しか許されないというのは被害者等の

240　第Ⅳ部　公判手続における犯罪被害者の法的地位

主体性、尊厳を害するものであり、手続からの疎外感をますます深めるものであろう。問題は意見陳述が相当でないか否かであり、不相当であれば刑訴法292条の2第5項は裁判官がその陳述を制限できることになっている。

　さて、意見陳述は重罰化を招くという主張は立証がないまま、そのおそれが強調されている。この問題は重要なので慎重な検討を要する[20]。

　外国における幾つかの実態調査研究によれば、英米法国において量刑の際その資料として認められている VIS（Victim Impact Statement：犯罪によって被害者が蒙った影響についての供述）は量刑を厳しくする結果を殆ど齎していないと報告されている[21]。むしろ、実態調査研究が示すところによれば、VIS を量刑資料として用いた場合の一般的傾向として、量刑の懲罰（応報）的要素を高めるよりも、量刑の正確性と均衡性を高める役割を果していると言われている[22]。

　わが国の場合、量刑は関連ある犯罪事実、情状事実をどのように斟酌するべきかについて客観的・統一的基準に基づいて行われている[23]。検察官の求刑、裁判官の刑の相場による宣告刑はそれぞれ確立された基準に基づいており、この2つの基準によって「ぶれ」の極めて小さい量刑実務が行われている。死刑事件についても同様であり、最高裁永山判決で示された死刑量刑基準に沿って運用がなされている。死刑か無期かの選択で争われた最近の幾つかの事例においても基本的に上記基準に従った判決が下されている[24]。上記の統一の量刑基準に基づく安定した法運用を前提に考えれば、被害者等の意見陳述を権利として認めることによって不当に量刑が厳しくなるとは思われない。

　もっとも、証拠調べ段階で表れなかった事実（しかも重大な）に基づく意見陳述が行われたり、長時間又は繰り返しの陳述がなされたり、極端に煽情的な意見陳述がなされるような場合には問題があるが、これらの陳述はまずは検察官が意見陳述の意義や今迄の立証の経緯を説明することによって防止することに努め、それでもなお上記のような不相当な陳述が行われる場合には裁判官が制限することができるのである。また、被告人に異論があれば、証人尋問を行うことになる。意見陳述を認めること自体を否定する理由とはならない。

第16章　犯罪被害者等の心情その他の意見陳述権　*241*

4　おわりに

　最後に意見陳述権を認めるべきとする私見を若干付言しつつ要約してみたい。

　第1に、意見陳述をしたいと思っている被害者等は少なくなく、そう考える被害者等が意見を述べることで刑事司法に対する満足度を高め、逆に、意見陳述の機会が否定されると刑事手続から疎外され、第二次被害を受けるおそれがある。

　第2に、被害者等の意見陳述は手続的正義の理論の要請にも適っている。手続的正義の理論によれば、訴訟関係人の司法や結果の公正さへの満足度は判決の結果よりも判決が下される手続からより多くの影響を受けると言われ、被害者等に意見陳述の機会を与えたり、訴訟過程をコントロールする機会を与えた上で行われた手続は、司法及び公平に取り扱われた思いへの満足感を高める、と言われる[25]。反対論は、被害者等の意見が判決結果に入れられなければ不満感を抱く可能性があるというが、ある調査研究によれば、過半数の被害者等は仮令自分達の意思が無視されたり、事件の結果に影響を与えないと考えた場合でも、手続に参加し、意見を述べたいと考えていると言う[26]。重要なのは、被害者等が手続に参加し、意見を述べる機会を与えられることであり、結果ではない。裁判官が自分の意見を斟酌した上で判断したことを知ると被害者等の裁判への満足度は高いと言われる[27]。そして被害者等の手続への参加は被害者等の立直りにも寄与するのである。

　第3に、事件を真に解決するためには、被害者等の被害が回復され、精神的に立直ることが必要であり、また、加害者が被害を直視し、被害者等に謝罪し、被害回復に努め、そして更生して社会復帰することであり、そのために国の機関は必要な様々な機会・援助を提供しなければならない。国の機関を介して、被告人と被害者が別々に部分的な事件の解決を図るだけでは不十分である[28]。事件の一方当事者である被害者等が主体的に意見を述べ、他方の当事

者である被告人がその意見を真摯に受けとめることは真の事件の解決のために
も重要なことであると思われる。

1) 長島裕「犯罪被害者をめぐる現状」法律のひろば 50 巻 3 号（1997 年）18 頁。
2) 神村昌通＝飯島泰「犯罪被害者保護のための二法の概要等」警察公論 55 巻 8 号
（2000 年）21 頁、村越一浩「『刑事訴訟法及び検察審査会法の一部を改正する法律』
の概要」捜査研究 585 号（2000 年）7 頁。
3) 神村＝飯島・前掲 22 頁。
4) 村越・前掲 7 頁。
5) 座談会「犯罪被害者の保護—法制審議会答申をめぐって」ジュリスト 1176 号
（2000 年）29 頁（河村博）。
6) 前掲ジュリスト 32 頁（河村博）。
7) 前掲ジュリスト 30 頁（大谷直人）。
8) 斉藤豊治「被害者問題と刑事手続」季刊刑事弁護 22 号（2000 年）95 頁。
9) エドナ・エレツ「量刑手続への被害者の参加、量刑の結果そして被害者の福祉」
宮澤浩一＝田口守一＝高橋則夫編訳『犯罪被害者と刑事司法』（成文堂 1995 年）
250 頁（椎橋隆幸訳）等。
10) 奥村正雄「イギリスにおける被害者学の生成と発展」被害者学研究 6 号（1996 年）
101 頁等。
11) Edna Erez, Who's Afraid of the Big Bad Victim? Victim Inpact Statements as Victim
Empowerment and Enhancement of Justice ［1999］Crim, L.R. 545, 553.
12) 前掲ジュリスト 31 頁（河村博）。
13) 修復的司法（Restorative Justice）については渥美東洋『罪と罰を考える』（有斐
閣 1993 年）303 頁以下、また、『宮澤浩一先生古稀祝賀論文集　第一巻』（成文
堂 2000 年）所収の渥美東洋、西村春夫＝細井洋子、瀬川晃、新倉修、高橋則夫、
奥村正雄、森本哲也各論文を参照されたい。
14) Edna Erez, Integrating a Victim Perspective in Criminal Justice Through Victim
Impact Statements, in *Integrating a Victim Perspective within Criminal Justice* edited by
Adam Crawford and Jo Goodey, 2000 Ashgate p. 173.
15) 水谷規男「被害者の手続参加」法律時報 71 巻 10 号（1999 年）40 頁、加藤克佳
「刑事手続への被害者の参加」ジュリスト 1163 号（1999 年）35 頁など。
16) 松尾浩也『刑事訴訟法 下［新版］』（弘文堂 1993 年）132 頁。
17) 水谷・前掲 40 頁、加藤・前掲 35 頁。斉藤・前掲 96 頁等。
18) See, Paul G. Cassell, Barbarians at the Gates? A Reply to the Critics of the Victim's
Rights Amendment 1999 Utah L. Rw. 479, 490.

第 16 章　犯罪被害者等の心情その他の意見陳述権　*243*

19)　加藤・前掲 35 頁。

20)　瀬川・前掲宮澤古稀一巻 91 頁の論文は意見陳述の問題点を的確に指摘し、慎重な導入のあり方を提言している。

21)　NAT'L INST of JUSTICE, U.S. DEP'T of JUSTICE, EXECUTIVE SUMMARY, Victim Appearances at Sentencing Hearings Under the California Victims' Bill of Rights 61 (1987). Edna Erez & Leigh Roeger, The Effect of Victim Impact Statements on Sentencing Patterns and Outcomes : The Australian Experience, 23 J. Crim. Justice 363 (1995). Edna Erez & Linda Rogers, Victim Impact Statements and Sentencing Outcomes and Processes : The Perspectives of Legal Professionals, 39 BRIT. J. CRIMINOLOGY 216 (1999).

22)　前掲注 11) を参照。

23)　松本時夫「量刑の手続」熊谷弘＝佐々木史朗＝松尾浩也＝田宮裕編『公判法大系Ⅲ』(日本評論社 1981 年) 57 頁以下。

24)　岩井宜子・平成 12 年度重要判例解説 (ジュリスト 1179 号) 196 頁参照。なお、斉藤・前掲 96 頁は修復的司法の意義と限界を論じた後に「同じような事件で、被害者の態度によって起訴猶予の可能性があり、他方は被害者感情が厳しくて死刑だというようなアンバランスが生じる可能性がある。」と指摘する。しかし、同じような事件で、被害者の態度如何によって起訴猶予か死刑かに分れるということは考え難いことである。このようなありそうもないことを前提に組み立てられている議論は、意見陳述の量刑への影響について過度に強調していると思わざるをえない。

25)　Erez, [1999] Crim, L.R. 545, 551.

26)　Erez, Id. at 551.

27)　前掲注 21) の Erez & Rogers, 39 BRIT. J. CRIMINOLOGY 216 (1999) を参照。

28)　渥美博士は「加害者・不正行為者と被害者とその双方の関心に信託上の義務を負う国家政府を含めた社会の各機関の間のほつれの繕いを通した協力と緊張を持続させるところに、『循環の輪』が初めて完成する。」とする。被害者学研究 10 巻 (2000 年) 52 頁。なお、中野目善則「被害者の刑事手続への参加」現代刑事法 2 巻 2 号 (2000 年) 27 頁以下を参照。

第 17 章

犯罪被害者等の意見陳述権

1　は じ め に

　平成 12 年 5 月 12 日、犯罪被害者保護関連二法（「刑事訴訟法及び検察審査会法
の一部を改正する法律」〔以下「刑訴法等改正法」という〕及び「犯罪被害者等の保護
を図るための刑事手続に付随する措置に関する法律」〔以下「犯罪被害者保護法」とい
う〕）が成立し、同月 19 日、公布された。わが国の被害者対策は欧米のそれに
比べて 20 年以上遅れているといわれてきたが、近年の関係各機関の実務にお
ける保護・支援策の進展と相次ぐ立法により、その差は大幅に縮まったといえ
よう。最近の立法の中でも前記二法は刑事手続における被害者の保護・支援、
地位の向上を内容とする重要な法律であるが、本章は刑訴法等改正法で認めら
れた被害者等の意見陳述権の趣旨、意義、内容、時期、方法等につき若干の紹
介と検討を試みるものである。

2　意見陳述制度の趣旨と被害者等のニーズ

　従来から被害者等は刑事手続において被害に関する心情その他の被告事件に
関する意見を述べたいとの希望を持つことが知られていた。改正後の刑訴法
292 条の 2 第 1 項は「裁判所は、被害者又はその法定代理人（被害者が死亡した
場合においては、その配偶者、直径の親族又は兄弟姉妹。以下この条において「被害者
等」という。）から、被害に関する心情その他の被告事件に関する意見の陳述の

246 第Ⅳ部 公判手続における犯罪被害者の法的地位

申出があるときは、公判期日においてその意見を陳述させるものとする。」と
規定した。この趣旨は「これにより、裁判が被害者の心情や意見をも踏まえた
上でなされることがより明確となり、刑事司法に対する被害者を初めとする国
民の信頼を一層確保することに資するものと考えられる。また、被害者に一定
の範囲で刑事裁判に主体的に関与させることにより、過度の応報感情に走るこ
との防止に資する面があるとともに、被告人に被害者の心情や意見を認識させ
ることにより、被告人の反省を深め、その更生にも資すると考えられる。」か
らであるという[1]。

　意見陳述制度の新設は、被害や事件についての意見を述べたいとの被害者等
の希望を容れて刑事裁判に主体的に関与する機会を認めたことと、意見陳述が
(どの程度反映されるかは別として) 量刑の一資料となることに重要な意義が見出
せよう。また、被害者も被告人も多様であり、意見陳述が被害者の過度の応報
感情を緩和する効果を持つこともあるであろうし (応報感情が緩和されるのが当
然だという意味ではない)、他方で、犯罪者の良心に強く訴えかけて反省を深め、
その更生に役立つことも期待できよう。この点では、意見陳述制度は、近年有
力になりつつあるリストラティブ・ジャスティス (修〔回〕復的司法〔正義〕) の
考え方にも適合する (少なくとも矛盾しない) 面があるといえよう[2]。

　意見陳述の実施状況を見てみると、公判での意見陳述と意見を記載した書面
の提出を合わせて、平成 12 年 11 月から 13 年 9 月の間で利用件数が 200 件を
超え[3]、また、平成 14 年 5 月までには 454 人が意見を述べたという[4]、被害者
等が刑事手続において、犯罪から被った影響や被告人に対する自己の意見を述
べたいとの要求が予想どおりに (あるいは予想以上に) 強かったことが実証され
ているといえよう[5]。その後の運用については第 18 章、19 章を参照。

3 意見陳述の手続

　(1)　裁判所は、被害者等から意見陳述の申出があるときは、公判期日におい
て、その意見を陳述させるものとする (刑訴法 292 条の 2 第 1 項)。被害者の申

第 17 章　犯罪被害者等の意見陳述権　*247*

出があれば裁判所は原則として意見陳述をさせなければならない、つまり、相当でないと認めるとき以外は（同条 7 項）、裁判所には意見陳述をさせる義務を生じさせると解釈できるので、被害者等は意見陳述権を与えられたと考えてよいであろう。意見陳述が認められなかった場合、被告人の意見陳述のように不服申立権は想定されていないが、それは権利性の程度を示すものであって、権利であることまで否定する理由とはならないであろう[6]。

(2)　被害者等の意見陳述権の申出は直接裁判所にするのではなく、あらかじめ、検察官にしなければならない。この場合において、検察官は、意見を付して、これを裁判所に通知する（同条 2 項）。検察官は被害者の確認を容易にできる立場にあるし、また、公益の代表者として、被害者の心情等を訴訟に適切に反映させる責務があり、被害者等の意見陳述の希望の有無を踏まえて立証計画を策定する等の必要があるため、検察官を介する手続としたのである[7]。被害者等が制度の趣旨に適った意見陳述をすることができるように、検察官は被害者等との道筋をつける役割が期待されている。具体的には、意見陳述制度の趣旨、既になされた被害立証の内容等を説明することが求められている[8]。意見陳述の申出があった場合、検察官は意見を付して申出を裁判所に通知しなければならないが、この意見としては、例えば、被害者を証人尋問した後、意見陳述をする予定である等の立証計画や、口頭陳述か書面の提出かの形態、陳述させることの相当性等が考えられる[9]。

(3)　裁判所は、審判の状況その他の事情を考慮して、相当でないと認めるときは、意見の陳述に代え意見を記載した書面を提出させ、又は意見の陳述をさせないことができる（同条 7 項）。「意見に代え書面を提出させる」場合とは、被害者が多数の事案で、代表者に陳述してもらい、他の被害者には意見書の提出を求める場合とか、被害者が病気で入院して出廷できない場合とが考えられる。また、「相当でない」場合とは、事案の性質上、意見陳述が適切でないと考えられる場合、例えば、否認事件で、現に罪体部分の立証が行われている場合とか、暴力団の抗争事件で対立感情を煽るおそれがある場合などが考えられる[10]。希望する被害者等には、公判廷での口頭の意見陳述を認めるのが原則

248 第IV部 公判手続における犯罪被害者の法的地位

であるので、これを制限する裁判所の判断は被害者等の主体的に陳述する権利を不当に制限しないように適切かつ慎重になされることが求められる。なお、裁判所が無罪の心証を抱いた段階で意見陳述の申出があった場合にこれを「相当でない」と判断することが許されるかとの問題があるが、意見陳述は事実認定に影響を与えるものとは考えられていないので（同条9項）、その点を理由に「相当でない」との判断を下すことは制度の趣旨から妥当でないと思われる[11]。

(4)　被害者等が陳述するのは「被害に関する心情その他の被告事件に関する意見」である。被害者等はその被害感情や被告人に関する処罰感情を中心に意見を述べることになる。犯罪によって被った被害者及び家族等への身体的・精神的・経済的影響、被告人に対する処罰感情の内容・程度、量刑の希望等、被害者等が犯罪によってどのような影響を受け現在に至っているか、加害者に対していかなる感情を持ち、いかなることを要望しているのか等を述べることになろう。この意見は量刑の一資料となるし、また、場合によっては加害者に深い反省の契機を与え、これが加害者の更生に役立つことも期待し得る。また、被告事件に関する意見を述べる際に、意見の前提となる事実は、既に他の証拠の取調べにより明らかにされた事実であれば、必要な範囲でその概要を述べることは許される。例えば、犯罪被害により受けた影響、示談交渉の状況等の狭義の情状に属する事実の陳述は量刑の一資料として許される[12]。しかし、既に証拠調べにより明らかにされている以外の犯罪事実や犯情（犯罪事実それ自体に属する情状）が中心となるような陳述は「意見陳述」としては相当ではないといえよう。意見陳述又はそれに代わる書面は、犯罪事実の認定のための証拠とすることはできないのである（同条9項）。従って、このような場合は、証人尋問手続を行うべきである。

ところで、被害者等の意見陳述について、裁判官や訴訟関係人は、陳述の趣旨を明確にするために、被害者等に質問をすることができる（同条3、4項）。被害者等はその心情・意見を中心に陳述するのであるから、心情・意見に対する反対尋問はその性質上考えられない。しかし、陳述内容、それと事件との関連性、陳述趣旨等が不明確の場合、それを明確にしたり、確認したりするため

に質問が認められるのである[13]。裁判官の質問は釈明の一種と考えてよいであろう。なお、裁判長には被害者等の意見陳述がその制度趣旨に沿って行われるために適切な訴訟指揮権の行使が必要とされる場合が考えられる。そこで、「裁判長は、被害者等の意見の陳述又は訴訟関係人の被害者等に対する質問が既にした陳述若しくは質問と重複するとき、又は事件に関係のない事項にわたるときその他相当でないときは、これを制限することができる」と規定した（同条5項）。

　(5)　意見陳述の時期については明文の規定はないが、原則的には、証拠調べ終了後、検察官の論告及び弁護人の弁論前に実施するのが適当であろう[14]。その理由は、第1に、意見陳述は犯罪事実の認定のための証拠とすることができない（同条9項）ので、罪体の存否が争われている立証中に陳述させるのは相当でない、第2に、被害者等は、事件の内容、審理の状況を傍聴や記録の閲覧によってよく知った上で意見陳述することが制度の趣旨に適った陳述ができると思われる、第3に、検察官や弁護人も被害者等の意見陳述の内容を勘案して、論告、弁論を行うのが適当である、ことが挙げられる[15]。

　(6)　性犯罪の被害者が公判廷で意見陳述をする場合にも、証人として証言する場合と同じように精神的苦痛を受けることが予想される。この負担を軽減するために、意見陳述の際にも、適当な者の付添い（刑訴法157条の2）、被害者と被告人又は傍聴人との間に衝立を置く等の遮へい措置（同157条の3）、ビデオリンク方式（同157条の4第1項）の措置が採れるようにした。

4　意見陳述の是非をめぐって

　刑訴法292条の2によって新設された意見陳述制度の概要を述べてきたが、これを前提にして、なお議論の続いている意見陳述の是非につき、第16章[16]では十分に触れなかった論点の幾つかについて論じてみたい。

　(1)　まず、被害者等に意見陳述権を認めることは刑事手続における被害者の法的地位如何という問題を投げ掛け、その結果、刑事訴訟の基本構造にかかわ

る―基本構造を揺るがすかという問題を生むとか[17]、被告人の証人対質権や無罪推定の原理との抵触可能性が懸念される[18]との見解があるが、意見陳述権の是非をめぐって様々な批判はあるものの、英米等でそれが訴訟の基本構造を揺るがすかということは争点にはなっていないと思われる。意見陳述制度は現行の当事者主義を前提にして、限られた範囲で被害者等の参加を認めるものであり、訴訟の基本構造の変化を迫るものでは全くないと思われる。また、意見陳述権が証人対質権や無罪推定の原則に抵触するとの批判については、手続二分を採用している制度においては当然、また、わが国においても被害者等が争いのある事実を述べようとするときには証人尋問手続によるべきであるとするのが立法の趣旨であるので、この批判は当たらないといえよう。

(2) 意見陳述権にカタルシス効果のあることを認め、被害者の立直りに寄与する可能性のあることを認めながらも、意見陳述により期待した結果が得られないと落胆したり、不満を生じる場合があり得るので、意見陳述は必ずしも被害者支援に結び付かないとの見解がある[19]。関連して、意見陳述権は「義務」を伴い、被告人側から減刑嘆願などの意見表明を権利行使する義務を迫られるプレッシャーがかけられるおそれや犯人側からの報復のおそれがあることも消極論の根拠とされている[20]。刑事手続への参加の事実上の強制が被害者の負担を増し第二次被害を生むことにもなるとの批判[21]にも共通するものがある。

しかし、意見陳述をするか否かは刑訴法上、被害者等の意思に完全にゆだねられていて、義務を伴うものではない。また、意見陳述が事実上強制されるという事態も想定し難い。被害者は証人として強制的に法廷で証言することを求められ、その後に改めて被害者として主体的に申出をした上でその心情・意見を陳述することを認めるのが意見陳述制度である。意見陳述を認めることが意見陳述を事実上強制することになるという関係に何故なるのか理解し難い。さらに、意見陳述が認められることによって起こり得る不当な副作用（報復や減刑を迫る圧力）を理由にして意見陳述権に消極の立場を採ることは本末転倒していると思われる。犯人からの報復は絶対に許されることではないし、また、減刑嘆願を迫る圧力も度を超えれば違法である。許されない事態が生じるおそ

れがあるから意見陳述が認められないというのは正当な根拠にはなるまい。ところで、意見陳述をしたけれども期待した結果が得られなかった場合に被害者等は落胆したり、不満を抱いたりするということはあり得ないことではなかろう。しかし、そのことを実証した調査研究は寡聞にして知らないし、また、その不満感がどのくらいの被害者にどの程度の精神的被害をもたらすのか、被害者全体に意見陳述権を認めない正当な根拠になるのか疑わしいし、さらなる検討が必要であろう。むしろ、ある外国の調査研究によれば、過半数の被害者は、仮に自分たちの意見が無視されたり、事件の結果に影響を与えないと考えた場合でも、手続に参加し、意見を述べたいと考えているという[22]。重要なのは、被害者が手続に参加し、意見を述べる機会を与えられることであり、裁判官が自分の意見を斟酌した上で判断したことを知ると被害者の裁判への満足度は高いといわれるのである[23]。もちろん、だからといって、被害者等が意見陳述をしたが期待が外れて不満感を持つという事態はできるだけ避けなければならない。そのためには、現行法上は意見陳述の申出を受けた検察官が一般的な注意事項としてアドバイスを与えた上で被害者が意見陳述をするか否かを選択することが妥当であろう。被害者等が意見陳述制度の趣旨と意見陳述した場合の結果の可能性を知った上で意見陳述することができるようにする必要がある。今後は必要に応じて、被害者等が必要な段階において弁護士や民間の支援団体の適切な支援員からも有益なアドバイスを受ける体制となることが望まれる。

　(3)　最も重要な論点は意見陳述を認めることが、量刑の統一性を失い、重罰化をもたらすのか否かであろう。この点につき現段階では、消極論者は意見陳述が重罰化をもたらすことを実証する実態調査研究を示していない。むしろ、外国の幾つかの実態調査研究によれば、米国などで量刑の際その資料として用いられている VIS（Victim Impact Statement〔犯罪によって被害者が被った影響についての供述〕）は量刑を厳しくする結果を殆どもたらしていないと報告されている[24]。むしろ、同調査によれば、VIS は量刑の懲罰的要素を高めるよりも、量刑の正確性と均衡性を高める役割を果たしているといわれている[25]。

　私は以前より、わが国の量刑実務は統一した基準に基づく「ぶれ」の小さ

252 第Ⅳ部 公判手続における犯罪被害者の法的地位

い、安定した運用がなされており、被害者等の意見陳述権を認めても不当に量刑が厳しくなるとは思っていなかった[26]。今回新設された意見陳述制度においては、まず、意見の内容が被害者等の心情・意見を中心にしたものに限定され、手続的にも陳述の申出は検察官に行い、検察官は意見を付して裁判所に通知するという、検察官が申出を取り次いで道筋をつける過程で、制度の趣旨に沿った意見陳述がなされる工夫がなされ、また、裁判官が「相当でない」と認めるときは、陳述に代えて書面の提出を求めたり、陳述自体を制限することも可能となっている。このような、内容についても、手続的にもコントロールされた意見陳述は不当に量刑を厳しくすることにはならないと思われる。

これに関連して、私見を、言いっ放し、聞きっ放しの被害影響の陳述という提案と評する見解がある[27]。私見はそのような言葉を用いたことはないし、また、その趣旨の捉え方にも誤解があると思われるので、若干のコメントをさせていただきたい。言いっ放し、聞きっ放しの陳述というのはおそらく、被害者の意見陳述は、被害者の立直りにはある程度効果はあるかもしれないが、被害者には言わせるだけ、裁判官は聞きおくだけで、意見陳述は量刑には全く影響がないという意味であろう。今回の意見陳述制度についても皮肉な見方をすると「この制度は、被害者に対し主体的に意見陳述の場を設けるとしながら、その意見の内容は直接には判決に影響しないよう組み立てられた欺瞞的なものだという評価もあり得るかもしれない。」[28]との指摘があるが、このような評価は「言いっ放し、聞きっ放し」提案に近いといえるのかもしれない。

私見は確かに、意見陳述のカタルシス効果を認め、また、意見陳述を希望する被害者にそれを止めさせることが第二次被害につながるおそれのあることを主張しているが、それだけの意義しか意見陳述に見出している訳ではない。

私見は、繰り返すが、わが国の量刑実務は統一した基準に基づく「ぶれ」の小さい、安定した運用がなされているので、被害者等の意見陳述権を認めても不当に量刑が厳しくなるとは考えられないというのであって、意見陳述が量刑に全く影響を与えないということではない。量刑は多くの資料を基にして有罪認定を受けた被告人に最も相応しい刑罰を選択することであり、意見陳述も多

第 17 章　犯罪被害者等の意見陳述権　*253*

くの量刑資料の 1 つとして斟酌されるのである。意見陳述がいかに斟酌され、量刑に反映されるかは事案によって異なるが、現在の量刑実務を前提にすれば、意見陳述が厳罰化をもたらすとは思われない[29]。

　意見陳述は量刑の一資料になることは間違いない。しかし、犯罪事実や量刑にかかわる重要事実はもちろん、情状にかかわる意見陳述も重大事件などでは証人尋問が行われるであろうといわれていることを考えると、意見陳述が量刑判断に不当に大きな影響力を与えるとは考えられない[30]。

1) 　神村昌通「刑事訴訟法及び検察審査会法の一部改正の概要」ジュリスト 1185 号 6 頁、河村博「犯罪被害者保護関連二法の趣旨と概要」現代刑事法 19 号 13 頁など。
2) 　リストラティブ・ジャスティスといってもその主張内容は必ずしも同一ではない。この考え方の紹介は少なくないが、原理から各論までカバーする特集として、現代刑事法 40 号（平成 14 年 8 月）があり、そこに所収の渥美東洋「リストラティブ・ジャスティスという考え方」の他、高橋、吉田、田口、守山、椎橋の各論文を参照されたい。
3) 　甲斐行夫・警察学論集 55 巻 3 号 48 頁。
4) 　読売新聞平成 14 年 7 月 22 日朝刊。
5) 　論者によっては、被害者の真の保護のために被害者へのサービスの提供が効果があり、刑事手続への参加は被害者保護にならないとの見解がある（例えば、福島至「犯罪被害者意見陳述制度の検討」刑法雑誌 42 巻 1 号 85-86 頁などを参照。）しかし、被害者のニーズとして事件後の様々なサービスの提供、情報提供と並んで刑事手続への参加があることはアンケート調査や様々な手段を通じての被害者の声として明らかにされている。この刑事手続への参加、その重要な手段としての公判での意見陳述という被害者のニーズを無視して、真の被害者保護はサービスの提供だと断じることは論者独自の主張の表明にすぎないであろう。
6) 　意見陳述権を認めたとする見解が多数と思われる。消極的な見解として、松尾浩他編『遂条解説犯罪被害者保護二法』102 頁（甲斐・神村・飯島執筆）。
7) 　法制審議会第 78 回議事録 35-36 頁参照。
8) 　座談会・ジュリスト 1176 号 30 頁（大谷発言）。
9) 　酒巻匡「犯罪被害者等による意見の陳述について」法曹時報 52 巻 11 号 3 頁参照。
10) 　神村・前掲ジュリスト 1185 号 6 頁。
11) 　酒巻・注 9）17 頁参照。
12) 　渡邉一弘「犯罪被害者等の保護に関する刑事訴訟法等の一部改正について」田宮

254 第Ⅳ部 公判手続における犯罪被害者の法的地位

　　裕博士追悼論文集（上）268 頁参照。

13)　酒巻・注 9）27 頁参照。

14)　渡邉・注 12）267 頁、椎橋隆幸「犯罪被害者をめぐる立法課題」法律のひろば
　　1999 年 5 月号 16 頁を参照。

15)　渡邉・注 12）267 頁、第 78 回議事録 40 頁参照。

16)　本書第 16 章。

17)　高田昭正「被害者保護と刑事手続―問題状況―」刑法雑誌 42 巻 1 号 81 頁。

18)　福島至「犯罪被害者意見陳述制度の検討」刑法雑誌 42 巻 1 号 84 頁。

19)　奥村正雄「犯罪被害者保護関連二法と犯罪被害者支援のあり方」警察学論集 53
　　巻 11 号 70-72 頁参照。なお、浅田和茂「刑事司法における被害者の地位について」
　　梶田＝守屋判事退官記念論文集『刑事・少年司法の再生』142 頁以下をも参照。

20)　奥村・同前。しかし、奥村教授が新設の、限定された意見陳述制度に反対である
　　かは定かでない。

21)　高田昭正・注 17）82 頁。

22)　Edna Erez, Who's Afraid of the Big Bad Victim? Victim Impact Statements as Victim
　　Empowerment and Enhancement of Justice [1999] Crim. L. Rev. 545, 551

23)　Edna Erez & Linda Rogers, Victim Impact Statements and Sentencing Outcomes
　　and Processes : The Perspectives of Legal Professionals, 39 BRIT. J. CRIMINOLOGY
　　216 (1999)

24)　NATIL INST of JUSTICE, U.S. DEP' T of JUSTICE, EXECUTIVE SUMMARY,
　　Victim Appearances at Sentencing Hearings Under the California Victims' Bill &
　　Rights 61 (1987). Edna Erez & Leigh Roeger, The Effect of Victim Impact Statements
　　on Sentencing Patterns and Outcomes : The Australian Experience, 23 J. Crim. Justice
　　363 (1995)

25)　Edna Erez 注 22）を参照。

26)　詳しくは本書第 16 章を参照。

27)　斎藤豊治「量刑に関する被害者の意見陳述権」梶田＝守屋判事退官記念論文集
　　『刑事・少年司法の再生』461 頁など。

28)　酒巻・注 9）18 頁参照。

29)　渡邉・注 12）276 頁。なお、被害感情が量刑に与える影響につき、犯罪類型毎に
　　具体的な考察を加えた原田國男「被害感情と量刑」田宮裕博士追悼論文集（上）
　　481 頁以下は有益な示唆を与えてくれる。

30)　酒巻・注 9）17 頁以下を参照。

第18章

犯罪被害者等の刑事裁判への参加

1　は じ め に

　平成 19（2007）年 6 月 20 日、第 166 回通常国会において、「犯罪被害者等の権利利益の保護を図るための刑事訴訟法等の一部を改正する法律」（以下、「本法律」又は「犯罪被害者等の権利利益保護法」という）（平成 19 年法律第 95 号）が成立し、同月 27 日に公布された。

　本法律は、犯罪被害者等の権利利益の一層の保護を図るため、刑事訴訟法（昭和 23 年法律第 131 号。以下、「刑訴法」という）、犯罪被害者等の保護を図るための刑事手続に付随する措置に関する法律（平成 12 年法律第 75 号。以下、「犯罪被害者等保護法」という）、民事訴訟法（平成 8 年法律第 109 号）等を改正し、① 犯罪被害者等が刑事裁判に参加する制度の創設、② 刑事手続において犯罪被害者等の氏名等の情報を保護するための制度の創設、③ 損害賠償請求に関し刑事手続の成果を利用する制度の創設、④ 公判記録の閲覧及び謄写の範囲の拡大、⑤ 民事訴訟におけるビデオリンク等の措置の導入、等についての規定を整備したものである[1]。

　本章は、本法律のうち犯罪被害者等が刑事裁判に参加する制度の内容とその意義そして今後の課題について若干の考察を試みるものであるが、その前に本法律の意義をまず述べてみたい。

　本法律の意義は、私見によれば、以下の点にあると考える。① 犯罪被害者等基本法と同法を具体化するための犯罪被害者等基本計画の狙いを相当程度実

現する内容と評価できること、② 被害者等の刑事手続における保護を一層強化したこと、③ 被害者等の刑事裁判への参加につき、憲法・刑訴法が基本原理とする当事者主義の枠内で積極的な参加を認めたこと、④ 被害者の経済的な損害回復につき刑事裁判の成果を利用した、簡易迅速なわが国独自の方策を創設したこと、などである。

2　「基本法」、「基本計画」の具体化としての「犯罪被害者等の権利利益保護法」

⑴　「基本法」、「基本計画」に照らした本法律の意義

　平成 16 年 12 月に成立した「犯罪被害者等基本法」（「基本法」という）は、基本理念として、「すべて犯罪被害者等は、個人の尊厳が重んぜられ、その尊厳にふさわしい処遇を保障される権利を有する」（3 条 1 項）と定め、国が講ずべき基本的施策として、損害賠償の請求についての援助（12 条）、被害者等の安全の確保（15 条）、刑事に関する手続への参加の機会を拡充するための制度の整備（18 条）等を掲げた[2]。そして、平成 17 年 12 月には、基本法に基づき、政府が実施すべき具体的な施策を定めた「犯罪被害者等基本計画」（「基本計画」という）が閣議決定され、その中で、刑事手続に関し立法的手当てが必要な事項として、① 損害賠償請求に関し刑事手続の成果を利用する制度、② 公判記録の閲覧・謄写の範囲の拡大、③ 犯罪被害者等に関する情報の保護、④ 犯罪被害者等が刑事裁判手続に直接関与することのできる制度についての検討及び施策の実施、が盛り込まれた[3]。その後、法務大臣からの諮問に対して、法制審議会は、刑事法（犯罪被害者関係）部会における 8 回の審議・検討を経て、被害者参加制度や損害賠償命令制度等を内容とする法整備要綱（骨子）を採択し、法務大臣に答申した。答申を受けた法務省は法律案を提出し、国会での審議の結果、本法律が成立した。

　全会派の賛成で成立した「基本法」と「基本法」を具体化した「基本計画」が求めた立法化の趣旨を本法律がどこまで実現したかであるが、まず、性犯罪

等の被害者の氏名、住所等の被害者特定事項を、裁判所が相当と認めたとき
に、起訴状及び証拠書類の朗読の際明らかにしない方法で行ったり、検察官の
証拠開示の際、被告人に知られないように求めたりすることができるとした
（刑訴法 290 条の 2・291 条 2 項・305 条 3 項・295 条 3 項・299 条の 3）こと等は、「基
本計画」の ③ 犯罪被害者等に関する情報の保護を実現したものといえるし、
また、公判記録の閲覧・謄写についても、従来の例外と原則とを逆転し、原則
として公判記録の閲覧・謄写が認められると同時に、対象を拡大して、余罪事
件の被害者等にも必要性・相当性があるときは閲覧・謄写が認められることと
された（犯罪被害者等の権利利益の保護を図るための刑事手続に付随する措置に関する
法律〔以下、「付随措置法」という〕）ことは、事件について知りたいと思う被害
者等の要求を尊重すると同時に民事訴訟の重要な証拠に使いたいとの正当な要
求に応えたもので、「基本計画」の ② 公判記録の閲覧・謄写の範囲の拡大を
図る内容であり、被害者等の刑事手続への関与を拡充する「基本法」と「基本
計画」の狙いを実現したものと評価できる。

(2)　「基本計画」と参加形態

「基本計画」は、「刑事裁判に犯罪被害者等の意見をより反映させるべく、公
訴参加制度を含め、犯罪被害者等が刑事裁判手続に直接関与することのできる
制度について、我が国にふさわしいものを新たに導入する方向で必要な検討を
行う」ことを法務省に求めた。公訴参加制度は例示であり（必ず採用しなければ
ならないという性質のものではない）、「基本計画」が求める被害者等の刑事裁判
への参加の形態には幾つかの形態があり得ると思われる。本法律は一定の被害
者等を被害者参加人という地位で刑事手続への参加を認め、在廷、証人尋問、
被告人質問、弁論としての意見陳述を認める参加形態を選択した。被害者等の
訴訟参加の形態については、全国犯罪被害者の会（あすの会）の「訴訟参加制
度案要綱〔第二版〕」のように、訴因設定権、証拠調べ請求権、上訴権等を含
む「訴訟当事者」またはそれに近い立場としての広範な参加を認める見解から
本法律の参加形態さらには本法律から証人尋問や弁論としての意見陳述を除い

た参加形態など種々の形態が考えられる。しかし、日本弁護士連合会の意見書のように、検察官に対する質問・意見表明制度と公費による弁護士支援制度の導入を提案し、犯罪被害者等の参加制度の導入には反対する立場[4]は、反対の理由の当否は別に検討することとして、「基本法」と「基本計画」が求めた犯罪被害者等の直接参加の要請を充たすものとはいえないであろう[5]。本法律の認めた参加形態については、まだ不十分であるとの見解と行き過ぎだとの見解があるが、私見によれば、一方で、「基本法」と「基本計画」の要請は充たしているものであり、他方で、わが国のよって立つ刑事裁判の基本原則である当事者主義に反するものではないといえよう。残るは立法政策としての妥当性であり、また、本法律の狙いが達成されるかは運用に大きくかかわっている事柄だと思われる。

3　被害者等の訴訟参加と訴訟構造

(1)　職権主義における被害者等の訴訟参加

　被害者等が刑事裁判においていかなる権限で、いかなる態様で訴訟に参加するかはその国の刑事裁判の形態（訴訟構造）によって異なる。例えば、ドイツにおいては、被害者等は私人訴追、附帯私訴のほか在廷権、裁判官・鑑定人の忌避権、裁判官の訴訟指揮に対する異議申立権、証拠調べ請求権、意見陳述権、上訴権等の幅の広い訴訟参加権があるといわれている[6]。訴訟当事者として訴訟への参加が認められているといえよう。ドイツの刑事裁判は基本的に職権主義の訴訟構造を採用しており、職権主義の下では裁判所が事件の全体につき実体的真実を解明するため強い権限を行使して訴訟運営の主導的役割を果たすこととされている。職権主義の下においては、被害者等に証拠調べ請求権等を付与して訴訟活動を認めることは検察官や被告人・弁護人の証拠の提出に加えて、裁判所により多くの資料を提出することになり、裁判所にとっては実体的真実の解明に資することと考えられ、従って、被害者等の訴訟当事者として

の訴訟参加は職権主義になじむといわれるのである[7]。

しかし、わが国の刑事裁判は基本的に当事者主義の訴訟構造を採用している。すなわち、一方の当事者である検察官が審判対象を訴因という形で設定し、この訴因をめぐって公平な裁判所において検察官と被告人・弁護人との間で攻防が展開され、被告人・弁護人に十分に争う機会を与えたうえで、検察官が訴因事実を合理的な疑いを超えるまで証明して初めて裁判所が有罪認定を下すという裁判形態を採っている（刑訴法 30 条・36 条・256 条・298 条・308 条・312 条など）。何よりも、当事者主義は刑事訴訟法以前に憲法 37 条の要請なのである[8]。従って、被害者等の訴訟参加の在り方は当事者主義に適合するように制度設計されなければならない。

(2)　当事者主義における被害者等の訴訟参加——アメリカの場合

当事者主義の刑事裁判を採るアメリカ合衆国を例にとり、まず、犯罪被害者の権利がいかに保障されているかをごく簡単にみてみたい。

合衆国においては、各種の犯罪被害者の団体、フェミニスト、市民権運動家達の活動によって 1970 年代に被害者の権利を確立する運動の進展があり、1982 年には初めての合衆国議会の立法である犯罪被害者及び証人保護法（Victim and Witness Protection Act＝VWPA）が成立した。この法律（VWPA）は、① 刑事手続における被害者及び証人の役割を拡大し保護すること、② 連邦政府が被告人の憲法上の権利を侵害することなく、可能なすべての資源を用いて被害者を保護・支援することを確実にすること、そして、③ 州と地方の立法モデルを提供すること、の 3 つを主要な目標としていた[9]。その後、被害者の権利をさらに進展させる法律が幾つか制定されている[10]。他方、被害者の権利は法律により認められつつも法律の保護では限界がある、実効性に問題がある等の考えから、被害者の権利確立運動は合衆国憲法の修正条項に被害者の権利を盛り込むことに向けられた[11]。しかし、合衆国憲法を改正することは困難であった。そこで、権利確立運動家は、まずは各州の憲法に被害者の権利を認める改正をめざすとの戦略を展開し、この戦略は相当な成果を収め、2008 年

260 第Ⅳ部 公判手続における犯罪被害者の法的地位

の時点で30数州が憲法に被害者の権利を保障している[12]。その後、合衆国憲法改正への努力は両議院等において続けられたが成功しなかった。そこで、権利確立運動家は合衆国憲法の改正が行き詰まっている状態を続けるのではなく、被害者の権利を保障する合衆国の法律を制定する、しかも、従来よりも包括的かつ実効性のある法律を制定することに方向を転換した。その結果として成立したのが、犯罪被害者の権利を保護する法律（The Crime Victims' Rights Act ＝CVRA）である。

　この法律（CVRA）は、被害者に刑事司法制度に参加する権利を与えており、その参加を容易にするために8つの権利を付与している。被害者に付与される8つの権利とは以下のものである[13]。

①被告人から適切に保護される権利

②被告人の公開手続又は仮釈放手続について、適切で正確かつ時宜を得た通知を受ける権利

③公開裁判手続から排除されない権利

　　ただし、被害者が公開裁判手続において他の者の証言を聴くことによって自己の証言が重要な点において変化するおそれがあると裁判所が明確かつ説得力ある証拠に基づいて判断する場合はこの限りではない。

④地方裁判所の釈放、答弁、量刑又は仮釈放を審理する公開裁判手続において被害者が適切に聴聞を受ける権利

⑤当該事件を担当する検察官と適切に相談・協議する権利

⑥法の定めに従った、完全かつ時宜に適った弁償命令を受ける権利

⑦不合理な遅滞なく手続を進めてもらう権利

⑧公正で、かつ被害者の尊厳とプライバシーを尊重した取扱いを受ける権利

　この法律（CVRA）は、以上の8つの権利を被害者に認めただけでなく、裁判所に対して、8つの権利が被害者に保障されていることを確認しなければならないこと、また、③の公開裁判手続から排除されない権利をめぐる判断に際しては、裁判所は被害者の十分な参加を可能にするべく最大限の努力をしなければならず、仮に排除の決定をする場合には適切な代替策を検討しなければ

ならず、さらに、本条の救済を否定する判断を下す場合にはその理由を明示しなければならないことを求めている[14]。

この法律（CVRA）は、また、政府の職員に対して、犯罪被害者に8つの権利を告知し、享受できるよう最大限の努力をする義務を課し、また、検察官は犯罪被害者が8つの権利について弁護士のアドバイスを求めることができる旨を助言しなければならないこととしている[15]。

この法律（CVRA）は、さらに、犯罪被害者とその代理人及び検察官が被害者の権利を主張できること、そして、裁判所が被害者の救済を拒否したときは被害者又は政府は職務執行令状（writ of mandamus）を求めて、連邦控訴裁判所に申立てができる。連邦控訴裁判所はこの申立てを認めて職務執行令状を発給するか、申立てを棄却する場合はその理由を書面で明示しなければならない[16]。

以上のように、CVRA は犯罪被害者に8つの重要な権利を認めると同時にこれらの権利の保障を実効的にする仕組みを設けている。この法律によって被害者は手続における独立した参加人（independent participant）あるいは、完全な参加人（full participant）となることが意図されているともいわれている[17]。

被害者の各権利の内容について本章では詳述できないが、以上のように、当事者主義の国アメリカにおいても被害者に重要な権利が保障されていることが分かる。また、これらの権利はわが国の「犯罪被害者等の権利利益保護法」が被害者等に保障した権利と共通するところが少なくないといえよう。当事者主義の訴訟構造と被害者等に一定の訴訟上の権利を認めることとは矛盾することではないのである。

⑶　わが国の訴訟構造と被害者の参加権

私人訴追が当事者主義と相容れないとは必ずしもいえないが、英、米において私人訴追は殆ど行われていない。訴追後は、例えばアメリカにおいては、審判の対象は訴因に限定され、訴因変更も厳格に制限されている。被告人は自己負罪拒否特権、黙秘権が保障され、検察官は訴因事実を合理的な疑いを超える

262 第Ⅳ部　公判手続における犯罪被害者の法的地位

まで証明しなければならない（無罪推定原則、挙証責任）。弁護権や証人審問・喚問権も十分に保障されている。アメリカの刑事裁判は弾劾主義・当事者主義の形態を採っているが、わが国の刑事裁判も、前述の如く、基本的には弾劾主義・当事者主義に拠っている。それでは、犯罪被害者等の権利利益保護法は弾劾主義・当事者主義に反するであろうか。これに関連して、権利利益保護法は被告人の防御権を侵害するものであろうか。

4　犯罪被害者等が刑事裁判に参加する制度の概要と意義

⑴　被害者参加人、在廷権[18]

⑴　本法律によれば、裁判所は、故意の犯罪行為により人を死傷させた罪、強制わいせつ及び強姦、業務上過失致死傷等、逮捕及び監禁、並びに略取、誘拐及び人身売買の罪等に係る被告事件の被害者等、若しくは当該被害者の法定代理人又はそれらの者から委託を受けた弁護士から、被告事件の手続への参加の申出がある場合に、被告人又は弁護人の意見を聴き、犯罪の性質、被告人との関係その他の事情を考慮して、相当と認めるときは、被害者等又はその法定代理人の被告事件の手続への参加を許すものとされる（刑訴法316条の33第1項）。参加の申出は、あらかじめ、検察官にしなければならず、検察官は、意見を付して裁判所に通知する（同条2項）。裁判所は、相当でないと認めるときは、公判期日の全部又は一部への出席を許さないことができる（同条3項）。

参加が認められた被害者参加人又はその委託を受けた弁護士は、公判期日に出席することができ（316条の34第1項）、公判期日は被害者参加人に通知しなければならない（同条2項）。また、被害者参加人又は委託を受けた弁護士は、検察官の権限行使に関し、意見を述べることができ、検察官は当該権限の行使・不行使につき、必要に応じ、その理由を説明しなければならない（316条の35）。

⑵　被害者等は被害者参加人という特別な地位で手続へ参加できる。被害者

参加人となれる対象の罪種を生命・身体・自由を害する犯罪に限定した理由は、それらの犯罪が個人の尊厳を害することの甚だしいこと、また、それらの犯罪の被害者等の参加へのニーズが高いこと、さらに、参加が被害者等の名誉の回復や立直りに資すると考えられることなどによるからである[19]。なお、被害者等のニーズの高さについては、意見陳述の運用状況から見て、意見陳述の申出につき遺族が約7割を占める等生命・身体・自由を害する犯罪の被害者等を参加の対象とする必要が高いことが相当程度実証されている[20]。

　被害者参加人はバー（法廷の柵）の中に入り、検察官の近くに座ることになろう。これは前述の如く、事件の真相をよりよく知りたいという被害者等の最も基本的なニーズに適うことであり、また、被害者等には単なる傍聴人ではないことが認められることで象徴的な意味を持つ大切なことであり、さらに、検察官と十分なコミュニケーションを取りつつ適切な訴訟活動を行うことを可能にするという点からも重要である。仮に被害者等が法廷の秩序を乱すおそれがある場合には、相当でないとして参加自体が認められない。

(2) 証人の尋問

　(1)　本法律によれば、裁判所は、被害者参加人又はその委託を受けた弁護士から、証人尋問の申出があり、相当と認められるときには、情状に関する事項（犯罪事実に関するものを除く）についての証人の供述の証明力を争うために必要な事項について、その証人を尋問することを許す（316条の36第1項）。1項の申出は、検察官の尋問終了後、直ちに、尋問事項を明らかにして検察官にしなければならず、検察官は当該事項について自ら尋問する場合を除き、意見を付して、裁判所に通知しなければならない（同条2項）。そして、証人尋問の際、裁判長は、被害者参加人等の尋問が1項に規定する事項以外の事項にわたるときは尋問を制限することができる（同条3項）。

　(2)　被告人は黙秘権があるので供述義務はないが、証人には証言義務があり、虚偽の陳述をした場合は偽証罪で処罰されることになるので、被害者参加人等による証人尋問を認めることは証人に過度の負担を与えるとの見解があ

る[21]。この懸念を払拭するように、本法律においては、尋問事項は犯罪事実に関するものは除かれ、例えば、被告人の家族・親族等による示談や謝罪の状況などいわゆる一般情状に関する事項に限定されている。また、情状に関する事項についても、「証人の供述の証明力を争うために必要な事項」について尋問することが認められているのであり、これは、証人が既にした証言を弾劾する（証明力を減殺する）ために行われるもので、新たな事項について尋問することは予定されていないのである。一方で、被害者参加人に犯罪事実に関する尋問を認めなかったのは、被害者参加人が検察官の主張・立証と矛盾する尋問を行う可能性を否定できず、そのことが結果的に真相解明を妨げるおそれがあり、また、訴因の枠を超える不相当な質問をした場合は被告人側に予想以上の負担を課すことになり、また、裁判所の訴訟指揮権の適切な行使により制限しにくい場面もあり得るからとの配慮があったと思われる[22]。他方、情状に関する事実については、証人の前後矛盾する供述や約束違反などにつき、そのことも最もよく知っている被害者参加人が直接尋問することがふさわしいと考えたのである[23]。

(3) 被告人に対する質問

⑴ 本法律によれば、裁判所は、被害者参加人等の申出を受けて、意見の陳述のために必要があると認める場合であって、相当と認めるときは、被害者参加人等が被告人に対して質問することを許すこととされている（316条の37第1項）。1項の申出は、あらかじめ、質問事項を明らかにして検察官にしなければならず、検察官は意見を付して裁判所に通知する（同条2項）。裁判長は、被告人に対する質問が、1項に規定する意見陳述に必要ある事項に関係のない事項にわたるときは質問を制限することができる（同条3項）。

⑵ 被害者参加人等が被告人に質問することを認めることについては、被害者参加人の在廷権とあいまって、被告人が萎縮し、自由に供述することが困難となり、その結果、黙秘権等の防御権の行使が十分にできなくなり、また、被害者参加人等が生の報復感情や怒りを被告人に直接ぶつける結果、被告人から

の感情的反発にあい、かえってそれで傷つくという第二次被害を引き起こすおそれがあり、そもそも、冷静な事実審理と客観的な証拠による事実認定、適正な量刑を行うべき法廷にふさわしい姿とは思えないとの批判がある[24]。しかし、まず、この見解の根底には被害者が在廷すると萎縮し、自由に供述できず、防御権を行使できない弱い被告人と強い報酬感情を抱きそれを生の形で攻撃的・感情的にぶつける被害者というステレオタイプの人物像を前提にしていると思われてならない。この人物像が実態に合致しているとは思われない。被告人も多様であるが、被害者も多様である。反省する被告人もいるが、平気で嘘をついたり、威嚇的になったりする被告人もいる。また、多数弁護人が在廷する場合もある。他方、被害者については被告人に対してその犯した犯罪に見合う刑罰を科して欲しいと強く願う者は多いが、かといって法廷で強い報復感情を生の形で攻撃的・感情的にぶつけ、それが威嚇的、侮辱的質問となることは従来の経験に照らせば、通常は考えにくいであろう。

　次に、被告人質問は、証人尋問のように対象が情状に関する事実に限定されていないが、意見陳述（292条の2・316条の38）をするために必要があると認められる場合として、目的による限定がある。そして、一方で被告人には黙秘権が保障されているので、被害者参加人等が質問しても被告人はいかなる供述をも拒否することができる。他方で、被告人は弁護人の尋問に応じて自由に供述する機会も保障されている。また、被告人は弁護人の助力を受ける権利が保障されており（憲法37条3項など）、法廷において被告事件の防御活動を行うのは通常弁護人である。資格のある弁護士による弁護権の保障の狙いもそこにある。

　第3に、被告人が被害者参加人等の質問に真摯に対応することにより、被告人の弁解や反省や謝罪の言葉を伝えることができ、それが一定程度、被害者参加人等に理解される可能性もないわけではないし、また、有罪と認定された場合、被告人の更生に資することもあり得るのである。

266　第Ⅳ部　公判手続における犯罪被害者の法的地位

(4)　証拠調べ終了後の弁論としての意見陳述

(1)　本法律によれば、裁判所は被害者参加人等からの申出を受けて、相当と認めるときは、検察官の意見の陳述後に、訴因として特定された事実の範囲内において、申出をした者に事実又は法律の適用について意見を陳述することを許すこととされている（316条の38第1項）。この意見陳述の申出も検察官を経由して行われなければならず、意見陳述が訴因を超える場合には裁判長によって制限される（同条2項・3項）。なお、この意見陳述は証拠とならない（同条4項）。

(2)　今回の改正前において被害者等には意見陳述が認められており（292条の2）、被害の状況、被告人に対する処罰感情等被害者の心情その他の意見を述べることができる。これに加えて被害者等が被告事件の事実又は法律の適用について意見を述べたいとの心情は十分尊重に値するし、また、それを認めることは被害者等の名誉の回復や立直りにも資すると考えられたのである。また、本法律で認められることとされた被害者参加人等による被告人に対する質問の状況をも踏まえて最終的に意見を述べるという点も重要である。他方で、この被害者参加人等による最終意見陳述は検察官の論告・求刑や弁護人の弁論と同様、性質上証拠とならないものであり、念のためその旨が明記されている。また、この最終意見陳述は訴因事実の範囲内という限定されたものであるので、被告人の防御の対象が不当に広がることにもならず、被告人の防御権の侵害となるものではない。なお、被害者参加人等の最終意見陳述は言わば検察官の論告・求刑に匹敵するもので、これを認めると訴訟の性格も変化するとの批判も見られるが、現行の心情を中心とする意見陳述においても被害者等は被告人に対する処罰感情の表現として「被告人に極刑を求めます」旨の陳述をすることがあるが、被害者参加人等の最終意見陳述もこれと性格を異にするほどの大きな変化をもたらすとは言えないと思われる。私見によれば、被害者参加人等の最終意見陳述は被告人質問の結果等を含めた訴訟の状況を踏まえて被害者参加人等が事件の当事者として、主体的に、被告事件に関する「思いの丈」を述べ

るものであり、その結果として被害者等の立直りに資することが期待されているのである。

5　被害者等の訴訟参加をめぐる諸論点

被害者等に訴訟参加を認めることには様々な批判が加えられている。主な批判として、被害者等の訴訟参加は、① 当事者主義の訴訟構造を変容させるのではないか、② 無罪推定の原則に反するのではないか、③ 裁判が復讐の場となり、被告人と被害者等との間の報復の連鎖が復活するのではないか、等である。これらの点につき若干の検討を試みたい。

(1)　被害者参加と当事者主義

本法律の被害者等の訴訟参加は、平成 12 年の犯罪被害者保護二法で導入された意見陳述制度が「事件の当事者」として位置付けられたことを超えて、被害者等に「被害者参加人」という独立性の強い訴訟当事者またはそれに準ずる地位を容認したものとする見解がある[25]。これだけでは被害者等が訴訟当事者（または訴訟当事者的地位）として位置付けられたとする根拠として十分とは言えないが、次のような説明がその主張の根拠を補うものとして挙げられようか。すなわち、「証人尋問や被告人質問、弁論としての意見陳述は裁判所の実体形成に直接的に影響する主張、立証の訴訟追行行為であり、そのような訴訟追行行為を行う権限が『被害者参加人』としての法的地位の下に付与されたという点では、犯罪被害者等に訴訟当事者的地位が認められたということができる」[26]。

さて、「犯罪被害者等基本計画」が求める「公訴参加制度を含め、犯罪被害者等が刑事裁判手続に直接関与することのできる制度について、我が国にふさわしいものを新たに導入する」べき制度とは何か。犯罪被害者等が刑事裁判に直接関与する制度として、法制審議会刑事法部会においてドイツの公訴参加制度を基にした全国犯罪被害者の会（あすの会）の「訴訟参加制度案要綱〔第二

版〕」が一つの素材として検討されたのは、それが公訴参加制度の具体的提案として示されていたことからすれば不自然なことではなかったと言えよう。しかし、刑事法部会における議論の大勢は、犯罪被害者等の刑事手続への直接関与は認めるものの、施行 60 年になろうとする刑事訴訟法の基本構造である当事者主義を変容させる直接関与の制度は採用し得ないとすることで落ち着いた。あすの会の訴訟参加制度案要綱で提案されていた訴訟参加人の訴因設定権、証拠調べ請求権、上訴権等が刑事法部会において受け入れられなかったのはそれらの権利を認めることはドイツの職権主義構造の刑事裁判では認められても、わが国の当事者主義の刑事裁判では認められないとの判断があったからである。当事者主義、弾劾主義の必須の構成要素は、検察官が訴因（審判の対象）を設定し、その訴因の範囲内で検察官が犯罪事実の主張・立証を行い、被告人は弁護人の助力を受けて挑戦的、徹底的に防御活動を行い、その結果、検察官の主張たる訴因が合理的な疑いを超えて証明されている場合に初めて有罪認定が下されるという内容を含むものでなければならない[27]。そこで、本法律が認める直接関与の形態を見てみると、まず、被害者等の在廷が当事者主義に反するとは言えまい。次に、証人の尋問は情状に関する事項に限定されており、犯罪事実に関する尋問は許されないし、被告人に対する質問は意見の陳述をするために必要がある場合に限定されている。そして、最終意見陳述は検察官の意見の陳述後に、つまり、意見であることを明確にする手続の段階において、訴因の範囲内に限定し、しかもその陳述は証拠にならないことが明定されている。第 3 に、証人尋問、被告人質問、最終意見陳述いずれについても、尋問・質問・陳述の内容を検察官に明らかにした上で、裁判所が相当と認めるときに許され、また尋問等が定められた範囲を超えるときは裁判長が尋問等を制限できるとして、違法・不当な尋問等がなされないような方策が採られており、事実上、運用上、被告人の防御の対象が広がらない保障がなされていると言ってよい。このような被害者参加人の刑事裁判への関与は当事者主義を変容させるものとは言えないであろう[28]。

　なお、「被害者参加人」という地位の下に訴訟参加を認める点を重視して、

第 18 章　犯罪被害者等の刑事裁判への参加　*269*

当事者的地位が認められたと解する見解もある[29]。しかし、刑事法部会の議論の中で「公訴参加人」、「補助参加人」の案が消えた後に確定した「被害者参加人」の名称は訴訟構造の性格に影響を与えるような重い意味を持ったものではない。「被害者参加人」は「訴訟の当事者」ではなく「事件の当事者」であるとの理解は議論の中でおおむね共有されていたと言えよう。むしろ、被害者等に認められる前述の要件の下での証人尋問、被告人質問、最終意見陳述をする権限を括るあるいは束ねるために考えられた名称といって良かろう。訴訟参加の形態をより強いものにするといった意味はなく、被害者等が訴訟に関与する位置付けを明確にして、参加人には公判期日への出頭を確実にするとか、関係者との協力関係を円滑にするなどの点で意義があると考えられたと思われる[30]（もちろん、参加人とならない被害者等にも検察官は誠実に対応しなければならない）。また、ある程度継続的に公判期日に出廷していなければ意味のある訴訟参加も望めないであろうから、その意味でも被害者等が被害者参加人として関与することに意義があるのである。

(2)　被害者参加と無罪推定原則

無罪推定の原則とは、刑事裁判において被告人が有罪と認定されるまでは無罪と推定されることをいう。この原則から、検察官は起訴した犯罪事実が存在することを合理的な疑いを超えるまで証明しなければならない責任（挙証責任）を負うことが導かれる。無実の者を誤って有罪としないように、公判の審理に際して被告人を無罪と仮定して、犯罪の重要な構成要素を検察官が合理的な疑いを超える程度に証明することを求めたのである[31]。犯罪被害者等に前述した一定の訴訟参加を認めることは検察官の挙証責任を転換するわけではなく、また、挙証責任の程度を軽減するわけでもないので無罪推定の原則に反するものではない。なお、被告人の有罪判決が確定するまでは被害者も確定しないので、確定しない被害者を「事件の当事者」として訴訟参加を認めるのは無罪推定原則に反するとの見解もある[32]。この見解に対しては、私も既に批判をしていたが[33]、さらに、刑事手続のある時点における証拠等に照らして被害者

270 第Ⅳ部 公判手続における犯罪被害者の法的地位

と想定される者に一定の法的地位を認めて手続参加を認めることは無罪推定原則と矛盾するものではないとの反論もなされた[34]。

公判審理の中心は訴因（犯罪事実）が存在するのか（犯罪事実の存否）、および、被告人が犯人であるのか（被告人の犯人性）を認定することである。この認定を慎重にして、誤って無実の者が処罰されないように検察官には挙証責任が課されているのである。従って、犯罪被害者に一定の訴訟参加を認めることは検察官に挙証責任があることを変更するものではないから、無罪推定原則に反するものではない。むしろ、上の見解は無罪推定原則の独自の解釈に基づくものであろう。被害者は従前から訴訟法上の一定の役割を果たしてきている。被害者は告訴権を有し（刑訴法230条）、親告罪においては告訴は訴訟条件である。捜査という刑事手続の流動的な段階においても被害者に重要な役割が与えられている。また、平成12年の犯罪被害者保護二法で認められた犯罪被害者の意見陳述やビデオリンク方式、遮へい措置、そして優先的傍聴などにおいても被害者として一定の訴訟活動を行っているのである。上の見解によれば、これらの被害者の活動はすべて無罪推定原則に反することになるのであろうか。刑事裁判において、通常は、犯罪被害者の確定は困難ではない。仮に犯罪被害者であるか否かの判断に困難を生ずるような場合があれば、そのときは被害者参加人として認められないであろう。ちなみに、アメリカ、イギリス、カナダにおいても程度・形態の違いはあるが意見陳述などの被害者の一定の訴訟参加が認められているが、それらが無罪推定原則に反するとはされていない。

⑶ 裁判が復讐の場となり、報復の連鎖が復活するか

現行の意見陳述制度は平成12年11月から実施されており、公判期日における意見陳述と意見陳述に代えて書面を提出したものを合わせれば平成18年度までで累計4,718件に上るが（口頭の意見陳述は3,722件）、意見陳述によって法廷が復讐の場になったとの批判はなく、問題のない運用がなされてきている[35]。まず、この意見陳述制度の運用実績は評価されて良い。もっとも、本法律の訴訟参加は犯罪被害者等が直接被告人に向かい合うし、その場面も多く

なるため、論者によって、被害者は生の報復感情や怒りを被告人に直接ぶつけたりする結果、被告人からの感情的な反発に遭う等のおそれを心配するのであろう[36]。

しかし、本法律によれば、前述のごとく、犯罪被害者等の訴訟参加はすべて検察官を経由して行うこととされており、まずは、検察官との十分なコミュニケーションを取った上で、検察官によって代弁されることで十分な場合はその分犯罪被害者等は参加しないこととなり、また、参加する場合でも適切な参加の在り方について一定の理解があることが前提になっている。また、裁判所が相当と認めるときに参加が許されるので、法廷の秩序を乱すおそれがある場合は参加自体が許されないのである。さらに、訴訟参加した場合でも、過度に感情的な尋問や質問がなされて本法律の趣旨に沿わない場合には、裁判長が制限できることとされている。このように、犯罪被害者等が訴訟参加するに当たっては、それが感情的になって審理を混乱させることがないように二重、三重の対応策が用意されているのである。他方、被告人が犯罪被害者等から本法律に沿った質問をされたり、意見陳述がなされた場合に、それらに対して逆恨みすることがあってはならないし、ましてや報復することは決して許されることではないのである。

(4) 小　　　括

いかなる形態の刑事裁判が最善なのかは難しい問題である。しかし、事件の利害関係者の役割の違いを認めつつ、各関係者の意見が可能な限り反映された上で事件の解決ができる裁判の形態が追求されてきたのではないであろうか。糾問主義から職権主義そして当事者主義の刑事裁判への大きな流れはそのことを意味しているのであろう。捜査する者、訴追する者、防御する者、弁護する者、裁判をする者の各役割につき、複数の役割を一体として1つの機関が権限を行使する糾問主義の刑事裁判よりも、各役割が違っていることを認めた上で、それらの役割・権限を各々別の機関によって担わせる方が公正、適正な事件の解決をもたらすとの考えから、わが国も当事者主義の刑事裁判を基本とし

272 第Ⅳ部 公判手続における犯罪被害者の法的地位

て採用しているのである（職権主義を基調とするヨーロッパ大陸法の諸国の刑事裁判も相当に当事者主義の影響を受けている）。

事件の一当事者で、最大の利害関係者である被害者がかつてその意見を刑事裁判に反映できなかったことは反省されてしかるべきことであった。今回、本法律が当事者主義（検察官が訴因〔審判の対象〕を設定・変更する権限を持ち、訴因の範囲内で両当事者〔検察官と被告人〕の攻撃・防御が展開され〔被告人には弁護人がついて〕、訴因が合理的な疑いを超えたと証明されたとき初めて有罪認定が下されるという訴訟形態）を変容することのない形で犯罪被害者等に訴訟参加を認めたことは、ヨーロッパ大陸法の諸国とは相当異なり、また英米法の諸国とも一味違った特色ある被害者参加制度を創設するものとして評価できるし、関係者において本法律の趣旨に沿った適切な運用がなされていくことを期待したい。

6 被害者参加人のための国選弁護制度の創設

「犯罪被害者等の権利利益保護法」は被害者参加人等に、① 公判期日への出席（刑訴法316条の34）、② 情状に関する事項についての証人尋問（316条の36）、③ 被告人質問（316条の37）、④ 事実又は法律の適用についての意見陳述（316条の38、弁論としての意見陳述）、等を行う権限を認めた。これらの権限を被害者参加人が適切かつ効果的に行使するためには必要に応じて弁護士による援助を受けることが重要である。ところが、犯罪被害者は、犯罪により多大な損害を受け、経済的にも困窮することが少なくないという状況にあることを考えれば、資力の乏しい被害者等に弁護士の援助を受けられるようにしなければ、被害者参加制度を創設した意義が損なわれるおそれがあるのである。資力に乏しい被害者参加人に弁護士の援助を受けられるようにすべきとの意見は法制審議会刑事法部会の審議の中でも示されていたし、また、「犯罪被害者等の権利利益保護法」の附則10条において「政府は、被害者参加人の委託を受けた弁護士の役割の重要性にかんがみ、資力の乏しい被害者参加人も弁護士の法的援助を受けられるようにするため、必要な施策を講ずるよう努めるものとす

第18章　犯罪被害者等の刑事裁判への参加　*273*

る。」と規定されていた。

そこで、平成20年4月16日、第169回通常国会において、資力の乏しい被害者参加人が弁護士の援助を受けられるようにするため、裁判所が被害者参加弁護士を選定し、国がその報酬及び費用を負担するとともに、日本司法支援センター（以下、「支援センター」という）が被害者参加弁護士の候補を裁判所に通知する業務等を行うための法整備として「犯罪被害者等の権利利益の保護を図るための刑事手続に付随する措置に関する法律及び総合法律支援法の一部を改正する法律」が成立し、同月23日に公布された。

(1)　被害者参加人のための国選弁護人の必要性

被害者参加人は証人尋問や被告人質問などの訴訟活動を検察官との緊密なコミュニケーションを図りながら行っていくことが予定されているが、検察官は公益の代表者として被害者参加人の求める援助をすべて行うことができる訳ではないから、被害者参加人が、検察官の権限行使について意見を述べたり、上記の訴訟活動を適切に行うために弁護人の助力が必要である。また、被害者参加人の中には上述の訴訟活動を行いたいと考えながらも、公判期日で精神的負担が大き過ぎて自ら訴訟活動を行うことができない者もいることから、その者に代わって弁護士に訴訟活動をしてもらう必要が高いのである。

(2)　被害者参加弁護士の選定の請求

被害者参加人は、手続への参加を許された刑事被告事件の係属する裁判所に対して被害者参加弁護士の選定を請求することができるが（付随措置法5条1項）、その請求は支援センターを経由して行わなければならない（同条2項）。この際、被害者参加人は、資力及びその内訳を申告する書面を提出しなければならない（同条同項）。

支援センターは、その業務の主要な柱の1つである被害者の支援の窓口機関として、請求の段階から関与して、被害者参加人の意見を聞いた上で、資力を申告する書面の記載方法の助言を初めとして、被害者参加弁護士の選定のため

274 第Ⅳ部 公判手続における犯罪被害者の法的地位

の業務その他刑事裁判への参加や損害の回復、支援団体の紹介等被害者参加人に必要な助力をするという重要な役割を担うことが期待されているのである。

(3) 資 力 基 準

被害者参加人の被害者参加弁護士の選定の請求が認められるためには、被害者参加人の資力（その者に属する現金、預金その他政令で定めるこれらに準ずる資産の合計額をいう）が一定の基準額に満たないことが必要である（5条1項）。その基準額とは、被害者参加人の資力から刑事被告事件に係わる犯罪行為により生じた負傷又は疾病の療養に要する費用その他の当該犯罪行為を原因として請求の日から3月以内に支出することとなると認められる費用の額を控除した額である（同条同項）。

犯罪被害者等は犯罪により受けた被害により、収入の減少、喪失という事態に陥ることが多いうえ、治療費などの負担を余儀なくされる。また、被害者等がその生活を維持し、被害からの回復を図るためには3か月間の必要生計費の確保が不可欠と考えられたのであろう。

(4) 被害者参加弁護士の選定

裁判所は(2)の請求があったとき、請求が不適法であるとか、資力基準を満たさないなどの理由がある場合でなければ、被害者参加弁護士を選定しなければならない（7条1項）。もっとも、被害者参加弁護士を選定した後、被害者参加人がその権限として行うことのできる訴訟行為をほかの弁護士に委託した等の理由で被害者参加弁護士にその職務を行わせる必要がなくなったとき、被害者参加人と被害者参加弁護士との利益が相反するとき、被害者参加弁護士の心身の故障、任務違反などの場合には、裁判所は被害者参加弁護士の選定を取り消すことができる（9条）。

(5) そ の 他

被害者参加弁護士は、旅費、日当、宿泊費及び報酬を請求することができる

第18章　犯罪被害者等の刑事裁判への参加　*275*

（8条4項）。これらの費用及び報酬については国が負担する。ただし、被害者参加人が、裁判所の判断を誤らせる目的で、資力又は療養費等の額について虚偽の書面を提出したときは、10万円以下の過料に処せられるし（10条）、また、虚偽の書面により裁判所の判断を誤らせたときは、裁判所は被害者参加人から被害者参加弁護士に支給した費用及び報酬の全部又は一部を徴収することができる（11条）。

付　記

　脱稿後に堀江慎司「刑事裁判への被害者参加の制度についての覚書——被害者等による証人尋問・被告人質問を中心に」法学論叢 162 巻 1-6 号（2008 年）243 頁以下及び酒巻匡ほか「〔特集〕犯罪被害者と刑事手続」刑法雑誌 47 巻 3 号（2008 年）374 頁以下（本章との関係では長沼範良、加藤克佳各氏の論文）に接した。なお、本章ではすべて引用できなかったが、加藤論文に詳細な文献の引用があるので参照されたい。

1)　本法律の概要については以下の文献を参照されたい。白木功・ジュリスト 1338 号（2007 年）48 頁以下、岡本章・刑事法ジャーナル 9 号（2007 年）8 頁以下、親家和仁・警察学論集 60 巻 10 号（2007 年）109 頁以下。
2)　「基本法」については、井川良「犯罪被害者等基本法」ジュリスト 1285 号（2003 年）39 頁以下などを参照。
3)　「基本計画」については、神村昌道「犯罪被害者等基本計画策定の経緯と目的」法律のひろば 59 巻 4 号（2006 年）4 頁以下、廣田耕一「警察の犯罪被害者対策の推進について—犯罪被害者等基本計画の策定を踏まえて」同 11 頁以下、松下裕子「法務省における基本計画の推進」同 17 頁以下、小西聖子「精神的・身体的被害の回復・防止への取組—精神科医から見た犯罪被害者等基本計画」同 24 頁以下、山上皓「犯罪被害者支援からの展望」同 31 頁以下、椎橋隆幸本書第 12 章、番敦子ほか『犯罪被害者等基本計画の解説』（ぎょうせい 2006 年）などを参照。
4)　日本弁護士連合会「法制審議会刑事法（犯罪被害者関係）部会における諮問事項について」（2006 年 12 月）、同「犯罪被害者等が刑事裁判に直接関与することのできる被害者参加制度に対する意見書」（2007 年 5 月）
5)　川出敏裕「犯罪被害者の刑事裁判への参加」刑事法ジャーナル 9 号（2007 年）

276 第Ⅳ部 公判手続における犯罪被害者の法的地位

14-15 頁などを参照。

6) 滝沢誠「犯罪被害者の訴訟参加(1)(2)(3・完)」獨協法学 64 号（2004 年）161 頁
以下・66 号（2005 年）1 頁以下・67 号（2005 年）233 頁以下、岡村勲監修＝守屋
典子ほか著『犯罪被害者のための新しい刑事司法』（明石書店 2007 年）93 頁以下
などを参照。

7) 同上、注 6) の文献。

8) 渥美東洋『全訂刑事訴訟法』（有斐閣 2006 年）249 頁以下、椎橋隆幸編『プライ
マリー刑事訴訟法』（不磨書房 2005 年）15 頁以下など参照。

9) Pub. L. No. 97-291, 96 Stat. 1248 (1982).

本法については、本書第 1 章以下、中野目善則「アメリカ合衆国における刑事手
続での被害者の役割、被害者の刑事手続への参加」法学新報 94 巻 6 ＝ 7 ＝ 8 号
（1988 年）116 頁以下などを参照。

10) Victims of Crime Act of 1984, the Victims' Rights and Restitution Act of 1990, the
Violent Crime Control and Law Enforcement Act of 1994, the Antiterrorism and
Effective Death Penalty Act of 1996, the Victim Rights Clarification Act of 1997 等があ
る。他に年少被害者・証人保護を図る法律もある。

11) 合衆国憲法第 6 修正は、公平な陪審による迅速な公開裁判を受ける権利、事件に
ついて告知を受ける権利、証人審問・喚問権、弁護人の助力を受ける権利を被疑
者・被告人に保障しているが、この条文に続けて「同様に、被害者は全ての刑事訴
追において、裁判手続の全ての重要な段階において、出廷し、聴聞を受ける権利を
有する」との文言を追加することを内容としていた。また、第 27 修正を設けて被
害者の権利を確立しようとの案もあった。なお、被害者の権利をめぐる立法の経緯
については、Paul G. Cassell, Recognizing Victims in the Federal Rules of Criminal
Procedure: Proposed Amendments in Light of the Crime Victims' Rights Act, 2005
BYU L. Rev. 835 などを参照。

12) アラスカ、アリゾナ、カリフォルニア、コロラド、コネチカット、フロリダ、ア
イダホ、イリノイ、インディアナ、カンザス、ルイジアナ、メリーランド、ミシガ
ン、ミシシッピ、モンタナ、ネブラスカ、ネバタ、ニュージャージー、ニューメキ
シコ、ノースカロライナ、オハイオ、オクラホマ、オレゴン、ロードアイランド、
サウスカロライナ、テネシー、テキサス、ユタ、ヴァージニア、ワシントン、ウィ
スコンシンの各州である。

13) 18 U.S.C.A. § 3771 (a)(West 2004 & Supp. 2005). なお、中川かおり「2004 年万人
のための司法手続法—犯罪被害者の権利を確立し、DNA 検査の充実を図るための
米国の法律」外国の立法 226 号（2005 年）1 頁以下を参照。CVRA については、そ
の後、斉藤豊治「アメリカにおける被害者の刑事手続参加」犯罪と刑罰 20 号 53 頁、
吉村真性「アメリカ連邦刑事手続における犯罪被害者の権利：連邦犯罪被害者権利

法（the Federal Crime Victims' Act 2004）を手がかりにした一考察」矯正講座 30 号 83 頁、隅田陽介「アメリカ合衆国における犯罪被害者の権利の保障」犯罪被害者研究第 23 号 85 頁、伊比智「The Crime Victims' Rights Act について」中央大学大学院研究年報第 44 号 307 頁などに接した。

14) 18 U.S.C.A. § 3771 (b).

15) 18 U.S.C.A. § 3771 (c)(1)(2).

16) 18 U.S.C.A. § 3771 (d).

17) 150 Cong. Rec. S 10911 (daily ed. Oct. 9, 2004)(Kyl 上院議員の発言)。また、Kenna v. U.S. Dist. Court, 435 F. 3d 1011, 1016 (9 th Cir. 2006) 参照。

18) 被害者の、特に傍聴人としての在廷権の根拠について考察したものとして、渥美東洋「裁判の公開・非公開と被害者の傍聴権」白門 53 巻 8 号（2001 年）6 頁以下、また、小木曽綾「刑事手続と犯罪被害者」被害者学研究 14 号（2004 年）87 頁以下を参照。

19) 被害者等の参加が認められる根拠について、瀬川晃ほか「〔座談会〕犯罪被害者の権利利益保護法案をめぐって」ジュリスト 1338 号（2007 年）21-22 頁［大谷晃大氏発言］、中島聡美「犯罪被害者の心理と支援」ケース研究 293 号（2007 年）138-139 頁、川出・前掲注 5) 17-18 頁などを参照。

20) 瀬川ほか・前掲注 19) 29 頁［大谷晃大氏発言］。

21) 岩田研二郎「刑事訴訟における被害者参加制度の問題点—法制審議会刑事法部会の審議を中心に」法律時報 79 巻 5 号（2007 年）88 頁。

22) 岡村監修・前掲注 6) 77-78 頁参照。

23) 岡村監修・前掲注 6) 78-79 頁参照。

24) 岩田・前掲注 21) 87-88 頁。

25) 岩田・前掲注 21) 87 頁、日弁連・前掲注 4)。

26) 川崎英明「刑事裁判への被害者参加制度の批判的検討」季刊刑事弁護 50 号（2007 年）90 頁。

27) 渥美・前掲注 8) 250 頁以下参照。

28) 瀬川ほか・前掲注 19) 23-25 頁［加藤克佳、大谷晃大、高橋正人各氏等の発言］、川出・前掲注 5) 19-20 頁等を参照。

29) 川崎・前掲注 26) 90 頁。

30) 法制審議会刑事法部会第 6、7、8 回議事録を参照。

31) これはアメリカ及び日本の法律辞典、代表的体系書に共通した理解である。なお、無罪推定原則を原理的に考察したものとして、渥美東洋『レッスン刑事訴訟法（上）』（中央大学出版部 1985 年）179 頁以下参照。

32) 川崎・前掲注 26) 90 頁。

33) 加藤克佳ほか「〔対談〕犯罪被害者の刑事手続上の地位」法学セミナー 573 号

278 第Ⅳ部 公判手続における犯罪被害者の法的地位

（2002 年）86 頁以下参照。

34) 川出敏裕「犯罪被害者の刑事手続への参加」ジュリスト 1302 号（2005 年）41 頁。また、堀江慎司「刑事手続上の被害者関連施策について─刑事裁判への『直接関与』の制度を中心に」法律時報 79 巻 5 号（2007 年）79 頁参照。

35)〔**追記** その後の平成 19 年から 28 年の 10 年間で意見陳述した被害者の累計は16,447 人であり、内訳は口頭陳述が 11,415 人（年平均は 1,142 人）、書面の提出が5,032 人（年平均 503 人）となっている。相当数の被害者等が意見陳述制度を利用しているといえよう。（法曹時報 70 巻 2 号 178 頁参照）〕

ところで、平成 12 年の意見陳述制度についても、それが私的復讐の観念の復活であり、また、重罰化に帰するとの批判があった。水谷規男「被害者の手続参加」法律時報 71 巻 10 号（1999 年）40 頁など。これに対する反論として、本書第 16 章、また、瀬川ほか・前掲注 19)39 頁［川上拓一氏発言］を参照。むしろ、従来の経験によれば、1970 年代の「荒れる法廷」を現出させたのは一部の被告人と被告人と呼応した一部の弁護人であったと指摘されている。大澤孝征ほか「徹底討論　被害者参加制度」第一東京弁護士会会報 No.411（2007 年 6 月号）2 頁以下参照。

36) 岩田・前掲注 21)88 頁。また、山下幸夫「刑事裁判への被害者参加制度の立法経過と実務家から見た問題点」季刊刑事弁護 50 号（2007 年）83 頁、また、吉田敏雄「刑事手続きにおける被害者の参加形態─ドイツ、オーストリアの法制度」北海学園大学法学研究 43 巻 1 号（2007 年）35 頁以下を参照。

〔**追記** 平成 25 年 6 月、「犯罪被害者等の権利利益の保護を図るための刑事手続に付随する法律及び総合法律支援法の一部を改正する法律」（平成 25 年法律第 33 号）が成立・公布された。同法の内容は 2 点ある。第 1 は、被害者参加人が、裁判所を経由して日本司法支援センターから旅費、日当及び宿泊料の支払いを国費から支給される。新たな経済的負担を負わせることなく訴訟活動を行うことを実質的に保障するためである。第 2 は、国選被害者参加弁護士の選定請求に係わる要件の緩和に関する法整備であり、被害者参加人の資力基準について、その算定の基礎となる必要生計費等を勘案すべき期間を 3 月間から 6 月間に伸長することにより、国の費用で被害者参加弁護士が選定される被害者参加人の範囲を拡大した。被害者参加制度を利用する被害者参加人の経済的負担を軽減する意義は大きいと思われる。中村功一ほか「『犯罪被害者等の権利利益の保護を図るための刑事手続に付随する措置に関する法律及び総合法律支援法の一部を改正する法律』及び『犯罪被害者等の権利利益の保護を図るための刑事手続に付随する措置に関する法律第 5 条第 1 項の資産及び基準額を定める政令の一部を改正する政令』の解説」曹時 66 巻 2 号 19 頁以下参照。〕

第19章

被害者参加制度について考える
──1年間の実績を踏まえて──

1 は じ め に

　被害者参加制度とは、一定の犯罪の被害者等が検察官に参加の申出をして、裁判所の許可を得て、一定の要件の下、被害者参加人という地位で、検察官との密接なコミュニケーションを保ちながら、公判期日への出席、情状に関する証人への尋問、被告人質問そして事実又は法律の適用に関する意見陳述という訴訟行為を自ら直接に行うことのできる制度である。被害者参加制度は、平成19年6月に成立した「犯罪被害者等の権利利益の保護を図るための刑事訴訟法等の一部を改正する法律」（犯罪被害者等保護法ともいう）により、刑事訴訟法の一部が改正され、導入されたものである。この制度の目的は、「事件の当事者」である犯罪被害者等が被害に関わる刑事事件の裁判の推移や結果を見守るとともに、刑事手続に適正に関与することによって、その名誉の回復や被害からの立直りに資することである。

　さて、被害者参加制度は平成20年12月1日から施行され、平成21年11月末には1年が経過し、多くの被害者が参加する裁判が各地の裁判所で実施された。また、国民の中から選任された裁判員が裁判官とともに刑事訴訟手続に関与して、事実認定、法令の適用、量刑を協働で行う裁判員裁判が平成21年5月21日以降に起訴された一定の刑事事件について実施され、平成21年8月6日に第1号事件の判決が言い渡されて以来数多くの裁判員裁判が実施されてい

るが、その中には被害者等が参加した裁判例も含まれている。本章は被害者参加制度の1年間の実績を参考にして同制度の意義について若干の考察を試みるものである。

2 被害者参加制度の実績とその評価

最高検察庁の調べによれば、被害者参加制度の運用状況は、施行後半年の平成21年5月末の時点で、参加申出は224件350名で、許可決定は206件321名、また、1年経過後の時点では、参加申出は552件926名で、許可決定は522件850名である。参加形態の内容は、以下のとおりである。

① 公判期日への出席：206件321名（半年後—以下同じ）、410件657名（1年後—以下同じ）

② 証人尋問：31件38名、80件105名

③ 被告人質問：89件107名、266件329名

④ 事実又は法律の適用についての意見陳述：63件74名、226件282名

罪種別の申出件数を1年経過時点でみると、自動車運転過失致死傷事件が265件と圧倒的に多く、次いで強姦・強制わいせつなどの85件、殺人・同未遂65件、傷害56件と続いている。参加申出の件数・人員の中、参加許可のあった件数・人員は522件（95％）・850名（約92％）と殆どの事件で被害者参加が認められている。申出人員の内訳は、直系親族が（父母）237名、（子）146名、（その他）25名を合せると408名と最も多く、本人175名、委託弁護士175名、配偶者89名、兄弟姉妹64名、法定代理人15名と続いている。以上の実施状況について、実施数については着実に増加してきており、また、一部で、法廷が感情的になって混乱するなどの懸念があったものの、半年経過後の時点で、被害者参加はおおむね混乱なく実施されているといわれ、一年経過後の時点においても、格別なトラブルや混乱はなく、おおむね順調に導入されてきたと評価されている[1]。

被害者参加制度が着実かつ順調にすべり出すことができた理由としては、こ

の制度が実現する原動力となった刑事裁判への参加を要望する多数の被害者が存在すること、被害者等の間に被害者参加制度の趣旨・内容についての理解が徐々に浸透していること、そして、この制度の運用にかかわる裁判所、検察官、弁護人、委託弁護士が制度の趣旨・内容を理解して、制度の趣旨に沿った訴訟活動に努めたこと等によるものであろう。例えば、1年間の実施状況で特徴的なこととして性犯罪被害者の参加申出件数の急増が挙げられるが、その事情として、性犯罪被害者の被害感情が強い場合が多く、また、刑事裁判における被害者特定事項の秘匿など被害者のプライバシー保護方策が適切に運用されるなどによって、被害者の懸念が次第に払拭され、被害者参加がし易くなったことを指摘することは正鵠を射たものであろう[2]。

　被害者参加の一形態である心情等の意見陳述制度は平成12年11月1日から施行されたが、同制度の実施状況をみると、公判期日での意見陳述と書面による意見陳述を合わせると、平成12年：30件、13年：290件、14年：576件、15年：729件、16年：915件、17年：1,017件、18年1,170件、19年：1,280件と着実に増加している[3]。

　被害者参加制度が心情等の意見陳述の実績と同じような推移を辿るかどうかは予断を許さないが、被害者参加制度の趣旨・内容の理解がより広く、深くなれば、さらに利用される可能性が高くなると推測される。

　もっとも、被害者参加制度が成立・施行された後でも、同制度の運用を危惧する見解が相当数存在する。それらの見解に対して、既に述べたこととなるべく重複しないように幾つかの論点について若干言及してみたい。

3　被害者参加制度一般について

　被害者参加制度施行後、数多くの被害者参加が実現しつつあるが、被害者参加人からは「自分が直接に裁判官に言いたいことが言えた」、「自分たちの想いを伝えることができた」との肯定的な感想が多く伝えられているという[4]。もっとも、個々の事案においては、被害者等は参加することにより報復を受ける

282 第Ⅳ部 公判手続における犯罪被害者の法的地位

のではないかと心配したり、実際に刑事裁判に参加した場合に、被告人の対応によって傷ついたり、裁判の結果に無力感を抱いたりすることもあるのである。それでもなお、そのような可能性を理解した上で、参加を決断するのであり、その数が着実に増加しているのである。

　被害者参加制度に批判的な見解の中には被害者参加そのものに反対する論者がいる。反対の根拠の重要な論点については筆者も私見を明らかにしているのでそれを参照していただくことにして[5]、理解しがたい根拠として論者は、被害者等が参加する刑事裁判は、あふれるような報復感情、過度な処罰感情を裁判の場に持ち込むために裁判官・裁判員の冷静・客観的な事実認定に強い影響を与え（あるいは、真相の理解を阻害し）、それが誤判（冤罪）をもたらす、あるいはそのおそれがあるというのである[6]。

　しかし、まず、国民の代表で構成されている国会が制定した被害者参加制度の根幹である被害者参加そのものを認めるべきではないというのは被害者参加制度の精神ひいては民意に反するものであろう。また、被害者本人の参加に反対するのみならず、被害者参加弁護士が付いている場合には、被害者参加人の証人尋問、被告人質問は不必要とすべきという見解[7]は犯罪被害者等保護法の趣旨に反するものである。被害者参加制度で認められた訴訟行為の中、検察官は被害者参加人と密接なコミュニケーションをとりながら、どの訴訟行為を自らが行い、どの訴訟行為を被害者参加人に任せるかという適切な役割分担を決めるが、被害者参加弁護士は検察官と被害者参加人のパイプ役として被害者参加人の要望を十分に検察官に伝え、検察官の考えを被害者参加人に分かりやすく伝え、訴訟行為の役割分担の判断に資する必要がある。また、被害者参加人が行う訴訟行為について、どのような方法で訴訟行為を行うかについて法律の専門家として的確なアドバイスをすることが求められるし、さらに、公判における訴訟行為に被害者参加人が耐えられずに、「代わりに行って欲しい」と言われた場合には被害者参加弁護士が委任された訴訟行為を行うことが期待されている。法律に精通しておらず、また、精神的にも弱い立場にある被害者参加人をサポートする被害者参加弁護士の役割は重要であるので、資力が乏しい被

害者参加人にも国費による法的援助が受けられるように整備されている（犯罪被害者等の権利利益の保護を図るための刑事手続に付随する措置に関する法律及び総合支援法の一部を改正する法律）。

　もっとも、被害者参加は被害者参加人が自ら行うのが基本であり、被害者参加弁護士は被害者参加人の意思を尊重して、訴訟進行上、いかなる役割分担をすれば被害者参加人の利益を最大限実現できるのかの観点から、被害者参加人の訴訟行為を法律の専門家としてアドバイスしたり、法律や訴訟技術が必要とされる訴訟行為を代わって行ったりすることが求められている。被疑者・被告人に認められている弁護「人」の「選任」ではなく、被害者参加制度においては「委託を受けた弁護士」（刑訴法 316 条の 33 以下）としているのは前述の趣旨を表しているのである[8]（被害者保護法 7 条以下）。以上の理由で、被害者参加弁護士が付いている場合は、被害者参加人が証人尋問や被告人質問をすることは不必要だということにはならない。

　なお、被害者参加が誤判（冤罪）を引き起こす（危険性がある）との見解は説得力があるとは思われない。被害者参加と誤判がどう結びつくのか論証が全くなされていない。刑事裁判が過度に応報的・感情的になると裁判官・裁判員の心証形成に不当な影響を与えるからであるとの説明であるが、被害者参加制度における被害者参加はすべて検察官を経由して行うこととされ、また、裁判所が相当と認めるときに参加が許される（刑訴法 316 条の 33）。さらに、訴訟参加が認められた場合でも、過度に応報的・感情的な尋問や質問がなされた場合には、裁判長が制限できることとされている。このように、訴訟参加制度は過度に感情的になって審理が混乱することがないような対応策が十分に用意されているのである。

4　証人尋問、被告人質問、事実又は法律の適用に関する意見陳述

　検察官は被害者参加人、被害者参加弁護士と緊密なコミュニケーションをと

284　第Ⅳ部　公判手続における犯罪被害者の法的地位

りながら、証人尋問、被告人質問について自らがすべきか被害者参加人に任せるかを適切に判断しなければならない。また、事実又は法律の適用に関する意見陳述をするか否か、するとなれば、被害者参加人側に任された証人尋問、被告人質問とならんで事実又は法律の適用に関する意見陳述を被害者参加人が自ら行うのか被害者参加弁護士に委託するのかを適切に分担して行うことになる。役割分担の基本は被害者参加制度の趣旨を踏まえて被害者参加人の意思を尊重して判断すべきであるが、誰がどの訴訟行為を行うのが効果的なのか、また、被害者参加人に無理な負担を課さないか等の視点からの判断も重要である。一般的には、法律の知識や訴訟の技量が必要な訴訟行為は法律家（検察官と被害者参加弁護士）が行い、そして、その中で「公益の代表者」である検察官では代弁しきれないことを被害者参加弁護士が行い、犯罪被害にあったものでなければ語れないことを表現する訴訟行為、どうしても自分で言いたいこと、被害者等の立場から最もよく真相が分かっていることなどは被害者参加人が行うことになろう。

　関連して、被害者参加が功を奏した甲府地裁の事例が報道されている。交通事故の被害者の妻が第1回公判期日で被告人が「毎週、事故現場で花を手向けています」との弁解を傍聴席で聞き、その供述を信用できないと怒りを覚え、すぐに被害者参加を申し入れ、許可された後、法テラスから連絡を受けた弁護士が妻と面談し直ちに受任した。第2回公判において、被告人質問を再開して、警察の補充捜査を基に検察官が質問したところ、被告人は花を手向けたとの供述は虚偽であることを認めたとのことである[9]。この事例は、被害者参加人が被告人質問をした訳ではないが、被害者参加人であればこそ容易に気がつくことがあり、そのことが真相解明に役立つ場合があることを示している。

5　被害者参加制度と量刑

　平成12年の刑事訴訟法の改正によって、被害者等に心情等の意見陳述が認められた（292条の2）。これにより被害者等は被害の状況、被告人に対する処

第 19 章　被害者参加制度について考える　*285*

罰感情等被害者等の心情その他の意見を述べることができるようになった。この被害者の心情等の意見陳述は量刑の一資料となる。そして、心情等の意見陳述の実績は確実に増加し平成 19 年度までには公判廷での意見陳述（4,732 件）と書面による意見陳述（1,266 件）を合計すると 5,998 件にのぼる。意見陳述に対する被害者等のニーズが高いことが窺われる（その後の運用実績については本書第 18 章、特にその注 35）等を参照）。この制度が導入される際、量刑が不当に重くなるとの批判があった。しかし、8 年余の経験に照らすと、心情等の意見陳述制度の導入によって量刑が不当に重くなったとの実証結果は示されていない。

　被害者参加制度の導入も同様に厳罰化を招くのではないかと批判された。しかし、前述の平成 21 年 3 月の甲府地裁の裁判例にあるように、被告人質問によって被告人の供述が虚偽であったことが判明したのは真相解明に寄与したのであり、その結果、被告人の嘘が有利な事情として認められなかったのである。証人尋問についても、被害者参加人等は情状に関する事項（犯罪事実に関するものを除く）についての証人の供述の証明力を争うために必要な事項について、証人を尋問することが認められている（刑訴法 316 条の 36 第 1 項）。例えば、被告人の家族の謝罪や損害賠償の約束の経過について、弁護人の主尋問に答える証言を弾劾するために被害者参加人等が反対尋問することが考えられる。この情状証人に対する反対尋問も法律の趣旨に従ってなされる場合、何ら不当とはいえない。さらに、弁論としての意見陳述は、訴因の範囲内において、検察官の論告・求刑後に被告人質問の結果等を含めた訴訟の状況を踏まえて意見を述べるものであり、性質上証拠とならないものであり、その旨も明記されている（同法 316 条の 38）。

　以上の被害者参加が必然的に重罰化をもたらすとは理論上言いがたいと思われるが、なお、平成 21 年 5 月 21 日から施行された裁判員裁判との関係で、裁判官はともかく国民から選ばれる裁判員は被害者参加人の応報感情・処罰感情の表現に影響を受け厳罰化がもたらされるのではないかと批判されたのである。確かに、各種の実態調査の結果によれば、被害者も国民も被告人に科され

286　第IV部　公判手続における犯罪被害者の法的地位

る刑罰は軽いと考えている人が多い。現実の刑罰を軽いと考える人々が裁判員になって量刑を行えば、量刑は重くなる、厳罰化するとの心配もあっておかしくない。裁判員裁判の量刑の傾向はどのようなものになっていくのか。従来の量刑相場とは違うものになっていくのか慎重に見極めていかなければならない。

　この点で参考になるのが、被害者参加制度が適用された裁判員裁判の判決結果である。新聞報道によれば平成 20 年 12 月 1 日から平成 21 年 11 月末までの 1 年間に行われた裁判員裁判 138 件のうち、被害者参加制度が適用されたのは 18 件で、21 人の被告人に判決が言い渡された。実刑となった 17 人の量刑を検察側求刑と比較すると 81.7％で、被害者参加がない裁判の平均（77.8％）と約 4 ポイントの差だったという[10]。この数字の評価については、「裁判員、厳罰化見られず」、とか「裁判員、冷静に量刑判断」という見出しが付けられている[11]。報道紙における専門家のコメントが指摘するように、被害者が参加した刑事裁判において、裁判員は被告人のみならず被害者の声によく耳を傾けつつも（時によって共感しつつも）、被害者の意見を量刑判断の 1 つとしてバランスよく冷静に量刑判断をしているといえよう。

　ところで、筆者は平成 21 年 9 月 25 日の時点で言い渡された 13 件の判決を簡単に分析したことがある。その量刑判断の部分の分析を要約すると次の通りである。

　13 件の裁判員裁判の中、検察官の求刑通りの判決を下したのは 2 件あり、1 件は青森地裁の住居侵入、強盗強姦、窃盗、窃盗未遂事件で、求刑・判決ともに懲役 15 年であった。もう 1 件は和歌山地裁の住居侵入、強盗殺人事件で求刑・判決とも無期懲役であった。

　青森地裁が重視した量刑事情は被告人の 4 件の犯行のうち、女性 2 人に対する強盗強姦、住居侵入の悪質さ、重大さであった。加えて、被害者らが受けた一生癒されない可能性のある心の傷を重く見た結果の量刑であったと推察される。近年の性的自由の侵害に対する厳しい姿勢を背景に、本件では、ビデオリンク方式を用いて被害者が意見陳述をしたことが裁判員に一定の影響を与えた

かもしれない。

　和歌山地裁が量刑で考慮した事情は、被告人がタオルや電気コードを使って、合計 3 回約 20 分にわたって被害者の首を絞め続けたという犯行態様の執拗性、悪質性であり、また、犯行後に被告人が証拠隠滅行為を行っていること、奪った金で平然とパチンコ等を行っている等の悪い状況を考慮した結果である。

　これらの 2 つの事件については異論もあろうが、検察の求刑通りの判決を下したことには説得力があるとのコメントが多かったように記憶している。

　他方、従来の量刑相場から若干離れているのではないかと見られた判決が 2 件あった。

　1 つは、裁判員裁判第 1 号の東京地裁の殺人事件であるが、被告人が近所に住む女性をサバイバルナイフで衝動的に刺殺したとされる事件である。検察官の求刑が懲役 16 年であるのに対して懲役 15 年の判決が下され、従来の量刑相場（12 ～ 13 年程度との意見が散見された）からすると若干重い量刑ではないかとの意見があった。

　他方、大阪地裁の覚せい剤取締法違反事件（営利目的の輸入）においては、検察官の求刑（懲役 10 年、罰金 500 万円）に対して、裁判所は懲役 5 年、罰金 350 万円の判決を下した。本件では、量刑の基礎となる覚せい剤の輸入量を検察官の主張より少ない量しか認定できなかったことと、被告人が犯行において果した役割を従属的なものと認定したことにもよるが、このように量刑が求刑の半分程度とされた判決もある。裁判員は生命・身体犯に比べると薬物事犯の社会に与える危険性はそれほど身近とは考えにくいのかもしれない。

　その他の 9 例は、ある程度の幅はあるものの、従来の求刑と量刑相場との関係が 8 掛けと言われているが、その 8 掛けの相場から大きくかけ離れた判決（量刑）とはなっていない。以上 13 件の量刑を要約すると、全体を通じて、求刑を超えた判決（量刑）はなく、多数の事件が量刑相場に近く、中には求刑の半分程度の量刑もあったというのがこの時点での裁判員裁判の量刑判断であった[12]。

288　第Ⅳ部　公判手続における犯罪被害者の法的地位

6　意見陳述制度と裁判員裁判

　報道によれば、平成 21 年に行われた被害者参加制度が適用された裁判員裁判の中で被害者側が具体的な量刑を挙げて求刑意見を述べた事件が 7 件あったという[13]。この 7 件の裁判例の ① 裁判所（判決日を含む）、② 罪名、③ 判決、④ 検察官の求刑、⑤ 被害者参加人の求刑を、以下に示す。

(1)　① 東京地裁平成 21 年 8 月 6 日、② 殺人、③ 懲役 15 年、④ 懲役 16 年、⑤ 懲役 20 年以上

(2)　① 横浜地裁平成 21 年 10 月 1 日、② 殺人、鉄砲刀剣類所持取締法違反、③ 懲役 19 年、④ 懲役 22 年、⑤ 死刑

(3)　① 大阪地裁堺支部、② 強盗致傷、強盗、③ 懲役 8 年、④ 懲役 10 年、⑤ 少なくとも懲役 10 年

(4)　① 鳥取地裁平成 21 年 10 月 29 日、② 住居侵入、強盗強姦、強盗殺人未遂、窃盗未遂、③ 懲役 21 年、④ 懲役 22 年、⑤ 無期懲役

(5)　① 東京地裁平成 21 年 11 月 9 日、② 殺人未遂、③ 懲役 9 年、④ 懲役 12 年、⑤ 懲役 20 年

(6)　① 広島地裁平成 21 年 11 月 20 日、② 殺人、③ 懲役 16 年、④ 懲役 18 年、⑤ 無期懲役

(7)　① 名古屋地裁平成 21 年 12 月 10 日、② 殺人、③ 懲役 17 年、④ 懲役 18 年、⑤ 死刑

　7 件全体をみると、判決が検察官の求刑を超えたものはなく、求刑通りの判決もなく、すべての判決が検察官の求刑の範囲内であった。従来の量刑相場といわれた求刑の 8 掛けに近い判決が (3) と (5) であり、(5) は 8 掛けよりも若干軽い量刑である。(3) は、金に困った被告人が携帯電話機やナイフを用いて二人の女性に各々強盗、強盗致傷を行った事件である。一人の被害者はナイフで切り付けられ、全治約 3 か月を要する傷害を負った。本件においては、何の落ち度もなく被害にあい、傷跡が残り、仕事上の支障をきたしている被害者が参

加人としてその悔しさを述べ厳しい罰を求めたのに対して、判決は被害者参加人の気持ちを「しっかり考慮した」上で判決を下している。

(5)は、被告人が、無差別殺人を企て、駅のホームで待っていた被害者を電車が進入してきた線路上に突き落としたが、入院加療13日間の傷害を負わせたにとどまり、殺害の目的を遂げなかった等という事件である。判決は、量刑に当たって、㋐被害者が死ななかったのは奇跡に近い、極めて危険な犯行であったこと、㋑死刑になるために殺人を犯そうと、見ず知らずの第三者を無差別かつ計画的に狙った極めて悪質な犯行であること、㋒入院13日間を要する傷害であるだけでなく、恐怖感などの精神的苦痛を生じさせた結果は重大であること、他方で、㋓殺人の結果が発生しなかったこと、㋔広汎性発達障害のため就職活動が上手くいかず自暴自棄になっていたこと、㋕謝罪、反省の気持ちを持っていること等を考慮して量刑判断を行っている。本件では、被害者参加弁護士が懲役20年を科すべきと主張したが、裁判所は、被害者が厳罰を望む気持ちは理解できるとしながらも、被告人にはその行為に見合った刑罰を与えるべきであるとして懲役9年を言い渡している。

(2)は、被告人が交際相手の被害者の対応に憤慨し、謝罪させるため自宅から持参した出刃包丁を示したが、相手にされなかったために、憤りの気持ちが抑えられなくなり、殺意を生じ、いきなり出刃包丁で被害者の首を刺し、失血死させて殺害した事案である。判決は、一方で、犯行態様が極めて大胆、危険かつ悪質であること、遺族（20歳と14歳の子供）らの受けた精神的衝撃、経済的困難が大きく、また、処罰感情が峻烈であること、他方、被告人が事実を認め謝罪し、反省していること、殺害自体に計画性が認められないこと等酌むべき事情を総合的に判断して19年の懲役を言い渡した。被害者参加人の峻烈な処罰感情とそれに基づく死刑の求刑と19年の懲役とは大分隔たりがある。

(6)は、一時は結婚の約束をして交際していた被害者の言動に激怒し、包丁で同人の左側胸部などを数回突き刺して殺害した事案である。判決は、㋐被告人には強い殺意があったこと、㋑被害者の子の目の前で包丁で突き刺すという殺害方法が大変むごく卑劣であること、㋒人の生命を奪うという結果が

重大であること、㋤遺族4名の意見陳述から明らかなように遺族は深い悲しみと強い処罰感情を抱いていること、㋩被告人の前科関係や、前刑を出所してまもなく本件犯行に及んでいること等から、再犯の心配がぬぐい去れないこと、他方、㋕被告人を精神的に追い込んだ過程において、被害者に責められるべき点があったことは否定できないこと、㋖被告人が本件を反省している様子は見て取れること等を総合的に判断して、懲役16年を言い渡した。

(1)(4)(7)は従来の量刑相場から見るとそれを上回る量刑となっているようにもみえる。

(1)は裁判員裁判第1号事件で前述した。

(4)は、被告人が強姦と強盗の目的で被害者宅に侵入し、文化包丁を突き付けたが抵抗されたのでドライヤーのコードで被害者の首を絞め付けて意識を失わせ、財布等を強取した上、同女を強いて強姦し、そのまま放置したため同女に低酸素性脳症後遺症(半盲、下肢筋力低下)等を伴う入院加療18日間を要する傷害を負わせたものの、殺害の目的は遂げなかったという事案である。判決は、㋐被告人の身勝手な動機、経緯には酌むべき余地は全くないこと、㋑ドライヤーのコードを被害者の首に巻き付け、痙攣が止まって死んでしまったと思うまで引っ張り続けたという執拗な犯行であること、㋒確実に死んだと思った被害者を姦淫して辱めたものであること、㋓被害女性は子供を残したまま殺されてしまうとの恐怖と無念さの中で意識を失い、入院加療18日間を要する傷害を負い、後遺症まで生じていること、㋔犯行後、被告人は奪ったキャッシュカードで現金を引き出そうとして失敗するや、今度は奪った現金をパチンコで使い果たすなどしていること、他方、㋕被害者は死亡という最悪の結果は免れ、後遺症のうち回復しているものもあること、㋖謝罪の手紙を送るなど反省の意を示していること、㋗被告人の父親が工面した30万円を被害女性に支払っていること、㋘前科がないこと等を総合的に考慮して懲役21年の量刑をしている。判決は、被告人に対して無期懲役の判決を求める被害者の心情にも理解を示しつつ結論に至っている。

(7)は、被告人が、携帯電話のサイトで知り合った被害者とビジネスホテル

で会い、別れ際に口論となるなどした挙げ句、殺害を決意し、被害者の首を両手で締め付けるなどして窒息死させて殺害した事案である。判決は、⑦ 被告人が首を絞め一度動かなくなった後、被害者が咳き込むなど絶命していないことを知ると、再度馬乗りになって被害者の息の根を完全に止めようとの強固な意志に基づき、執拗に首を絞め続けており、その態様が極めて残酷であり、また、冷酷でもあること、④ 被害者はまだ 26 歳であり、その人生を、その夢や将来とともに一瞬にして奪い去った結果は極めて重大であること、⑦ 被害者の両親は、受け入れがたい現実に対して、厳しい怒りや苦しみ、絶望感、無力感を抱いており、被告人が生きていることを苦痛と受け止めて極刑を望むなど、極めて峻烈な処罰感情を示していることなど、他方、① 別れ際の口論から突発的に殺害に及んだ犯行であり、計画性がないこと、⑦ 被告人がホテルを出た後、最寄りの警察署に出頭し、自首していること等を総合的に判断して懲役 17 年を言い渡している。

　これらの 7 件の事例から、量刑傾向が変化しているとか厳罰化しているとか判断することは難しい。被害者参加人は各事案において、犯罪から受けた苦しみ、悲しみ、経済的苦境、犯人に対する怒りなどを述べ、強い処罰感情を表しているのは事実である。殺人などの重い犯罪であれば被害者の処罰感情が強いことは当然であり、裁判員裁判以前の裁判においても被害者等の処罰感情は表明されていた。裁判員裁判になって、被害者参加人の意見陳述によって特に裁判員が強い影響を受け、それが量刑判断に変化をもたらし厳罰化しているかについてはまだその判断をするには事例が少なすぎるといえよう。各裁判所は事案の事情に応じて加重事情と減刑事情とを斟酌し、また、同種事件の量刑傾向をも参考にしながら慎重に量刑判断をしているものと思われる。裁判員裁判においては事実認定とならんで量刑判断は重要である。今後も裁判員裁判の推移を慎重に見守っていく必要がある。

1)　日本経済新聞平成 21 年 6 月 26 日朝刊、番敦子・弊原廣「被害者参加の実施とその評価(1)、(2)、(3)」NIBEN Frontier 2009 年 10 月～12 月号、朝日新聞平成 21 年

292 第Ⅳ部 公判手続における犯罪被害者の法的地位

12 月 4 日朝刊、読売新聞平成 22 年 1 月 5 日朝刊、「ひろば時論 被害者参加制度の運用状況」ひろば 2010 年 2 月号 2 頁を参照。

〔**追記** 平成 21 年に平成 22 年から同 28 年までの実績を加えた 8 年間の被害者参加制度の運用実績は、曹時 66 巻 2 号 143 頁、同 70 巻 2 号 178 頁に示された通りである。8 年間の累計によれば、参加を申し出た被害者等の数は 8,713 人（年平均は 1,090 人、以下同じ）、参加を許可された被害者等は 8,605 人（1,076 人）、証人尋問をした被害者等は 1,731 人（216 人）、被告人質問をした被害者等は 4,178 人（522 人）、弁論としての意見陳述をした被害者等は 4,245 人（531 人）となる。8 年間の運用実績をみると、参加申出の殆ど（98.8％）が参加を認められ、また、証人尋問、被告人質問、弁論としての意見陳述ともに、年度によって異なるが、相当な増加傾向にあるといってよいであろう。〕

2) 前掲注 1) ひろば 2 頁参照。

3) 「平成 19 年における刑事事件の概況（上）」曹時 61 巻 2 号 573 頁。

〔**追記** その後も心情等の意見陳述数（口頭と書面を合わせて）は、年度によって違いはあるが、安定した増加傾向にあるといってよいであろう。第 18 章注 35) 参照〕

4) 岡村勲監修、守屋典子・高橋正人・京野哲也著『犯罪被害者のための新しい刑事司法［第 2 判］』（明石書店 2009 年 11 月）19 頁、25-26 頁など。

5) 本書第 18 章参照。

6) 高野嘉雄「被害者参加制度下での弁護活動」自由と正義 59 巻 7 号 62 頁以下、平山真理「刑事裁判はどのように変わるのか―被害者参加制度と裁判員制度のインパクト―」青法 51 巻 1、2 号合併号（2009 年）590 頁以下など。

7) 高野・前掲注 6) 57-58 頁。

8) 岡村監修・前掲注 4) 125 頁以下参照（高橋正人執筆）。

9) 読売新聞平成 21 年 3 月 10 日朝刊、岡村監修・前掲注 4) 127-128 頁（高橋正人執筆）参照。

10) 読売新聞平成 22 年 1 月 5 日朝刊。

11) 読売新聞・前掲注 10)、朝日新聞平成 21 年 12 月 4 日。なお、両紙は各々以下の専門家のコメントを掲載している。「裁判員は被告と被害者双方の主張をよく聞き、バランスのとれた判断をしている」（読売）、最高検の藤田昇三裁判員公判部長は「裁判員は被害者の意見に流されるのではなく、被害実態やその後の境遇を一つの判断材料として考えているようだ。これまでのところ円滑に進んでいる」（朝日）。

12) 椎橋隆幸「(講演) 日本刑事手続法の最近の動向について―裁判員制度を中心として―」西田典之編『環境犯罪と証券犯罪』（成文堂 2009 年 12 月）159-162 頁参照。

13) 読売新聞・前掲注 10)。

第20章

刑事手続における被害者の参加

1　はじめに

　平成12（2000）年5月に成立した犯罪被害者保護関連二法（「刑事訴訟法及び検察審査会法の一部を改正する法律」および「犯罪被害者等の保護を図るための刑事手続に付随する措置に関する法律」）は、(1)性犯罪の告訴期間の撤廃、(2)証人の負担軽減のための措置（遮へい、ビデオリンク方式）の採用、(3)公判手続の優先的傍聴を認める、(4)一定の要件の下に公判記録の閲覧・謄写を認める等、被害者等を保護・支援する方策を認めたほか、被害者等に心情その他の意見の陳述を認めるものであった。特に、心情等の意見陳述を認めたことは（刑訴法292条の2）、被害者等が刑事裁判に主体的に関与することを認めることによって、裁判が被害者等の心情や意見を踏まえて行われることが明確となり、刑事司法に対する被害者等を初めとする国民の信頼を一層確保することに資すると同時に、被害者等に一定の範囲で刑事裁判に関与させることにより、過度の応報感情に走ることの防止に資する面があるとともに、被告人に被害者等の心情や意見を認識させることにより被告人の反省が深まり、その更生にも資すると考えられたのである[1]。その後、平成16年12月には犯罪被害者等基本法（平成16年法律第161号、以下、「基本法」という）が成立し、同法はその基本理念として、「すべて犯罪被害者等は、個人の尊厳が重んぜられ、その尊厳にふさわしい処遇を保障される権利を有する」（3条）と規定し、また、刑事に関する手続への参加の機会を拡充するための制度の整備（18条）を掲げている。被害者等は、

294　第Ⅳ部　公判手続における犯罪被害者の法的地位

その被害に係る刑事裁判手続においても、その尊厳にふさわしい処遇を保障されるべきとされたのである。

　翌平成 17 年 12 月には、基本法に基づき、政府が実施すべき具体的な施策を定めた「犯罪被害者等基本計画」（以下、「基本計画」という）が閣議決定された。その中で、「刑事裁判に犯罪被害者等の意見をより反映させるべく、公訴参加制度を含め、犯罪被害者等が刑事裁判手続に直接関与することのできる制度について、我が国にふさわしいものを新たに導入する方向で必要な検討を行い、その結論に従った施策を実施する」（Ⅴの第 3 (1)）とし、被害者等が刑事裁判に直接関与する制度の導入を基本計画は求めたのである。

　「その尊厳にふさわしい処遇を保障される権利を有する」との基本法の理念からすれば、被害者等は、「事件の当事者」として、刑事裁判の推移や結果に重大な関心を持つことは当然であり、刑事裁判の推移や結果を見守るとともに、これに適切に関与したいとの被害者の心情は尊重されるべきである。また、被害者等の刑事裁判への適切な関与が被害者等の名誉の回復や被害からの立ち直りにも資すると考えられたのである[2]。

　この閣議決定を受けて、法務省は、法制審議会刑事法（犯罪被害者関係）部会の審議・検討の後、法律案を提出し、国会での審議の結果、平成 19 年 6 月、「犯罪被害者等の権利利益の保護を図るための刑事訴訟法等の一部を改正する法律」（以下、「権利利益保護法」という）が成立・公布された。同法の内容として、被害者等は、一定の犯罪において、裁判所の許可を受けて、被害者参加人という特別の地位で刑事裁判に参加し、検察官との間で密接なコミュニケーションを保ちつつ、一定の要件の下で、(1) 公判期日への出席、(2) 証人尋問、(3) 被告人質問、(4) 弁論としての意見陳述が認められた[3]。

　この被害者参加制度については、日本弁護士連合会（以下、「日弁連」という）と一部の論者から反対の見解が示された。反対の理由は大要以下の通りである。(1) 真実の発見に支障をきたすおそれがある。(2) 現行法の基本構造である二当事者（検察官と被告人・弁護人）対立構造が崩される。(3) 刑事訴訟法の基本原則である無罪推定の原則が弱体化される。(4) あふれるような被害感情、処

第 20 章　刑事手続における被害者の参加　*295*

罰感情を持った被害者参加人が直接被告人に質問したり、論告求刑を求める制度は、冷静かつ理性的な事実認定をしなければならない裁判体に不当な影響を与えることは不可避である[4]。実は、この種の反対論は平成 12 年の心情を中心とした意見陳述を認める法改正がなされたときにも出された見解と共通する。

しかし、その後の実務の運用によれば、被害者参加制度はおおむね適正な運用がなされているというのが同制度を経験した裁判官の共通した感想であり、また大方の研究者の認識であるといってよいと思われる[5]。

2　被害者参加制度に対する賛否の議論の整理

被害者参加制度がおおむね順調に運用されており、大方の学説もこれを支持している状況であるが、一部の論者にはなお、同制度が無罪推定の原則に反する等を理由に被害者等の訴訟参加に反対する見解があるので、ここで、被害者参加制度の賛否の論議をいま一度整理しておくことも無駄ではないであろう。

(1)　被害者参加制度は真実発見に支障をきたす、と反対論者は言う。論者が被害者参加制度に反対する根拠として、実体的真実の発見に支障をきたすことを持ち出すことには不思議な感じがしないではないが、この反対論は、被告人の防御活動が十分にできなくなるおそれと結びついている。いわく、被害者が公判に出席し、さらに被告人に質問するということにより、被告人は争いたいこと、争うべきことについて、供述したいことを控え沈黙せざるを得なくなるなど防御権を十全に行使できない事態に陥り、結果として、真実発見を困難にし、適正な裁判を妨げることになりかねないというのである[6]。しかし、まず、明文の規定において、(1)裁判所は、審理の状況、その他の事情を考慮して、相当でないと認めるときは、被害者参加人等の公判期日への出席を認めないことができるし（刑訴法 316 条の 34 第 4 項）、証人尋問、被告人質問さらに弁論としての意見陳述も制限される場合がある（316 条の 36 第 1 項、316 条の 37 第 1 項、316 条の 38 第 1 項など）。心情についての意見陳述も既にした陳述と重複すると

296 第Ⅳ部 公判手続における犯罪被害者の法的地位

き、事件に関係のない事項にわたるとき、また、審理の状況、その他の事情を考慮して相当でないときは制限されることがある（292条の2第5項、第7項）。次に、⑵被害者参加人等による質問が違法・不当なものである場合、被告人・弁護人は異議を述べることができ、また、裁判長がこれを制限することも可能である。さらに、⑶心情としての意見陳述は事実認定の証拠とはならないし（292条の2第9項）、弁論としての意見陳述はおよそ証拠にはならない（316条の38第4項）。他方、⑷被告人には黙秘権が保障されているので、被害者参加人の質問に対して供述するか否かは自由であるし、また、⑸被害者参加人の質問には供述することがためらわれることがあっても、被告人は、弁護人による質問や最終陳述の際など、自らの主張を述べる機会は十分に保障されている（311条2項・3項、293条2項）。加えて、⑹被告人は、公判期日において、弁護人の効果的な助力を受けることが保障されている。すなわち、被害者参加制度の導入によって、被告人が争うべきことを主張できないとか供述の自由が奪われるとかの不利益は制度上は考えられず、また、結果として真相の解明に困難をきたし、適正な刑事裁判が実現されないということも制度上考えられないのである[7]。

⑵ 二当事者対立構造を根底から変容させるか

　反対論によれば、被害者参加制度は、「被害者参加人」という訴訟当事者又はこれに準ずる地位を認め、検察官の活動から独立した、被告人の有罪追及のための訴訟活動を認めようとするもので、刑事訴訟の基本構造を根底から変容させるものであるという[8]。

　この主張は、被害者参加制度がわが国が訴訟構造として採用している弾劾主義と当事者主義を変容させるものか否かの問題といえる。別言すれば、国家（検察官）訴追主義と二当事者（検察官と被告人・弁護人）対立構造（または、当事者追行主義）を掘り崩すものではないかとの批判と言ってもよかろう。しかし、被害者参加制度を導入しても、検察官のみが公訴提起をするか否かの権限を有しており（付審判請求手続【262条以下】と検察審査会制度による強制起訴という例外

はあるが、これは別の問題である）、被害者参加人には、訴追する権限、訴因設定権、証拠調べ請求権、上訴権等は認められていない。検察官のみが公訴提起の権限を有し（国家訴追主義）、公訴犯罪事実（訴因）を証拠によって合理的な疑いを超える証明をしなければならない（弾劾主義）。公判では、検察官の主張・立証に対して、被告人・弁護人が防御活動を展開し（当事者追行主義）、公平・中立の立場にある裁判官が公訴犯罪事実が合理的疑いを超える証明がなされたか否かを判断する。このような弾劾主義・当事者主義の訴訟構造を維持した上で、その枠内において被害者参加人が一定の訴訟活動をするのであるから、現行の二当事者対立構造は変容を受けるものではない[9]。

　二当事者対立構造の枠内で行う被害者参加の訴訟活動も「事件の当事者」にふさわしいものとされている。証人尋問は、情状に関する事項についての証人の供述の証明力を争うために必要な事項について、その証人を尋問することが許されている（316条の36第1項）。つまり、被害者参加人は、一般情状に関する事項に限定して証人尋問することができ、また、証人が既にした証言を弾劾する（証明力を減殺する）ために行うのであり、新たな事項について尋問することは予定されていないのである。

　被告人質問は、証人尋問のように対象が一般情状に関する事実に限定されていないが、意見陳述（292条の2、316条の38）をするために必要があると認められる場合と規定され、目的による限定がある（316条の37第1項）。

　弁論としての意見陳述は、訴因として特定された事実の範囲内において、事実又は法律の適用についての意見を陳述することが許される。意見陳述が訴因を超える場合は裁判長によって制限される（316条の38第1、2、3項）。また、この意見陳述は証拠とならない（同条第4項）。

　このように、検察官が設定した訴因をめぐって、検察官と被告人・弁護人が訴訟の当事者として攻撃・防御活動を行い、訴因が合理的疑いを超えて証明されたか否かを公平・中立な裁判官が判断するという弾劾主義・当事者主義を維持し、その枠内で、事件の当事者である被害者にその立場にふさわしい役割を果たすために一定の訴訟活動を認めることは現行の訴訟の基本構造を変容させ

298　第Ⅳ部　公判手続における犯罪被害者の法的地位

るものではないし、さらに言えば、より多くの訴訟関係人の多角的な視点を取り入れることによってより適正な刑事裁判の事実が期待できると思われる。

(3) 被害者参加制度は無罪推定原則に反するか

　無罪推定原則とは、刑事裁判において被告人が有罪と認定されるまでは無罪と推（仮）定されることを言う。この原則から、検察官は起訴した犯罪事実（訴因）が存在することを合理的な疑いを超えるまで証明しなければならない責任（挙証責任）を負うことが導かれる。無実の者が誤って有罪とされないように、公判の審理においては被告人を無罪と仮定して、犯罪の重要な構成要素を検察官が合理的な疑いを超える程度まで証明することを求めたのである[10]。被害者参加制度において、挙証責任が被告人に転換されるわけではなく、また、検察官の挙証責任の程度が軽減されるわけでもないので無罪推定原則に反するものではない[11]。この無罪推定原則の理解はわが国の圧倒的多数の支持する見解である[12]。なお、米合衆国最高裁判所の判例においても、未決拘禁者の権利の制約の根拠として無罪推定原則が適用されるかが問題となった事例において、無罪推定は公判での挙証責任の配分に関する原則であることを確認している（Bell v. Wolfish, 411. U. S. 520 (1979)）。

　被害者参加制度に反対する論者の中には、被告人が有罪であるとの確定判決があるまでは被害者も確定されていないので、確定されていない（従って、存在しない筈の）被害者を「事件の当事者」として一定の訴訟活動を認めるのは無罪推定原則に反するとの批判があった[13]。最近では、事件の被害者は存在するが、その加害者が被告人であるとは限らない、との前提に立ちつつ、被告人が無罪を主張し、被害者の言い分と真っ向から対立しているような場合には、裁判所は被害者参加人の参加を許可しないか制限するべきであるとの見解が主張されている。その理由として、被告人が犯人性を否認している場合は、刑事手続の基本構造からしても、被告人の犯人性を問題とする法廷に、被告人の行為による被害者として参加することは矛盾であるからだというのである[14]。

さて、刑事裁判において、検察官は相当な量の証拠を収集して、被告人が犯人だと思料する（高度の見込みを持つ）場合に起訴をし、有罪を立証する活動を行う。対して、被告人には黙秘権が保障され、供述義務を負わず、検察官によって合理的な疑いを超える程度の証明がなされなければ犯罪の証明がなかったものとして無罪とされる。弁護人は被告人の利益になるような弁護活動をする。仮に、被告人が犯人だと確信しても証拠不十分による無罪を獲得するための活動が許されている。これは、無実の者が誤って処罰されないために歴史的に形成されてきた慎重な手続保障の産物である。この枠組みの中では、各関与者が各自の違った役割を果たすことによって結果的に適正な裁判が実現されるとのフィロソフィーがある。被害者参加人も、相当の証拠によって被害者と認められる根拠がある場合に、事件の当事者として、また、事件について最もよく知りえる立場にあった者として、訴訟に参加し、当事者主義の基本構造の枠内において、被害者参加人にふさわしい一定の訴訟活動を行うのであり、そのことにより、適正な裁判の実現に寄与するものと考えられている。被告人が犯人と確定されるまでは、被害者も存在しない筈だといわれるが、あまりにも観念的である。従来から、被害者は、刑事手続の各段階において一定の役割を果たしてきている。告訴権者として告訴したり（230条）、不起訴理由の告知を受けたり（261条）、参考人として捜査機関から事情聴取をされたり（223条）、証人として宣誓の上証言したり、近年では、前述のように公判期日において意見陳述する（292条の2）ことも認められている。これらの被害者の活動も裁判が確定していないので、被害者は存在しない筈なので、認められないのだと反対論者は言うのであろうか。さて、証拠等に照らして被害者と想定される者に一定の法的地位を認めて手続参加を認めることは無実推定原則に矛盾するものではないとの説明も説得力があるが[15]、実際のところ、まず、検察官が犯罪被害者のない事件を起訴することは通常考えられないし、被害者から申出があっても、犯罪被害者でない者を被害者参加人として裁判所に通知すること、さらに、裁判所が通知のあった被害者等を被害者参加人として参加を許すことも考えられない。無罪推定原則に反することを理由に被害者参加制度を認めない見

解は根拠がないし、また、説得力も乏しいと思われる。

3 公判前整理手続への被害者等の参加

被害者参加人等（被害者参加人又はその委託を受けた弁護士）が公判前整理手続に参加することは認められるかが現在争点の1つになっている。被害者参加人等はこれを要求している。積極説の論拠は以下の通りである。(1) 被害者参加人等が知らないところで争点や証拠の整理がなされ、審理計画が策定されると、被害者参加人は疎外感を持ち、被害の回復や刑事司法への信頼の観点からも望ましくない。関与ができれば、逆に、審理計画も効率的に策定できる。(2) 公判前整理手続において、公判期日が設定され、被害者参加人等がその期日では都合が悪いと公判期日に出席することができないし、また、法曹三者で決めた日程を変更してくれとは心理的に言い難い。公判前整理手続に参加していれば、その場で容易に日程調整が可能である。(3) 公判前整理手続において、争点・証拠が整理され、審理計画が策定されると、その後はその審理計画に従って手続が進行していく。事実上、事件の帰趨が決定されるといってよい重要な手続であるのに、法律上一定の訴訟活動が認められている被害者参加人等がその重要な手続に参加していないと効果的な訴訟活動ができないおそれがある[16]。

積極説には理解できる部分が相当にあると思われる。ただ、(1) 参加の要求が平成19年改正法の趣旨に沿っているのか。また、(2) 訴訟の基本構造との関係で問題はないのか。さらに、(3) 他の方法によって参加の要求は実現されえないのかを考えてみる必要がある。

(1) 被害者参加人等は、公判期日に出席できる（316条の34第1項）が、公判前整理手続に参加できるとの規定はない。この場合、公判前整理手続への参加を禁止する規定がないから許されるのだという解釈と被害者参加が特別に認められたのだから、参加を許す明文の規定がない限り許されないとする解釈と

第 20 章　刑事手続における被害者の参加　*301*

がありうる[17]。平成 19 年改正法の立法担当者の解説によれば、被害者参加人等が出席権を認められているのは「公判期日」であり、公判期日とは、裁判所、当事者その他訴訟関係人が公判廷で訴訟行為をするよう定められた日時をいう（刑訴法 273 条等）とされている。公判前（期日前）整理手続（以下、公判前整理手続という）は、公判期日ではないので、被害者参加人等が公判前整理手続に出席することは認められていないと説明される[18]。その理由は、被害者参加人等が同手続に出席して両当事者の主張や取調請求予定の証拠等の内容に触れると、その後証人として行う証言の信用性が損なわれるからであるという。また、刑訴法 316 条の 34 第 5 項によれば、被害者参加人等の公判期日への出席を認める趣旨を活かすべく、公判期日外において証人尋問（158 条）や検証（163 条等）が行われる場合があるところ、このような証拠収集が行われる公判準備においては被害者参加人等の出席が認められることとされた。しかし、公判前整理手続は、証拠収集の手続ではないので、本項の「公判準備」には当たらないので被害者参加人等の出席は認められない[19]。従って、立法趣旨からは被害者参加人等の公判前整理手続への参加は制度上認められていないと言わざるを得ないであろう。

（2）　訴訟の基本構造との関係では、検察官が訴因設定権と証拠調べ請求権を有しており、その前提として何を争点とし、その争点をどの証拠によって証明していくか、証拠の範囲はどこまでとするかの作業は、検察官が主体的に弁護人と協議して行動し、裁判所が協議の結果を確認することが想定されているといえよう。そうであれば、被害者参加人等が公判前整理手続において主体的、積極的な役割を果たすことは考えられていないといえよう。重要な点は、公判前整理手続は、検察官と弁護人が非公式の場で、率直に裁判所と共に争点・証拠を整理して審理計画を策定する手続であることである[20]。その場に二当事者以外の被害者参加人等が参加すると不都合な場合があるということは否定し難いのではないか。まず、被害者参加弁護人の不満として検察官の訴因設定が意向に沿わないので、公判前整理手続に参加して訴因変更を求めたいというこ

302 第Ⅳ部 公判手続における犯罪被害者の法的地位

とがあるという[21]。この点は看過することのできない問題であり、このような場合に被害者参加弁護人に公判前整理手続への参加を認めた場合、うまく調整ができる場合もあるかもしれないが、公判前整理手続が紛糾してしまうおそれも相当程度予測される。訴因の設定権は検察官の権限であり、被害者参加人の意見は検察官を拘束するものではない。また、改正時から指摘されていたように、被害者参加人が公判前整理手続に参加した場合に、後日、証人として、又は、被害者参加人として、法廷で証言や意見陳述を行うときに、その信用性が失われるとの理由で、そのような場合の参加は認められないとされている。さらに、第三者の目撃者あるいは関係者のプライバシーに関する情報は、被害者参加人の前では伝えることができないという。請求する証拠が決まらないと立証予定も含めて被害者参加人に伝えることはできないという[22]。従って、被害者参加人等が正式に公判前整理手続に参加することは基本的に消極に解するしかないと思われる。もっとも、審理日程を決めるための事実上の打合わせに被害者参加弁護士に来て貰う裁判体もあったともいわれる[23]。また、出席は認められないにしても傍聴なら許されてよいのではないかとの要請もある。これに対しては、公判前整理手続に被害者参加人等の出席を認めなかった理由（両当事者の主張や証拠等の内容に触れて、後になされる証言の信用性を損なうおそれがあること）は、傍聴についても当てはまり、出席も傍聴も実態は同様のものなので、傍聴も基本的に法の予定するところではないとの見解があり、説得力がある[24]。とはいえ、個々の事案において、裁判所が、当事者の要望を考慮して、その裁量によって被害者参加弁護人等を公判前整理手続又は事実上の打合せへの参加又は傍聴を認めたとしてもそのことを違法とまで言う必要はないであろう[25]。

　(3)　それでは、被害者参加人等の要望は叶えられないのであろうか。ここで重要なのが、316条の35の被害者参加人等の意見申述権とこれに対する検察官の説明義務である。同条の趣旨は、被害者参加制度が適正かつ円滑に運用されるためには、被害者参加人等と検察官との間の密接なコミュニケーションに

第20章　刑事手続における被害者の参加　*303*

基づき、検察官は、被害者参加人等の要望をも十分に踏まえつつ、公益の代表者としての適正な訴訟活動を行う一方で、被害者参加人等は、このような検察官の訴訟活動の意味・内容をも十分理解した上で自らの訴訟活動を行うことが重要である、と考えたことにある[26]。同条により、被害者参加人等は、検察官に対し、当該被告事件についての検察官の権限行使に関して意見を述べることができる。また、検察官は、その訴訟活動の内容やその理由等が被害者参加人等に十分理解してもらえるように、必要に応じて、意見を述べた被害者参加人等に対し、権限の行使・不行使の理由を説明しなければならない。この意見の申述や説明は両者の面会、電話など適宜な方法で行われ、また、時期は、公判期日前においても、公判期日においても、さらに、公判中であっても適宜な方法で意思疎通が可能である[27]。

　実務においては、検察では、被害者参加人等の要望に対して、公判への影響とプライバシーの保護を考えた上で、必要な範囲で検察の主張・立証について説明している。審理の進め方、期日のやり方についても被害者参加人等の要望を伝えており、要望に沿えないときは、沿えない理由をできる限り説明しているという。また、裁判所としても、検察官、弁護人、裁判所の間で意識が共有化できた審理期間につき、それは、本決まりではなく検察官を通じて被害者参加人等の都合を聞いた上で最終決定するなどしているという[28]。このような、検察、裁判所の実務に対して、被害者参加弁護人の受け止め方は様々であるが、検察官を通して被害者参加弁護人の都合を配慮してもらったり、審理計画にその意向を反映してもらっている事例はかなり多いとする者は少なくない[29]。平成19年改正刑事訴訟法等に関する意見交換会が終了した後、法務省は、次のような意見を公表した。「検察においては、公判前整理手続等の経過及び結果についての適切な説明、被害者参加人等の行う訴訟行為に関する助言等といった被害者参加人等への対応に遺漏がないようより一層努めることに加え、検察官と被害者等の間のコミュニケーションのより一層の充実、公判における主張・立証事項に関する被害者等の要望への配慮、検察と関係各機関との連携などに引き続き努めていくこととしています」[30]。今後、検察が組織とし

304　第Ⅳ部　公判手続における犯罪被害者の法的地位

て、被害者参加人等とのコミュニケーションを一層充実させ、その要望に配慮
することが宣明されたので、そのことを通じて被害者参加人等の疎外感の解消
を含め様々な要望が取り入れられることが期待できるであろう。

4　死刑事件と被害者参加

⑴　無罪を争う事件では被害者参加は認められないか

　死刑事件（死刑が科される可能性のある事件）においては被害者参加は認めら
れないのであろうか。日弁連刑事弁護センター死刑弁護小委員会は平成27
（2015）年10月7日に「手引き　死刑事件の弁護のために」（以下、「手引き」と
いう）を全国の単位弁護士会に送付した。手引きは、死刑を回避するために刑
事弁護人が執るべき方策をマニュアル化したものであり、法曹界に限らず相当
の関心を集めた[31]。本節では、手引きが、被害者参加制度について消極的な
姿勢を示していることに若干のコメントを加えてみたい。手引きによれば、死
刑選択がありうる「否認事件や正当防衛事件等では、参加そのものに反対すべ
きである。少なくとも事実認定手続と量刑手続を二分し、後者にのみ参加が許
されるとの意見を述べるべきである」と勧めている（手引き39頁）。手引きに
対する反応は早く、平成27（2015）年10月19日には、犯罪被害者支援弁護士
フォーラム（VSフォーラム）が手引きに対する反対意見を表明している。曰く、
「そもそも、被害者参加制度は、被害者が直接裁判に参加し、自ら発言したい
という強い思いから生まれた制度です」「被害者からの参加の要望は、事件が
悪質であればあるほど、また死刑事件など結果が重大であればあるほど、さら
に、否認したり、正当防衛を弁解したりするのであれば、より一層真実を知り
たいと思い、参加への希望は強くなります。とりわけ、その弁解を被害者が不
合理と感じるのであれば、自分が裁判に参加して真相究明を見届けたいという
思いがよりいっそう強くなるものです。にもかかわらず、死刑事件の否認事件
等について参加に反対すべきだなどというのは、被害者参加制度そのものを否
定するに等しく、著しい理解不足・偏見に基づく見解だと言わざるを得ませ

ん」（「全国の弁護士会、弁護士に訴える平成 27 年 10 月 19 日　VS フォーラム」）。この VS フォーラムの意見を補強・敷衍する形で発表した高橋正人弁護士の論文に対して、奥村回弁護士から反論がなされた。

　ところで、そもそも手引きは、死刑事件における被害者参加の許否という点につき、短い文章で、特に理由を具体的に示すことなく、「否認事件や正当防衛事件等では、参加そのものに反対すべきである」としているので、手引きは、原則として、あるいは、合理的理由がなくても一律に、否認事件等については参加に反対の意見を述べるべきだとの趣旨と受け止められたのだと推測される。参加の許否という重大な問題について、参加が許されない場合、その要件について、法の趣旨を踏まえて、具体的・説得的に反対意見を述べるのでなければ、あまりにも不用意であり、被害者参加制度の趣旨を尊重したものとはいえないだろう。

　さて、奥村弁護士の反論は大要以下の通りである。二当事者対立構造及び改正法の被害者参加制度を前提としつつ、刑訴法 316 条の 33 が、被害者等から手続の参加の申出があるときは、被告人又は弁護人の意見を聴き、犯罪の性質、被告人との関係その他の事情を考慮し、相当と認めるときに、裁判所が被害者等の手続への参加を許すものとしているので、弁護人が事情によっては被害者等の手続への参加に反対の意見を言うことは法律が予定しているところであるという。続けて、参加に反対する合理的な理由とは、① 被告人が無罪を主張し、被害者の言い分と真っ向から対立しているような場合、② 被害者参加人が後に証人として証言することが予定されている場合、③ 犯人性や故意、正当化事由の存否を争っている場合等が考えられるとの学説を引用して[32]、否認事件等においては、被害者参加が相当でない場合があることは制度の制定時から確認されていたことだと主張する[33]。

　論者によれば、手引きは、被害者参加制度が導入されて実際に機能している現行の法律および裁判実務を前提に、刑事弁護人の対応を検討しているという。そうであれば、被害者参加制度創設の立法趣旨を確認することは重要な作業といえるであろう。立法担当者の解説によれば、参加の許否を定めた刑訴法

306 第Ⅳ部　公判手続における犯罪被害者の法的地位

316 条の 33 の解説として、裁判所は、法廷の秩序が乱されるおそれはないか、犯罪の証明に支障を生ずるおそれはないか、被告人の防御に不利益を生ずるおそれはないかなどの点を総合的に勘案しつつ、当該被害者等の参加を認めることが適切かつ妥当であるかを判断するのであり、参加が適切でない場合の具体例としては、① 暴力団同士の抗争事件の場合、② 被告人と被害者が暴力団の組織内の上下関係にある場合など、被害者が参加することにより、被告人が萎縮して言いたいことが言えなくなるなど、被告人の防御に不利益を生ずるおそれがある場合、③ 被害者等と被告人とが対面することにより被害者等の感情が異常に高ぶり、法廷の秩序が乱されるおそれがあると考えられる場合、が挙げられている[34]。論者の挙げる ①〜③ の理由は立法担当者の解説にある ①〜③ に当たらない。被告人が無罪を主張していることをもって直ちに手続への参加を許さないとすることは適当ではないとされるし[35]、また、被害者参加人が後に証人として証言することが予定されている場合は、その証言の信用性を確保するために、他の証人尋問が行われている間、参加の制限を考えることには理由があるが、この点は運用により、証人尋問の順番を変えること等によって多くの場合解決できることと思われるので、被害者参加人の地位を認めること自体を避けるべきであったということにはならない。

　そもそも、被害者参加制度は、被害者参加人と検察官が的確なコミュニケーションを保ちつつ運用されるものである。つまり、被害者参加人の訴訟参加はすべて検察官を経由して行うこととされており、検察官が自ら行うべきと判断した行為は検察官が行うのであり、また、被害者参加人が訴訟行為を行う場合も検察官との的確なコミュニケーションにより裁判への参加の仕方について一定の理解を持った上で臨むことが予定されている。被害者参加人となることが許された後でも、個々の訴訟行為が許されるかは個別に判断されることとされている。さらに、被害者参加人が、個々の訴訟行為を行う場合に、法の趣旨に反する行為を行えば裁判長によって制限される。このように、被害者参加制度は、被害者参加人が過度の報復感情や怒りを被告人にぶつけて、法廷が混乱することのないように周到な仕組みを設けているのである。そこで、およそ参加

自体が許されないのは、前述のような法的な枠組みとそれに沿った運用を前提としてもなお弊害が考えられるような場合（前述の立法担当者が挙げた具体例の場合）に限られるのではないか、と言われるのである[36]。

　ちなみに、平成 26 年度の第一審事件での被害者参加の申出があった 1,241 人の中、1,227 人（約 99％）が参加を許可されている[37]。これは、被害者参加制度の趣旨に沿った運用と言えよう。

(2)　無罪推定原則と被害者参加制度

　奥村弁護士は、刑事手続の基本構造から導かれる無罪推定原則によれば、被告人が有罪と判断されてはじめて、その被告人による被害者であることも確認されるので、犯罪性等を否認している被告人の法廷に、被告人の行為による被害者として参加することは矛盾であると言う[38]。また、手引きは、刑事手続で無罪を争う場合は、事実認定手続と量刑手続を二分し、被害者参加は後者においてのみ許されるとの意見を述べるべきとしている。

　しかし、奥村弁護士は、論文の他の箇所で、現行の法制度を前提としていることを明言している。被害者参加制度が二当事者主義を前提とする基本構造の延長線上に位置付けられることを確認している。言葉を換えれば、検察官がいかなる罪で訴追するかの権限を有し（国家訴追主義）、検察官がその主張を証拠によって合理的な疑いを超えるまで証明する責任を負い（弾劾主義、無罪推定原則、挙証責任）、検察官の主張・立証に対して、被告人・弁護人は徹底した防御活動が認められ、訴訟は検察官と被告人・弁護人が主導する形で進行されていく（当事者（追行）主義、二当事者対立構造）という訴訟の形態を被害者参加制度を採用した現行法が維持していることを「平成 19 年改正刑事訴訟法等に関する意見交換会」等の議論を通して確認しているのである[39]。そこでは、検察官が訴因につき証拠によって合理的な疑いを超えるまでの立証を果たす責任があること（挙証責任）は無罪推定原則からの帰結であることをも認めていた筈である。ところで、被告人が犯人性を争うなどの事態は当然に予想されうるのであるから、奥村弁護士の理解する（独自の？）無罪推定原則を前提にすれば、

308 第Ⅳ部 公判手続における犯罪被害者の法的地位

被害者参加制度は無罪推定原則に反することになる事態がままあるという理由で同制度を是認する訳にはいかなかったのではないか。被告人が犯人性を否認するという被告人の争い方次第で無罪推定原則に反する事態が生じるというのは、現行法、現行の訴訟の基本構造、裁判実務を前提にしているとの奥村弁護士の拠って立つ前提と矛盾していることになろう。また、「被告人が最初から事実を認めている場合ならともかく犯人性を否認している場合は」刑事手続の基本構造からして、被害者の法廷への参加は矛盾であるとの論述があるが、被告人が事実を認めている場合でも、誤判を防止するため、無罪推定原則は適用され、訴因は証拠によって合理的な疑いを超えるまで証明されなければならない。被告人が無罪を争うか否かによって同原則が適用される場合とそうでない場合がありうるかのような見解は理解し難い。

(3) 量刑の在り方は被害者と被告人とで違いがあるのか

(ⅰ) 手引きによれば、刑事弁護人は被告人の死刑を回避するために、徹底的な調査活動をして、被告人の凶悪犯人像を覆し、被告人が生きるに値する人間であることを裁判員・裁判官に理解してもらい、共感を得る必要があると説く。調査の中でも、行為者の主観的側面は重要であり、被告人が生まれて以降のすべての成育歴・環境はもとより、遺伝的な要因も含まれ、これらの解明には、少なくとも祖父母の世代まで遡った徹底した調査が必要であるという（手引き 21 頁以下）。他方、被害者参加人に対して、手引きは、被害感情という感覚的・感情的なものが、理性や理論を超えて、裁判員・裁判官の判断に与える影響は大きいので、まずは、前述した否認事件等への被害者参加に反対し、少なくとも手続を二分し、量刑手続にのみ被害者参加を認めるべきとの意見を述べるべきで、参加が認められた場合には、被害者参加人の在廷と意見陳述により法廷に被害感情が満ちあふれることを覚悟の上、被害者参加人による証人尋問・被告人質問において、情がぶつかったり、被告人が極端に萎縮するなど、冷静であるべき法廷が感情によって支配される可能性があるので、そのような場合は、質問が不相当とか委託弁護士が質問すべきとかの意見を述べる等の対

応をすべきであるという。さらに、弁論において刑事弁護人は、被害者参加をした被害者と参加しなかった被害者を区別すべきでないこと、参加した被害者のために刑を重くすべきではないこと、命は同等であること等々を裁判員・裁判官に述べることが考えられるという。

被告人については、その有利な事情を少なくとも3世代に遡って徹底的に調査して、裁判員・裁判官の量刑の考慮事情として使い、被告人が生きている価値のない人間ではないとの共感を得るために弁護人は最大限努めるべきとしながら、他方では、被害者参加人は峻烈な応報感情を持って活動するから、一定の事案の場合は参加自体を認めるべきではなく、参加が認められる場合でも、被害者参加人の在廷と訴訟行為により法廷は被害感情で満たされ、理性的な法廷ではなくなるので、その場合には、刑事弁護人は、反対の意見や適切な異議を行使し、被害者が参加する場合でも、被害感情の大小で量刑を大きく動かすべきではないこと、被害者の参加によって刑を重くすべきではないこと等を主張すべきというのである。

(ⅱ) 現在の刑罰・量刑理論の支配的見解は相対的応報刑論である。すなわち、過去の犯罪行為に対する応報的な処罰を通じて、将来の犯罪の抑止ないし予防をはかろうとするのである。また、相対的応報刑論は、刑罰の分量は、行為に対する非難の程度＝責任に見合った重さの刑を超えるものであってはならないとするものであり、「責任主義」の原則に基本を置くものである[40]。

また、量刑についての通説的見解によれば、法益保護の要請に反した程度に応じて刑罰という反作用の強弱が決められるべきであり、刑事責任の重さもそれにより量られるべきものと考えられている。つまり、量刑とは、被告人の犯罪行為にふさわしい刑事責任を明らかにすることにあると考えられている[41]。

この量刑理論を前提に、実務における量刑判断の基本的な在り方は以下の通りとなっている。まず、① 犯情事実（犯罪行為それ自体に関わる事実）により量刑の大枠を決定し、② その大枠の中で一般情状事実を、刑を調整させる要素として、被告人に有利ないし不利に考慮して、いわゆる量刑相場を踏まえつつ、最終的な量刑を決定する、というものである。すなわち、量刑の基本は、

310 第Ⅳ部 公判手続における犯罪被害者の法的地位

犯罪行為そのものの重さでなければならないから、犯罪行為それ自体に関わる事情（犯情）が量刑の基本となり、刑罰の他の目的である一般予防、特別予防は犯情によって決められる責任の枠を基本として刑量を調整する要素として、二次的に考慮されるべきといわれている。

　もっとも、ある情状が犯情と一般情状のどちらかに分類されるかは論者によって異なる場合もあるし、また、両者を截然と区別し難い情状もある。

　この区別の基準によれば、被告人の主観的側面は基本的に一般情状である[42]。他方、被害者参加人の処罰感情は一般情状であるが、強姦の被害者がPTSDになったとか、殺人の被害者の遺族がうつ病を発症したような場合は構成要件外の結果の1つとして犯情事実に含まれるとされている[43]。

　以上、支配的な量刑理論と量刑実務を前提にすると以下のことがいえると思う。

　(i)　被告人に有利な事情については3世代まで遡って量刑資料とすることを認め、被害者については法で認められた被害者参加人の権利を法の趣旨を超えて不当に狭く制限しようとするのは量刑資料について、被告人には最大限有利に、被害者には極力狭く認めるという偏（片）面的な構成（ダブルスタンダードともいわれる）を採らない限り認められるものではなかろう。量刑理論と実務はそのような偏（片）面的構成は採用してはいない。心情を中心とした意見陳述（刑訴292条の2）は、量刑資料とすることが明文で認められている。被害者の意見陳述は被告人に有利にも（宥恕の意思が示された場合など）、不利にも影響しうることは法の予定していることである。

　(ii)　被害者参加人の在廷、訴訟行為によって被告人が極端に萎縮し防御権を行使できないとか、法廷が感情によって支配され、冷静な判断をすることが困難になるとかの主張は誇張である[44]。事案によって個々の場面で多少感情的になったり、不規則発言をしたとの事例はあったとも言われているが、このような事態は被告人、被害者双方にあり、むしろ被告人が法廷を混乱させる方が多いとも言われている[45]。いずれにせよ被害者参加人に不相当な行為があった場合は、現状では裁判長の訴訟指揮で対応できる範囲の問題である。また、

第 20 章　刑事手続における被害者の参加　*311*

被害者参加制度が数年の経験を経る中で、検察官、被害者参加人、被害者参加弁護人のコミュニケーションを通じて、法廷が感情に支配されて冷静な判断ができないという事態にはなっていないと言えよう。むしろ、被害者参加人があまりに激しい被害感情や、度を外れた求刑を盛り込むと、裁判員の気持ちが一気に引いてしまうといわれている[46]。

5　おわりに

犯罪被害者は、被害者参加制度について、検察官、被害者参加弁護人、被害者支援に関わる人々から同制度の趣旨について説明を受け、理解した上で犯罪被害に起因する怒りや悲しみ等の様々な感情を抑えつつ、努めて冷静に各自の思いを法廷で懸命に表現しているというのが実情であると思われる。同制度の利用者の多くが同制度を肯定的に捉えている、同制度が今後とも順調に運用されていくことを期待したい。

1)　松尾浩也編著『逐条解説　犯罪被害者保護二法』（有斐閣　2001 年 3 月）100-101 頁、椎橋隆幸・高橋則夫・川出敏裕『わかりやすい犯罪被害者保護制度』（有斐閣 2001 年 3 月）。また、意見陳述については、西田眞基「被害者の意見陳述に関する諸問題」判例タイムズ 1153 号 44 頁などを参照。
2)　最高裁判所事務総局『平成 19 年・平成 20 年の犯罪被害者等保護関連改正法及び改正規則の解説』（刑事裁判資料第 288 号）54 頁。
3)　権利利益保護法については、白木功・ジュリスト 1338 号 48 頁、岡本章・刑事法ジャーナル 9 号 8 頁、親家和仁・警察学論集 60 巻 10 号 109 頁、白木功・飯島泰・馬場嘉郎「『犯罪被害者等の権利利益の保護を図るための刑事訴訟法等の一部を改正する法律（平成 19 年法律第 95 号）』の解説(1)、(2)」法曹時報 60 巻 9 号 33 頁、同 10 号 25 頁などを参照。
4)　日弁連「犯罪被害者等の刑事手続への関与について」（2005（平成 17）年 6 月 17 日）、同「法制審議会刑事法（犯罪被害者関係）部会における諮問事項について」（2006 年 12 月 15 日）、同「犯罪被害者等が刑事裁判に直接関与することのできる被害者参加制度に対する意見書」（2007 年 5 月 1 日）、同「現行の被害者参加制度の見直しに関する意見書」（2012（平成 24）年 11 月 15 日）。

312　第Ⅳ部　公判手続における犯罪被害者の法的地位

5)　中川武隆・下津健司・太田茂・清水保彦・河原俊也・伊藤太一・川上拓一「裁判員裁判の 3 年間を振り返って」Law & Practice No. 7（2013）39-40 頁、三村三緒「被害者参加」松尾浩也・岩瀬徹編『実例刑事訴訟法Ⅱ』（青林書院 2012 年 10 月）299 頁、西川篤志「裁判員裁判における被害者をめぐる諸問題」安廣文夫編著『裁判員裁判時代の刑事裁判』（成文堂 2015 年 5 月）167-168 頁、小池勝雄「被害者参加制度の運用に関する諸問題」植村判事退官記念『現代刑事法の諸問題(2)』330-331 頁、など。また、椎橋隆幸「被害者参加制度について考える―1 年間の実績を踏まえて」ひろば 63 巻 3 号 4 頁、日比一誠「被害者参加制度の運用状況」同 13 頁、番敦子「弁護士からみた被害者参加制度の評価等」同 20 頁、石橋房子「被害者参加人のための国選弁護制度と法テラスの犯罪被害者支援業務について」同 28 頁、石井一正「わが国刑事司法の改革とその変容」判例タイムズ 1365 号 44 頁、馬場嘉郎「被害者参加制度について」法の支配 156 号 108 頁など多数。

6)　注 4) の日弁連の見解（特に 2007 年 5 月 1 日）、また、髙野嘉雄「被害者参加制度下での弁護活動」自由と正義 59 巻 7 号 63 頁以下などを参照。

7)　河上和雄ほか編・大コンメンタール刑事訴訟法第二版第 7 巻（青林書院 2012 年 10 月）（白木功）232-234 頁参照。

8)　注 4) の日弁連の見解。

9)　滝沢誠「被害者参加制度について」刑法雑誌 54 巻 2 号 172 頁以下など多数。なお、被害者参加制度に反対したり、消極的な見解に立つ論者も被害者参加制度が二当事者主義の現行法の訴訟構造の延長線上に位置付けられることには賛成している。例えば、奥村回『手引き 「死刑事件の弁護のために」に対する意見・批判等について』季刊刑事弁護 86 号 109 頁以下などを参照。

10)　渥美東洋『レッスン刑事訴訟法（上）』（中央大学出版部 1985 年 5 月）179 頁以下、椎橋隆幸編『プライマリー刑事訴訟法〔第 5 版〕（不磨書房 2016 年 3 月）第 2 章（椎橋隆幸）、第 18 章（成田秀樹）を参照。

11)　刑事裁判資料 288 号 66 頁、阿部千寿子「被害者参加制度に関する一考察」同志社法学 62 巻 4 号 150 頁以下などを参照。

12)　松尾浩也『刑事訴訟法上補正第三版』（弘文堂 平成 3 年 10 月）210 頁、田宮裕『刑事訴訟法〔新版〕』（有斐閣 1997 年 2 月）301 頁、田口守一『刑事訴訟法〔第六版〕』（弘文堂 平成 24 年 3 月）349 頁、酒巻匡『刑事訴訟法』（有斐閣 2015 年 11 月）476 頁。なお、三井誠『刑事手続法Ⅲ』（有斐閣 2004 年 4 月）61 頁も参照。

13)　川崎英明「刑事裁判への被害者参加制度の批判的検討」季刊刑事弁護 50 号 89 頁以下。

14)　奥村回・季刊刑事弁護 86 号 110 頁参照。

15)　川出敏裕「犯罪被害者の刑事手続への参加」ジュリスト 1302 号 41 頁、堀江慎司「刑事手続上の被害者関連施策について―刑事裁判への『直接関与』の制度を中心

に」法律時報 79 巻 5 号 79 頁などを参照。また、阿部・前掲注 11)、151 頁によれば、ドイツでは被害者を「潜在的被害者」、「被害者と推定される者」として刑事手続への参加を認めているという。

16) 「平成 19 年改正刑事訴訟法等に関する意見交換会」における高橋正人、前田敏章、竹内大徳、熊谷明彦各委員の発言参照。

17) 奥村回・武内大徳・中村憲明「被害者代理人と刑事弁護人との相互理解の可能性を探る」季刊刑事弁護 86 号 92 頁における武内弁護士（積極説）と奥村弁護士（消極説）の意見を参照。

18) 刑事裁判資料 288 号 87 頁。また、大コメ 254 頁。

19) 同前 91 頁。

20) 平成 19 年改正刑事訴訟法等に関する意見交換会第 8 回会議議事録中の大澤裕、堀江慎司、田中康郎各委員等の意見を参照。

21) 同前第 9 回会議議事録 8 頁の片岡弘委員の発言。

22) 同前第 8 回会議議事録 30 頁の片岡委員の発言。

23) 同前第 3 回会議議事録 42 頁の若園委員の発言。

24) 三村・前掲注 5)、289-290 頁。

25) 番・ひろば 63 巻 3 号 24-25 頁を参照。

26) 刑事裁判資料 288 号 93 頁参照。

27) 同前 95 頁。

28) 前掲意見交換会第 3 回会議議事録 36-37 頁の若園委員の発言参照。また、第 8 回会議議事録 41-42 頁の香川徹也委員も公判前整理手続以外での被害者の要望を踏まえた臨機応変の対応が可能であると言う。

29) 同意見交換会における熊谷明彦、高橋正人、竹内大徳各委員の意見参照。

30) 「平成 19 年改正刑事訴訟法等に関する検討の結果について（法務省）」。また、堀江委員の発言（同前第 10 回会議議事録 23 頁）参照。

31) 高橋正人「被害者参加制度に対する手引きの問題点について」判時 2278 号 11 頁、宮崎哲弥・週刊文春 2015 年 11 月 26 日号 115 頁など。

32) 後藤昭・白取祐司編・新・コンメンタール刑事訴訟法〔第 2 版〕（日本評論社 2013 年 9 月）836-838 頁（白取祐司）参照。

33) 奥村・季刊刑事弁護 86 号 109-110 頁。

34) 刑事裁判資料 288 号 75-76 頁、また、大コメ 246-247 頁。

35) 刑事裁判資料 288 号 82 頁。

36) 三村「被害者参加」松尾・岩瀬編『実例刑事訴訟法Ⅱ』288 頁。

37) 法曹時報 68 巻 2 号 95 頁。

38) 奥村・季刊刑事弁護 86 号 110 頁。

39) 奥村・同前 109 頁。

314 第Ⅳ部 公判手続における犯罪被害者の法的地位

40) 司法研修所『裁判員裁判における量刑評議の在り方について』（井田良・大島隆明・薗原敏彦・辛島明）司法研究報告書第 63 輯 3 号 144 頁などを参照。

41) 同前 4 頁。量刑に関する優れた業績は数多い。実務家の最近の業績を 2 点掲げる。原田國男『量刑判断の実際〔第 3 版〕』（立花書房 平成 20 年 11 月）、大阪刑事実務研究会編著『量刑実務体系 1 〜 5』（判例タイムズ社 2011 年 9 月〜 2013 年 7 月）、本書には遠藤邦彦判事をはじめとする裁判官の実務を踏まえた共同研究の詳細な成果が収められている。研究者とのコラボレーションでもある。本書で重要な文献を漏らさず知ることができる）。また、共同研究として、奥村正雄ほか「特集　犯罪被害者と量刑」刑法雑誌 52 巻 3 号（2013 年 5 月）を参照。

42) この点に関連して、後藤貞人弁護士は、「わが国では、『行為者特性に関わる事情』を調査して明らかになった事情を基に『犯情』そのものの構図を変えていく視点が必要である」と述べる（同「手引き『死刑事件の弁護のために』が目指すもの」判例時報 2285 号 11 頁）。後藤弁護士も現行制度を前提に問題を論じているが、この主張は量刑の解釈論を超えて実践論というべきであろう。

43) 被害者の処罰感情をいかに位置付けるかについては、横田信之「被害者の量刑」『量刑実務体系 2』21 頁以下、小池信太郎「コメント」『量刑実務体系 2』130 頁、小坂敏幸「被害者及び被害者遺族の処罰感情と刑事手続上の表出方法」『原田國男判事退官記念論文集』309 頁以下、伊藤寿『量刑実務体系 2』244 頁以下、本庄武『危険運転致死傷罪の総合的研究』206 頁等を参照。

44) 法廷が被害者のあふれるような報復感情で満たされ、その結果、裁判員・裁判官が冷静かつ理性的な判断をすることができない状況になっていること（事実）は、全く実証されていないし、むしろ、このようなおそれを理由とした主張は読者の感情を扇動するもので、理性的な法律論を展開するべき場所にはふさわしくないと思われる。前掲注 5) の裁判官等の実務家および研究者の文献を参照。

45) VS フォーラム　平成 27 年 10 月 19 日の意見 3 頁、また、日本弁護士連合会編『現代法律実務の諸問題平成 21 年度研修版』（平成 22 年 8 月）637 頁以下（高橋正人）を参照。なお、1970 年代の「荒れる法廷」を現出させたのは一部の被告人と被告人に呼応した一部の弁護人であったと指摘されている。いわゆる「弁護人なき裁判法案」の提出が問題にされたのも「荒れる法廷」が原因であった。なお、最近でも、被告人の公判期日への不出頭に同調して、公判期日に出頭せず、また、出頭在廷命令に応じなかった弁護人に過料の決定をした最高裁決定がある。最三小決平成 27 年 5 月 18 日判例タイムズ 1418 号 105 頁、判例時報 2275 号 139 頁。

46) 武内・季刊刑事弁護 86 号 89 頁。

第 21 章

少年事件における犯罪被害者の権利利益の保障
——少年審判の傍聴制度を中心に——

1　はじめに

　少年法は昭和 24（1949）年 1 月 1 日に施行されてから半世紀を経た平成 12（2000）年、また平成 19（2007）年、そして平成 20（2008）年において 3 度の重要な改正が行われた。平成 12 年改正は、① 少年事件の処分等の在り方の見直し、② 少年審判の事実認定手続の適正化、③ 被害者への配慮の充実、の 3 本の柱からなる。また、平成 19 年改正は、① 触法少年の事件についての警察の調査権限の整備、② 少年院に送致可能な年齢の引き下げ、③ 保護観察に付された少年が遵守事項を遵守しない場合の措置の導入、④ 一定の重大事件を対象とした国選付添人制度の導入、の 4 本の柱からなる。さらに、平成 20 年改正は、① 被害者等による記録の閲覧及び謄写の範囲の拡大、② 被害者等の申出による意見の聴取の対象者の拡大、③ 一定の重大事件の被害者等が少年審判を傍聴することができる制度の創設、④ 家庭裁判所が被害者等に対し審判の状況を説明する制度の創設、⑤ 少年の福祉を害する成人の刑事事件の管轄を家庭裁判所から地方裁判所に移管すること、の 5 本の柱からなる。

　いずれも重要な内容をもつ改正であるが、改正を促した大きな要因として被害者の権利利益の保障という動きがあったことは否定できない。被害者の権利利益の保障という観点からの改正内容は、平成 12 年改正の ③ 被害者への配慮の充実と平成 20 年改正の ① ～ ④ に係るものである。本章は最近の少年法改

正のうち、被害者の権利利益の保障に関する項目とくに、少年審判の傍聴制度についてその経緯、内容、意義等について若干の考察を試みるものである。

2 平成12年改正から平成20年改正への経緯

(1) 平成12年改正法

平成12年改正法の3つ目の柱である、「被害者への配慮の充実」の内容は ① 事件記録の閲覧及び謄写（少年法5条の2、以下少年法は条文のみを示す）、② 被害者等からの意見の聴取（9条の2）、③ 審判結果の通知（31条の2）である。

(i) 事件記録の閲覧及び謄写

被害者等（直接の被害者、被害者の決定代理人及び被害者が死亡した場合若しくはその心身に重大な故障がある場合におけるその配偶者、直系の親族又は兄弟姉妹）そして被害者等から委託を受けた弁護士は、審判開始決定後、正当な理由があるときで、相当と認められる場合に、事件記録の閲覧・謄写が認められる（5条の2Ⅰ）。被害者等には事件の真相を知りたい、民事訴訟を提起するために少年保護事件の記録を利用したいという要望があった。これらの要望に応えて、少年保護事件の記録のうち、非行事実（犯行の動機、態様及び結果その他の該当犯罪に密接に関連する重要な事実を含む）に係る部分の閲覧・謄写が認められた。しかし、少年の要保護性に関する記録については、少年及び関係者のプライバシーに深くかかわる情報が含まれており、少年の健全育成や更生のためには、閲覧・謄写を認めることは適当でないと考えられたため、社会記録は閲覧・謄写の対象からは除外されている[1]。

また、事件記録の閲覧・謄写が認められる「正当な理由」とは、民事訴訟を提起するために必要があると認められる場合などのほか、被害者等が意見陳述をする場合に（9条の2）その前提資料とする必要がある場合もこれに当たると考えられるが、単に事件の内容を知りたいという場合はこれに当たらないと

解されている[2]。そして、家庭裁判所（以下、裁判所ともいう）は、「正当な理由」の要件の充足に加えて、少年の健全な育成に対する影響、事件の性質、調査又は審判の状況その他の事情を考慮して「相当性」の要件があると判断したときに閲覧・謄写の可否の判断をする。「相当性」の判断は個々の記録ごとに判断されるが、実況見分調書のような客観的証拠でかつ代替性のないものは、一般的に、閲覧・謄写の必要性が高いといえる[3]。

　なお、閲覧・謄写による弊害を防ぐために、閲覧・謄写した者に対して①守秘義務（正当な理由なく少年の氏名等を漏らしてはならない）と②注意義務（みだりに少年の健全育成を妨げ、関係人の名誉や生活の平穏を害し、又は調査や審判に支障を生じさせる行為をしてはならない）を課している（5条の2Ⅲ）。

　事件記録の閲覧・謄写制度の施行7年間（平成13年4月1日から平成20年3月31日まで・以下同じ）の運用実績を見ると、申出人数4,355人に対して4,282人に閲覧・謄写が認められている。閲覧又は謄写が認められなかったのは、審判開始決定がされなかったことによるもの、法定の申出資格がない者からの申出であったことによるものである[4]。

(ⅱ)　被害者等からの意見の聴取

　裁判所は、被害者等から被害に関する心情その他の事件に関する意見陳述の申出があるときは、裁判所又は家庭裁判所調査官（以下、調査官という）に命じて、その意見を聴取することとされた（9条の2）。刑事訴訟上の被害者等による意見陳述と共通の性格を有するものと解されている。被害者等から申出があれば裁判所は原則としてその意見を聴取することとなるが、例外として、多数の者が意見陳述を希望する場合や、暴走族同士の抗争事件である場合など、「事件の性質、調査又は審判の状況その他の事情を考慮して」意見陳述を認めることが「相当でないと認めるとき」は意見聴取をしないことができる[5]（9条の2ただし書）。被害者等は被害を被ったことで抱いた感情及び少年の処分に関する意見を述べることができる。非行事実を中心に陳述すべきではないが、意見陳述に必要な範囲で非行事実の概要に触れることは許される。裁判所は、

318　第Ⅳ部　公判手続における犯罪被害者の法的地位

聴取した意見を斟酌するだけでなく、少年の処分を決めるための一資料とすることができる[6]（刑事訴訟法上は、裁判官は被害者等の意見陳述を量刑資料の一つとすることができる。292条の2）。

　施行後7年間の運用実績をみると、意見陳述の申出人数1,279人に対して1,236人（97%）について意見が聴取されている[7]。

　意見聴取の方法としては、数の多い順に、審判期日外に裁判官が行う（613人、50%）、家裁調査官が行う（495人、40%）、審判期日において裁判官が行う（128人、10%）という3つの形態があり、事件ごとに適切と思われる方法がとられている。

　㈢　審判結果の通知

　被害者等が事件の内容やその処分結果等を知りたいという要求は正当であり、特に少年審判は非公開であるため、その要求に適切に応える必要があった。審判結果通知制度においては、被害者等からの申出があるときに、裁判所は、その通知が少年の健全な育成を妨げるおそれがあり相当でないと認められるもの以外については、① 少年及びその法定代理人の氏名及び住居、② 決定の年月日、主文及び理由の要旨、を通知しなければならない（31条の2Ⅰ）。① は、被害者等が最も知りたい事項の一つであり、また、示談交渉や民事訴訟の提起の前提として必要となる事項だからであり、また、② の「理由の要旨」とは、裁判所が認定した非行事実の要旨及び処遇選択の理由の要旨をいうとされている[8]。なお、原則通知の例外である、少年の健全育成を妨げるおそれがあり相当でないと認められる場合としては、例えば、被害者等が少年に報復するおそれがある場合、被害者等が通知内容をみだりに公表する危険が高いと認められる場合、少年の家庭環境や保護者との関係などプライバシーにわたる事柄がある場合などが想定されている[9]。

　施行後7年間の運用実績についてみると、審判結果等の通知の申出人数が5,042人だったのに対して、5,006人（99%）に通知されている[10]。

　以上の7年間の運用実績をみると、事件記録の閲覧・謄写、意見の聴取、審

判結果等の通知のいずれについても、被害者等からの申出とそれが認められた数が着実に増加していることが判る[11]。被害者等の申出は原則通りにほぼ認められ、認められなかったのは法定の申出資格がない者からの申出など形式的要件を欠いた場合である。被害者等は事件の真相を知りたい、事件について「事件の当事者」として意見を述べたいという要望が強くあることの表れであるといえよう。意見聴取の方法についてはできる限り被害者等の希望を尊重して選択されているとのことである。これらの制度につき裁判所は制度の趣旨に従って真摯に運用してきたと評価することができよう。とはいえ、被害者等はこれらの制度で十分満足していたわけではなかった。

(2) 平成 20 年改正法

前述のように、平成 12 年改正法により、少年犯罪の被害者等の地位の向上が図られたが、被害者等にはなお様々な困難があり、さらなる施策の充実が求められていた。折しも、平成 16 年 12 月に成立した「犯罪被害者等基本法」（以下、基本法という）は、基本理念として、「すべて犯罪被害者等は、個人の尊厳が重んぜられ、その尊厳にふさわしい処遇を保障される権利を有する」（3 条 1 項）と定め、国が講ずべき基本施策として、刑事に関する手続への参加の機会を拡充するための制度の整備（18 条）等を掲げた[12]。そして、平成 17 年 12 月には、基本法に基づき、政府が実施すべき具体的な施策を定めた「犯罪被害者等基本計画」（以下、基本計画という）が閣議決定され、その中で、「法務省において、平成 12 年の少年法改正等の一部を改正する法律附則第 3 条により、同法施行後 5 年を経過した場合に行う検討において、少年審判の傍聴の可否を含め、犯罪被害者等の意見・要望を踏まえた検討を行い、その結論に従った施策を実施する」こととされた（基本計画 V 第 3 の 1 の(9)）。そしてこれらの趣旨を踏まえて、刑事裁判については、平成 19 年 6 月に、犯罪被害者等の権利利益の保護を図るための刑事訴訟法等の一部を改正する法律（平成 19 年法律第 95 号）が成立し、犯罪被害者等が刑事裁判に参加する制度の創設や公判記録の閲覧及び謄写の範囲を拡大する規定等の整備がなされた[13]。

320 第Ⅳ部 公判手続における犯罪被害者の法的地位

　さて、少年法の改正については、法務省は、被害者団体からのヒアリングの実施、被害者団体、日本弁護士連合会、最高裁判所、刑事法学者を交えた意見交換会の実施等により得られた意見等をも踏まえて検討を進め、平成19年11月29日、法務大臣から、法制審議会に対し、少年審判における犯罪被害者等の権利利益の一層の保護等を図るために必要な法整備について、諮問を行った（諮問第83号）。

　法制審議会では、少年法（犯罪被害者）部会において、前記のヒアリングや意見交換会の結果に加えて、同部会での被害者団体からのヒアリングにおける意見等をも参考にしつつ、慎重に審議した結果、諮問した要綱（骨子）のとおり、要綱（骨子）案が決定され、これを受けて、法制審議会で審議が行われ、同部会で決定された要綱（骨子）のように法整備を行うことが相当であるとの答申を法務大臣に行った。

　この答申に基づいて、法務省が立案作業を進め、「少年法の一部を改正する法律案」が閣議決定され、第169回国会に提出された。

　同法律案は衆議院法務委員会において幾つかの重要な点に関する修正案が提出され、審議の結果、可決された。同法律案は参議院においても可決され、平成20年6月18日に公布された。なお、成立した法律には、衆・参各法務委員会において、それぞれ附帯決議が付されている[14]。

　このような経緯で成立した平成20年改正法の内容で被害者の権利利益の保障に関係するものは、① 一定の重大事件の被害者等が少年審判を傍聴できる制度の創設、② 家庭裁判所が被害者等に対し審判の状況を説明する制度の創設、③ 被害者等による記録の閲覧及び謄写の範囲の拡大、④ 被害者等の申出による意見聴取の対象者の拡大等であり、①、② が新たな制度の創設であり、重要な改正であるのに対して、③、④ は重要ではあるが、平成12年改正法の更なる充実という意味を持つものである。以下ではまず、③、④ を平成12年改正法の延長上で比較的簡潔に記述した後、①、② に焦点を当てて論じてみたい。

（i）　被害者等による記録の閲覧及び謄写の範囲の拡大

　2 ⑴ ⒤ でのべたように、事件記録の閲覧・謄写は、民事訴訟を提起するなど正当な理由があるときに、少年の健全育成を害するおそれがないなど相当性がある場合に、非行事実に係る部分の閲覧・謄写が認められてきた。しかし、被害者等が単に事件の内容を知りたいという気持ちから事件記録の閲覧・謄写を望むことは当然のことであり、基本法の趣旨に照らすと十分尊重に値する。また、被害者等は、非行事実に係る部分のみならず、少年の身上・経歴等に関する記録についても閲覧・謄写したいと希望しており、この気持ちも十分に尊重に値する。なお、平成19年6月の刑事訴訟法の改正において、従来、被害者等に一定の範囲で（いわば例外的に）公判記録の閲覧・謄写が認められていたが、積極要件を消極要件に改めると同時に、対象を拡大して、余罪事件の被害者等にも必要性、相当性があるときは閲覧・謄写が認められることとされたという事情もある（犯罪被害者等の権利利益の保護を図るための刑事手続に付随する措置に関する法律3、4条）。

　このような背景の下で、平成20年改正少年法は閲覧・謄写につき、その対象範囲を拡大すると同時に、その要件を緩和した。すなわち、閲覧・謄写の対象となる記録は、従来の非行事実（犯行の動機、態様及び結果その他の当該犯罪に密接に関連する重要な事実を含む）に加えて、少年の身上に関する供述調書や審判調書、少年の生活状況に関するその保護者の供述調書等も閲覧・謄写の対象になった[15]。もっとも、いわゆる社会記録（少年の要保護性に関して行われる調査についての記録）は、少年や関係者のプライバシーに深くかかわる内容を含むものであるため、閲覧・謄写の対象からは除かれている[16]。

　また、要件の緩和として、平成20年改正法は、被害者等に原則として記録の閲覧・謄写を認めることとし、例外的に、閲覧・謄写を求める理由が正当でないと認める場合、及び少年の健全な育成に対する影響、事件の性質、調査又は審判の状況その他の事情を考慮して相当でないと認める場合に限り、閲覧・謄写を認めないこととしてる[17]。これにより、被害者等が単に事件の真相を知りたいという理由で記録を閲覧・謄写することが認められることとなった。

322　第Ⅳ部　公判手続における犯罪被害者の法的地位

ただし、相当でないと認められる場合は、除かれる。相当でないと認められる場合とは、少年等のプライバシーに深くかかわる事柄が記録に記載されている場合や被害者等が後に証人として証言することが予定されていて、記録の閲覧が証言内容を変化させるおそれがある場合などとされている[18]。

(ⅱ)　被害者等の申出による意見聴取の対象者の拡大

従来、被害者等の申出による意見聴取の対象は「被害者又はその法定代理人若しくは被害者が死亡した場合におけるその配偶者、直系の親族若しくは兄弟姉妹」であり、被害者の心身に重大な故障がある場合におけるその配偶者、直系の親族又は兄弟姉妹は、その対象とはされていなかった。

しかし、被害者の心身に重大な故障があり、被害者本人が意見陳述をすることが困難である場合に、その配偶者等が意見陳述をしたいとの希望を持つことも多く、その希望は十分尊重に値するものであるため、被害者の心身に重大な故障がある場合に、その配偶者等についても意見聴取の対象にするよう、その範囲が拡大された[19]。なお、刑事裁判における被害者等の心情に関する意見陳述（刑訴法 292 条の 2）や少年法における被害者等による事件記録の閲覧・謄写の制限においても、被害者の心身に重大な故障がある場合にはその配偶者等もその対象とされていることも確認しておきたい[20]。

(3)　小　　　括

以上にみたように、平成 12 年改正法とその後の運用により、事件記録の閲覧・謄写、被害者等の申出による意見聴取のいずれについても、被害者等からの申出が着実に増加し、また、基本的に、その申出は形式的要件がない場合以外には認められており、他方で、守秘義務、注意義務違反が問題にされたというようなことも殆どなく順調に運用されてきているといえよう。また、20 年改正法により、閲覧・謄写、意見聴取の範囲・対象が拡大され、それらの申出と認容の実績もさらに拡大・増加することが見込まれる。その意味で、被害者等が事件の真相を知りたいとか事件について心情を述べたいとの要望が相当に

取り入れられ、被害者等の情報を得たり、意見を表明する権利は格段に進展したということができるであろう。もっとも、これらの権利は、裁判所の「正当な理由」と「相当性」の判断を経るという仕組みとあいまって、少年の権利利益と大きな衝突をすることなく行使されてきた。被害者等の権利利益が少年の権利利益と衝突する可能性がより高いといわれているのが被害者等の少年審判傍聴制度である。以下では、まず、被害者等に審判傍聴を認めた平成 20 年改正法の内容を概観した後に、若干の比較的考察を加えたうえで、その意義を考察したい。

3 少年審判の傍聴制度——平成 20 年改正法の趣旨・内容

被害者等が事件の真相を知りたいと思うのは成人事件に限られる訳ではない。ところが、少年事件の審判は非公開が原則とされており（22 条 2 項）、被害者等は審判を傍聴できなかった[21]。少年や関係者のプライバシーを明らかにして、少年の問題点を解明し、その改善方法を選択し、もって少年の立直りを助け、社会復帰を実現するためには、手続を秘密にすることが不可欠となるため、審判は非公開とされている[22]。しかし、審判の傍聴は、被害者等が審判における裁判官等と少年等とのやり取りを直接見聞きして、事件の真相や少年の態度・考え方等を知ることができるなど、最も十分な情報が得られる場面であるため、特に殺人事件等一定の重大事件の被害者等からの要望が強いものであった。この要望は、基本法の趣旨に照らして十分尊重すべきものである上、審判の傍聴は被害者等の立直りにも資するものと考えられ、そのことが少年審判に対する被害者等を初めとする国民の信頼を一層確保することにもつながると考えられるし、他方で、適正な審判を妨げることなく、また、少年が自らの非行の重大性を認識し、反省を深めることに資する場合もあると考えられたため、被害者を死亡させたり、その生命に重大な危険を生じさせたような重大事件において、裁判所が、少年の健全な育成を妨げるおそれがなく相当と認

324 第Ⅳ部　公判手続における犯罪被害者の法的地位

めたときに、一定の被害者等に少年審判の傍聴を許すこととしたのである[23]（22条の4Ⅰ）。

（1）　対象事件

傍聴の対象となる事件は、犯罪少年及び12歳以上の触法少年に係る事件で、① 故意の犯罪行為により被害者を死傷させた罪（例えば殺人罪、傷害罪、傷害致死罪、強盗致死傷罪、危険運転致死傷罪など）と、② 刑法211条（業務上過失致死傷罪など）の罪に当たるものである（22条の4Ⅰ）

ただし、被害者を傷害した場合については、「これにより生命に重大な危険を生じさせたとき」に限られている。「生命に重大な危険を生じさせた」とは、医療措置を施しても被害者が死に至るような、被害者が死亡に至る蓋然性が極めて高い状態を意味し、例えば、危篤状態に陥った場合が典型例だといわれている[24]。

ところで、対象事件を一定の重大事件に限定したのは、① 個人の尊厳の根幹をなす人の生命に害を被った場合やこれに準ずる場合に傍聴を認めることが基本法3条の趣旨に合致すると考えられること、② 少年審判の非公開原則の趣旨に照らすと、その例外となる対象事件は、何ものにも代え難い家族の生命を奪われた場合等、被害者等の事実を知りたいという傍聴の利益が特に大きい場合に限るのが適当である、との考えによるものである[25]。

なお、傍聴は、非行事実に限られず、要保護性に関する審理もその対象となる。被害者等が要保護性に関する審理を含む手続全体について傍聴を要望しているものと考えられる上、少年審判が、事実認定のための手続と要保護性認定のための手続が明確に区分されていないこと、がその理由である[26]。

（2）　申出資格

傍聴の申出ができる者は、① 対象事件の「被害者等」、すなわち、被害者又はその法定代理人若しくは、被害者が死亡した場合若しくはその心身に重大な故障がある場合におけるその配偶者、直系の親族若しくは兄弟姉妹である（5

第 21 章　少年事件における犯罪被害者の権利利益の保障　*325*

条の 2 Ⅰ 参照）。被害者自身が傍聴の申出をするのは、被害者がいったんは生命に重大な危険を生じさせた傷を負ったが、その後、傍聴が可能な状態まで回復した場合である[27]。

(3)　傍聴の相当性判断の考慮事情

傍聴は、「少年の年齢及び心身の状態、事件の性質、審判の状況その他の事情を考慮して、少年の健全な育成を妨げるおそれがなく相当と認めるとき」に許すことができる（22 条の 4 Ⅰ）。傍聴も、少年法の目的である、少年の健全な育成を妨げるおそれのない範囲で、つまり、裁判所による適正な処遇選択や少年の内省の深化を妨げるおそれがなく、相当と認めるときに、傍聴が認められるとの趣旨である[28]。

①　「少年の年齢及び心身の状態」は、被害者等の傍聴により少年や審判にどのような影響を与えるかを考える上で重要な要素と考えられるため、特に明示された[29]。

②　「事件の性質」については、例えば、いじめを受けていた少年が、いじめを行っていた被害者を傷つけた場合や、暴走族同士の抗争事件のように、少年と被害者等の間に特別の関係があって、傍聴を認めることが相当でない場合があり得るため考慮事情として掲げられている[30]。

③　「審判の状況」については、例えば、当該被害者が受けた被害に係る非行事実について審理が行われており、後に当該被害者の証人尋問が予定されている場合、また、要保護性の審理の段階において、少年や関係者からプライバシーに深くかかわる事情を聴取することが予定されていて、傍聴を認めることが適当でないと判断される場合が考えられている[31]。

(4)　傍聴の許否の方式

裁判所は、少年の年齢、心身の状態等様々な事情を考慮して、きめ細かく相当性判断を行うこととされているところ、これらの事情は、基本的には、審判期日ごとにすべきものとされている。また、いったん被害者等の傍聴を許可し

た場合でも、例えば、少年のプライバシーに深くかかわる事項に立ち入って話をして貰う必要がある場合等には、被害者等を一時退室させることができると解されている[32]（規則31条1項）。さらに、傍聴の許否については、①「決定をもって」などと明示されていないこと、②少年や被害者等に不服申立ては認められていないこと、③許否の判断のたびに、決定の方式を必要とすることは、円滑な審判運営を阻害するおそれがあり適当ではないと考えられること、などから、決定による必要はないものと解されている[33]。

(5) 少年に対する配慮、守秘義務等

傍聴の際の配慮事項として、裁判長は、傍聴する者や付き添う者の座席の位置、審判を行う場所における裁判所職員の配置等を定めるに当たっては、少年の心身に及ぼす影響に配慮しなければならない（22条の4Ⅳ）。また、裁判所は、傍聴の対象となる12歳以上の触法少年が、一般に、精神的に特に未成熟であることを十分考慮しなければならない（22条の4Ⅱ）。

また、少年や関係者のプライバシーを保護するために、傍聴した被害者等及びこれに付き添った者には守秘義務及び注意義務が課せられている（22条の4Ⅴ、5条の2Ⅲ参照）。

(6) 遮へい措置、モニターによる傍聴

傍聴する被害者と少年との間の遮へい措置は、裁判所が運用として行うことは可能であるが、少年の姿が見えない形の措置は、被害者等の希望する場合以外は、慎重にすべきと解されている。

また、モニターにより別室で審判を傍聴する方法については、①法律上明文の規定を設けなかったこと、②モニター傍聴は「傍聴」という概念になじまないなどの理由から、認められないと解されている[34]。

(7) 弁護士である付添人からの意見聴取等

裁判所は、被害者等の傍聴を許すには、あらかじめ、弁護士である付添人の

意見を聴かなければならない（22条の5Ⅰ）。被害者等の傍聴を許可するに当たっては、裁判所が、様々な事情を考慮し、きめ細かくその相当性を判断することになるが、その手続として、弁護士である付添人からも意見を聴取することが望ましいと考えられたためである。傍聴の際、少年に及ぼす影響をできる限り軽減するとの観点に照らせば、少年に弁護士である付添人がいないときは、国選でこれを付さなければならない（22条の5Ⅱ）。そして、意見聴取のために選任された付添人は、その後の審判においても付添人として活動する。もっとも、少年及びその保護者が弁護士である付添人を必要としない旨の意思を明示した場合には、その意思に反してまでその意見を聴取するまでの必要はないと考えられるので、その場合には、弁護士たる付添人は付されない[35]（22条の5Ⅲ）。

(8) 小　　括

以上、要するに、平成20年改正少年法における少年審判の傍聴は、被害者等の要望の強い殺人罪等の重大事件に対象を限定して、少年法の目的である少年の健全育成を妨げるおそれのない範囲で、裁判所が様々な事情を考慮して、相当と認めるときに認めることとしている。一方では、被害者等が第二次被害を受けない配慮を、他方では、裁判所による適正な処遇選択や少年の内省の深化を妨げるおそれがないような配慮を、裁判所はしなければならない。裁判所の裁量の幅は広くなっており、傍聴制度が狙い通りに機能していくかは、関係者の協力は勿論のことであるが、裁判所の適切な権限や裁量の行使如何にかかっている部分が大きいと思われる[36]。

4　諸外国における少年審判の傍聴

少年事件をいかに取り扱うかは、各国の少年法制の在り方（理念、目的、手続等）によって異なるが、ここでは少年審判に被害者等がどのように関わっているかについて、幾つかの国々の現状を簡単に紹介して、わが国の少年審判にお

328 第Ⅳ部 公判手続における犯罪被害者の法的地位

ける被害者等の傍聴の在り方を考察する参考にしてみたい。

（1） ド イ ツ

（i） 少年裁判制度の概要

ア 少年（行為時に 14 歳以上 18 歳未満の者）と準成人（行為時に 18 歳以上 21 歳未満の者）の非行については、基本的に少年裁判所法（Jugendgerichtsgesetz）が適用される。

少年事件の審理は、原則非公開、父母等の召喚、少年審判補助司（職責において、日本の家庭裁判所調査官と共通する部分が多いといわれる）の出席の点以外は、基本的に成人の公判手続と同様であり、法廷も、成人事件と同じものが使用される。少年裁判所の各手続は非公開とされ（48 条 1 項）、裁判官を始めとする裁判所関係者、検察官、弁護士のほか、被害者、保護者、少年審判補助司、保護観察官等が立ち会うことができる（同条 2 項）。また、裁判官は、検察官、弁護人、少年審判補助司の同意があれば傍聴を許可できるので、学生の傍聴等も認められることがあるという。そして、準成人の手続は原則として公開されるが、準成人の利益のために必要であるときには、公開しないことができる[37]（109 条 1 項 4 文）。

イ 第 2 次司法近代化法（2006 年 12 月に成立）により、一定の重大事件において、刑訴法上の公訴参加の規定（395 条 2 項 1 号、396 条〜402 条）が、少年裁判手続にも準用されることになった。少年事件において、公訴参加の資格があるのは、被害者並びに被害者が死亡した場合の親、子、兄弟姉妹及び配偶者である（80 条 3 項、刑訴法 395 条 2 項 1 号）。

また、少年事件において公訴参加が認められるのは、① 生命に対する罪、② 身体の不可侵性に対する罪（傷害罪等）、③ 性的自己決定に対する罪（強姦、性的虐待等）、④ 自由の剥奪、恐喝的な人身奪取、人質の重罪（最下限が自由刑 1 年の違法行為）を犯し、これにより、精神的・肉体的に重大な被害を受け、若しくはそのような危険にさらされた被害者、又は、強盗致死の罪の遺族である[38]（80 条 3 項）。

第 21 章　少年事件における犯罪被害者の権利利益の保障　*329*

　さらに、公訴参加が認められた被害者は、① 公判廷に在廷する権利、② 質問する権利、③ 証拠調べ請求権、④ 意見陳述権を有し（刑訴法 397 条）、⑤ 量刑以外の裁判所の事実認定に対して、検察官とは独立して上訴することができる[39]（刑訴法 401 条）。

　公訴参加をする被害者は、公訴提起前から、弁護士を補佐人（公訴参加人代理人）として選任することができ（刑訴法 406 条 1 項）、また、実際にも、ほとんどの事件で弁護士が選任されている[40]。

（ⅱ）　運用の状況と評価

　ア　被害者は少年審判をどの程度傍聴しているのであろうか。ミュンヘン、ベルリン、ドレスデンの各区裁判所の裁判官へのインタビューによれば、区裁判所における少年事件で、被害者が傍聴することは余りないとの意見が多かったが、他方で、ミュンヘン地方裁判所少年裁判部判事へのインタビューでは、少年裁判部で扱う重大事件では、全事件の少なくとも 5 割程度で被害者が傍聴しているのではないかといわれている[41]。

　また、手続の段階によって被害者が傍聴を制限される場合があるかについては、被害者の証人尋問が予定されている場合は、尋問が終了するまでは、裁判手続を傍聴させないのが通常であるし、また、例えば、少年が親から性的虐待を受けていた事実を聴取する場合など、プライバシーに配慮すべきときには、裁判長は、審判傍聴が被害者の権利であるため、退廷を強制することはせずに、被害者にお願いして退廷してもらうことにしているとのことである[42]。

　なお、被害者が手続を傍聴するには、事前の申出は不要であり、期日当日裁判所に来庁し、被害者本人であることが確認できれば足りるとのことである。

　少年に対する公訴参加制度は、制度導入から間もないことや、重大事件に限定されていることもあり、いまだ実施件数は乏しいようである[43]。

　イ　少年事件における被害者の公訴参加は実務家に概ね肯定的に評価されているようである。

　インタビュー調査においては、例えば、被害者の受けた被害を直接聞けば、

少年は自分のやったことに正面から向き合わざるを得ないだろう。また、被害者の参加が少年を萎縮させないかとの疑念に対しては、弁護人の適切な働きかけにより、少年に心の準備をさせることで問題は生じないと思っている（少年の弁護を務める弁護士）などの回答があったという[44]。

また、公訴参加制度は、少年の刑を重くすることが目的ではなく、被害者が不在の裁判で、被害者が不当に責任を押しつけられることがないようにする点に意義がある。被害者が参加を求める理由は、① 被告人と対等な立場になりたい、② 弁護士の積極的な活動によって、自分の権利を守ってもらいたいと考える場合が多い、また、ほかの法曹とともに、被告人の量刑について協議できる点も大きい、との意見があったという[45]（被害者側弁護士へのインタビュー）。

さらに、被害者の公訴参加は、少年に反省の気持ちを深くさせ、教育的側面を持つ、被害者や遺族の姿を見て、その声を直接聞くことは、少年の人格矯正上の効果は大きい等の肯定的な意見がある一方、被害者が過度に攻撃的で、制度を利用して少年を痛めつけようとしているような場合も挙げられるとの意見もあった。ただし、そのようなケースは非常にまれであり、適切な訴訟指揮により対処できるとのことであった。実務上は、代理人弁護士が公判における質問等の訴訟活動を行い、公訴参加人自身が質問などをすることは極めてまれであり、手続上混乱が生じることはほとんどないという[46]（複数の裁判官へのインタビュー）。

(iii) 小　　　括

以上、ドイツにおいては、法制度上、少年事件においても、被害者が手続を傍聴したり、公訴参加することが認められている。被害者が証言することが予定されていたり、不当な言動があった場合、プライバシーに深く関わる事項を聴取する場合などに、裁判長が傍聴を制限したり、一時退廷を求めることがあるが、これも被害者の傍聴権を尊重して、謙抑的に行われているという。実務の運用も概ね肯定的に評価されており、被害者の不相当な言動があったときには、裁判長の訴訟指揮で適切に対処できると考えられている。

（2）　フランス

（i）　少年事件処理制度の概要

　フランスにおいては、少年事件処理の基本となる法は 1945 年 2 月のオルドナンス（少年法）であった。オルドナンスは保護優先主義の考え方に拠っている。その後、1990 年代中頃からの少年犯罪の急増を背景に、2002 年と 2004 年のオルドナンスの改正、また、2007 年には犯罪予防法（2007 年 3 月 5 日の法律第 297 号）と再犯罪予防法（2007 年 8 月 10 日の法律第 185 号）の制定に伴う法改正があった。2002 年の法改正の内容は次のとおりである。① 10 歳以上の少年に対する「教育的制裁（sanctions éducatives）」（違反行為の使用・生成物件の没収、犯罪場所等への出入り禁止、共犯者との接触禁止、被害者又は社会への奉仕・補償措置、市民教育研修の受講義務。そして、これらの義務に違反した場合は施設へ収容されることがある。）② 10 歳から 12 歳の少年の警察留置要件の緩和、③ 13 歳以上の少年に対し、司法監督に服さないことに対する制裁として勾留を可能とした、④ 16 歳以上の少年に対する短期間審判手続の創設、⑤「閉鎖型教育センター（centres éducatifs férmes）」（司法監督又は保護観察付執行猶予の実施のために未成年者を収容する。義務違反のとき、勾留や服役となりうる。）の創設、⑥ 閉鎖型教育センターに収容された者に対する家族手当の一時停止、⑦ 少年に対する犯罪の教唆等、少年の犯罪に関与した成人の重罰化、⑧ 裁判所の召喚に応じない少年の法定代理人に対する民事罰金の創設、である[47]。

　また、2007 年犯罪予防法によって、短期的審判手続が「即時出廷手続（la procédure de présentation immédiate devant la jurisdiction pour minears）」と変更され、対象範囲が大幅に拡大されると同時に、判決までの時期がさらに短縮されることになった。さらに、教育的処分として日中活動措置が加えられ、教育的制裁（教育的処分と刑罰の中間のものと位置づけられている）として 3 か月を限度とした教育施設への収容など 4 項目を追加した[48]。

　これらの少年法の改正については様々な評価がありうるが[49]、厳罰化と処遇選択の幅を広げるという両面があることは否定できないと思われる。

332 第Ⅳ部 公判手続における犯罪被害者の法的地位

(ⅱ) 被害者の審判傍聴制度とその運用

フランスでは、附帯私訴の制度があり、被害者が私訴の申立てをして、認められると、私訴原告という手続の当事者として、少年事件においても、少年裁判所及び少年重罪院の審判期日に立ち会うことができ、少年、証人等に対する質問や意見の陳述、代理人による弁論等を行うことができる[50]。また、2002年改正によって、被害者は、附帯私訴の有無にかかわらず、審理の傍聴ができることとされた[51] (14条1項)。なお、少年裁判所や少年重罪院の審判手続は非公開であるが、通常の法廷において、裁判官、検察官、弁護人及び書記官が法服を着用して法廷に立ち会う。少年審判は、裁判官の強力な訴訟指揮の下、職権主義的に運用される。被害者は、審判を傍聴することができるし、附帯私訴原告人の場合には、少年の取調べの立会い、記録の閲覧・謄写、審判への立会い、意見の陳述が認められる。

いずれにしても、被害者は少年審判への立会いが認められているが、審判への立会い自体を問題とする意識は共有されていないようであり、裁判官は、運用においては、証人の立場と被害者の立場が競合するときは、前者を優先させたり、被害者が感情的にならないように配慮したりする一方、少年が被害者の痛みを理解したり、少年の成育歴を知って少年の事情を理解する機会になるとの考えを持っているようである[52]。

(ⅲ) 小 括

フランスでは、附帯私訴制度が採られていることもあり、被害者が少年審判を傍聴することに抵抗はないようである。

(3) アメリカ合衆国

(ⅰ) 少年法制の概要

アメリカ合衆国（以下、アメリカという）の少年法制は、連邦と各州が各々の制度を有しているが、ここでは、連邦や多くの州で共通する制度や傾向について簡略な素描をするに止めざるをえない。

第 21 章　少年事件における犯罪被害者の権利利益の保障　*333*

アメリカでは、1899 年にシカゴで少年裁判所が創設されて以来、国親思想（パレンス・パトリエ）を理念として、国が少年を保護・教育することを目的とする少年審判が実施された。少年の保護・教育という目的を達成するためには、対象も非行少年のみならず、扶助を要する少年が含まれ、また、少年裁判所には広範な裁量権が与えられ、審判の手続は非公式かつ非公開で行われた[53]。

ところが、少年犯罪の増加・凶悪化が進行するに従って、少年裁判所の当初の目的は必ずしも実現されずに少年裁判所への批判は高まり、他方で、少年の受ける処遇やその手続は実質的にその自由や利益を制約する不利益な処分だとの認識が広まった。そこで、処分の実態が少年に不利益な自由や利益の制約であるならば、自由や利益を制約するためには成人の刑事手続と同じように少年審判手続にも適正手続が保障されるべきとの考えが強くなり、1960 年代後半から合衆国最高裁判所は、一連の判決において、少年審判手続においても弁護権（Kent v. United States, 383 U.S. 541 (1966)）、被疑事実の告知を受ける権利、弁護権、証人対質権、自己負罪拒否特権（In re Gault, 381 U.S. 1 (1967)）、合理的疑いを超える証明（In re Winship, 397 U.S. 397 (1970)）、二重の危険の禁止（Breed v. Jones, 421 U.S. 519 (1975)）の保障・適用があると判示した。これは、一方では少年審判手続においても適正手続を保障して少年の自由・人権を保障すると同時に、他方では、少年審判手続やその手続を経て決定される処分が少年の自由を奪いスティグマを課す不利益な制裁であることを認めたことであり、審判手続も対審当事者化することを承認することでもあった[54]。

少年犯罪の増加・凶悪化は、さらに、① 裁判官の裁量の制限に対する検察官の権限・裁量の拡大、② 一定の（重大）事件の少年裁判所から刑事裁判所への移送、③ 保護・教育から非行事実に見合った刑罰による対応、を促した。この事態は、少年司法の刑事司法化といわれる[55]。

(ii)　少年審判手続における被害者の権利

1960 年代からの被害者の権利回復運動は着実に成果を挙げ、連邦及び多く

334　第Ⅳ部　公判手続における犯罪被害者の法的地位

の州において、被害者は刑事司法において、被害弁償を受ける権利、各種の情報やサービスを受ける権利、刑事手続の重要な段階に出席し、意見を聴取される権利、検察官の処分決定において相談を受ける権利、量刑段階において犯罪によって被った影響や被告人の処分について意見を述べる権利などが認められた。

　これらの動きを追うような形で、少年審判手続においても様々な権利が被害者に認められるようになった。多くの州は、成人犯罪の被害者と同様に、少年犯罪の被害者に対しても少年の身柄についての情報（釈放とか施設からの逃亡など）を受ける権利、重要な決定がなされる前に検察官と協議したり、裁判所において意見を聞かれる権利、迅速な裁判を受ける権利、被害弁償を受ける権利（少年犯罪の被害者の場合、被害弁償を受ける権利は少年の親も対象になる。）を保障している[56]。被害者には、さらに、少年事件の全ての手続に出席する権利[57]（多くの州）と少年の処遇について意見を述べる権利（殆どの州）が保障されている。

(iii)　少年審判の傍聴

　少年審判の傍聴は、刑事事件の裁判の公開原則とその例外である非公開との関係に係わる。少年事件の審判は少年には成人に比べて可塑性が高いといわれるため、少年の更生を容易にし、スティグマを避けるために非公開が原則とされてきた。この少年審判の非公開の原則はなお基本的には維持されているといわれるが、事件が少年裁判所から刑事裁判所に移送された場合や一定の重大犯罪の審理手続は公開されており、その他の事件においても裁判官の裁量によって傍聴が認められる州も少なくない。少年犯罪の増加・凶悪化の流れの中で、市民はその原因の解明や少年の処遇を含めた対策が適切にとられているのか、また、社会の安全をいかに保持するのか等の関心が高く、市民の知る権利がより尊重されてきている結果であろう。そして、被害者は直接の利害関係者として審判が非公開の場合でも広く傍聴が認められているのが実情だといえよう[58]。

被害者は当然のこととして、被害者が少年の場合はその両親又は後見人、家族の一員、被害者を補佐する者等が少年審判を傍聴することが認められている[59]。多くの州は、少年の身柄に関する情報、少年事件の記録にアクセスする権利、少年審判の最終結果を知らせてもらう権利等を認めている。これらの権利と少年審判を傍聴する権利を含めた少年手続に広くアクセスする権利は少年事件の非公開原則の意義と少年の更生を危険に晒すおそれがあるとの批判もあるが[60]、多くの州では被害者の傍聴を、裁判官の裁量にかからせている場合でも、広く認めており、被害者の傍聴が大きな問題となっているとは認識されていない[61]。もっとも、被害者は例外なく全ての審判手続を傍聴できるかといえば、必ずしもそうではなく、被害者が後に証人として出廷する予定がある場合とか少年のプライバシーの核心に迫る審理が行われる場合には裁判所が訴訟指揮権に基づいて一時的に退廷してもらう措置がとられているという。

(iv) 小　　　括

アメリカでは、少年犯罪の増加・凶悪化を背景に、一定の重大事件につき少年裁判所から刑事裁判所へ移送されるなど少年司法の刑事司法化が進行し、それに伴って少年裁判所の裁量の幅が狭くなり、その結果、保護・教育的対応が後退した。また、社会の安全の確保、少年の処分の適正化に関心のある市民の知る権利の要求から少年審判の非公開原則も相当に制限されてきた。他方、被害者は、最も利害関係がある者として少年審判についても様々な権利が認められて、中でも少年審判を傍聴する権利は広く認められ、また、実務でも大きな問題なく運用されている。

5　少年審判の傍聴をめぐる幾つかの論点

(1)　諸外国との比較からみた日本の議論の特徴

4でみたように、諸外国においては、被害者等が少年審判を傍聴することは当然であったり、少なくとも抵抗がないように思われる。附帯私訴が認められ

336　第Ⅳ部　公判手続における犯罪被害者の法的地位

ている国においては、被害者等は訴訟の当事者であるから少年審判といえども参加するのは当然である。また、裁判の公開原則を重視する国においては、国民の知る権利を根拠として、被害者等を含めた国民が審判を傍聴することが認められてる。さらに、少年審判を原則非公開とする国においても、被害者等は事件における重要な利害関係者として傍聴が認められている。

　少年審判を刑事事件に準じる性格のものと捉えている国においては傍聴は広く認められるものとなっている。

　審判廷における裁判所の対応も毅然としており、少年が事件に真摯に向き合おうとしていない場合とか、反省している様子が見られない場合には厳しい態度で臨んでいることが報告されている[62]。他方、少年審判の適切な運用をするために、被害者等が後に証人として証言する場合とか少年のプライバシーに深くかかわる事項に及ぶ審理の際には裁判官の裁量によって一時的に退廷が求められたりすることがあるのも共通している。

　このように諸外国においては被害者等には広く少年審判の傍聴が認められており、そのこと自体に問題があるとは考えられていないと思われる。

　これに対してわが国においては、被害者等が少年審判を傍聴することについては強い批判があり、平成20年改正少年法もその批判に応えるべく、非常にきめ細かな対応策を用意している。以下に幾つかの批判と対応策を示し、検討を試みたい。

⑵　傍聴は少年法の目的を阻害するか

⑴　少年の健全育成と被害者の権利利益の保護

　被害者等の少年審判の傍聴は少年法の理念と目的に重大な変質をもたらすおそれがあるとの批判があった。被害者等の傍聴が少年法の目的である少年の健全育成の実現や保護・教育主義を後退させると言いかえることもできよう。その具体的な内容としては、被害者等の傍聴（存在）により、① 少年は萎縮して、心を開いて語ることが困難となる結果、事実関係が明らかにならず、少年の更生を妨げ、② 調査官、付添人などの関係者が、少年と親族のプライバシーに

配慮せざるを得なくなり、要保護性に関する資料を出しにくくなるため、裁判官の適切な処分の選択を困難にし、③裁判官も、少年の心情に配慮する発問をためらうようになる結果、ケースワーク機能が後退する、などといわれるのである[63]。

　まず、少年法の理念・目的に変更があったか否かについては、改正法は「少年の健全育成の枠組み内での被害者への配慮を越えて、被害者の権利利益の保護を少年保護手続に積極的に認める途を歩み始めた」もので、「少年の健全育成という利益と被害者の利益とを対等なものと位置づけ、場合によっては、後者の実現のために前者が後退することを認める立場」であるという見解は[64]、この点を明確に示した解釈であるといえよう。しかし、立法の経緯からは少年法の理念・目的に変更があったとはいえないし、また、多くの見解もそのように考えている。すなわち、政府案の審議の過程で各党一致による修正案が提出され、修正案の根底には「少年の健全育成を図るという少年審判の目的を損なうことなく、いかなる形で犯罪被害者等の権利利益の実現を図ることができるか」との共通認識があったとされている。衆・参両議院の附帯決議の第1において、少年の健全な育成という少年法の目的を確実に達成するように努めることが明規されている[65]。このような立法の経緯からは、改正法が少年法の目的を変更したり、後退させる意図がなかったことは明らかであると思われる。改正法の内容も、①傍聴の対象事件を故意の犯罪行為により被害者を死傷させた罪と刑法211条の罪に限定し、②12歳未満の触法少年は傍聴の対象とはならず、③12歳以上の触法少年についても、一般に、精神的に特に未熟であることを十分に考慮しなければならないこととし、④傍聴の許否に当たっては、少年の年齢及び心身の状態、事件の性質、審判の状況その他の事情を考慮して、また、あらかじめ少年の付添人（弁護士）の意見を聴いたうえで、少年の健全な育成を妨げるおそれがなく相当と認めると裁判官が判断したときに傍聴が認められるのである（22条の4、22条の5）。このような慎重な仕組みを用意することにより、改正法が少年の健全育成を図るという目的を維持していることは明らかである。多くの論者もこのように考えている[66]。また、少年法

338 第Ⅳ部 公判手続における犯罪被害者の法的地位

成立後の保護・育成主義に基づく実務の運用に対する肯定的な評価も少年の健全育成という目的を変更しなかった背景にあったと推測される[67]。

　他方で、改正法は少年の健全育成を妨げない範囲という制限はあっても、少年審判手続における被害者の権利利益の保護を図るための法整備であったことも間違いない。問題は、少年の健全育成を図るとはどういうことなのか。被害者の少年審判傍聴は少年の健全育成を妨げるものなのかである。少年の健全育成とは、一般的に、少年を保護・教育し、少年の再非行を防止し、社会復帰を果たさせることである[68]。少年を教育により更生させ、再社会化することであるといえよう。少年が更生し、社会復帰を果たすためには、まず、少年が自ら犯した罪の重大さとそれが被害者や関係する人々（被害者と少年の親・兄弟姉妹・親戚等、また、友人、勤務先や地域社会の人々等）に与えた影響について理解し、反省し、謝罪し、原状回復への努力をすることが重要である[69]。少年の中には他人への理解や共感に欠けたり、犯罪が被害者等に及ぼす影響について鈍感である場合が少なくない。少年がその犯罪によって被害者に肉体的・精神的・経済的にいかなる損害を与えたか、それによって、被害者やその遺族等はいかなる被害を受けたかを知ること、しかも、被害者等によって直接に、具体的に伝えられることが少年に事態をよく自覚させるのに効果的な方法だと思われる。他人との関係において自分の行為がどのような意味をもつのかを知ることが、人間の発育と社会化にとって不可欠であるともいわれる[70]。少年が復帰するべき社会は、社会の成員である個人の生命・身体・財産を互いに尊重する共同体である。少年が自らの行為の意味を真に理解し、反省し、謝罪し、原状回復への努力をすることによって真の社会復帰を果たせるものと思われる。被害者等の審判傍聴は本来的に少年の更生・社会復帰と矛盾するものではない[71]。ただ、被害者等の過度に感情的な主張や態度が少年に反撥や敵対心を生むおそれを生じ、それが少年の内省を深めるうえでマイナス効果となる可能性がある。そのような事態の発生を防止するために裁判官は健全育成を妨げるおそれがなく相当な場合と判断した場合に傍聴を認めることとされているのである。

第21章　少年事件における犯罪被害者の権利利益の保障　*339*

　多くの被害者は、加害者に反省・謝罪して欲しいと考えている。反省・謝罪しない加害者に被害者は怒りや失望を持つであろう。とはいえ、加害者が反省・謝罪をしたからといって被害者が簡単に赦すという気持ちにはなれないであろうが、一定の受け止めをする被害者もいるであろう。また、被害者は少年に対して、本当の意味で更生して欲しいと思う方も多いといわれる[72]。被害者は事件の真相を知りたいと強く思っている。被害者等が司法に参加し、自分の問題の解決に参加することは、被害者等の自分のコントロール感を取り戻すために重要なプロセスなので、自分がそこに加わっている、蚊帳の外にされていない感覚を持てることが回復にとって重要だといわれる[73]。被害者等の少年審判の傍聴は被害者の回復という意味でも重要な意味があるといえよう。

　このように、被害者等の少年審判の傍聴は少年の更生・社会復帰と被害者の立直りに重要な役割を果たすうえで意味がある。少年の更生・社会復帰と被害者の立直りは両方とも実現されなければならない国民の関心事である。平成20年改正法は被害者の少年審判傍聴を認めるに当たって少年の健全育成という少年法の目的を変更しないことを、少年法の60年の実績を踏まえつつ、衆・参両議院の附帯決議と法文（22条の4）において明規しているし、運用上も改正法の狙いが実現されるようなきめ細かな仕組みと対応が用意されている。少年の健全育成について、改正法は、被害者は少年とは利害関係が異なる（あるいは敵対的な立場にある）からという理由で、被害者等の審判傍聴自体が少年の健全育成を阻害するという抽象的、ステレオタイプ的な考え方をとらずに、本来的には少年の更生・社会復帰と被害者の知る権利や立直りとは矛盾しないが、場合によって被害者等の過度の感情的な主張や対応が少年に反抗心や敵意を抱かせ、その心を開くことにつながらず、その結果、内省が深まらないおそれが出てくることが考えうるので、そのような個別事案の具体的な場合は裁判官による「相当性」の判断によって、傍聴を認めなかったり、傍聴の途中でも退席を求めることができるように制度設計して、少年の更生・社会復帰と被害者の知る権利の充足及び立直りを共に実現可能とすることを狙ったものと解される。その意味で裁判官の「相当性」の判断を含めた実務の運用はきわめ

340 第Ⅳ部 公判手続における犯罪被害者の法的地位

て重要であるが、被害者等の審判傍聴が改正法の狙いに沿って適切に行われるためには、関係者の協力が不可欠である。この関係で、すでに指摘されていることであるが、調査官の被害者調査が重要であることを次に若干指摘しておきたい。

(ii) 被害者調査の役割

被害者の実情を適切に把握し、少年審判や適切な処遇選択に生かすことを目的とした被害者調査は、改正少年法によりその根拠がさらに明確になり、より積極的に行われるようになっているという[74]。調査官は書面照会や面接調査によって被害者の実態、事件の重大性についての理解を深めると同時に、少年に関する情報（送致事実の概要、事件の経緯、少年の陳述要旨など）を被害者に提供する。他方で、調査官は少年に事件が引き起こした事態とそれが被害者に及ぼした影響を伝える。調査官は自己の立場や役割を明確に伝えたうえで被害者と少年に対応することになるが、この被害者調査は、被害者に対しては、まず、被害者から話を聞くことが被害者への配慮と受けとめられ、その後の回復に役立っているといわれ、また、調査官から一定の情報を提供されることにより被害者が少年審判に関与することが可能になったり、審判に参加するときの心構えができるようになったりするのである。他方で、少年は予想以上の被害者の実態に気づき、そのことが事件や被害者等に向き合うきっかけになることが多いという[75]。このように、被害者調査は、調査自体が被害者や少年に意味があるだけでなく、裁判所が広く、審判を適切に運用するための有益な資料となると同時に被害者等の審判傍聴の許否を決する際の「少年の健全な育成を妨げるおそれがなく相当と認められる」か否かの判断に当たって重要な役割を果たすものである。

(3) 被害者等の傍聴により少年が萎縮し、十分な主張ができないか

被害者等が審判を傍聴すると少年が萎縮してしまい、心を開いて話すことを妨げ、その結果、真相が明らかにならず、少年の更生を妨げることになるとの

第 21 章　少年事件における犯罪被害者の権利利益の保障　*341*

批判がある。また、被害者等の傍聴は、懇切を旨とし、和やかに行うとする審判の教育的・福祉的機能が後退するとも言われている[76]。

しかし、まず、被害者等の審判への同席が直ちに少年を萎縮させるとするのであれば、それは正しくあるまい。少年の性格・資質や成育歴は少年によって異なるし、また、事件をいかに受けとめ、審判に対応しようとしているかは少年によって様々であるからである。次に、論者は少年審判の方式について、意識的にかどうかは分からないが、「懇切を旨とし、和やかに行う」ことのみに言及しているが、少年法は「審判は、懇切を旨とし、和やかに行うとともに、非行のある少年に対し自己の非行について内省を促すものとしなければならない。」と規定している（22 条）。本条の趣旨は、審判が懇切、和やかに行われるとともに、審判を通じて、非行のある少年に対し、内省を促すものとしなければならない、例えば、非行のある少年にその責任を自覚させ、自己の行為の意味及び結果について十分理解させるよう、その非行が、被害者やその遺族に与えた被害の内容や重大さ、社会に与えた影響について、質問し、あるいは説示し、少年に十分な反省が見られないような場合には、毅然としてその点を指摘するなどができることを明示したものだと言われている[77]。

被害者等の審判傍聴や意見聴取は本条の趣旨に適いこそすれ、反するものではない。非行のある少年が被害者等の存在を意識して、自己の行為の意味及び結果について真摯に向かい合うことは、自己の責任を自覚し、内省を深める重要な契機になりうるものだからである。

確かに、被害者等の傍聴により、少年が萎縮して、十分な主張ができない事態になることは問題である。しかし、傍聴が直ちに真相の解明や少年の更生を妨げることになるとは考え難い。やはり、個別の具体的な事案ごとに判断していくしかないのではあるまいか。そこで、裁判所は、事件記録中の少年や被害者等の供述調書、調査官による少年・保護者に対する調査結果、弁護士である付添人からの意見聴取の結果、調査官による被害者の事情聴取の結果など様々な情報を基に、被害者等が審判の傍聴をしても少年が十分に発言できるかどうかを見極めた上で、傍聴の許否を判断するが、その際、少年の年齢や心身の状

342 第Ⅳ部 公判手続における犯罪被害者の法的地位

態、事件の性質、審判の状況等を考慮し、きめ細かく相当性を判断することとされているのである。

　また、少年が萎縮したり、十分な主張ができなくなる事態を生じさせないために果たす弁護士である付添人の役割は重要である。傍聴を許す場合には、弁護士である付添人の意見を聴かなければならないし、また、付添人の存在が少年のプレッシャーを軽減することが期待される、さらに、審判における主張や防御活動は付添人が活発に行うことが求められているのである。

(4)　傍聴は少年の内省を妨げるか

　内省を深めることは重要である。しかし、簡単なことではあるまい。事件後間もない時期に内省を深めることはできないかもしれない。だからといって、事件後間もなく開かれる少年審判の時期は内省を深める努力をする、あるいは、内省を深める働きかけをしてはならない、しても無駄であるということはいえまい。少年が事件について内省を深めるためには一定の時間が必要であろう。しかし、内省を深めたといえるためには時間が必要であるからこそ、事件後間もない時期から審判を経て、処遇を受け、さらには社会に戻ってからもその努力を続けなければならないであろう。犯した犯罪や被害者そして被害者が犯罪によって受けた影響に直面して犯罪の重要性やその意味について考えることは少年の内省を深めるうえで極めて重要な契機であることは間違いない。少年の内省を深める重要な契機となりうる被害者等による傍聴と意見聴取は、少年が被害者の存在や意見を知ることのできる正式な制度としては現行法上少年審判が唯一の機会なのである。

　事件後間もない時期は確かに少年は思考が混乱しているかもしれない。しかし、少年は事件のことについて頭が一杯なはずである。事件のことについて一番一生懸命に考えている時期かもしれない。その時期に、事件や被害者について正面から向き合うことは何にもまして重要であり、内省を深める契機となりうるものであろう。少年が最も真剣に事件やその後のことを考えているときに、被害者のことを考えるのは内省を深めるために極めて重要かつ有効と考え

第 21 章　少年事件における犯罪被害者の権利利益の保障　343

られるのではないか。事件後間もない少年審判のときは被害者等の傍聴は少年
の内省を深めるのに適切ではないので、審判終了後に内省を深める努力（働き
かけ）をすればよいということは正しいといえようか。しかし、審判終了後の
時点では、少年が被害者等と同じ審判廷に居たり、被害者等の意見を聴くと言
うことは制度上は保障されていないのである。被害者等の痛みを直に感じとる
機会を逸してしまうのである。

　しかも、少年審判が事件後早い段階で行われるのは、少年の利益のためであ
る。身柄拘束が必要な場合でも極力短いものにし、できるだけ早く審判を終了
させ、日常生活に戻るように考えられているのである。

　他方、被害者等にとっては事件後間もない時期に少年審判を傍聴することは
極めて困難なことなのである。犯罪による肉体的、精神的な被害から回復して
いない状態で犯罪を思い出さざるをえない審判の傍聴は苦痛でもあり、傍聴し
たくてもできない被害者も少なくない。しかし、被害者等はそのような困難な
状況の中でも、事件の真相と処理を見届けたいとの強い思いから、傍聴を求め
る声が多いのである。現行法制度上は、相当と認められた傍聴は、ほとんど問
題なく傍聴が実施されていることを前提とすると、少年の内省を深める重要な
契機とはなりえても、内省を妨げるものとはいえないものと思われる。

(5)　傍聴によって被害者は第二次被害を受けるか

　少年審判の傍聴を被害者等に認めることに反対する理由として、事件後間も
ない時期に開かれる審判において、少年の発言や態度によって被害者等が傷つ
くことがありうると主張されたりする。また、少年手続や刑事手続への参加の
要求は精神的・経済的回復の要求に比べて切実ではなく、さらに、参加を求め
る者とそうでない者との間に格差ができるから問題があるとの見解もある[78]。

　しかし、これらの批判は被害者等の少年審判の傍聴を認めない説得力のある
根拠とはなりえないと思われる。まず、被害者等は事件の真相を知りたいとの
強い要求を持っている。被害者遺族の場合は特に強い要求である（義務感・使
命感といってよいかもしれない。）。傍聴は真相を知るための最も有効な機会であ

344　第Ⅳ部　公判手続における犯罪被害者の法的地位

る。この真相を知るための重要な機会を与えられないことは被害者等の要求を拒否することであり、まさに、被害者等を無視・阻害することであり、このことが第二次被害につながるのである[79]。確かに、被害者等が審判において少年の心ない発言や反省のない態度によって傷つくおそれはないとはいえない。しかし、前述のように、改正法はそのような第二次被害を受けないような規定を設けているし、また、事前に付添の弁護人、支援団体のスタッフ、それに調査官等から、審判において起こりうること、審判の趣旨、進め方、留意点など、の説明を受けたうえで、傍聴するか否かを選択し、心構えを整えて審判に臨むのである。他方、少年に対しても付添人や調査官が面接して心を落ちつかせ、話すべきことは話すようにアドバイスすることになろう。

　被害者にとって、裁判や審判に参加することは苦痛を伴うものである。それでもすべきと考える裁判や審判に参加することは、被害者にとって自分自身の力を取り戻す助けになるであろうといわれている[80]。

　次に、被害者等にとって、精神的・経済的要求の方が大きく、参加の要求はそれほど切実ではない。審判を傍聴した被害者等の数が少ないのはその表れであるとの見解[81]は正しいであろうか。被害者等の要求には様々なものがあり、被害を受けてからの時期との関係で要求の大きさも違うし、変化もあるところである。被害者等は精神的・経済的支援を要求しているし、同時に司法における役割の増大にも重大な関心を持っている。被害者等に精神的・経済的支援をすれば十分であり、傍聴などの参加要求を認める必要は高くないとするのは論者独自の考え方であり、被害者等の実際の思いとは大きなかい離がある。

　さらに、傍聴を認めると傍聴（参加）できる（強い）被害者等と傍聴をためらう（弱い）被害者との差に格差を生じさせるとの見解については、まず、格差ができるとはいかなる意味なのか判然としないし、また、既に、刑事裁判における被害者参加導入の際にも反論があったように[82]、参加したくない（できない）被害者等は参加しないことを選択すればよいだけのことであり、参加をためらい、参加しない被害者を責めたりする者などいるはずもなく、また、参加をためらう被害者等の多くは、自分が参加しない（できない）から、参加制

第 21 章 少年事件における犯罪被害者の権利利益の保障 *345*

度を否定するとは思われず、参加したくて参加する被害者等の利益まで奪うことなど考えてもいないであろう。

⑹ 少年審判傍聴等の運用状況──むすびにかえて

（i） 少年審判傍聴

平成 20 年 12 月 15 日から平成 21 年 12 月 31 日までの 1 年余の少年審判の傍聴の実施状況[83]をみてみると、傍聴の対象となった 223 件のうち、101 件（申出人数は 195 人）の申出があり（傍聴申出の割合は 45.29％）、87 件（169 人）について傍聴が認められた（傍聴が認められた割合は 86.13％）。審判の傍聴が認められなかった 22 人（11 件）については、審判が開始されずに事件が終局したことによるもの、申出資格がない者からの申出によるものである。

審判の傍聴が認められた 87 件のうち、申出人から傍聴付添いの申出がされたのは 29 件であり、何れも傍聴付添が認められている。

審判の傍聴の実施がされた罪名は、多い順に、傷害致死 24 件、自動車運転過失致死 23 件、傷害 9 件、自動車運転過失致死傷 7 件、殺人・重過失致死各 4 件、強盗致死・危険運転致死傷・触法（傷害致死）各 3 件等となっている。

審判の傍聴が認められた 87 件における少年の犯行時年齢は、多い順に、19 歳が 23 人、18 歳が 20 人、17 歳が 14 人、16 歳が 11 人、14 歳が 11 人、15 歳が 4 人、13 歳が 4 人となっている。

次に、平成 20 年 12 月 15 日から平成 22 年 9 月 30 日までの 1 年 9 か月余の傍聴の実施状況をみてみると、傍聴の対象となった 336 件のうち、159 件の申出があり（傍聴申出の割合は 47.32％）、139 件（253 人）について傍聴が認められた（傍聴が認められた割合は 87.42％）。

傍聴が実施された罪名は、多い順に、傷害致死 39 件、自動車運転過失致死 38 件、傷害・自動車運転過失致死傷各 12 件、殺人等・自動車運転過失傷害・重過失致死各 6 件等となっている。

これらの傍聴の実施状況をみると、傍聴の申出人数は、後に紹介する説明制度の申出人数に比べれば少ないが、被害者等の置かれた状況を考えると、多い

346　第Ⅳ部　公判手続における犯罪被害者の法的地位

か少ないかの評価は簡単ではない。また、傍聴申出の割合は1年余と1年9か月と比較すると若干上がっている。さらに、傍聴の申出をした場合は大多数が許可されている。

傍聴の実施がされた罪名別の件数は同じ傾向を示している。

(ⅱ)　審判状況の説明

審判状況の説明については申出人数、申出を認めた人数、申出を認めなかった人数につき制度実施1年余（①）、1年3か月余（②）（平成22年3月31日現在）、1年9か月余（③）の時点の数字を以下に示す。

申出人数（① 433人、② 581人、③ 801人）

申出を認めた人数（① 424人、② 568人、③ 786人）

申出を認めなかった人数（① 9人、② 13人、③ 15人）

審判状況の説明の申出人数は安定的に推移しており、審判が開始されずに事件が終局したり、資格がない者からの申出による以外は全て説明が認められている。全件について書記官が説明をしており、説明の方法としては書面によるものが圧倒的に多い（786件中の742件（平成22年9月30日現在））。罪名別の実施状況は傷害等が圧倒的に多く（404件）、強制わいせつ等（79件）、恐喝（76件）、強盗等（63件）、窃盗等（59件）等（平成22年9月30日現在）となっている。

(ⅲ)　若干のコメント

審判傍聴制度が実施されてからまだ2年を経ていない段階で軽々に制度の評価をするのは慎重でなければならない。ただ、相当多数の方が審判状況の説明制度を利用していることは、被害者等が審判状況を知りたい、事件の真相を知りたいとの要求が強いことの一証左であろう。審判状況の説明制度を利用する方に比べると審判を傍聴する方の人数は少ない。被害者等が傍聴制度を知らないために、制度の利用ができなかったという事態を避けるため、制度導入後、全国の家庭裁判所は、傍聴対象事件の送致を受けた場合、被害者等に対し、傍

第 21 章　少年事件における犯罪被害者の権利利益の保障　*347*

聴をはじめとする各種の被害者配慮制度を分かりやすく説明したリーフレット等を速やかに送付することで制度の周知を図る運用を行っている。捜査機関においても被害者等に対して、裁判所における被害者配慮制度の説明を行うようにして、被害者等の傍聴制度利用の希望があれば、それを裁判所に伝達する運用がなされているという。このような努力が浸透し、傍聴制度の利用につながるためには一定の期間が必要とされるということか、重大事件の被害者等は事件後間もないときは制度について情報を与えられても覚えていないことが珍しくないといわれるためなのか、あるいは、事件による深刻な精神的・身体的な被害のため傍聴にはふみきれなかったのか、それらの理由の解明には今後の検証が必要である。東京家裁での審判傍聴第 1 号事件で被害者代理人を務めた弁護士によれば、① 当該事案の審理において、少年は萎縮せず裁判官の質問に答えていた、② 審理全体としても、事実認定に時間をかけた点などに被害者への配慮が感じられた、③ 被害者等の在廷がケースワーク機能を減退させた印象は受けなかったとの見解がある[84]。また、傍聴をめぐって今までのところ大きな問題があったということも聞いていない。裁判所を始めとする関係各機関・関係者が傍聴制度の趣旨を実現するべく、真摯な取り組みをしていると聞いている。ともあれ、今後も傍聴制度が制度の狙い通りに運用されていくかどうかについて慎重に検証していく必要がある。

1)　甲斐行夫・入江猛・飯島泰・加藤俊治共著、岡健太郎・岡田伸太、古田孝夫・本田能久・安永健次共著『少年法等の一部を改正する法律及び少年審判規則等の一部を改正する規則の解説』(法曹会　平成 14 年 3 月。以下甲斐ほかという) 47-48 頁。

2)　甲斐ほか同前 50 頁。

3)　甲斐ほか同前 51 頁。

4)　最高裁事務総局『家庭裁判所 60 年の概観』家庭裁判所資料 191 号 (平成 22 年 3 月) 197 頁。

5)　甲斐ほか同前 61 頁。

6)　甲斐ほか同前 62-65 頁。

7)　60 年の概観 197-198 頁参照。7 年間の運用実績のデータは最高裁判所事務総局家庭局のご教示による。意見陳述の申出人数、意見陳述の方法 (審判期日において裁

348 第Ⅳ部　公判手続における犯罪被害者の法的地位

判官が行う）及び注 10) ）の審判結果等の通知の申出人数について「60 年の概観」
の数字と若干違うところがあるが、本文の数字が正しいデータである。

8)　甲斐ほか同前 181-183 頁。

9)　甲斐ほか同前 184-185 頁。

10)　60 年の概観 198-199 頁参照。

11)　ちなみに、施行後 5 年間（平成 13 年 4 月 1 日から 18 年 3 月 31 日まで）の運用
実績は以下の通りである。事件記録の閲覧・謄写については申出人数 2,880 人に対
して 2,836 人、意見聴取については 825 人の申出に対して 791 人、結果等の通知に
ついては 3,180 人の申出に対して 3,153 人が認められている。家裁月報 58 巻 9 号
111-113 頁。

12)　基本法については井川良「犯罪被害者基本法」ジュリスト 1285 号（2003 年）39
頁以下等を参照。

13)　この法律については酒巻匡「Q&A　平成 19 年犯罪被害者のための刑事手続関連
法改正」（有斐閣 2008 年）、白木功・飯島泰・馬場嘉郎「犯罪被害者等の権利利益
の保護を図るための刑事訴訟等の一部を改正する法律（平成 19 年法律第 95 号）の
解説(1)(2)(3)・完」法曹時報 60 巻 9 号、10 号、11 号などを参照。

14)　本法律の成立の経緯については、飯島泰・親家和仁・岡﨑忠之「『少年法の一部
を改正する法律』（平成 20 年法律第 71 号）の解説」法曹時報 60 巻 12 号 48-58 頁
に詳しい紹介がある。

15)　飯島ほか同前 60-61 頁。

16)　飯島ほか同前 60-62 頁。社会記録とは、「家庭裁判所が専ら当該少年の保護の必
要性の判断に資するよう作成し又は収集したもの」であり、例えば、前者としては、
鑑別結果通知書、学校照会回答書、調査嘱託回答書があり、後者としては少年調査
票や意見書、照会への解答などがあるという。なお、社会記録についても被害者等
からの閲覧・謄写の希望は強いものがあった。全国犯罪被害者の会「2000 年改正少
年法 5 年後見直しの意見書」（2006 年 2 月）。

17)　飯島ほか同前 63 頁。

18)　飯島ほか同前 63-64 頁。

19)　飯島ほか同前 66-67 頁。

20)　川淵健司「平成 20 年改正少年法の解説」ケース研究 229 号 51 頁参照。

21)　少年審判規則 29 条が「裁判長は、少年の親族、教員その他相当と認める者の在
席を許すことができる。」と規定し、「相当と認める者」として被害者等の傍聴を認
めることができるとの見解もあるが、同条は少年の更生に関心の高い「審判の協力
者」が想定されているので、被害者等はこれに含まれないとみるのが素直な解釈で
ある。

22)　田宮裕・廣瀬健二編『注釈少年法』「第 3 版」230-231 頁などを参照。

第 21 章　少年事件における犯罪被害者の権利利益の保障　*349*

23）　飯島ほか注 14）、72-73 頁参照。川淵・注 20）、38-39 頁。

24）　飯島ほか注 14）、78-81 頁、川淵・同前 39-40 頁。

25）　飯島ほか注 14）、77-78 頁、川淵・同前 40 頁を参照。

26）　飯島ほか注 14）、84-85 頁。

27）　飯島ほか注 14）、82 頁、川淵・同前 40-41 頁。

28）　飯島ほか同前 86-87 頁、川淵・同前 41 頁。

29）　飯島ほか同前 87 頁。

30）　飯島ほか同前 87 頁、川淵・同前 41 頁。

31）　飯島ほか同前 87 頁、川淵・同前 41 頁。

32）　飯島ほか同前 89 頁、川淵・同前 41-42 頁。

33）　飯島ほか同前 88-89 頁。

34）　飯島ほか同前 90 頁。

35）　飯島ほか同前 98-102 頁、川淵・同前 42-44 頁参照。

36）　例えば、廣瀬健二「我が国少年法制の現状と展望―基本理念と法改正を中心にして―」ケース研究 301 号 45 頁、川出敏裕「少年法改正の意義と今後の実務への期待」家裁月報 61 巻 1 号（平成 21 年 1 月）123 頁などを参照。

37）　川淵健司「ドイツ連邦共和国における少年裁判手続の実情～被害者配慮に関連した手続を中心として～」家裁月報 61 巻 9 号 43 頁以下参照。また、ドイツの少年法制については、澤登俊雄編著『世界の少年法制』（成文堂 1994 年）203 頁以下、川出敏裕「ドイツにおける少年法制の動向」ジュリスト 1087 号 86 頁（1996 年）、廣瀬健二「海外少年司法制度―英、米、独、仏を中心に―」家裁月報 48 巻 10 号 44 頁以下（1996 年）、比嘉康光「ドイツ少年刑法について（上）（下）」ケース研究 245 号 2 頁、249 号 2 頁（1995、1996）、武内謙治「ドイツにおける少年審判の構造と検察官、弁護人の役割」斉藤豊治・守屋克彦編著『少年法の課題と展望・第 2 巻』107 頁（2006 年）、守山正・後藤弘子編著『ビギナーズ少年法』（成文堂 2005 年）286 頁以下などを参照。

38）　川淵・同前 80 頁。

39）　川淵・同前 80 頁。

40）　川淵・同前 80-81 頁。

41）　川淵・同前 77-78 頁。

42）　川淵・同前 78-79 頁。

43）　川淵・同前 81 頁。

44）　川淵・同前 81-82 頁。

45）　川淵・同前 81-82 頁。

46）　川淵・同前 81-83 頁。

47）　フランスの少年法制については、河原俊也「2002 年、2004 年及び 2007 年法改正

350　第Ⅳ部　公判手続における犯罪被害者の法的地位

後のフランス共和国における少年事件処理の実情」家裁月報 60 巻 10 号 2 頁以下、岡健太郎「フランス共和国における少年事件処理の実情（上）・（下）」家裁月報 51 巻 8 号 1 頁、9 号 1 頁、小木曾綾・只木誠「フランス少年法の動向」駒澤大学法学論集 56 号 59 頁以下（平成 9 年）、羽間京子「フランスの少年非行の現状と処遇—エデュカーターの処遇姿勢を中心として—」犯罪と非行 144 号 174 頁（平成 17 年）、上野芳久「⑷ フランス」守山正・後藤弘子編著『ビギナーズ少年法第 2 判補訂版』321 頁以下（平成 21 年）、赤池一将「フランスの司法少年法改革」斉藤豊治・守屋克彦編著『少年法の課題と展望第 2 巻』52 頁以下（平成 18 年）、岡村美保子「海外法律事情　フランス　少年法の改正」ジュリスト 1236 号 93 頁（平成 14 年）などを参照。

48)　河原・同前 31-36 頁参照。

49)　河原・同前 54 頁、上野・注 47) 332 頁参照。

50)　岡・注 47)（下）36 頁以下。

51)　河原・注 47) 47-49 頁。

52)　河原・注 47) 49-51 頁。

53)　アメリカの連邦及び幾つかの州の少年法制については、渥美東洋＝宮島里史＝堤和通「アメリカ合衆国における少年裁判所制度の動向」警論 47 巻 6 号 41 頁、澤登俊雄編著『世界の少年法制』（服部朗）1994 年 27 頁以下、佐伯仁志「アメリカにおける少年司法制度の動向」ジュリスト 1087 号 76 頁以下、廣瀬・注 37) 91 頁以下、守山＝後藤・注 37) 278 頁以下（山口直也）、斉籐＝守屋編・注 37) 68 頁以下（山崎俊恵）など参照。

54)　佐伯・同前 76-77 頁。なお、サンボーンによれば、ゴールト判決は少年の被告人に公判における憲法上の権利を認めたが、そのことは同時に、被害者の関与に扉を開いたことでもあったと指摘する。

　　Joseph B. Sanborn Jr., Victims' Rights in Juvenile Court: Has the pendulum swung too far? Judicature vol. 85, No. 3 p. 140.

55)　近年では、少年司法の刑事司法化＝厳罰化は少年犯罪の抑止効果は無いか、乏しく、行動科学等の実証的な根拠に基づく包括的戦略の方が効果があるとの研究が出され、厳罰化政策に対する見直しの動きがある。James C. Howell (ed.) Guide for Implementing the Comprehensive Strategy for Serious, Violent, and Chronic Juvenile Offenders (1995, second pr. 1998) 渥美東洋「少年非行の管理システム managerial System（上）（中）（下）—共同体の再生を念頭に置いて—」警論 58 巻 10 号、11 号、12 号、守屋哲毅「アメリカ合衆国における近年の少年司法制度の変化について」罪と罰 46 巻 2 号 61 頁、森健二「アメリカ合衆国における少年事件手続の実情—ジョージア州、ニューヨーク州及びカリフォルニア州の制度を中心として—」家裁月報 61 巻 6 号 1 頁以下などを参照。

第 21 章　少年事件における犯罪被害者の権利利益の保障　*351*

56)　例えば、次の規定を参照されたい。

ALASKA STAT. §§ 47. 12. 110 (b), 12.61.010 (2006); Cal. WELFARE & INST. CODE § 676.5 (West 1998 & Supp. 2008); IDAHO CODE ANN. § 19-5306 (2004); KY. REV. STAT. ANN. § 610.060 (LexisNexis 1999 & Supp. 2007); KAN. STAT. ANN. § 74-7335 (2002 & Supp. 2007); MD. CODE ANN. CRIM. PROC. § 11-302 (LexisNexis 2008); MO. CONST. art. I, § 32; MO. ANN. STAT. § 595.209.1 (1) (West 2003 & Supp. 2008); N. H. REV. STAT. ANN. § 169-B : 34 (LexisNexis 2001 & Supp. 2007); N. C. GEN. STAT. §7B-2402 (2007); N. D. CENT. CODE § 12.1-34-02 (1997); OHIO Rev. Code Ann. § 2930.09 (LexisNexis 2006); OR. CONST. art. 1, § 42 (2008).

57)　例えば、次の州法の規定を参照されたい。

CAL. WELFARE & INST. CODE § 679.02 (2), (13) (West 1998 & Supp. 2008); CAL. WELFARE & INST. CODE 656.2 (c) (West 1998 & Supp. 2008); MO. ANN. STAT. § 595.209.1 (3) (West 2003 & Supp. 2008); MONT. CODE ANN. § 41-5-215 (3) (2007); N. H. REV. ANN. §§ 169-B : 34, 35-a (2001& Supp. 2007); N. J. STAT. ANN. § 52 : 4B-37 (West 2001 & Supp. 2007); N.D. CENT. CODE § 12.1-34-02 (2) (1997); OHIO REV. CODE ANN. § 2930.12 (LexisNexis 2006); 18PA. CONS. ANN. 11-201 (12) (West 1998).

58)　Kristin Henning, What's Wrong with Victims' Rights in Juvenile Court? : Retributive Versus Rehabilitative System of Justice, 97 Calif L. Rev. 1107, 1158.

59)　次の州法の規定を参照されたい。Ariz. REV. STAT. ANN. § 8-384E (2007); Cal. WELFARE & INST. CODE § 676 : 5 (West 1998 & Supp. 2008); D.C. CODE § 16-2316 (e) (4) (Supp. 2008); N.H. REV. STAT. ANN. § 169-B : 34 (Lexis Nexis 2001 & Supp. 2007); N.C. GEN. STAT. § 7 B-2402 (2007); N.D. GENT. CODE § 12.1-34-02 (18) (1997); OHIO REV. CODE ANN. § 2930.09 (Lexis Nexis 2006 & Supp. 2008); 18 PA. CONS. STAT. ANN. § 11-201 (West 1998).

60)　Kristin Henning, Id. p. 1158.

61)　森・注 55) 4-6 頁などを参照。

62)　河原・注 47) 50-51 頁などを参照。

63)　日本弁護士連合会「犯罪被害者等の少年審判への関与に関する意見書」（2007 年 11 月 21 日）、斎藤義房「2008 年少年法『改正』法案の修正可決と今後の課題」自由と正義 59 巻 9 号 132-133 頁等を参照。

64)　後藤弘子「少年審判と被害者参加」法セミ 645 号 16 頁（2008 年 9 月）。なお、川出敏裕「少年保護手続における被害者の法的地位」『光藤景皎先生古稀祝賀論文集』902 頁を参照。

65)　斎藤・注 63) 136-137 頁もこの点を高く評価している。

66)　川出敏裕「少年法における被害者の法的地位」法学教室 341 号 129-131 頁、廣

352 第IV部 公判手続における犯罪被害者の法的地位

瀬・注 36) 48 頁以下、山﨑俊恵「少年法と被害者」犯罪と刑罰 19 号 135-136 頁などを参照されたい。

67) 松尾浩也「少年法—戦後 60 年の推移」家裁月報 61 巻 1 号 100 頁、廣瀬・同前 48-50 頁参照。

68) 例えば、田宮 = 廣瀬・注 22) 30 頁などを参照。

69) 渥美東洋「裁判の公開・非公開と被害者の傍聴権」渥美・椎橋・日高・山中・船山編 齊藤誠二先生古稀記念『刑事法学の現実と展開』684 頁以下参照。

70) 渥美・同前。

71) 渥美・同前、前野育三「被害者参加の少年保護手続と修復的司法」小早川・福井・高田・川崎編『光藤景皎先生古稀祝賀論文集 下巻』914 頁以下などを参照。

72) 中島聡美「犯罪被害者の心理と支援」ケース研究 293 号 131 頁以下参照。

73) 中島・同前 138 頁以下、また、中島「犯罪被害者の心理と司法関係者に求められる対応」家裁月報 60 巻 4 号 1 頁、特に 15 頁以下を参照。

74) 古舘明己「被害者調査を生かす」ケース研究 301 号 155 頁、高野篤雄・魚住英昭・和田次男・貝原弓子「被害者調査実施上の諸問題」家裁月報 54 巻 4 号 117-119 頁などを参照。

75) 古舘・同前 155 頁以下、高野ほか・同前 125 頁以下などを参照。

76) 斎藤・注 63) 132-133 頁、村井敏邦「犯罪被害者をめぐる問題状況」月報司法書士 437 号 8 頁、葛野尋之「被害者傍聴は少年審判を変質させたか」法セミ 657 号 3 頁、また、澤登俊夫・高内寿夫『少年法の理念』の該当部分参照。

77) 甲斐ほか・注 1) 114-115 頁。

78) 村井・注 76) 8-9 頁参照。

79) 中島・注 73) 15-23 頁参照。

80) 中島・同前。

81) 村井・注 76) 8-9 頁。

82) 岡村勲監修『犯罪被害者のための新しい刑事司法』243-244 頁参照。

83) 統計データについては最高裁家庭局のご協力を得た。記して感謝申し上げたい。

84) 守屋典子「被害者の少年審判傍聴についての一考察」警論 63 巻 2 号 120 頁以下を参照。

あとがき（被害者の法的地位）

1　本書は私が被害者学の研究を始めてから発表した被害者の地位に関係する論文を一書に纏めたものである。わが国の被害者学と被害者支援は欧米のそれに比べて 20 〜 30 年遅れていると言われていたが、わが国は被害者等、その関係者、関係機関等の努力により、この 30 年間でその遅れを取り戻し、中にはわが国の特色ある制度を創出するに至っている。被害者支援関連立法と立法に基づく実務の運用の展開も目を見張るものがあり、立法や実務を基礎づける理論を探求する被害者学も研究者が懸命な努力を払ってきたといってよいであろう。本書の各論文は新たな立法や実務の運用があった時期にそこでのテーマについて私見を述べたものである。そのため、各論文の中には重複する部分、過去のある時期の問題を論じたもので現在は解決済みという論点もある。一度、関連する論文はすべてシャッフルして組み立て直す作業が必要とも考えたが、それに要する体力・気力・時間を使える余裕と自信がない。各々の時期にその問題に真剣に取り組んだ思いだけはあるので、書き下ろしと可能な範囲の手直しをしてその時々各論文に込めた思索の過程を辿っていただければこの上ない喜びである。

2　本書の中心はタイトルにあるように「刑事手続における犯罪被害者の法的地位」であり、中でも刑事手続への被害者の参加という積極的な権利を扱った問題である。他の問題も各々重要なテーマであるが、私が刑事訴訟法を専門としてきたため刑事手続に関わるテーマに一番力を注いだのは自然のことでもあったと思われる。このテーマについての私見には批判的な見解も少なくなかった。私見には説得力があるのか。実態に即した妥当な結論となっているのか等熟考を重ねた。実態に合致しない形式論、観念論であれば考え直すのが研究者の良心である。特に近年論文は evidence-based でなければならず、実証さ

れない研究は尊重されない。外国の文献で信頼できると思われる資料とか実務家や被害者等の意見等をできるだけ参考にして執筆してきたつもりではいた。最近は日本でも被害者等に関する実態調査研究が被害者参加の問題についても実施・発表されるようになり、その研究報告によれば私見の重要な部分も裏付けられていることが分かり意を強くしている。具体的には、被害者参加は、意見表明の機会を通じて、司法に対する信頼を高める（白岩祐子・唐沢かおり「犯罪被害者の裁判関与が司法の信頼に与える効果」心理学研究 85 巻 1 号 20 頁）、また、被害者参加制度は、「被害の状況や被害理由を知りたい」という遺族の要望を充足する効果を持ち、また、その要望が満たされた遺族ほど、その要望に配慮した司法制度に信頼感を持つ等（白岩・小林麻衣子・唐沢「『知ること』に対する遺族の要望と充足：被害者参加制度は機能しているか」社会心理学研究 32 巻 1 号 41 頁）、さらに、被害者参加は、その過程を通じて遺族に心情や考えを整理する機会をもたらし、また、裁判に尽力感（故人のためにできることはすべてやった）を覚えている。法廷では被害者等は（感情的になるのではなく）被告人や裁判官に真意が伝わるように慎重に言葉を選んでいる（白岩・小林・唐沢「犯罪被害者遺族による制度評価」犯罪心理学研究 56 巻 1 号 105 頁）、などの研究成果が発表されている。

　これらの論文の結論の一部しか引用できないのは残念であるが、これらの研究は現実の被害者参加制度が果たしている機能を科学的に分析してその実態を明らかにしている点で有益であるだけでなく、その課題も指摘しており今後の被害者参加制度のより良い在り方を考える上でも参考になるものである。

3　最後に、今迄の被害者研究に当たってお世話になった方々に感謝申し上げたい。まずは、故宮沢浩一先生（慶應義塾大学名誉教授）、大谷實先生（同志社大学理事長）、故渥美東洋先生（中央大学名誉教授）の三先生に対してである。三先生は日本の被害者学を立ち上げ、発展させた。三先生が日本の被害者学のレベルを向上させた功績は大きいものがある。三先生は被害者学においても各々の独自の領域を持ち、独自の海外とのパイプを持ち、同時に、日本の実務界（警察庁、法曹三者等）との関係を深め、それらを後進の研究者に伝えた。三先生が中心となって日本被害者学会が創設され、三先生が順に会長に就任され、

学会をリードし続けた。私は三先生に様々な機会に懇切なご指導を賜った。改めて心より感謝申し上げたい。次に、被害者学会において多くの先生方や実務家と知り合い、多大のご指導をいただいている。被害者学会は学際的なところが特色で、様々な学問の領域の方々と議論することができるので極めて有益である。そして、実務家の会員も多彩である。さらに、審議会等でご一緒した方々にも多大のご教示をいただいた。加えて、被害者の方や民間支援団体の方々との交流も大きな糧となっている。これらすべての方々に御礼申し上げたい。

初 出 一 覧

第Ⅰ部　犯罪被害者を保護・支援する必要性と根拠
　　　第 1 章　アメリカ合衆国の刑事手続における被害者の役割
　　　　　　　　　　　　　　刑法雑誌 29 巻 2 号（1988 年）257-280 頁
　　　第 2 章　犯罪被害者の救済に必要な法制度
　　　　　　　　　　　　　　自由と正義 49 巻 11 号（1998 年）100-111 頁
　　　第 3 章　被害者保護、手続参加、損害の回復
　　　　　　　　　　　　　　ジュリスト No. 1148（1999 年）255-259 頁
　　　第 4 章　犯罪被害者救済の基本的視座
　　　　　　　　　　　　　　現代刑事法 2 巻 2 号（2000 年）4-10 頁
　　　第 5 章　犯罪被害者保護・支援の課題と展望
　　　　　　　　　　　　　　法律のひろば 54 巻 6 号（2001 年）4-11 頁
第Ⅱ部　捜査と公判手続における被害者の保護
　　　第 6 章　捜査と被害者保護　　現代のエスプリ No. 336（1995 年）115-121 頁
　　　第 7 章　刑事手続における被害者保護
　　　　　　　　　　　　　　刑法雑誌 35 巻 3 号（1996 年）387-397 頁
　　　第 8 章　犯罪被害者をめぐる立法課題
　　　　　　　　　　　　　　法律のひろば 52 巻 5 号（1999 年）12-19 頁
　　　第 9 章　性犯罪の告訴期間の撤廃　　研修 No. 626（2000 年）3-14 頁
　　　第 11 章　証人保護手続の新展開
　　　　　　　　田口守一（他）編『犯罪の多角的検討：渥美東洋先生古稀記念』有斐閣
　　　　　　　　　　　　　　　　　　　　　　　　　（2006 年）181-200 頁
第Ⅲ部　犯罪被害者等基本法と犯罪被害者等基本計画
　　　第 12 章　犯罪被害者等基本計画が示す施行の全体像
　　　　　　　　　　　　　　法律のひろば 59 巻 4 号（2006 年）38-44 頁
　　　第 13 章　犯罪収益のはく奪による被害回復制度の意義
　　　　　　　　　　　　　　刑事法ジャーナル No. 6（2007 年）24-29 頁
　　　第 14 章　第 3 次犯罪被害者等基本計画について
　　　　　　　　　　　　　　罪と罰 53 巻 4 号（2016 年）38-44 頁
第Ⅳ部　公判手続における犯罪被害者の法的地位—被害者参加を中心として—
　　　第 15 章　犯罪によって被害者が被った影響についての供述（Victim Impact
　　　　　　　　Statement）を量刑上斟酌することが許されるか（一）
　　　　　　　　　　　　　　法学新報 96 巻 11・12 号（1990 年）485-506 頁
　　　第 16 章　被害者等の心情その他の意見陳述権

現代刑事法 2 巻 11 号（2000 年）43-48 頁

第 17 章　被害者等の意見陳述権　　　　　　研修 No. 651（2002 年）13-24 頁

第 18 章　犯罪被害者等の刑事裁判への参加

酒巻　匡（編）『Q&A　平成 19 年犯罪被害者のための

刑事手続関連法改正』　　有斐閣（2008 年）3-25 頁

第 19 章　被害者参加制度について考える─ 1 年間の実績を踏まえて─

法律のひろば 63 巻 3 号（2010 年）4-12 頁

第 20 章　刑事手続における被害者の参加

法曹時報 68 巻 10 号（2016 年 10 月）1-25 頁

第 21 章　少年事件における犯罪被害者の権利利益の保障

─少年審判の傍聴制度を中心に─

法曹時報 62 巻 9 号 1-16 頁、同 12 号 1-28 頁（2010 年 9 月、12 月）

著者紹介

椎　橋　隆　幸
しい　ばし　たか　ゆき

中央大学名誉教授、弁護士

主要編著書

刑事弁護・捜査の理論(信山社 1993 年)／基本問題刑事訴訟法(編著)(酒井書店 2000 年)／わかりやすい犯罪被害者保護制度(共著)(有斐閣 2001 年)／ブリッジブック刑事裁判法(編著)(信山社 2007 年)／Q&A 平成 19 年犯罪被害者のための刑事手続関連法改正(共著)(有斐閣 2008 年)／よくわかる刑事訴訟法(編著)(ミネルヴァ書房 2009 年 第 2 版 2016 年)／刑事訴訟法の理論的展開(信山社 2010 年)／プライマリー刑事訴訟法(編著)(信山社 第 6 版 2017 年)／判例講義刑事訴訟法(共編著)(悠々社 2012 年)／刑事訴訟法基本判例解説(共編著)(信山社 2012 年 第 2 版 2018 年)／日韓の刑事司法上の重要課題(編著)(中央大学出版部 2015 年)／米国刑事判例の動向Ⅴ(編)(中央大学出版部 2016 年)／裁判員裁判に関する日独比較法の検討(編著)(中央大学出版部 2016 年)／米国刑事判例の動向Ⅵ(編)(中央大学出版部 2018 年)

刑事手続における犯罪被害者の法的地位

日本比較法研究所研究叢書 (118)

2019 年 3 月 26 日　初版第 1 刷発行

著　者　椎　橋　隆　幸

発 行 者　間　島　進　吾

発 行 所　中 央 大 学 出 版 部

〒192-0393
東 京 都 八 王 子 市 東 中 野 742-1
電話 042(674)2351・FAX 042(674)2354
http://www2.chuo-u.ac.jp/up/

© 2019　Takayuki Shiibashi　　ISBN978-4-8057-0818-7　　　　㈱千秋社

本書の無断複写は，著作権法上での例外を除き，禁じられています。
複写される場合は，その都度，当発行所の許諾を得てください。

日本比較法研究所研究叢書

1	小島武司 著	法律扶助・弁護士保険の比較法的研究	A5判 2800円
2	藤本哲也 著	CRIME AND DELINQUENCY AMONG THE JAPANESE-AMERICANS	菊判 1600円
3	塚本重頼 著	アメリカ刑事法研究	A5判 2800円
4	小島武司 外間寛 編	オンブズマン制度の比較研究	A5判 3500円
5	田村五郎 著	非嫡出子に対する親権の研究	A5判 3200円
6	小島武司 編	各国法律扶助制度の比較研究	A5判 4500円
7	小島武司 著	仲裁・苦情処理の比較法的研究	A5判 3800円
8	塚本重頼 著	英米民事法の研究	A5判 4800円
9	桑田三郎 著	国際私法の諸相	A5判 5400円
10	山内惟介 編	Beiträge zum japanischen und ausländischen Bank- und Finanzrecht	菊判 3600円
11	木内宜彦 M・ルッター 編著	日独会社法の展開	A5判 (品切)
12	山内惟介 著	海事国際私法の研究	A5判 2800円
13	渥美東洋 編	米国刑事判例の動向 I	A5判 (品切)
14	小島武司 編著	調停と法	A5判 (品切)
15	塚本重頼 著	裁判制度の国際比較	A5判 (品切)
16	渥美東洋 編	米国刑事判例の動向 II	A5判 4800円
17	日本比較法研究所 編	比較法の方法と今日的課題	A5判 3000円
18	小島武司 編	Perspectives on Civil Justice and ADR : Japan and the U. S. A.	菊判 5000円
19	小島 清水 渥美 外間 編	フランスの裁判法制	A5判 (品切)
20	小杉末吉 著	ロシア革命と良心の自由	A5判 4900円
21	小島 清水 渥美 外間 編	アメリカの大司法システム(上)	A5判 2900円
22	小島 清水 渥美 外間 編	Système juridique français	菊判 4000円

日本比較法研究所研究叢書

23	小島・渥美清水・外間 編	アメリカの大司法システム(下)	A5判 1800円
24	小島武司・韓相範編	韓 国 法 の 現 在 (上)	A5判 4400円
25	小島・渥美・川添清水・外間 編	ヨーロッパ裁判制度の源流	A5判 2600円
26	塚 本 重 頼 著	労使関係法制の比較法的研究	A5判 2200円
27	小島武司・韓相範編	韓 国 法 の 現 在 (下)	A5判 5000円
28	渥 美 東 洋 編	米 国 刑 事 判 例 の 動 向 Ⅲ	A5判 (品切)
29	藤 本 哲 也 著	Crime Problems in Japan	菊 判 (品切)
30	小島・渥美清水・外間 編	The Grand Design of America's Justice System	菊 判 4500円
31	川 村 泰 啓 著	個 人 史 と し て の 民 法 学	A5判 4800円
32	白 羽 祐 三 著	民法起草者 穂 積 陳 重 論	A5判 3300円
33	日本比較法研究所編	国際社会における法の普遍性と固有性	A5判 3200円
34	丸 山 秀 平 編著	ド イ ツ 企 業 法 判 例 の 展 開	A5判 2800円
35	白 羽 祐 三 著	プ ロ パ テ ィ と 現 代 的 契 約 自 由	A5判 13000円
36	藤 本 哲 也 著	諸 外 国 の 刑 事 政 策	A5判 4000円
37	小 島 武 司 他 編	Europe's Judicial Systems	菊 判 (品切)
38	伊 従 寛 著	独 占 禁 止 政 策 と 独 占 禁 止 法	A5判 9000円
39	白 羽 祐 三 著	「 日 本 法 理 研 究 会 」 の 分 析	A5判 5700円
40	伊従・山内・ヘイリー編	競争法の国際的調整と貿易問題	A5判 2800円
41	渥 美 ・ 小 島 編	日 韓 に お け る 立 法 の 新 展 開	A5判 4300円
42	渥 美 東 洋 編	組 織 ・ 企 業 犯 罪 を 考 え る	A5判 3800円
43	丸 山 秀 平 編著	続ドイツ企業法判例の展開	A5判 2300円
44	住 吉 博 著	学生はいかにして法律家となるか	A5判 4200円

日本比較法研究所研究叢書

45	藤本哲也 著	刑事政策の諸問題	Ａ５判 4400円
46	小島武司 編著	訴訟法における法族の再検討	Ａ５判 7100円
47	桑田三郎 著	工業所有権法における国際的消耗論	Ａ５判 5700円
48	多喜寛 著	国際私法の基本的課題	Ａ５判 5200円
49	多喜寛 著	国際仲裁と国際取引法	Ａ５判 6400円
50	眞田・松村 編著	イスラーム身分関係法	Ａ５判 7500円
51	川添・小島 編	ドイツ法・ヨーロッパ法の展開と判例	Ａ５判 1900円
52	西海・山野目 編	今日の家族をめぐる日仏の法的諸問題	Ａ５判 2200円
53	加美和照 著	会社取締役法制度研究	Ａ５判 7000円
54	植野妙実子 編著	21世紀の女性政策	Ａ５判 (品切)
55	山内惟介 著	国際公序法の研究	Ａ５判 4100円
56	山内惟介 著	国際私法・国際経済法論集	Ａ５判 5400円
57	大内・西海 編	国連の紛争予防・解決機能	Ａ５判 7000円
58	白羽祐三 著	日清・日露戦争と法律学	Ａ５判 4000円
59	伊従・山内 ヘイリー・ネルソン 編	APEC諸国における競争政策と経済発展	Ａ５判 4000円
60	工藤達朗 編	ドイツの憲法裁判	Ａ５判 (品切)
61	白羽祐三 著	刑法学者牧野英一の民法論	Ａ５判 2100円
62	小島武司 編	ＡＤＲの実際と理論Ｉ	Ａ５判 (品切)
63	大内・西海 編	United Nation's Contributions to the Prevention and Settlement of Conflicts	菊判 4500円
64	山内惟介 著	国際会社法研究 第一巻	Ａ５判 4800円
65	小島武司 著	CIVIL PROCEDURE and ADR in JAPAN	菊判 (品切)
66	小堀憲助 著	「知的(発達)障害者」福祉思想とその潮流	Ａ５判 2900円

日本比較法研究所研究叢書

67	藤本哲也 編著	諸外国の修復的司法	A 5 判 6000円
68	小島武司 編	ＡＤＲの実際と理論 Ⅱ	A 5 判 5200円
69	吉田　豊 著	手付の研究	A 5 判 7500円
70	渥美東洋 編著	日韓比較刑事法シンポジウム	A 5 判 3600円
71	藤本哲也 著	犯罪学研究	A 5 判 4200円
72	多喜　寛 著	国家契約の法理論	A 5 判 3400円
73	石川・エーラース グロスフェルト・山内 編著	共演　ドイツ法と日本法	A 5 判 6500円
74	小島武司 編著	日本法制の改革：立法と実務の最前線	A 5 判 10000円
75	藤本哲也 著	性犯罪研究	A 5 判 3500円
76	奥田安弘 著	国際私法と隣接法分野の研究	A 5 判 7600円
77	只木　誠 著	刑事法学における現代的課題	A 5 判 2700円
78	藤本哲也 著	刑事政策研究	A 5 判 4400円
79	山内惟介 著	比較法研究 第一巻	A 5 判 4000円
80	多喜　寛 編著	国際私法・国際取引法の諸問題	A 5 判 2200円
81	日本比較法研究所 編	Future of Comparative Study in Law	菊 判 11200円
82	植野妙実子 編著	フランス憲法と統治構造	A 5 判 4000円
83	山内惟介 著	Japanisches Recht im Vergleich	菊 判 6700円
84	渥美東洋 編	米国刑事判例の動向 Ⅳ	A 5 判 9000円
85	多喜　寛 著	慣習法と法的確信	A 5 判 2800円
86	長尾一紘 著	基本権解釈と利益衡量の法理	A 5 判 2500円
87	植野妙実子 編著	法・制度・権利の今日的変容	A 5 判 5900円
88	畑尻　剛 工藤達朗 編	ドイツの憲法裁判 第二版	A 5 判 8000円

日本比較法研究所研究叢書

89	大村雅彦 著	比較民事司法研究	A5判 3800円
90	中野目善則 編	国際刑事法	A5判 6700円
91	藤本哲也 著	犯罪学・刑事政策の新しい動向	A5判 4600円
92	山内惟介 ヴェルナー・F・エブケ 編著	国際関係私法の挑戦	A5判 5500円
93	森 勇 米津孝司 編	ドイツ弁護士法と労働法の現在	A5判 3300円
94	多喜 寛 著	国家（政府）承認と国際法	A5判 3300円
95	長尾一紘 著	外国人の選挙権 ドイツの経験・日本の課題	A5判 2300円
96	只木 誠 ハラルド・バウム 編	債権法改正に関する比較法的検討	A5判 5500円
97	鈴木博人 著	親子福祉法の比較法的研究 I	A5判 4500円
98	橋本基弘 著	表現の自由 理論と解釈	A5判 4300円
99	植野妙実子 著	フランスにおける憲法裁判	A5判 4500円
100	椎橋隆幸 編著	日韓の刑事司法上の重要課題	A5判 3200円
101	中野目善則 著	二重危険の法理	A5判 4200円
102	森 勇 編著	リーガルマーケットの展開と弁護士の職業像	A5判 6700円
103	丸山秀平 著	ドイツ有限責任事業会社 (UG)	A5判 2500円
104	椎橋隆幸 編	米国刑事判例の動向 V	A5判 6900円
105	山内惟介 著	比較法研究 第二巻	A5判 8000円
106	多喜 寛 著	STATE RECOGNITION AND *OPINIO JURIS* IN CUSTOMARY INTERNATIONAL LAW	菊判 2700円
107	西海真樹 著	現代国際法論集	A5判 6800円
108	椎橋隆幸 編著	裁判員裁判に関する日独比較法の検討	A5判 2900円
109	牛嶋 仁 編著	日米欧金融規制監督の発展と調和	A5判 4700円
110	森 光 著	ローマの法学と居住の保護	A5判 6700円

日本比較法研究所研究叢書

111	山内 惟介 著	比 較 法 研 究 第三巻	A 5 判 4300円
112	北村 泰三 西海 真樹 編著	文 化 多 様 性 と 国 際 法	A 5 判 4900円
113	津野 義堂 編著	オ ン ト ロ ジ ー 法 学	A 5 判 5400円
114	椎橋 隆幸 編	米 国 刑 事 判 例 の 動 向 Ⅵ	A 5 判 7500円
115	森 勇 編著	弁 護 士 の 基 本 的 義 務	A 5 判 6300円
116	大村 雅彦 編著	司法アクセスの普遍化の動向	A 5 判 6100円
117	小杉 末吉 著	ロシア-タタルスターン権限区分条約論	A 5 判 5100円

＊価格は本体価格です。別途消費税が必要です。